GRIEKS

WOORDENSCHAT

THEMATISCHE WOORDENLIJST

NEDERLANDS
GRIEKS

De meest bruikbare woorden
Om uw woordenschat uit te breiden en
uw taalvaardigheid aan te scherpen

9000 woorden

Thematische woordenschat Nederlands-Grieks - 9000 woorden

Door Andrey Taranov

Woordenlijsten van T&P Books zijn bedoeld om u woorden van een vreemde taal te helpen leren, onthouden, en bestudering. Dit woordenboek is ingedeeld in thema's en behandelt alle belangrijk terreinen van het dagelijkse leven, bedrijven, wetenschap, cultuur, etc.

Het proces van het leren van woorden met behulp van de op thema's gebaseerde aanpak van T&P Books biedt u de volgende voordelen:

- Correct gegroepeerde informatie is bepalend voor succes bij opeenvolgende stadia van het leren van woorden
- De beschikbaarheid van woorden die van dezelfde stam zijn maakt het mogelijk om woordgroepen te onthouden (in plaats van losse woorden)
- Kleine groepen van woorden faciliteren het proces van het aanmaken van associatieve verbindingen, die nodig zijn bij het consolideren van de woordenschat
- Het niveau van talenkennis kan worden ingeschat door het aantal geleerde woorden

T&P Books Publishing
www.tpbooks.com

ISBN: 978-1-78492-270-2

Dit boek is ook beschikbaar in e-boek formaat.
Gelieve www.tpbooks.com te bezoeken of de belangrijkste online boekwinkels.

GRIEKSE WOORDENSCHAT
nieuwe woorden leren

T&P Books woordenlijsten zijn bedoeld om u te helpen vreemde woorden te leren, te onthouden, en te bestuderen. De woordenschat bevat meer dan 9000 veel gebruikte woorden die thematisch geordend zijn.

- De woordenlijst bevat de meest gebruikte woorden
- Aanbevolen als aanvulling bij welke taalcursus dan ook
- Voldoet aan de behoeften van de beginnende en gevorderde student in vreemde talen
- Geschikt voor dagelijks gebruik, bestudering en zelftestactiviteiten
- Maakt het mogelijk om uw woordenschat te evalueren

Bijzondere kenmerken van de woordenschat

- De woorden zijn gerangschikt naar hun betekenis, niet volgens alfabet
- De woorden worden weergegeven in drie kolommen om bestudering en zelftesten te vergemakkelijken
- Woorden in groepen worden verdeeld in kleine blokken om het leerproces te vergemakkelijken
- De woordenschat biedt een handige en eenvoudige beschrijving van elk buitenlands woord

De woordenschat bevat 256 onderwerpen zoals:

Basisconcepten, getallen, kleuren, maanden, seizoenen, meeteenheden, kleding en accessoires, eten & voeding, restaurant, familieleden, verwanten, karakter, gevoelens, emoties, ziekten, stad, dorp, bezienswaardigheden, winkelen, geld, huis, thuis, kantoor, werken op kantoor, import & export, marketing, werk zoeken, sport, onderwijs, computer, internet, gereedschap, natuur, landen, nationaliteiten en meer ...

INHOUDSOPGAVE

Uitspraakgids 11
Afkortingen 12

BASISBEGRIPPEN 14
Basisbegrippen Deel 1 14

1. Voornaamwoorden 14
2. Begroetingen. Begroetingen. Afscheid 14
3. Hoe aan te spreken 15
4. Kardinale getallen. Deel 1 15
5. Kardinale getallen. Deel 2 16
6. Ordinale getallen 17
7. Getallen. Breuken 17
8. Getallen. Eenvoudige berekeningen 17
9. Getallen. Diversen 17
10. De belangrijkste werkwoorden. Deel 1 18
11. De belangrijkste werkwoorden. Deel 2 19
12. De belangrijkste werkwoorden. Deel 3 20
13. De belangrijkste werkwoorden. Deel 4 21
14. Kleuren 22
15. Vragen 22
16. Voorzetsels 23
17. Functiewoorden. Bijwoorden. Deel 1 23
18. Functiewoorden. Bijwoorden. Deel 2 25

Basisbegrippen Deel 2 27

19. Dagen van de week 27
20. Uren. Dag en nacht 27
21. Maanden. Seizoenen 28
22. Tijd. Diversen 30
23. Tegenovergestelden 31
24. Lijnen en vormen 32
25. Meeteenheden 33
26. Containers 34
27. Materialen 35
28. Metalen 36

MENS 37
Mens. Het lichaam 37

29. Mensen. Basisbegrippen 37
30. Menselijke anatomie 37

4

31. Hoofd   38
32. Menselijk lichaam   39

Kleding en accessoires   40

33. Bovenkleding. Jassen   40
34. Heren & dames kleding   40
35. Kleding. Ondergoed   41
36. Hoofddeksels   41
37. Schoeisel   41
38. Textiel. Weefsel   42
39. Persoonlijke accessoires   42
40. Kleding. Diversen   43
41. Persoonlijke verzorging. Schoonheidsmiddelen   43
42. Juwelen   44
43. Horloges. Klokken   45

Voedsel. Voeding   46

44. Voedsel   46
45. Drankjes   47
46. Groenten   48
47. Vruchten. Noten   49
48. Brood. Snoep   50
49. Bereide gerechten   50
50. Kruiden   51
51. Maaltijden   52
52. Tafelschikking   53
53. Restaurant   53

Familie, verwanten en vrienden   54

54. Persoonlijke informatie. Formulieren   54
55. Familieleden. Verwanten   54
56. Vrienden. Collega's   55
57. Man. Vrouw   56
58. Leeftijd   56
59. Kinderen   57
60. Gehuwde paren. Gezinsleven   57

Karakter. Gevoelens. Emoties   59

61. Gevoelens. Emoties   59
62. Karakter. Persoonlijkheid   60
63. Slaap. Dromen   61
64. Humor. Gelach. Blijdschap   62
65. Discussie, conversatie. Deel 1   62
66. Discussie, conversatie. Deel 2   63
67. Discussie, conversatie. Deel 3   65
68. Overeenstemming. Weigering   65
69. Succes. Veel geluk. Mislukking   66
70. Ruzies. Negatieve emoties   67

Geneeskunde 69

71.   Ziekten   69
72.   Symptomen. Behandelingen. Deel 1   70
73.   Symptomen. Behandelingen. Deel 2   71
74.   Symptomen. Behandelingen. Deel 3   72
75.   Artsen   73
76.   Geneeskunde. Medicijnen. Accessoires   73
77.   Roken. Tabaksproducten   74

HET MENSELIJKE LEEFGEBIED 75
Stad 75

78.   Stad. Het leven in de stad   75
79.   Stedelijke instellingen   76
80.   Borden   77
81.   Stedelijk vervoer   79
82.   Bezienswaardigheden   79
83.   Winkelen   80
84.   Geld   81
85.   Post. Postkantoor   82

Woning. Huis. Thuis 84

86.   Huis. Woning   84
87.   Huis. Ingang. Lift   85
88.   Huis. Elektriciteit   85
89.   Huis. Deuren. Sloten   85
90.   Huis op het platteland   86
91.   Villa. Herenhuis   86
92.   Kasteel. Paleis   87
93.   Appartement   87
94.   Appartement. Schoonmaken   88
95.   Meubels. Interieur   88
96.   Beddengoed   89
97.   Keuken   89
98.   Badkamer   90
99.   Huishoudelijke apparaten   91
100.   Reparaties. Renovatie   92
101.   Loodgieterswerk   92
102.   Brand. Vuurzee   92

MENSELIJKE ACTIVITEITEN 94
Baan. Business. Deel 1 94

103.   Kantoor. Op kantoor werken   94
104.   Bedrijfsprocessen. Deel 1   95
105.   Bedrijfsprocessen. Deel 2   96
106.   Productie. Werken   97
107.   Contract. Overeenstemming   98
108.   Import & Export   99

109.	Financiën	99
110.	Marketing	100
111.	Reclame	101
112.	Bankieren	101
113.	Telefoon. Telefoongesprek	102
114.	Mobiele telefoon	103
115.	Schrijfbehoeften	103
116.	Verschillende soorten documenten	104
117.	Soorten bedrijven	105

Baan. Business. Deel 2   107

118.	Show. Tentoonstelling	107
119.	Massamedia	108
120.	Landbouw	109
121.	Gebouw. Bouwproces	110
122.	Wetenschap. Onderzoek. Wetenschappers	111

Beroepen en ambachten   112

123.	Zoeken naar werk. Ontslag	112
124.	Zakenmensen	112
125.	Dienstverlenende beroepen	113
126.	Militaire beroepen en rangen	114
127.	Ambtenaren. Priesters	115
128.	Agrarische beroepen	115
129.	Kunst beroepen	116
130.	Verschillende beroepen	116
131.	Beroepen. Sociale status	118

Sport   119

132.	Soorten sporten. Sporters	119
133.	Soorten sporten. Diversen	120
134.	Fitnessruimte	120
135.	Hockey	121
136.	Voetbal	121
137.	Alpine skiën	123
138.	Tennis. Golf	123
139.	Schaken	124
140.	Boksen	124
141.	Sporten. Diversen	125

Onderwijs   127

142.	School	127
143.	Hogeschool. Universiteit	128
144.	Wetenschappen. Disciplines	129
145.	Schrift. Spelling	129
146.	Vreemde talen	130

147. Sprookjesfiguren 131
148. Dierenriem 132

Kunst 133

149. Theater 133
150. Bioscoop 134
151. Schilderij 135
152. Literatuur & Poëzie 136
153. Circus 136
154. Muziek. Popmuziek 137

Rusten. Entertainment. Reizen 139

155. Trip. Reizen 139
156. Hotel 139
157. Boeken. Lezen 140
158. Jacht. Vissen 142
159. Spellen. Biljart 143
160. Spellen. Speelkaarten 143
161. Casino. Roulette 143
162. Rusten. Spellen. Diversen 144
163. Fotografie 144
164. Strand. Zwemmen 145

TECHNISCHE APPARATUUR. VERVOER 147
Technische apparatuur 147

165. Computer 147
166. Internet. E-mail 148
167. Elektriciteit 149
168. Gereedschappen 149

Vervoer 152

169. Vliegtuig 152
170. Trein 153
171. Schip 154
172. Vliegveld 155
173. Fiets. Motorfiets 156

Auto's 157

174. Soorten auto's 157
175. Auto's. Carrosserie 157
176. Auto's. Passagiersruimte 158
177. Auto's. Motor 159
178. Auto's. Botsing. Reparatie 160
179. Auto's. Weg 161
180. Verkeersborden 162

MENSEN. GEBEURTENISSEN IN HET LEVEN 163
Gebeurtenissen in het leven 163

181. Vakanties. Evenement 163
182. Begrafenissen. Begrafenis 164
183. Oorlog. Soldaten 164
184. Oorlog. Militaire acties. Deel 1 166
185. Oorlog. Militaire acties. Deel 2 167
186. Wapens 168
187. Oude mensen 170
188. Middeleeuwen 171
189. Leider. Baas. Autoriteiten 172
190. Weg. Weg. Routebeschrijving 173
191. De wet overtreden. Criminelen. Deel 1 174
192. De wet overtreden. Criminelen. Deel 2 175
193. Politie. Wet. Deel 1 176
194. Politie. Wet. Deel 2 178

NATUUR 180
De Aarde. Deel 1 180

195. De kosmische ruimte 180
196. De Aarde 181
197. Windrichtingen 182
198. Zee. Oceaan 182
199. Namen van zeeën en oceanen 183
200. Bergen 184
201. Bergen namen 185
202. Rivieren 185
203. Namen van rivieren 186
204. Bos 186
205. Natuurlijke hulpbronnen 187

De Aarde. Deel 2 189

206. Weer 189
207. Zwaar weer. Natuurrampen 190
208. Geluiden. Geluiden 190
209. Winter 191

Fauna 193

210. Zoogdieren. Roofdieren 193
211. Wilde dieren 193
212. Huisdieren 194
213. Honden. Hondenrassen 195
214. Dierengeluiden 196
215. Jonge dieren 196
216. Vogels 197
217. Vogels. Zingen en geluiden 198
218. Vis. Zeedieren 198
219. Amfibieën. Reptielen 199

220.	Insecten	200
221.	Dieren. Lichaamsdelen	200
222.	Acties van de dieren	201
223.	Dieren. Leefomgevingen	202
224.	Dierverzorging	202
225.	Dieren. Diversen	203
226.	Paarden	203

Flora 205

227.	Bomen	205
228.	Heesters	205
229.	Champignons	206
230.	Vruchten. Bessen	206
231.	Bloemen. Planten	207
232.	Granen, graankorrels	208
233.	Groenten. Groene groenten	209

REGIONALE AARDRIJKSKUNDE 210
Landen. Nationaliteiten 210

234.	West-Europa	210
235.	Centraal- en Oost-Europa	212
236.	Voormalige USSR landen	213
237.	Azië	214
238.	Noord-Amerika	216
239.	Midden- en Zuid-Amerika	216
240.	Afrika	217
241.	Australië. Oceanië	218
242.	Steden	218
243.	Politiek. Overheid. Deel 1	220
244.	Politiek. Overheid. Deel 2	221
245.	Landen. Diversen	222
246.	Grote religieuze groepen. Bekentenissen	223
247.	Religies. Priesters	224
248.	Geloof. Christendom. Islam	224

DIVERSEN 227

249.	Diverse nuttige woorden	227
250.	Beperkende bijwoorden. Bijvoeglijke naamwoorden. Deel 1	228
251.	Beperkende bijwoorden. Bijvoeglijke naamwoorden. Deel 2	230

DE 500 BELANGRIJKSTE WERKWOORDEN 233

252.	Werkwoorden A-C	233
253.	Werkwoorden D-K	235
254.	Werkwoorden L-R	237
255.	Verbs S-V	240
256.	Verbs V-Z	242

UITSPRAAKGIDS

T&P fonetisch alfabet	Grieks voorbeeld	Nederlands voorbeeld
[a]	**αγαπάω** [aɣapáo]	acht
[e]	**έπαινος** [épenos]	delen, spreken
[i]	**φυσικός** [fisikós]	bidden, tint
[o]	**οθόνη** [oθóni]	overeenkomst
[u]	**βουτάω** [vutáo]	hoed, doe
[b]	**καμπάνα** [kabána]	hebben
[d]	**ντετέκτιβ** [detéktiv]	Dank u, honderd
[f]	**ράμφος** [rámfos]	feestdag, informeren
[g]	**γκολφ** [golʲf]	goal, tango
[ɣ]	**γραβάτα** [ɣraváta]	liegen, gaan
[j]	**μπάιτ** [bájt]	New York, januari
[j̃]	**Αίγυπτος** [éj̃iptos]	New York, januari
[k]	**ακόντιο** [akóndio]	kennen, kleur
[ʎ]	**αλάτι** [alʲáti]	biljet, morille
[m]	**μάγος** [máɣos]	morgen, etmaal
[n]	**ασανσέρ** [asansér]	nemen, zonder
[p]	**βλέπω** [vlépo]	parallel, koper
[r]	**ρόμβος** [rómvos]	roepen, breken
[s]	**σαλάτα** [salʲáta]	spreken, kosten
[ð]	**πόδι** [póði]	Stemhebbende dentaal, Engels - there
[θ]	**λάθος** [lʲáθos]	Stemloze dentaal, Engels - thank you
[t]	**κινητό** [kinitó]	tomaat, taart
[ʧ]	**check-in** [ʧek-in]	Tsjechië, cello
[v]	**βραχιόλι** [vraxióli]	beloven, schrijven
[x]	**νύχτα** [níxta]	licht, school
[w]	**ουίσκι** [wíski]	twee, willen
[z]	**κουζίνα** [kuzína]	zeven, zesde
[']	**έξι** [éksi]	hoofdklemtoon

AFKORTINGEN
gebruikt in de woordenschat

Nederlandse afkortingen

abn	-	als bijvoeglijk naamwoord
bijv.	-	bijvoorbeeld
bn	-	bijvoeglijk naamwoord
bw	-	bijwoord
enk.	-	enkelvoud
enz.	-	enzovoort
form.	-	formele taal
inform.	-	informele taal
mann.	-	mannelijk
mil.	-	militair
mv.	-	meervoud
on.ww.	-	onovergankelijk werkwoord
ontelb.	-	ontelbaar
ov.	-	over
ov.ww.	-	overgankelijk werkwoord
telb.	-	telbaar
vn	-	voornaamwoord
vrouw.	-	vrouwelijk
vw	-	voegwoord
vz	-	voorzetsel
wisk.	-	wiskunde
ww	-	werkwoord

Nederlandse artikelen

de	-	gemeenschappelijk geslacht
de/het	-	gemeenschappelijk geslacht, onzijdig
het	-	onzijdig

Griekse afkortingen

αρ.	-	mannelijk zelfstandig naamwoord
αρ.πλ.	-	mannelijk meervoud
αρ./θηλ.	-	mannelijk, vrouwelijk
θηλ.	-	vrouwelijk zelfstandig naamwoord
θηλ.πλ.	-	vrouwelijk meervoud

ουδ.	-	onzijdig
ουδ.πλ.	-	onzijdig meervoud
πλ.	-	meervoud

BASISBEGRIPPEN

Basisbegrippen Deel 1

1. Voornaamwoorden

ik	**εγώ**	[eɣó]
jij, je	**εσύ**	[esí]
hij	**αυτός**	[aftós]
zij, ze	**αυτή**	[aftí]
het	**αυτό**	[aftó]
wij, we	**εμείς**	[emís]
jullie	**εσείς**	[esís]

2. Begroetingen. Begroetingen. Afscheid

Hallo! Dag!	**Γεια σου!**	[ʝa su]
Hallo!	**Γεια σας!**	[ʝa sas]
Goedemorgen!	**Καλημέρα!**	[kaliméra]
Goedemiddag!	**Καλό απόγευμα!**	[kalʲó apóʝevma]
Goedenavond!	**Καλησπέρα!**	[kalispéra]
gedag zeggen (groeten)	**χαιρετώ**	[xeretó]
Hoi!	**Γεια!**	[ʝa]
groeten (het)	**χαιρετισμός** (αρ.)	[xeretizmós]
verwelkomen (ww)	**χαιρετώ**	[xeretó]
Is er nog nieuws?	**Τι νέα;**	[ti néa]
Tot snel! Tot ziens!	**Τα λέμε σύντομα!**	[ta léme síndoma]
Vaarwel! (inform.)	**Αντίο!**	[adío]
Vaarwel! (form.)	**Αντίο σας!**	[adío sas]
afscheid nemen (ww)	**αποχαιρετώ**	[apoxeretó]
Tot kijk!	**Γεια!**	[ʝa]
Dank u!	**Ευχαριστώ!**	[efxaristó]
Dank u wel!	**Ευχαριστώ πολύ!**	[efxaristó polí]
Graag gedaan	**Παρακαλώ**	[parakalʲó]
Geen dank!	**Δεν είναι τίποτα**	[ðen íne típota]
Geen moeite.	**Τίποτα**	[típota]
Excuseer me, ... (inform.)	**Με συγχωρείς!**	[me sinxorís]
Excuseer me, ... (form.)	**Με συγχωρείτε!**	[me sinxoríte]
excuseren (verontschuldigen)	**συγχωρώ**	[sinxoró]
zich verontschuldigen	**ζητώ συγνώμη**	[zitó siɣnómi]
Mijn excuses.	**Συγνώμη**	[siɣnómi]

Het spijt me!	**Με συγχωρείτε!**	[me sinxoríte]
vergeven (ww)	**συγχωρώ**	[sinxoró]
alsjeblieft	**παρακαλώ**	[parakalʲó]
Vergeet het niet!	**Μην ξεχάσετε!**	[min ksexásete]
Natuurlijk!	**Βεβαίως! Φυσικά!**	[vevéos], [fisiká]
Natuurlijk niet!	**Όχι βέβαια!**	[óxi vévea]
Akkoord!	**Συμφωνώ!**	[simfonó]
Zo is het genoeg!	**Αρκετά!**	[arketá]

3. Hoe aan te spreken

meneer	**Κύριε**	[kírie]
mevrouw	**Κυρία**	[kiría]
juffrouw	**Δεσποινίς**	[ðespinís]
jongeman	**Νεαρέ**	[nearé]
jongen	**Αγόρι**	[aɣóri]
meisje	**δεσποινίς**	[ðespinís]

4. Kardinale getallen. Deel 1

nul	**μηδέν**	[miðén]
een	**ένα**	[éna]
twee	**δύο**	[ðío]
drie	**τρία**	[tría]
vier	**τέσσερα**	[tésera]
vijf	**πέντε**	[pénde]
zes	**έξι**	[éksi]
zeven	**εφτά**	[eftá]
acht	**οχτώ**	[oxtó]
negen	**εννέα**	[enéa]
tien	**δέκα**	[ðéka]
elf	**ένδεκα**	[énðeka]
twaalf	**δώδεκα**	[ðóðeka]
dertien	**δεκατρία**	[ðekatría]
veertien	**δεκατέσσερα**	[ðekatésera]
vijftien	**δεκαπέντε**	[ðekapénde]
zestien	**δεκαέξι**	[ðekaéksi]
zeventien	**δεκαεφτά**	[ðekaeftá]
achttien	**δεκαοχτώ**	[ðekaoxtó]
negentien	**δεκαεννέα**	[ðekaenéa]
twintig	**είκοσι**	[íkosi]
eenentwintig	**είκοσι ένα**	[íkosi éna]
tweeëntwintig	**είκοσι δύο**	[ikosi ðío]
drieëntwintig	**είκοσι τρία**	[ikosi tría]
dertig	**τριάντα**	[triánda]
eenendertig	**τριάντα ένα**	[triánda éna]

| tweeëndertig | τριάντα δύο | [triánda ðío] |
| drieëndertig | τριάντα τρία | [triánda tría] |

veertig	σαράντα	[saránda]
eenenveertig	σαράντα ένα	[saránda éna]
tweeënveertig	σαράντα δύο	[saránda ðío]
drieënveertig	σαράντα τρία	[saránda tría]

vijftig	πενήντα	[penínda]
eenenvijftig	πενήντα ένα	[penínda éna]
tweeënvijftig	πενήντα δύο	[penínda ðío]
drieënvijftig	πενήντα τρία	[penínda tría]

zestig	εξήντα	[eksínda]
eenenzestig	εξήντα ένα	[eksínda éna]
tweeënzestig	εξήντα δύο	[eksínda ðío]
drieënzestig	εξήντα τρία	[eksínda tría]

zeventig	εβδομήντα	[evðomínda]
eenenzeventig	εβδομήντα ένα	[evðomínda éna]
tweeënzeventig	εβδομήντα δύο	[evðomínda ðío]
drieënzeventig	εβδομήντα τρία	[evðomínda tría]

tachtig	ογδόντα	[oɣðónda]
eenentachtig	ογδόντα ένα	[oɣðónda éna]
tweeëntachtig	ογδόντα δύο	[oɣðónda ðío]
drieëntachtig	ογδόντα τρία	[oɣðónda tría]

negentig	ενενήντα	[enenínda]
eenennegentig	ενενήντα ένα	[enenínda éna]
tweeënnegentig	ενενήντα δύο	[enenínda ðío]
drieënnegentig	ενενήντα τρία	[enenínda tría]

5. Kardinale getallen. Deel 2

honderd	εκατό	[ekató]
tweehonderd	διακόσια	[ðiakósia]
driehonderd	τριακόσια	[triakósia]
vierhonderd	τετρακόσια	[tetrakósia]
vijfhonderd	πεντακόσια	[pendakósia]

zeshonderd	εξακόσια	[eksakósia]
zevenhonderd	εφτακόσια	[eftakósia]
achthonderd	οχτακόσια	[oxtakósia]
negenhonderd	εννιακόσια	[eniakósia]

duizend	χίλια	[xília]
tweeduizend	δύο χιλιάδες	[ðío xiliáðes]
drieduizend	τρεις χιλιάδες	[tris xiliáðes]
tienduizend	δέκα χιλιάδες	[ðéka xiliáðes]
honderdduizend	εκατό χιλιάδες	[ekató xiliáðes]

| miljoen (het) | εκατομμύριο (ουδ.) | [ekatomírio] |
| miljard (het) | δισεκατομμύριο (ουδ.) | [ðisekatomírio] |

6. Ordinale getallen

eerste (bn)	**πρώτος**	[prótos]
tweede (bn)	**δεύτερος**	[ðéfteros]
derde (bn)	**τρίτος**	[trítos]
vierde (bn)	**τέταρτος**	[tétartos]
vijfde (bn)	**πέμπτος**	[pémptos]
zesde (bn)	**έκτος**	[éktos]
zevende (bn)	**έβδομος**	[évðomos]
achtste (bn)	**όγδοος**	[óɣðoos]
negende (bn)	**ένατος**	[énatos]
tiende (bn)	**δέκατος**	[ðékatos]

7. Getallen. Breuken

breukgetal (het)	**κλάσμα** (ουδ.)	[klʲázma]
half	**ένα δεύτερο**	[éna ðéftero]
een derde	**ένα τρίτο**	[éna tríto]
kwart	**ένα τέταρτο**	[éna tétarto]
een achtste	**ένα όγδοο**	[éna óɣðoo]
een tiende	**ένα δέκατο**	[éna ðékato]
twee derde	**δύο τρίτα**	[ðío tríta]
driekwart	**τρία τέταρτα**	[tría tétarta]

8. Getallen. Eenvoudige berekeningen

aftrekking (de)	**αφαίρεση** (θηλ.)	[aféresi]
aftrekken (ww)	**αφαιρώ**	[aferó]
deling (de)	**διαίρεση** (θηλ.)	[ðiéresi]
delen (ww)	**διαιρώ**	[ðieró]
optelling (de)	**πρόσθεση** (θηλ.)	[prósθesi]
erbij optellen (bij elkaar voegen)	**αθροίζω**	[aθrízo]
optellen (ww)	**προσθέτω**	[prosθéto]
vermenigvuldiging (de)	**πολλαπλασιασμός** (αρ.)	[polʲaplʲasiazmós]
vermenigvuldigen (ww)	**πολλαπλασιάζω**	[polʲaplʲasiázo]

9. Getallen. Diversen

cijfer (het)	**ψηφίο** (ουδ.)	[psifío]
nummer (het)	**αριθμός** (αρ.)	[ariθmós]
telwoord (het)	**αριθμητικό** (ουδ.)	[ariθmitikó]
minteken (het)	**μείον** (ουδ.)	[míon]
plusteken (het)	**συν** (ουδ.)	[sin]
formule (de)	**τύπος** (αρ.)	[típos]
berekening (de)	**υπολογισμός** (αρ.)	[ipolʲoʝizmós]

tellen (ww)	**μετράω**	[metráo]
bijrekenen (ww)	**υπολογίζω**	[ipolʲojízo]
vergelijken (ww)	**συγκρίνω**	[singríno]
Hoeveel? (ontelb.)	**Πόσο;**	[póso]
Hoeveel? (telb.)	**Πόσα;**	[pósa]
som (de), totaal (het)	**ποσό** (ουδ.)	[posó]
uitkomst (de)	**αποτέλεσμα** (ουδ.)	[apotélezma]
rest (de)	**υπόλοιπο** (ουδ.)	[ipólipo]
enkele (bijv. ~ minuten)	**μερικοί**	[merikí]
weinig (bw)	**λίγο**	[líɣo]
restant (het)	**υπόλοιπο** (ουδ.)	[ipólipo]
anderhalf	**ενάμισι** (ουδ.)	[enámisi]
dozijn (het)	**δωδεκάδα** (θηλ.)	[ðoðekáða]
middendoor (bw)	**στα δύο**	[sta ðío]
even (bw)	**ισομερώς**	[isomerós]
helft (de)	**μισό** (ουδ.)	[misó]
keer (de)	**φορά** (θηλ.)	[forá]

10. De belangrijkste werkwoorden. Deel 1

aanbevelen (ww)	**προτείνω**	[protíno]
aandringen (ww)	**επιμένω**	[epiméno]
aankomen (per auto, enz.)	**έρχομαι**	[érxome]
aanraken (ww)	**αγγίζω**	[angízo]
adviseren (ww)	**συμβουλεύω**	[simvulévo]
afdalen (on.ww.)	**κατεβαίνω**	[katevéno]
afslaan (naar rechts ~)	**στρίβω**	[strívo]
antwoorden (ww)	**απαντώ**	[apandó]
bang zijn (ww)	**φοβάμαι**	[fováme]
bedreigen (bijv. met een pistool)	**απειλώ**	[apilʲó]
bedriegen (ww)	**εξαπατώ**	[eksapató]
beëindigen (ww)	**τελειώνω**	[telióno]
beginnen (ww)	**αρχίζω**	[arxízo]
begrijpen (ww)	**καταλαβαίνω**	[katalʲavéno]
beheren (managen)	**διευθύνω**	[ðiefθíno]
beledigen (met scheldwoorden)	**προσβάλλω**	[prozválʲo]
beloven (ww)	**υπόσχομαι**	[ipósxome]
bereiden (koken)	**μαγειρεύω**	[majirévo]
bespreken (spreken over)	**συζητώ**	[sizitó]
bestellen (eten ~)	**παραγγέλνω**	[parangélʲno]
bestraffen (een stout kind ~)	**τιμωρώ**	[timoró]
betalen (ww)	**πληρώνω**	[pliróno]
betekenen (beduiden)	**σημαίνω**	[siméno]
betreuren (ww)	**λυπάμαι**	[lipáme]

bevallen (prettig vinden)	**μου αρέσει**	[mu arési]
bevelen (mil.)	**διατάζω**	[ðiatázo]
bevrijden (stad, enz.)	**απελευθερώνω**	[apelefθeróno]
bewaren (ww)	**διατηρώ**	[ðiatiró]
bezitten (ww)	**κατέχω**	[katéxo]
bidden (praten met God)	**προσεύχομαι**	[proséfxome]
binnengaan (een kamer ~)	**μπαίνω**	[béno]
breken (ww)	**σπάω**	[spáo]
controleren (ww)	**ελέγχω**	[elénxo]
creëren (ww)	**δημιουργώ**	[ðimiurɣó]
deelnemen (ww)	**συμμετέχω**	[simetéxo]
denken (ww)	**σκέφτομαι**	[skéftome]
doden (ww)	**σκοτώνω**	[skotóno]
doen (ww)	**κάνω**	[káno]
dorst hebben (ww)	**διψάω**	[ðipsáo]

11. De belangrijkste werkwoorden. Deel 2

een hint geven	**υπαινίσσομαι**	[ipenísome]
eisen (met klem vragen)	**απαιτώ**	[apetó]
existeren (bestaan)	**υπάρχω**	[ipárxo]
gaan (te voet)	**πηγαίνω**	[piʝéno]
gaan zitten (ww)	**κάθομαι**	[káθome]
gaan zwemmen	**κάνω μπάνιο**	[káno bánio]
geven (ww)	**δίνω**	[ðíno]
glimlachen (ww)	**χαμογελάω**	[xamoʝelʲáo]
goed raden (ww)	**μαντεύω**	[mandévo]
grappen maken (ww)	**αστειεύομαι**	[astiévome]
graven (ww)	**σκάβω**	[skávo]
hebben (ww)	**έχω**	[éxo]
helpen (ww)	**βοηθώ**	[voiθó]
herhalen (opnieuw zeggen)	**επαναλαμβάνω**	[epanalʲamváno]
honger hebben (ww)	**πεινάω**	[pináo]
hopen (ww)	**ελπίζω**	[elʲpízo]
horen (waarnemen met het oor)	**ακούω**	[akúo]
huilen (wenen)	**κλαίω**	[kléo]
huren (huis, kamer)	**νοικιάζω**	[nikiázo]
informeren (informatie geven)	**πληροφορώ**	[pliroforó]
instemmen (akkoord gaan)	**συμφωνώ**	[simfonó]
jagen (ww)	**κυνηγώ**	[kiniɣó]
kennen (kennis hebben van iemand)	**γνωρίζω**	[ɣnorízo]
kiezen (ww)	**επιλέγω**	[epiléɣo]
klagen (ww)	**παραπονιέμαι**	[paraponiéme]
kosten (ww)	**κοστίζω**	[kostízo]
kunnen (ww)	**μπορώ**	[boró]

lachen (ww)	**γελάω**	[ʝelʲáo]
laten vallen (ww)	**ρίχνω**	[ríxno]
lezen (ww)	**διαβάζω**	[ðiavázo]
liefhebben (ww)	**αγαπάω**	[aɣapáo]
lunchen (ww)	**τρώω μεσημεριανό**	[tróo mesimerianó]
nemen (ww)	**παίρνω**	[pérno]
nodig zijn (ww)	**χρειάζομαι**	[xriázome]

12. De belangrijkste werkwoorden. Deel 3

onderschatten (ww)	**υποτιμώ**	[ipotimó]
ondertekenen (ww)	**υπογράφω**	[ipoɣráfo]
ontbijten (ww)	**παίρνω πρωινό**	[pérno proinó]
openen (ww)	**ανοίγω**	[aníɣo]
ophouden (ww)	**σταματώ**	[stamató]
opmerken (zien)	**παρατηρώ**	[paratiró]
opscheppen (ww)	**καυχιέμαι**	[kafxiéme]
opschrijven (ww)	**σημειώνω**	[simióno]
plannen (ww)	**σχεδιάζω**	[sxeðiázo]
prefereren (verkiezen)	**προτιμώ**	[protimó]
proberen (trachten)	**προσπαθώ**	[prospaθó]
redden (ww)	**σώζω**	[sózo]
rekenen op …	**υπολογίζω σε …**	[ipolʲoʝízo se]
rennen (ww)	**τρέχω**	[tréxo]
reserveren (een hotelkamer ~)	**κλείνω**	[klíno]
roepen (om hulp)	**καλώ**	[kalʲó]
schieten (ww)	**πυροβολώ**	[pirovolʲó]
schreeuwen (ww)	**φωνάζω**	[fonázo]
schrijven (ww)	**γράφω**	[ɣráfo]
souperen (ww)	**τρώω βραδινό**	[tróo vraðinó]
spelen (kinderen)	**παίζω**	[pézo]
spreken (ww)	**μιλάω**	[milʲáo]
stelen (ww)	**κλέβω**	[klévo]
stoppen (pauzeren)	**σταματάω**	[stamatáo]
studeren (Nederlands ~)	**μελετάω**	[meletáo]
sturen (zenden)	**στέλνω**	[stélʲno]
tellen (optellen)	**υπολογίζω**	[ipolʲoʝízo]
toebehoren aan …	**ανήκω σε …**	[aníko se]
toestaan (ww)	**επιτρέπω**	[epitrépo]
tonen (ww)	**δείχνω**	[ðíxno]
twijfelen (onzeker zijn)	**αμφιβάλλω**	[amfiválʲo]
uitgaan (ww)	**βγαίνω**	[vʝéno]
uitnodigen (ww)	**προσκαλώ**	[proskalʲó]
uitspreken (ww)	**προφέρω**	[proféro]
uitvaren tegen (ww)	**μαλώνω**	[malʲóno]

13. De belangrijkste werkwoorden. Deel 4

vallen (ww)	**πέφτω**	[péfto]
vangen (ww)	**πιάνω**	[piáno]
veranderen (anders maken)	**αλλάζω**	[alʲázo]
verbaasd zijn (ww)	**εκπλήσσομαι**	[ekplísome]
verbergen (ww)	**κρύβω**	[krívo]
verdedigen (je land ~)	**υπερασπίζω**	[iperaspízo]
verenigen (ww)	**ενώνω**	[enóno]
vergelijken (ww)	**συγκρίνω**	[singríno]
vergeten (ww)	**ξεχνάω**	[ksexnáo]
vergeven (ww)	**συγχωρώ**	[sinxoró]
verklaren (uitleggen)	**εξηγώ**	[eksiɣó]
verkopen (per stuk ~)	**πουλώ**	[pulʲó]
vermelden (praten over)	**αναφέρω**	[anaféro]
versieren (decoreren)	**στολίζω**	[stolízo]
vertalen (ww)	**μεταφράζω**	[metafrázo]
vertrouwen (ww)	**εμπιστεύομαι**	[embistévome]
vervolgen (ww)	**συνεχίζω**	[sinexízo]
verwarren (met elkaar ~)	**μπερδεύω**	[berðévo]
verzoeken (ww)	**ζητώ**	[zitó]
verzuimen (school, enz.)	**απουσιάζω**	[apusiázo]
vinden (ww)	**βρίσκω**	[vrísko]
vliegen (ww)	**πετάω**	[petáo]
volgen (ww)	**ακολουθώ**	[akolʲuθó]
voorstellen (ww)	**προτείνω**	[protíno]
voorzien (verwachten)	**προβλέπω**	[provlépo]
vragen (ww)	**ρωτάω**	[rotáo]
waarnemen (ww)	**παρατηρώ**	[paratiró]
waarschuwen (ww)	**προειδοποιώ**	[proiðopió]
wachten (ww)	**περιμένω**	[periméno]
weerspreken (ww)	**αντιλέγω**	[andiléɣo]
weigeren (ww)	**αρνούμαι**	[arnúme]
werken (ww)	**δουλεύω**	[ðulévo]
weten (ww)	**ξέρω**	[kséro]
willen (verlangen)	**θέλω**	[θélʲo]
zeggen (ww)	**λέω**	[léo]
zich haasten (ww)	**βιάζομαι**	[viázome]
zich interesseren voor ...	**ενδιαφέρομαι**	[enðiaférome]
zich vergissen (ww)	**κάνω λάθος**	[káno lʲáθos]
zich verontschuldigen	**ζητώ συγνώμη**	[zitó siɣnómi]
zien (ww)	**βλέπω**	[vlépo]
zijn (ww)	**είμαι**	[íme]
zoeken (ww)	**ψάχνω**	[psáxno]
zwemmen (ww)	**κολυμπώ**	[kolibó]
zwijgen (ww)	**σιωπώ**	[siopó]

14. Kleuren

kleur (de)	**χρώμα** (ουδ.)	[xróma]
tint (de)	**απόχρωση** (θηλ.)	[apóxrosi]
kleurnuance (de)	**τόνος** (αρ.)	[tónos]
regenboog (de)	**ουράνιο τόξο** (ουδ.)	[uránio tókso]
wit (bn)	**λευκός, άσπρος**	[lefkós], [áspros]
zwart (bn)	**μαύρος**	[mávros]
grijs (bn)	**γκρίζος**	[grízos]
groen (bn)	**πράσινος**	[prásinos]
geel (bn)	**κίτρινος**	[kítrinos]
rood (bn)	**κόκκινος**	[kókinos]
blauw (bn)	**μπλε**	[ble]
lichtblauw (bn)	**γαλανός**	[ɣalʲanós]
roze (bn)	**ροζ**	[roz]
oranje (bn)	**πορτοκαλί**	[portokalʲí]
violet (bn)	**βιολετί**	[violetí]
bruin (bn)	**καφετής**	[kafetís]
goud (bn)	**χρυσός**	[xrisós]
zilverkleurig (bn)	**αργυρόχροος**	[arɣiróxroos]
beige (bn)	**μπεζ**	[bez]
roomkleurig (bn)	**κρεμ**	[krem]
turkoois (bn)	**τιρκουάζ, τουρκουάζ**	[tirkuáz], [turkuáz]
kersrood (bn)	**βυσσινής**	[visinís]
lila (bn)	**λιλά, λουλακής**	[lilʲá], [lʲulʲakís]
karmijnrood (bn)	**βαθυκόκκινος**	[vaθikókinos]
licht (bn)	**ανοιχτός**	[anixtós]
donker (bn)	**σκούρος**	[skúros]
fel (bn)	**έντονος**	[édonos]
kleur-, kleurig (bn)	**έγχρωμος**	[énxromos]
kleuren- (abn)	**έγχρωμος**	[énxromos]
zwart-wit (bn)	**ασπρόμαυρος**	[asprómavros]
eenkleurig (bn)	**μονόχρωμος**	[monóxromos]
veelkleurig (bn)	**πολύχρωμος**	[políxromos]

15. Vragen

Wie?	**Ποιος;**	[pios]
Wat?	**Τι;**	[ti]
Waar?	**Πού;**	[pú]
Waarheen?	**Πού;**	[pú]
Waarvandaan?	**Από πού;**	[apó pú]
Wanneer?	**Πότε;**	[póte]
Waarom?	**Γιατί;**	[ʝatí]
Waarom?	**Γιατί;**	[ʝatí]
Waarvoor dan ook?	**Γιατί;**	[ʝatí]

Hoe?	**Πώς;**	[pos]
Wat voor …?	**Ποιος;**	[pios]
Welk?	**Ποιος;**	[pios]
Aan wie?	**Σε ποιον;**	[se pion]
Over wie?	**Για ποιον;**	[ja pion]
Waarover?	**Για ποιο;**	[ja pio]
Met wie?	**Με ποιον;**	[me pion]
Hoeveel? (ontelb.)	**Πόσο;**	[póso]
Van wie? (mann.)	**Ποιανού;**	[pianú]

16. Voorzetsels

met (bijv. ~ beleg)	**με**	[me]
zonder (~ accent)	**χωρίς**	[xorís]
naar (in de richting van)	**σε**	[se]
over (praten ~)	**για**	[ja]
voor (in tijd)	**πριν**	[prin]
voor (aan de voorkant)	**μπροστά**	[brostá]
onder (lager dan)	**κάτω από**	[káto apó]
boven (hoger dan)	**πάνω από**	[páno apó]
op (bovenop)	**σε**	[se]
van (uit, afkomstig van)	**από**	[apó]
van (gemaakt van)	**από**	[apó]
over (bijv. ~ een uur)	**σε …**	[se …]
over (over de bovenkant)	**πάνω από**	[páno apó]

17. Functiewoorden. Bijwoorden. Deel 1

Waar?	**Πού;**	[pú]
hier (bw)	**εδώ**	[eðó]
daar (bw)	**εκεί**	[ekí]
ergens (bw)	**κάπου**	[kápu]
nergens (bw)	**πουθενά**	[puθená]
bij … (in de buurt)	**δίπλα**	[ðíplʲa]
bij het raam	**δίπλα στο παράθυρο**	[ðíplʲa sto paráθiro]
Waarheen?	**Πού;**	[pú]
hierheen (bw)	**εδώ**	[eðó]
daarheen (bw)	**εκεί**	[ekí]
hiervandaan (bw)	**αποδώ**	[apoðó]
daarvandaan (bw)	**αποκεί**	[apokí]
dichtbij (bw)	**κοντά**	[kondá]
ver (bw)	**μακριά**	[makriá]
in de buurt (van …)	**κοντά σε**	[kondá se]
dichtbij (bw)	**κοντά**	[kondá]

niet ver (bw)	**κοντά**	[kondá]
linker (bn)	**αριστερός**	[aristerós]
links (bw)	**στα αριστερά**	[sta aristerá]
linksaf, naar links (bw)	**αριστερά**	[aristerá]
rechter (bn)	**δεξιός**	[ðeksiós]
rechts (bw)	**στα δεξιά**	[sta ðeksiá]
rechtsaf, naar rechts (bw)	**δεξιά**	[ðeksiá]
vooraan (bw)	**μπροστά**	[brostá]
voorste (bn)	**μπροστινός**	[brostinós]
vooruit (bw)	**μπροστά**	[brostá]
achter (bw)	**πίσω**	[píso]
van achteren (bw)	**από πίσω**	[apó píso]
achteruit (naar achteren)	**πίσω**	[píso]
midden (het)	**μέση** (θηλ.)	[mési]
in het midden (bw)	**στη μέση**	[sti mési]
opzij (bw)	**από το πλάι**	[apó to plʲáj]
overal (bw)	**παντού**	[pandú]
omheen (bw)	**γύρω**	[ʝíro]
binnenuit (bw)	**από μέσα**	[apó mésa]
naar ergens (bw)	**κάπου**	[kápu]
rechtdoor (bw)	**κατ'ευθείαν**	[katefθían]
terug (bijv. ~ komen)	**πίσω**	[píso]
ergens vandaan (bw)	**από οπουδήποτε**	[apó opuðípote]
ergens vandaan (en dit geld moet ~ komen)	**από κάπου**	[apó kápu]
ten eerste (bw)	**πρώτον**	[próton]
ten tweede (bw)	**δεύτερον**	[ðéfteron]
ten derde (bw)	**τρίτον**	[tríton]
plotseling (bw)	**ξαφνικά**	[ksafniká]
in het begin (bw)	**στην αρχή**	[stin arxí]
voor de eerste keer (bw)	**πρώτη φορά**	[próti forá]
lang voor ... (bw)	**πολύ πριν από ...**	[polí prin apó]
opnieuw (bw)	**εκ νέου**	[ek néu]
voor eeuwig (bw)	**για πάντα**	[ʝa pánda]
nooit (bw)	**ποτέ**	[poté]
weer (bw)	**πάλι**	[páli]
nu (bw)	**τώρα**	[tóra]
vaak (bw)	**συχνά**	[sixná]
toen (bw)	**τότε**	[tóte]
urgent (bw)	**επειγόντως**	[epiɣóndos]
meestal (bw)	**συνήθως**	[siníθos]
trouwens, ... (tussen haakjes)	**παρεμπιπτόντως, ...**	[parembiptóndos]
mogelijk (bw)	**πιθανόν**	[piθanón]
waarschijnlijk (bw)	**πιθανόν**	[piθanón]

misschien (bw)	**ίσως**	[ísos]
trouwens (bw)	**εξάλλου ...**	[eksálʲu]
daarom ...	**συνεπώς**	[sinepós]
in weerwil van ...	**παρόλο που ...**	[parólʲo pu]
dankzij ...	**χάρη σε ...**	[xári se]
wat (vn)	**τι**	[ti]
dat (vw)	**ότι**	[óti]
iets (vn)	**κάτι**	[káti]
iets	**οτιδήποτε**	[otiðípote]
niets (vn)	**τίποτα**	[típota]
wie (~ is daar?)	**ποιος**	[pios]
iemand (een onbekende)	**κάποιος**	[kápios]
iemand (een bepaald persoon)	**κάποιος**	[kápios]
niemand (vn)	**κανένας**	[kanénas]
nergens (bw)	**πουθενά**	[puθená]
niemands (bn)	**κανενός**	[kanenós]
iemands (bn)	**κάποιου**	[kápiu]
zo (Ik ben ~ blij)	**έτσι**	[étsi]
ook (evenals)	**επίσης**	[epísis]
alsook (eveneens)	**επίσης**	[epísis]

18. Functiewoorden. Bijwoorden. Deel 2

Waarom?	**Γιατί;**	[ʝatí]
om een bepaalde reden	**για κάποιο λόγο**	[ʝa kápio lʲóɣo]
omdat ...	**διότι ...**	[ðióti]
voor een bepaald doel	**για κάποιο λόγο**	[ʝa kápio lʲóɣo]
en (vw)	**και**	[ke]
of (vw)	**ή**	[i]
maar (vw)	**μα**	[ma]
voor (vz)	**για**	[ʝa]
te (~ veel mensen)	**πάρα**	[pára]
alleen (bw)	**μόνο**	[móno]
precies (bw)	**ακριβώς**	[akrivós]
ongeveer (~ 10 kg)	**περίπου**	[perípu]
omstreeks (bw)	**κατά προσέγγιση**	[katá proséngisi]
bij benadering (bn)	**προσεγγιστικός**	[prosengistikós]
bijna (bw)	**σχεδόν**	[sxeðón]
rest (de)	**υπόλοιπο** (ουδ.)	[ipólipo]
elk (bn)	**κάθε**	[káθe]
om het even welk	**οποιοσδήποτε**	[opiozðípote]
veel mensen	**πολλοί**	[polí]
iedereen (alle personen)	**όλοι**	[óli]
in ruil voor ...	**... σε αντάλλαγμα**	[se andálʲaɣma]
in ruil (bw)	**σε αντάλλαγμα**	[se andálʲaɣma]

met de hand (bw)	με το χέρι	[me to xéri]
onwaarschijnlijk (bw)	δύσκολα	[ðískolʲa]
waarschijnlijk (bw)	πιθανόν	[piθanón]
met opzet (bw)	επίτηδες	[epítiðes]
toevallig (bw)	κατά λάθος	[katá lʲáθos]
zeer (bw)	πολύ	[polí]
bijvoorbeeld (bw)	για παράδειγμα	[ja paráðiɣma]
tussen (~ twee steden)	μεταξύ	[metaksí]
tussen (te midden van)	ανάμεσα	[anámesa]
zoveel (bw)	τόσο πολύ	[tóso polí]
vooral (bw)	ιδιαίτερα	[iðiétera]

Basisbegrippen Deel 2

19. Dagen van de week

maandag (de)	**Δευτέρα** (θηλ.)	[ðeftéra]
dinsdag (de)	**Τρίτη** (θηλ.)	[tríti]
woensdag (de)	**Τετάρτη** (θηλ.)	[tetárti]
donderdag (de)	**Πέμπτη** (θηλ.)	[pémpti]
vrijdag (de)	**Παρασκευή** (θηλ.)	[paraskeví]
zaterdag (de)	**Σάββατο** (ουδ.)	[sávato]
zondag (de)	**Κυριακή** (θηλ.)	[kiriakí]
vandaag (bw)	**σήμερα**	[símera]
morgen (bw)	**αύριο**	[ávrio]
overmorgen (bw)	**μεθαύριο**	[meθávrio]
gisteren (bw)	**χθες, χτες**	[xθes], [xtes]
eergisteren (bw)	**προχτές**	[proxtés]
dag (de)	**μέρα, ημέρα** (θηλ.)	[méra], [iméra]
werkdag (de)	**εργάσιμη μέρα** (θηλ.)	[erɣásimi méra]
feestdag (de)	**αργία** (θηλ.)	[arʝía]
verlofdag (de)	**ρεπό** (ουδ.)	[repó]
weekend (het)	**σαββατοκύριακο** (ουδ.)	[savatokíriako]
de hele dag (bw)	**όλη μέρα**	[óli méra]
de volgende dag (bw)	**την επόμενη μέρα**	[tinepómeni méra]
twee dagen geleden	**δύο μέρες πριν**	[ðío méres prin]
aan de vooravond (bw)	**την παραμονή**	[tin paramoní]
dag-, dagelijks (bn)	**καθημερινός**	[kaθimerinós]
elke dag (bw)	**καθημερινά**	[kaθimeriná]
week (de)	**εβδομάδα** (θηλ.)	[evðomáða]
vorige week (bw)	**την προηγούμενη εβδομάδα**	[tin proiɣúmeni evðomáda]
volgende week (bw)	**την επόμενη εβδομάδα**	[tin epómeni evðomáda]
wekelijks (bn)	**εβδομαδιαίος**	[evðomaðiéos]
elke week (bw)	**εβδομαδιαία**	[evðomaðiéa]
twee keer per week	**δύο φορές την εβδομάδα**	[dío forés tinevðomáda]
elke dinsdag	**κάθε Τρίτη**	[káθe tríti]

20. Uren. Dag en nacht

morgen (de)	**πρωί** (ουδ.)	[proí]
's morgens (bw)	**το πρωί**	[to proí]
middag (de)	**μεσημέρι**	[mesiméri]
's middags (bw)	**το απόγευμα**	[to apóʝevma]
avond (de)	**βράδυ** (ουδ.)	[vráði]
's avonds (bw)	**το βράδυ**	[to vráði]

nacht (de)	**νύχτα** (θηλ.)	[níxta]
's nachts (bw)	**τη νύχτα**	[ti níxta]
middernacht (de)	**μεσάνυχτα** (ουδ.πλ.)	[mesánixta]

seconde (de)	**δευτερόλεπτο** (ουδ.)	[ðefterólepto]
minuut (de)	**λεπτό** (ουδ.)	[leptó]
uur (het)	**ώρα** (θηλ.)	[óra]
halfuur (het)	**μισή ώρα** (θηλ.)	[misí óra]
kwartier (het)	**τέταρτο** (ουδ.)	[tétarto]
vijftien minuten	**δεκαπέντε λεπτά**	[ðekapénde leptá]
etmaal (het)	**εικοσιτετράωρο** (ουδ.)	[ikositetráoro]

zonsopgang (de)	**ανατολή** (θηλ.)	[anatolí]
dageraad (de)	**ξημέρωμα** (ουδ.)	[ksiméroma]
vroege morgen (de)	**νωρίς το πρωί** (ουδ.)	[norís to proí]
zonsondergang (de)	**ηλιοβασίλεμα** (ουδ.)	[iliovasílema]

's morgens vroeg (bw)	**νωρίς το πρωί**	[norís to proí]
vanmorgen (bw)	**σήμερα το πρωί**	[símera to proí]
morgenochtend (bw)	**αύριο το πρωί**	[ávrio to proí]
vanmiddag (bw)	**σήμερα το απόγευμα**	[símera to apójevma]
's middags (bw)	**το απόγευμα**	[to apójevma]
morgenmiddag (bw)	**αύριο το απόγευμα**	[ávrio to apójevma]
vanavond (bw)	**απόψε**	[apópse]
morgenavond (bw)	**αύριο το βράδυ**	[ávrio to vráði]

klokslag drie uur	**στις τρεις ακριβώς**	[stis tris akrivós]
ongeveer vier uur	**στις τέσσερις περίπου**	[stis téseris perípu]
tegen twaalf uur	**μέχρι τις δώδεκα**	[méxri tis ðóðeka]

over twintig minuten	**σε είκοσι λεπτά**	[se íkosi leptá]
over een uur	**σε μια ώρα**	[se mia óra]
op tijd (bw)	**έγκαιρα**	[éngera]

kwart voor ...	**παρά τέταρτο**	[pará tétarto]
binnen een uur	**μέσα σε μια ώρα**	[mésa se mia óra]
elk kwartier	**κάθε δεκαπέντε λεπτά**	[káθe ðekapénde leptá]
de klok rond	**όλο το εικοσιτετράωρο**	[ólo to ikositetráoro]

21. Maanden. Seizoenen

januari (de)	**Ιανουάριος** (αρ.)	[januários]
februari (de)	**Φεβρουάριος** (αρ.)	[fevruários]
maart (de)	**Μάρτιος** (αρ.)	[mártios]
april (de)	**Απρίλιος** (αρ.)	[aprílios]
mei (de)	**Μάιος** (αρ.)	[májos]
juni (de)	**Ιούνιος** (αρ.)	[iúnios]

juli (de)	**Ιούλιος** (αρ.)	[iúlios]
augustus (de)	**Αύγουστος** (αρ.)	[ávɣustos]
september (de)	**Σεπτέμβριος** (αρ.)	[septémvrios]
oktober (de)	**Οκτώβριος** (αρ.)	[októvrios]
november (de)	**Νοέμβριος** (αρ.)	[noémvrios]
december (de)	**Δεκέμβριος** (αρ.)	[ðekémvrios]

lente (de)	**άνοιξη** (θηλ.)	[ániksi]
in de lente (bw)	**την άνοιξη**	[tin ániksi]
lente- (abn)	**ανοιξιάτικος**	[aniksiátikos]
zomer (de)	**καλοκαίρι** (ουδ.)	[kalʲokéri]
in de zomer (bw)	**το καλοκαίρι**	[to kalʲokéri]
zomer-, zomers (bn)	**καλοκαιρινός**	[kalʲokerinós]
herfst (de)	**φθινόπωρο** (ουδ.)	[fθinóporo]
in de herfst (bw)	**το φθινόπωρο**	[to fθinóporo]
herfst- (abn)	**φθινοπωρινός**	[fθinoporinós]
winter (de)	**χειμώνας** (αρ.)	[ximónas]
in de winter (bw)	**το χειμώνα**	[to ximóna]
winter- (abn)	**χειμωνιάτικος**	[ximoniátikos]
maand (de)	**μήνας** (αρ.)	[mínas]
deze maand (bw)	**αυτόν το μήνα**	[aftón to mína]
volgende maand (bw)	**τον επόμενο μήνα**	[ton epómeno mína]
vorige maand (bw)	**τον προηγούμενο μήνα**	[ton proiɣúmeno mína]
een maand geleden (bw)	**ένα μήνα πριν**	[éna mína prin]
over een maand (bw)	**σε ένα μήνα**	[se éna mína]
over twee maanden (bw)	**σε δύο μήνες**	[se ðío mínes]
de hele maand (bw)	**ολόκληρος μήνας**	[olʲókliros mínas]
een volle maand (bw)	**ολόκληρος ο μήνας**	[olʲókliros o mínas]
maand-, maandelijks (bn)	**μηνιαίος**	[miniéos]
maandelijks (bw)	**μηνιαία**	[miniéa]
elke maand (bw)	**κάθε μήνα**	[káθe mína]
twee keer per maand	**δύο φορές το μήνα**	[ðío forés tomína]
jaar (het)	**χρόνος** (αρ.)	[xrónos]
dit jaar (bw)	**φέτος**	[fétos]
volgend jaar (bw)	**του χρόνου**	[tu xrónu]
vorig jaar (bw)	**πέρσι**	[pérsi]
een jaar geleden (bw)	**ένα χρόνο πριν**	[éna xróno prin]
over een jaar	**σε ένα χρόνο**	[se éna xróno]
over twee jaar	**σε δύο χρόνια**	[se ðío xrónia]
het hele jaar	**ολόκληρος χρόνος**	[olʲókliros oxrónos]
een vol jaar	**ολόκληρος ο χρόνος**	[olʲókliros o xrónos]
elk jaar	**κάθε χρόνο**	[káθe xróno]
jaar-, jaarlijks (bn)	**ετήσιος**	[etísios]
jaarlijks (bw)	**ετήσια**	[etísia]
4 keer per jaar	**τέσσερις φορές το χρόνο**	[teseris forés toxróno]
datum (de)	**ημερομηνία** (θηλ.)	[imerominía]
datum (de)	**ημερομηνία** (θηλ.)	[imerominía]
kalender (de)	**ημερολόγιο** (ουδ.)	[imerolʲóʝo]
een half jaar	**μισός χρόνος**	[misós xrónos]
zes maanden	**εξάμηνο** (ουδ.)	[eksámino]
seizoen (bijv. lente, zomer)	**εποχή** (θηλ.)	[epoxí]
eeuw (de)	**αιώνας** (αρ.)	[eónas]

22. Tijd. Diversen

tijd (de)	χρόνος (αρ.)	[xrónos]
ogenblik (het)	στιγμή (θηλ.)	[stiɣmí]
moment (het)	στιγμή (θηλ.)	[stiɣmí]
ogenblikkelijk (bn)	στιγμιαίος	[stiɣmiéos]

tijdsbestek (het)	διάστημα (ουδ.)	[ðiástima]
leven (het)	ζωή (θηλ.)	[zoí]
eeuwigheid (de)	αιωνιότητα (θηλ.)	[eoniótita]

epoche (de), tijdperk (het)	εποχή (θηλ.)	[epoxí]
era (de), tijdperk (het)	εποχή (θηλ.)	[epoxí]
cyclus (de)	κύκλος (αρ.)	[kíklʲos]
periode (de)	περίοδος (θηλ.)	[períoðos]
termijn (vastgestelde periode)	περίοδος (θηλ.)	[períoðos]

toekomst (de)	μέλλον (ουδ.)	[mélʲon]
toekomstig (bn)	μελλοντικός	[melʲondikós]
de volgende keer	την επόμενη φορά	[tin epómeni forá]
verleden (het)	παρελθόν (ουδ.)	[parelʲθón]
vorig (bn)	παρελθοντικός	[parelʲθondikós]
de vorige keer	την προηγούμενη φορά	[tin proiɣúmeni forá]

later (bw)	αργότερα	[arɣótera]
na (~ het diner)	μετά	[metá]
tegenwoordig (bw)	σήμερα	[símera]
nu (bw)	τώρα	[tóra]
onmiddellijk (bw)	αμέσως	[amésos]
snel (bw)	σύντομα	[síndoma]
bij voorbaat (bw)	προκαταβολικά	[prokatavoliká]

lang geleden (bw)	παλιά	[paliá]
kort geleden (bw)	πρόσφατα	[prósfata]
noodlot (het)	μοίρα (θηλ.)	[míra]
herinneringen (mv.)	θύμησες (θηλ.πλ.)	[θímises]
archief (het)	αρχείο (ουδ.)	[arxío]

tijdens ... (ten tijde van)	κατά τη διάρκεια ...	[katá ti ðiárkia]
lang (bw)	πολλή ώρα	[polí óra]
niet lang (bw)	λίγο καιρό	[líɣo keró]
vroeg (bijv. ~ in de ochtend)	νωρίς	[norís]
laat (bw)	αργά	[arɣá]

voor altijd (bw)	για πάντα	[ja pánda]
beginnen (ww)	αρχίζω	[arxízo]
uitstellen (ww)	αναβάλλω	[anaválʲo]

tegelijkertijd (bw)	ταυτόχρονα	[taftóxrona]
voortdurend (bw)	μόνιμα	[mónima]
voortdurend	αδιάκοπος	[aðiákopos]
tijdelijk (bn)	προσωρινός	[prosorinós]
soms (bw)	μερικές φορές	[merikés forés]
zelden (bw)	σπάνια	[spánia]
vaak (bw)	συχνά	[sixná]

23. Tegenovergestelden

rijk (bn)	**πλούσιος**	[plʲúsios]
arm (bn)	**φτωχός**	[ftoxós]
ziek (bn)	**άρρωστος**	[árostos]
gezond (bn)	**υγιής**	[ijiís]
groot (bn)	**μεγάλος**	[meɣálʲos]
klein (bn)	**μικρός**	[mikrós]
snel (bw)	**γρήγορα**	[ɣríɣora]
langzaam (bw)	**αργά**	[arɣá]
snel (bn)	**γρήγορος**	[ɣríɣoros]
langzaam (bn)	**αργός**	[arɣós]
vrolijk (bn)	**χαρούμενος**	[xarúmenos]
treurig (bn)	**στεναχωρημένος**	[stenaxoriménos]
samen (bw)	**μαζί**	[mazí]
apart (bw)	**χώρια**	[xória]
hardop (~ lezen)	**φωναχτά**	[fonaxtá]
stil (~ lezen)	**από μέσα**	[apó mésa]
hoog (bn)	**ψηλός**	[psilʲós]
laag (bn)	**χαμηλός**	[xamilós]
diep (bn)	**βαθύς**	[vaθís]
ondiep (bn)	**ρηχός**	[rixós]
ja	**ναι**	[ne]
nee	**όχι**	[óxi]
ver (bn)	**μακρινός**	[makrinós]
dicht (bn)	**κοντινός**	[kondinós]
ver (bw)	**μακριά**	[makriá]
dichtbij (bw)	**κοντά**	[kondá]
lang (bn)	**μακρύς**	[makrís]
kort (bn)	**κοντός**	[kondós]
vriendelijk (goedhartig)	**καλός**	[kalʲós]
kwaad (bn)	**κακός**	[kakós]
gehuwd (mann.)	**παντρεμένος**	[pandreménos]
ongehuwd (mann.)	**ανύπαντρος**	[anípandros]
verbieden (ww)	**απαγορεύω**	[apaɣorévo]
toestaan (ww)	**επιτρέπω**	[epitrépo]
einde (het)	**τέλος** (ουδ.)	[télʲos]
begin (het)	**αρχή** (θηλ.)	[arxí]

linker (bn)	**αριστερός**	[aristerós]
rechter (bn)	**δεξιός**	[ðeksiós]
eerste (bn)	**πρώτος**	[prótos]
laatste (bn)	**τελευταίος**	[teleftéos]
misdaad (de)	**έγκλημα** (ουδ.)	[énglima]
bestraffing (de)	**τιμωρία** (θηλ.)	[timoría]
bevelen (ww)	**διατάζω**	[ðiatázo]
gehoorzamen (ww)	**υπακούω**	[ipakúo]
recht (bn)	**ευθύς**	[efθís]
krom (bn)	**στραβός**	[stravós]
paradijs (het)	**παράδεισος** (αρ.)	[paráðisos]
hel (de)	**κόλαση** (θηλ.)	[kólʲasi]
geboren worden (ww)	**γεννιέμαι**	[ʝeniéme]
sterven (ww)	**πεθαίνω**	[peθéno]
sterk (bn)	**δυνατός**	[ðinatós]
zwak (bn)	**αδύναμος**	[aðínamos]
oud (bn)	**γέρος**	[ʝéros]
jong (bn)	**νέος**	[néos]
oud (bn)	**παλιός**	[paliós]
nieuw (bn)	**καινούριος**	[kenúrios]
hard (bn)	**σκληρός**	[sklirós]
zacht (bn)	**μαλακός**	[malʲakós]
warm (bn)	**ζεστός**	[zestós]
koud (bn)	**κρύος**	[kríos]
dik (bn)	**χοντρός**	[xondrós]
dun (bn)	**αδύνατος**	[aðínatos]
smal (bn)	**στενός**	[stenós]
breed (bn)	**φαρδύς**	[farðís]
goed (bn)	**καλός**	[kalʲós]
slecht (bn)	**κακός**	[kakós]
moedig (bn)	**θαρραλέος**	[θaraléos]
laf (bn)	**δειλός**	[ðilʲós]

24. Lijnen en vormen

vierkant (het)	**τετράγωνο** (ουδ.)	[tetráɣono]
vierkant (bn)	**τετράγωνος**	[tetráɣonos]
cirkel (de)	**κύκλος** (αρ.)	[kíklʲos]
rond (bn)	**κυκλικός**	[kiklikós]

| driehoek (de) | τρίγωνο (ουδ.) | [tríɣono] |
| driehoekig (bn) | τρίγωνος | [tríɣonos] |

ovaal (het)	οβάλ (ουδ.)	[ovalʲ]
ovaal (bn)	οβάλ, ωοειδής	[ovalʲ], [ooiðís]
rechthoek (de)	ορθογώνιο (ουδ.)	[orθoɣóno]
rechthoekig (bn)	ορθογώνιος	[orθoɣónios]

piramide (de)	πυραμίδα (θηλ.)	[piramíða]
ruit (de)	ρόμβος (αρ.)	[rómvos]
trapezium (het)	τραπέζιο (ουδ.)	[trapézio]
kubus (de)	κύβος (αρ.)	[kívos]
prisma (het)	πρίσμα (ουδ.)	[prízma]

omtrek (de)	περιφέρεια (θηλ.)	[periféria]
bol, sfeer (de)	σφαίρα (θηλ.)	[sféra]
bal (de)	μπάλα (θηλ.)	[bálʲa]

diameter (de)	διάμετρος (θηλ.)	[ðiámetros]
straal (de)	ακτίνα (θηλ.)	[aktína]
omtrek (~ van een cirkel)	περίμετρος (θηλ.)	[perímetros]
middelpunt (het)	κέντρο (ουδ.)	[kéndro]

horizontaal (bn)	οριζόντιος	[orizóndios]
verticaal (bn)	κάθετος	[káθetos]
parallel (de)	παράλληλη γραμμή (θηλ.)	[parálili gramí]
parallel (bn)	παράλληλος	[parálilʲos]

lijn (de)	γραμμή (θηλ.)	[ɣramí]
streep (de)	γραμμή (θηλ.)	[ɣramí]
rechte lijn (de)	ευθεία (θηλ.)	[efθía]
kromme (de)	καμπύλη (θηλ.)	[kabíli]
dun (bn)	λεπτός	[leptós]
omlijning (de)	περίγραμμα (ουδ.)	[períɣrama]

snijpunt (het)	τομή (θηλ.)	[tomí]
rechte hoek (de)	ορθή γωνία (θηλ.)	[orθí ɣonía]
segment (het)	τμήμα (ουδ.)	[tmíma]
sector (de)	τομέας (αρ.)	[toméas]
zijde (de)	πλευρά (θηλ.)	[plevrá]
hoek (de)	γωνία (θηλ.)	[ɣonía]

25. Meeteenheden

gewicht (het)	βάρος (ουδ.)	[város]
lengte (de)	μάκρος (ουδ.)	[mákros]
breedte (de)	πλάτος (ουδ.)	[plʲátos]
hoogte (de)	ύψος (ουδ.)	[ípsos]
diepte (de)	βάθος (ουδ.)	[váθos]
volume (het)	όγκος (αρ.)	[óngos]
oppervlakte (de)	εμβαδόν (ουδ.)	[emvaðón]

| gram (het) | γραμμάριο (ουδ.) | [ɣramário] |
| milligram (het) | χιλιοστόγραμμο (ουδ.) | [xiliostóɣramo] |

kilogram (het)	**κιλό** (ουδ.)	[kilʲó]
ton (duizend kilo)	**τόνος** (αρ.)	[tónos]
pond (het)	**λίβρα** (θηλ.)	[lívra]
ons (het)	**ουγγιά** (θηλ.)	[ungiá]
meter (de)	**μέτρο** (ουδ.)	[métro]
millimeter (de)	**χιλιοστό** (ουδ.)	[xiliostó]
centimeter (de)	**εκατοστό** (ουδ.)	[ekatostó]
kilometer (de)	**χιλιόμετρο** (ουδ.)	[xiliómetro]
mijl (de)	**μίλι** (ουδ.)	[míli]
duim (de)	**ίντσα** (θηλ.)	[íntsa]
voet (de)	**πόδι** (ουδ.)	[póði]
yard (de)	**γιάρδα** (θηλ.)	[ʝárða]
vierkante meter (de)	**τετραγωνικό μέτρο** (ουδ.)	[tetraɣonikó métro]
hectare (de)	**εκτάριο** (ουδ.)	[ektário]
liter (de)	**λίτρο** (ουδ.)	[lítro]
graad (de)	**βαθμός** (αρ.)	[vaθmós]
volt (de)	**βολτ** (ουδ.)	[volʲt]
ampère (de)	**αμπέρ** (ουδ.)	[ambér]
paardenkracht (de)	**ιπποδύναμη** (θηλ.)	[ipoðínami]
hoeveelheid (de)	**ποσότητα** (θηλ.)	[posótita]
een beetje ...	**λίγος ...**	[líɣos]
helft (de)	**μισό** (ουδ.)	[misó]
dozijn (het)	**δωδεκάδα** (θηλ.)	[ðoðekáða]
stuk (het)	**τεμάχιο** (ουδ.)	[temáxio]
afmeting (de)	**μέγεθος** (ουδ.)	[méʝeθos]
schaal (bijv. ~ van 1 op 50)	**κλίμακα** (θηλ.)	[klímaka]
minimaal (bn)	**ελάχιστος**	[elʲáxistos]
minste (bn)	**μικρότερος**	[mikróteros]
medium (bn)	**μεσαίος**	[meséos]
maximaal (bn)	**μέγιστος**	[méʝistos]
grootste (bn)	**μεγαλύτερος**	[meɣalíteros]

26. Containers

glazen pot (de)	**βάζο** (ουδ.)	[vázo]
blik (conserven~)	**κουτί** (ουδ.)	[kutí]
emmer (de)	**κουβάς** (αρ.)	[kuvás]
ton (bijv. regenton)	**βαρέλι** (ουδ.)	[varéli]
ronde waterbak (de)	**λεκάνη** (θηλ.)	[lekáni]
tank (bijv. watertank-70-ltr)	**δεξαμενή** (θηλ.)	[ðeksamení]
heupfles (de)	**φλασκί** (ουδ.)	[flʲaskí]
jerrycan (de)	**κάνιστρο** (ουδ.)	[kánistro]
tank (bijv. ketelwagen)	**δεξαμενή** (θηλ.)	[ðeksamení]
beker (de)	**κούπα** (θηλ.)	[kúpa]
kopje (het)	**φλιτζάνι** (ουδ.)	[flidzáni]

schoteltje (het)	**πιατάκι** (ουδ.)	[piatáki]
glas (het)	**ποτήρι** (ουδ.)	[potíri]
wijnglas (het)	**κρασοπότηρο** (ουδ.)	[krasopótiro]
pan (de)	**κατσαρόλα** (θηλ.)	[katsarólʲa]
fles (de)	**μπουκάλι** (ουδ.)	[bukáli]
flessenhals (de)	**λαιμός** (αρ.)	[lemós]
karaf (de)	**καράφα** (θηλ.)	[karáfa]
kruik (de)	**κανάτα** (θηλ.)	[kanáta]
vat (het)	**δοχείο** (ουδ.)	[ðoxío]
pot (de)	**πήλινο** (ουδ.)	[pílino]
vaas (de)	**βάζο** (ουδ.)	[vázo]
flacon (de)	**μπουκαλάκι** (ουδ.)	[bukalʲáki]
flesje (het)	**φιαλίδιο** (ουδ.)	[fialíðio]
tube (bijv. ~ tandpasta)	**σωληνάριο** (ουδ.)	[solinário]
zak (bijv. ~ aardappelen)	**σακί, τσουβάλι** (ουδ.)	[sakí], [tsuváli]
tasje (het)	**σακούλα** (θηλ.)	[sakúlʲa]
pakje (~ sigaretten, enz.)	**πακέτο** (ουδ.)	[pakéto]
doos (de)	**κουτί** (ουδ.)	[kutí]
kist (de)	**κιβώτιο** (ουδ.)	[kivótio]
mand (de)	**καλάθι** (ουδ.)	[kalʲáθi]

27. Materialen

materiaal (het)	**υλικό** (ουδ.)	[ilikó]
hout (het)	**ξύλο** (ουδ.)	[ksílʲo]
houten (bn)	**ξύλινος**	[ksílinos]
glas (het)	**γυαλί** (ουδ.)	[ʝalí]
glazen (bn)	**γυάλινος**	[ʝálinos]
steen (de)	**πέτρα** (θηλ.)	[pétra]
stenen (bn)	**πέτρινος**	[pétrinos]
plastic (het)	**πλαστικό** (ουδ.)	[plʲastikó]
plastic (bn)	**πλαστικός**	[plʲastikós]
rubber (het)	**λάστιχο** (ουδ.)	[lʲástixo]
rubber-, rubberen (bn)	**λαστιχένιος**	[lʲastixénios]
stof (de)	**ύφασμα** (ουδ.)	[ífazma]
van stof (bn)	**από ύφασμα**	[apó ífazma]
papier (het)	**χαρτί** (ουδ.)	[xartí]
papieren (bn)	**χάρτινος**	[xártinos]
karton (het)	**χαρτόνι** (ουδ.)	[xartóni]
kartonnen (bn)	**χαρτονένιος**	[xartonénios]
polyethyleen (het)	**πολυαιθυλένιο** (ουδ.)	[polieθilénio]
cellofaan (het)	**σελοφάν** (ουδ.)	[selʲofán]

multiplex (het)	**κοντραπλακέ** (ουδ.)	[kondraplaké]
porselein (het)	**πορσελάνη** (θηλ.)	[porselʲáni]
porseleinen (bn)	**πορσελάνινος**	[porselʲáninos]
klei (de)	**πηλός** (αρ.)	[pilʲós]
klei-, van klei (bn)	**πήλινος**	[pílinos]
keramiek (de)	**κεραμική** (θηλ.)	[keramikí]
keramieken (bn)	**κεραμικός**	[keramikós]

28. Metalen

metaal (het)	**μέταλλο** (ουδ.)	[métalʲo]
metalen (bn)	**μεταλλικός**	[metalikós]
legering (de)	**κράμα** (ουδ.)	[kráma]
goud (het)	**χρυσάφι** (ουδ.)	[xrisáfi]
gouden (bn)	**χρυσός**	[xrisós]
zilver (het)	**ασήμι** (ουδ.)	[asími]
zilveren (bn)	**ασημένιος**	[asiménios]
ijzer (het)	**σίδηρος** (αρ.)	[síðiros]
ijzeren	**σιδερένιος**	[siðerénios]
staal (het)	**ατσάλι** (ουδ.)	[atsáli]
stalen (bn)	**ατσάλινος**	[atsálinos]
koper (het)	**χαλκός** (αρ.)	[xalʲkós]
koperen (bn)	**χάλκινος**	[xálʲkinos]
aluminium (het)	**αλουμίνιο** (ουδ.)	[alʲumínio]
aluminium (bn)	**αλουμινένιος**	[alʲuminénios]
brons (het)	**μπρούντζος** (αρ.)	[brúndzos]
bronzen (bn)	**μπρούντζινος**	[brúndzinos]
messing (het)	**ορείχαλκος** (αρ.)	[oríxalʲkos]
nikkel (het)	**νικέλιο** (ουδ.)	[nikélio]
platina (het)	**πλατίνα** (θηλ.)	[plʲatína]
kwik (het)	**υδράργυρος** (αρ.)	[iðrárʝiros]
tin (het)	**κασσίτερος** (αρ.)	[kasíteros]
lood (het)	**μόλυβδος** (αρ.)	[mólivðos]
zink (het)	**ψευδάργυρος** (αρ.)	[psevðárʝiros]

MENS

Mens. Het lichaam

29. Mensen. Basisbegrippen

mens (de)	**άνθρωπος** (αρ.)	[ánθropos]
man (de)	**άντρας, άνδρας** (αρ.)	[ándras], [ánðras]
vrouw (de)	**γυναίκα** (θηλ.)	[jinéka]
kind (het)	**παιδί** (ουδ.)	[peðí]
meisje (het)	**κοριτσάκι** (ουδ.)	[koritsáki]
jongen (de)	**αγόρι** (ουδ.)	[aɣóri]
tiener, adolescent (de)	**έφηβος** (αρ.)	[éfivos]
oude man (de)	**γέρος** (αρ.)	[jéros]
oude vrouw (de)	**γριά** (ουδ.)	[ɣriá]

30. Menselijke anatomie

organisme (het)	**οργανισμός** (αρ.)	[orɣanizmós]
hart (het)	**καρδιά** (θηλ.)	[karðiá]
bloed (het)	**αίμα** (ουδ.)	[éma]
slagader (de)	**αρτηρία** (θηλ.)	[artiría]
ader (de)	**φλέβα** (θηλ.)	[fléva]
hersenen (mv.)	**εγκέφαλος** (αρ.)	[engéfalʲos]
zenuw (de)	**νεύρο** (ουδ.)	[névro]
zenuwen (mv.)	**νεύρα** (ουδ.πλ.)	[névra]
wervel (de)	**σπόνδυλος** (αρ.)	[spónðilʲos]
ruggengraat (de)	**σπονδυλική στήλη** (θηλ.)	[sponðilikí stíli]
maag (de)	**στομάχι** (ουδ.)	[stomáxi]
darmen (mv.)	**σπλάχνα** (ουδ.πλ.)	[splʲáxna]
darm (de)	**έντερο** (ουδ.)	[éndero]
lever (de)	**ήπαρ** (ουδ.)	[ípar]
nier (de)	**νεφρό** (ουδ.)	[nefró]
been (deel van het skelet)	**οστό** (ουδ.)	[ostó]
skelet (het)	**σκελετός** (αρ.)	[skeletós]
rib (de)	**πλευρό** (ουδ.)	[plevró]
schedel (de)	**κρανίο** (ουδ.)	[kranío]
spier (de)	**μυς** (αρ.)	[mis]
biceps (de)	**δικέφαλος** (αρ.)	[ðikéfalʲos]
triceps (de)	**τρικέφαλος** (αρ.)	[trikéfalʲos]
pees (de)	**τένοντας** (αρ.)	[ténondas]
gewricht (het)	**άρθρωση** (θηλ.)	[árθrosi]

longen (mv.)	**πνεύμονες** (αρ.πλ.)	[pnévmones]
geslachtsorganen (mv.)	**γεννητικά όργανα** (ουδ.πλ.)	[jenitiká órɣana]
huid (de)	**δέρμα** (ουδ.)	[ðérma]

31. Hoofd

hoofd (het)	**κεφάλι** (ουδ.)	[kefáli]
gezicht (het)	**πρόσωπο** (ουδ.)	[prósopo]
neus (de)	**μύτη** (θηλ.)	[míti]
mond (de)	**στόμα** (ουδ.)	[stóma]
oog (het)	**μάτι** (ουδ.)	[máti]
ogen (mv.)	**μάτια** (ουδ.πλ.)	[mátia]
pupil (de)	**κόρη** (θηλ.)	[kóri]
wenkbrauw (de)	**φρύδι** (ουδ.)	[fríði]
wimper (de)	**βλεφαρίδα** (θηλ.)	[vlefaríða]
ooglid (het)	**βλέφαρο** (ουδ.)	[vléfaro]
tong (de)	**γλώσσα** (θηλ.)	[ɣlʲósa]
tand (de)	**δόντι** (ουδ.)	[ðóndi]
lippen (mv.)	**χείλη** (ουδ.πλ.)	[xíli]
jukbeenderen (mv.)	**ζυγωματικά** (ουδ.πλ.)	[ziɣomatiká]
tandvlees (het)	**ούλο** (ουδ.)	[úlʲo]
gehemelte (het)	**ουρανίσκος** (αρ.)	[uranískos]
neusgaten (mv.)	**ρουθούνια** (ουδ.πλ.)	[ruθúnia]
kin (de)	**πηγούνι** (ουδ.)	[piɣúni]
kaak (de)	**σαγόνι** (ουδ.)	[saɣóni]
wang (de)	**μάγουλο** (ουδ.)	[máɣulʲo]
voorhoofd (het)	**μέτωπο** (ουδ.)	[métopo]
slaap (de)	**κρόταφος** (αρ.)	[krótafos]
oor (het)	**αυτί** (ουδ.)	[aftí]
achterhoofd (het)	**πίσω μέρος του κεφαλιού** (ουδ.)	[píso méros tu kefaliú]
hals (de)	**αυχένας , σβέρκος** (αρ.)	[afxénas], [svérkos]
keel (de)	**λαιμός** (αρ.)	[lemós]
haren (mv.)	**μαλλιά** (ουδ.πλ.)	[maliá]
kapsel (het)	**χτένισμα** (ουδ.)	[xténizma]
haarsnit (de)	**κούρεμα** (ουδ.)	[kúrema]
pruik (de)	**περούκα** (θηλ.)	[perúka]
snor (de)	**μουστάκι** (ουδ.)	[mustáki]
baard (de)	**μούσι** (ουδ.)	[músi]
dragen (een baard, enz.)	**φορώ**	[foró]
vlecht (de)	**κοτσίδα** (θηλ.)	[kotsíða]
bakkebaarden (mv.)	**φαβορίτες** (θηλ.πλ.)	[favorítes]
ros (roodachtig, rossig)	**κοκκινομάλλης**	[kokinomális]
grijs (~ haar)	**γκρίζος**	[grízos]
kaal (bn)	**φαλακρός**	[falʲakrós]
kale plek (de)	**φαλάκρα** (θηλ.)	[falʲákra]
paardenstaart (de)	**αλογοουρά** (θηλ.)	[alʲoɣourá]
pony (de)	**φράντζα** (θηλ.)	[frándza]

32. Menselijk lichaam

hand (de)	**χέρι** (ουδ.)	[xéri]
arm (de)	**χέρι** (ουδ.)	[xéri]
vinger (de)	**δάχτυλο** (ουδ.)	[ðáxtilʲo]
duim (de)	**αντίχειρας** (αρ.)	[andíxiras]
pink (de)	**μικρό δάχτυλο** (ουδ.)	[mikró ðáxtilʲo]
nagel (de)	**νύχι** (ουδ.)	[níxi]
vuist (de)	**γροθιά** (θηλ.)	[ɣroθxá]
handpalm (de)	**παλάμη** (θηλ.)	[palʲámi]
pols (de)	**καρπός** (αρ.)	[karpós]
voorarm (de)	**πήχης** (αρ.)	[píxis]
elleboog (de)	**αγκώνας** (αρ.)	[angónas]
schouder (de)	**ώμος** (αρ.)	[ómos]
been (rechter ~)	**πόδι** (ουδ.)	[póði]
voet (de)	**πόδι** (ουδ.)	[póði]
knie (de)	**γόνατο** (ουδ.)	[ɣónato]
kuit (de)	**γάμπα** (θηλ.)	[ɣámba]
heup (de)	**γοφός** (αρ.)	[ɣofós]
hiel (de)	**φτέρνα** (θηλ.)	[ftérna]
lichaam (het)	**σώμα** (ουδ.)	[sóma]
buik (de)	**κοιλιά** (θηλ.)	[kiliá]
borst (de)	**στήθος** (ουδ.)	[stíθos]
borst (de)	**στήθος** (ουδ.)	[stíθos]
zijde (de)	**λαγόνα** (θηλ.)	[lʲaɣóna]
rug (de)	**πλάτη** (θηλ.)	[plʲáti]
lage rug (de)	**οσφυική χώρα** (θηλ.)	[osfikí xóra]
taille (de)	**οσφύς** (θηλ.)	[osfís]
navel (de)	**ομφαλός** (αρ.)	[omfalʲós]
billen (mv.)	**οπίσθια** (ουδ.πλ.)	[opísθxa]
achterwerk (het)	**πισινός** (αρ.)	[pisinós]
huidvlek (de)	**ελιά** (θηλ.)	[eliá]
moedervlek (de)	**σημάδι εκ γενετής** (ουδ.)	[simáði ek ʝenetís]
tatoeage (de)	**τατουάζ** (ουδ.)	[tatuáz]
litteken (het)	**ουλή** (θηλ.)	[ulí]

Kleding en accessoires

33. Bovenkleding. Jassen

kleren (mv.)	**ενδύματα** (ουδ.πλ.)	[enðímata]
bovenkleding (de)	**πανωφόρια** (ουδ.πλ.)	[panofória]
winterkleding (de)	**χειμωνιάτικα ρούχα** (ουδ.πλ.)	[ximoniátika rúxa]
jas (de)	**παλτό** (ουδ.)	[palʲtó]
bontjas (de)	**γούνα** (θηλ.)	[ɣúna]
bontjasje (het)	**κοντογούνι** (ουδ.)	[kondoɣúni]
donzen jas (de)	**πουπουλένιο μπουφάν** (ουδ.)	[pupulénio bufán]
jasje (bijv. een leren ~)	**μπουφάν** (ουδ.)	[bufán]
regenjas (de)	**αδιάβροχο** (ουδ.)	[aðiávroxo]
waterdicht (bn)	**αδιάβροχος**	[aðiávroxos]

34. Heren & dames kleding

overhemd (het)	**πουκάμισο** (ουδ.)	[pukámiso]
broek (de)	**παντελόνι** (ουδ.)	[pandelʲóni]
jeans (de)	**τζιν** (ουδ.)	[dzin]
colbert (de)	**σακάκι** (ουδ.)	[sakáki]
kostuum (het)	**κοστούμι** (ουδ.)	[kostúmi]
jurk (de)	**φόρεμα** (ουδ.)	[fórema]
rok (de)	**φούστα** (θηλ.)	[fústa]
blouse (de)	**μπλούζα** (θηλ.)	[blʲúza]
wollen vest (de)	**ζακέτα** (θηλ.)	[zakéta]
blazer (kort jasje)	**σακάκι** (ουδ.)	[sakáki]
T-shirt (het)	**μπλουζάκι** (ουδ.)	[blʲuzáki]
shorts (mv.)	**σορτς** (ουδ.)	[sorts]
trainingspak (het)	**αθλητική φόρμα** (θηλ.)	[aθlitikí fórma]
badjas (de)	**μπουρνούζι** (ουδ.)	[burnúzi]
pyjama (de)	**πιτζάμα** (θηλ.)	[pidzáma]
sweater (de)	**πουλόβερ** (ουδ.)	[pulʲóver]
pullover (de)	**πουλόβερ** (ουδ.)	[pulʲóver]
gilet (het)	**γιλέκο** (ουδ.)	[ʝiléko]
rokkostuum (het)	**φράκο** (ουδ.)	[fráko]
smoking (de)	**σμόκιν** (ουδ.)	[smókin]
uniform (het)	**στολή** (θηλ.)	[stolí]
werkkleding (de)	**τα ρούχα της δουλειάς** (ουδ.πλ.)	[ta rúxa tis ðuliás]
overall (de)	**φόρμα** (θηλ.)	[fórma]
doktersjas (de)	**ρόμπα** (θηλ.)	[rómpa]

35. Kleding. Ondergoed

ondergoed (het)	**εσώρουχα** (ουδ.πλ.)	[esóruxa]
onderhemd (het)	**φανέλα** (θηλ.)	[fanélʲa]
sokken (mv.)	**κάλτσες** (θηλ.πλ.)	[kálʲtses]
nachthemd (het)	**νυχτικό** (ουδ.)	[nixtikó]
beha (de)	**σουτιέν** (ουδ.)	[sutién]
kniekousen (mv.)	**κάλτσες μέχρι το γόνατο** (θηλ.πλ.)	[kálʲtses méxri to ɣónato]
panty (de)	**καλτσόν** (ουδ.)	[kalʲtsón]
nylonkousen (mv.)	**κάλτσες** (θηλ.πλ.)	[kálʲtses]
badpak (het)	**μαγιό** (ουδ.)	[maʝió]

36. Hoofddeksels

hoed (de)	**καπέλο** (ουδ.)	[kapélʲo]
deukhoed (de)	**καπέλο, φεντόρα** (ουδ.)	[kapélʲo], [fedóra]
honkbalpet (de)	**καπέλο του μπέιζμπολ** (ουδ.)	[kapélʲo tu béjzbolʲ]
kleppet (de)	**κασκέτο** (ουδ.)	[kaskéto]
baret (de)	**μπερές** (αρ.)	[berés]
kap (de)	**κουκούλα** (θηλ.)	[kukúlʲa]
panamahoed (de)	**παναμάς** (αρ.)	[panamás]
gebreide muts (de)	**πλεκτό καπέλο** (ουδ.)	[plektó kapélʲo]
hoofddoek (de)	**μαντήλι** (ουδ.)	[mandíli]
dameshoed (de)	**γυναικείο καπέλο** (ουδ.)	[ʝinekío kapélʲo]
veiligheidshelm (de)	**κράνος** (ουδ.)	[krános]
veldmuts (de)	**δίκοχο** (ουδ.)	[ðíkoxo]
helm, valhelm (de)	**κράνος** (ουδ.)	[krános]
bolhoed (de)	**μπόουλερ** (αρ.)	[bóuler]
hoge hoed (de)	**ψηλό καπέλο** (ουδ.)	[psilʲó kapélʲo]

37. Schoeisel

schoeisel (het)	**υποδήματα** (ουδ.πλ.)	[ipoðímata]
schoenen (mv.)	**παπούτσια** (ουδ.πλ.)	[papútsia]
vrouwenschoenen (mv.)	**γόβες** (θηλ.πλ.)	[ɣóves]
laarzen (mv.)	**μπότες** (θηλ.πλ.)	[bótes]
pantoffels (mv.)	**παντόφλες** (θηλ.πλ.)	[pandófles]
sportschoenen (mv.)	**αθλητικά** (ουδ.πλ.)	[aθlitiká]
sneakers (mv.)	**αθλητικά παπούτσια** (ουδ.πλ.)	[aθlitiká papútsia]
sandalen (mv.)	**σανδάλια** (ουδ.)	[sanðália]
schoenlapper (de)	**τσαγκάρης** (αρ.)	[tsangáris]
hiel (de)	**τακούνι** (ουδ.)	[takúni]
paar (een ~ schoenen)	**ζευγάρι** (ουδ.)	[zevɣári]

veter (de)	**κορδόνι** (ουδ.)	[korðóni]
rijgen (schoenen ~)	**δένω τα κορδόνια**	[ðéno ta korðónia]
schoenlepel (de)	**κόκκαλο παπουτσιών** (ουδ.)	[kókalʲo paputsion]
schoensmeer (de/het)	**κρέμα παπουτσιών** (θηλ.)	[kréma paputsión]

38. Textiel. Weefsel

katoen (de/het)	**βαμβάκι** (ουδ.)	[vamváki]
katoenen (bn)	**βαμβακερός**	[vamvakerós]
vlas (het)	**λινάρι** (ουδ.)	[linári]
vlas-, van vlas (bn)	**λινός**	[linós]
zijde (de)	**μετάξι** (ουδ.)	[metáksi]
zijden (bn)	**μεταξωτός**	[metaksotós]
wol (de)	**μαλλί** (ουδ.)	[malí]
wollen (bn)	**μάλλινος**	[málinos]
fluweel (het)	**βελούδο** (ουδ.)	[velʲúðo]
suède (de)	**καστόρι** (ουδ.)	[kastóri]
ribfluweel (het)	**κοτλέ** (ουδ.)	[kotlé]
nylon (de/het)	**νάιλον** (ουδ.)	[nájlʲon]
nylon-, van nylon (bn)	**από νάιλον**	[apó nájlʲon]
polyester (het)	**πολυεστέρας** (αρ.)	[poliestéras]
polyester- (abn)	**πολυεστερικός**	[poliesterikós]
leer (het)	**δέρμα** (ουδ.)	[ðérma]
leren (van leer gemaak)	**δερμάτινος**	[ðermátinos]
bont (het)	**γούνα** (θηλ.)	[ɣúna]
bont- (abn)	**γούνινος**	[ɣúninos]

39. Persoonlijke accessoires

handschoenen (mv.)	**γάντια** (ουδ.πλ.)	[ɣándia]
sjaal (fleece ~)	**κασκόλ** (ουδ.)	[kaskólʲ]
bril (de)	**γυαλιά** (ουδ.πλ.)	[jaliá]
brilmontuur (het)	**σκελετός** (αρ.)	[skeletós]
paraplu (de)	**ομπρέλα** (θηλ.)	[ombrélʲa]
wandelstok (de)	**μπαστούνι** (ουδ.)	[bastúni]
haarborstel (de)	**βούρτσα** (θηλ.)	[vúrtsa]
waaier (de)	**βεντάλια** (θηλ.)	[vendália]
das (de)	**γραβάτα** (θηλ.)	[ɣraváta]
strikje (het)	**παπιγιόν** (ουδ.)	[papijón]
bretels (mv.)	**τιράντες** (θηλ.πλ.)	[tirándes]
zakdoek (de)	**μαντήλι** (ουδ.)	[mandíli]
kam (de)	**χτένα** (θηλ.)	[xténa]
haarspeldje (het)	**φουρκέτα** (θηλ.)	[furkéta]
schuifspeldje (het)	**φουρκέτα** (θηλ.)	[furkéta]
gesp (de)	**πόρπη** (θηλ.)	[pórpi]

broekriem (de)	**ζώνη** (θηλ.)	[zóni]
draagriem (de)	**λουρί** (αρ.)	[lʲurí]
handtas (de)	**τσάντα** (θηλ.)	[tsánda]
damestas (de)	**τσάντα** (θηλ.)	[tsánda]
rugzak (de)	**σακίδιο** (ουδ.)	[sakíðio]

40. Kleding. Diversen

mode (de)	**μόδα** (θηλ.)	[móða]
de mode (bn)	**της μόδας**	[tis móðas]
kledingstilist (de)	**σχεδιαστής** (αρ.)	[sxeðiastís]
kraag (de)	**γιακάς** (αρ.)	[jakás]
zak (de)	**τσέπη** (θηλ.)	[tsépi]
zak- (abn)	**της τσέπης**	[tis tsépis]
mouw (de)	**μανίκι** (ουδ.)	[maníki]
lusje (het)	**θηλιά** (θηλ.)	[θiliá]
gulp (de)	**φερμουάρ** (ουδ.)	[fermuár]
rits (de)	**φερμουάρ** (ουδ.)	[fermuár]
sluiting (de)	**κούμπωμα** (ουδ.)	[kúmboma]
knoop (de)	**κουμπί** (ουδ.)	[kumbí]
knoopsgat (het)	**κουμπότρυπα** (θηλ.)	[kumbótripa]
losraken (bijv. knopen)	**βγαίνω**	[vjéno]
naaien (kleren, enz.)	**ράβω**	[rávo]
borduren (ww)	**κεντώ**	[kendó]
borduursel (het)	**κέντημα** (ουδ.)	[kéndima]
naald (de)	**βελόνα** (θηλ.)	[velʲóna]
draad (de)	**κλωστή** (θηλ.)	[klʲostí]
naad (de)	**ραφή** (θηλ.)	[rafí]
vies worden (ww)	**λερώνομαι**	[lerónome]
vlek (de)	**λεκές** (αρ.)	[lekés]
gekreukt raken (ov. kleren)	**τσαλακώνομαι**	[tsalʲakónome]
scheuren (ov.ww.)	**σκίζω**	[skízo]
mot (de)	**σκόρος** (αρ.)	[skóros]

41. Persoonlijke verzorging. Schoonheidsmiddelen

tandpasta (de)	**οδοντόκρεμα** (θηλ.)	[oðondókrema]
tandenborstel (de)	**οδοντόβουρτσα** (θηλ.)	[oðondóvutsa]
tanden poetsen (ww)	**πλένω τα δόντια**	[pléno ta ðóndia]
scheermes (het)	**ξυράφι** (ουδ.)	[ksiráfi]
scheerschuim (het)	**κρέμα ξυρίσματος** (θηλ.)	[kréma ksirízmatos]
zich scheren (ww)	**ξυρίζομαι**	[ksirízome]
zeep (de)	**σαπούνι** (ουδ.)	[sapúni]
shampoo (de)	**σαμπουάν** (ουδ.)	[sambuán]
schaar (de)	**ψαλίδι** (ουδ.)	[psalíði]

nagelvijl (de)	**λίμα νυχιών** (θηλ.)	[líma nixión]
nagelknipper (de)	**νυχοκόπτης** (αρ.)	[nixokóptis]
pincet (het)	**τσιμπιδάκι** (ουδ.)	[tsimbiðáki]
cosmetica (mv.)	**καλλυντικά** (ουδ.πλ.)	[kalindiká]
masker (het)	**μάσκα** (θηλ.)	[máska]
manicure (de)	**μανικιούρ** (ουδ.)	[manikiúr]
manicure doen	**κάνω μανικιούρ**	[káno manikiúr]
pedicure (de)	**πεντικιούρ** (ουδ.)	[pedikiúr]
cosmetica tasje (het)	**τσαντάκι καλλυντικών** (ουδ.)	[tsandáki kalindikón]
poeder (de/het)	**πούδρα** (θηλ.)	[púðra]
poederdoos (de)	**πουδριέρα** (θηλ.)	[puðriéra]
rouge (de)	**ρουζ** (ουδ.)	[ruz]
parfum (de/het)	**άρωμα** (ουδ.)	[ároma]
eau de toilet (de)	**κολόνια** (θηλ.)	[kolʲónia]
lotion (de)	**λοσιόν** (θηλ.)	[lʲosión]
eau de cologne (de)	**κολόνια** (θηλ.)	[kolʲónia]
oogschaduw (de)	**σκιά ματιών** (θηλ.)	[skiá matión]
oogpotlood (het)	**μολύβι ματιών** (ουδ.)	[molívi matión]
mascara (de)	**μάσκαρα** (θηλ.)	[máskara]
lippenstift (de)	**κραγιόν** (ουδ.)	[kraʝión]
nagellak (de)	**βερνίκι νυχιών** (ουδ.)	[verníki nixión]
haarlak (de)	**λακ μαλλιών** (ουδ.)	[lʲak malión]
deodorant (de)	**αποσμητικό** (ουδ.)	[apozmitikó]
crème (de)	**κρέμα** (θηλ.)	[kréma]
gezichtscrème (de)	**κρέμα προσώπου** (θηλ.)	[kréma prosópu]
handcrème (de)	**κρέμα χεριών** (θηλ.)	[kréma xerión]
antirimpelcrème (de)	**αντιρυτιδική κρέμα** (θηλ.)	[andiritiðikí kréma]
dagcrème (de)	**κρέμα ημέρας** (θηλ.)	[kréma iméras]
nachtcrème (de)	**κρέμα νυκτός** (θηλ.)	[kréma niktós]
tampon (de)	**ταμπόν** (ουδ.)	[tabón]
toiletpapier (het)	**χαρτί υγείας** (ουδ.)	[xartí ʝías]
föhn (de)	**πιστολάκι** (ουδ.)	[pistolʲáki]

42. Juwelen

sieraden (mv.)	**κοσμήματα** (ουδ.πλ.)	[kozmímata]
edel (bijv. ~ stenen)	**πολύτιμος**	[polítimos]
keurmerk (het)	**σφραγίδα** (θηλ.)	[sfraʝíða]
ring (de)	**δαχτυλίδι** (ουδ.)	[ðaxtilíði]
trouwring (de)	**βέρα** (θηλ.)	[véra]
armband (de)	**βραχιόλι** (ουδ.)	[vraxióli]
oorringen (mv.)	**σκουλαρίκια** (ουδ.πλ.)	[skulʲaríkia]
halssnoer (het)	**κολιέ** (ουδ.)	[kolié]
kroon (de)	**στέμμα** (ουδ.)	[stéma]
kralen snoer (het)	**χάντρες** (θηλ.πλ.)	[xándres]

diamant (de)	**διαμάντι** (ουδ.)	[ðiamándi]
smaragd (de)	**σμαράγδι** (ουδ.)	[zmaráɣði]
robijn (de)	**ρουμπίνι** (ουδ.)	[rubíni]
saffier (de)	**ζαφείρι** (ουδ.)	[zafíri]
parel (de)	**μαργαριτάρι** (ουδ.)	[marɣaritári]
barnsteen (de)	**κεχριμπάρι** (ουδ.)	[kexribári]

43. Horloges. Klokken

polshorloge (het)	**ρολόι χειρός** (ουδ.)	[rolʲój xirós]
wijzerplaat (de)	**πλάκα ρολογιού** (θηλ.)	[plʲáka rolʲoju]
wijzer (de)	**δείκτης** (αρ.)	[ðíktis]
metalen horlogeband (de)	**μπρασελέ** (ουδ.)	[braselé]
horlogebandje (het)	**λουράκι** (ουδ.)	[lʲuráki]
batterij (de)	**μπαταρία** (θηλ.)	[bataría]
leeg zijn (ww)	**εξαντλούμαι**	[eksantlʲúme]
batterij vervangen	**αλλάζω μπαταρία**	[alʲázo bataría]
voorlopen (ww)	**πηγαίνω μπροστά**	[pijéno brostá]
achterlopen (ww)	**πηγαίνω πίσω**	[pijéno píso]
wandklok (de)	**ρολόι τοίχου** (ουδ.)	[rolʲój tíxu]
zandloper (de)	**κλεψύδρα** (θηλ.)	[klepsíðra]
zonnewijzer (de)	**ηλιακό ρολόι** (ουδ.)	[iliakó rolʲój]
wekker (de)	**ξυπνητήρι** (ουδ.)	[ksipnitíri]
horlogemaker (de)	**ωρολογοποιός** (αρ.)	[orolʲoɣopiós]
repareren (ww)	**επισκευάζω**	[episkevázo]

Voedsel. Voeding

44. Voedsel

vlees (het)	**κρέας** (ουδ.)	[kréas]
kip (de)	**κότα** (θηλ.)	[kóta]
kuiken (het)	**κοτόπουλο** (ουδ.)	[kotópulʲo]
eend (de)	**πάπια** (θηλ.)	[pápia]
gans (de)	**χήνα** (θηλ.)	[xína]
wild (het)	**θήραμα** (ουδ.)	[θírama]
kalkoen (de)	**γαλοπούλα** (θηλ.)	[ɣalʲopúlʲa]
varkensvlees (het)	**χοιρινό κρέας** (ουδ.)	[xirinó kréas]
kalfsvlees (het)	**μοσχαρίσιο κρέας** (ουδ.)	[mosxarísio kréas]
schapenvlees (het)	**αρνήσιο κρέας** (ουδ.)	[arnísio kréas]
rundvlees (het)	**βοδινό κρέας** (ουδ.)	[voðinó kréas]
konijnenvlees (het)	**κουνέλι** (ουδ.)	[kunéli]
worst (de)	**λουκάνικο** (ουδ.)	[lʲukániko]
saucijs (de)	**λουκάνικο** (ουδ.)	[lʲukániko]
spek (het)	**μπέικον** (ουδ.)	[béjkon]
ham (de)	**ζαμπόν** (ουδ.)	[zabón]
gerookte achterham (de)	**καπνιστό χοιρομέρι** (ουδ.)	[kapnistó xiroméri]
paté (de)	**πατέ** (ουδ.)	[paté]
lever (de)	**συκώτι** (ουδ.)	[sikóti]
gehakt (het)	**κιμάς** (αρ.)	[kimás]
tong (de)	**γλώσσα** (θηλ.)	[ɣlʲósa]
ei (het)	**αυγό** (ουδ.)	[avɣó]
eieren (mv.)	**αυγά** (ουδ.πλ.)	[avɣá]
eiwit (het)	**ασπράδι** (ουδ.)	[aspráði]
eigeel (het)	**κρόκος** (αρ.)	[krókos]
vis (de)	**ψάρι** (ουδ.)	[psári]
zeevruchten (mv.)	**θαλασσινά** (θηλ.πλ.)	[θalʲasiná]
kaviaar (de)	**χαβιάρι** (ουδ.)	[xaviári]
krab (de)	**καβούρι** (ουδ.)	[kavúri]
garnaal (de)	**γαρίδα** (θηλ.)	[ɣaríða]
oester (de)	**στρείδι** (ουδ.)	[stríði]
langoest (de)	**ακανθωτός αστακός** (αρ.)	[akanθotós astakós]
octopus (de)	**χταπόδι** (ουδ.)	[xtapóði]
inktvis (de)	**καλαμάρι** (ουδ.)	[kalʲamári]
steur (de)	**οξύρυγχος** (αρ.)	[oksírinxos]
zalm (de)	**σολομός** (αρ.)	[solʲomós]
heilbot (de)	**ιππόγλωσσος** (αρ.)	[ipóɣlʲosos]
kabeljauw (de)	**μπακαλιάρος** (αρ.)	[bakaliáros]
makreel (de)	**σκουμπρί** (ουδ.)	[skumbrí]

tonijn (de)	**τόνος** (αρ.)	[tónos]
paling (de)	**χέλι** (ουδ.)	[xéli]

forel (de)	**πέστροφα** (θηλ.)	[péstrofa]
sardine (de)	**σαρδέλα** (θηλ.)	[sarðélʲa]
snoek (de)	**λούτσος** (αρ.)	[lʲútsos]
haring (de)	**ρέγγα** (θηλ.)	[rénga]

brood (het)	**ψωμί** (ουδ.)	[psomí]
kaas (de)	**τυρί** (ουδ.)	[tirí]
suiker (de)	**ζάχαρη** (θηλ.)	[záxari]
zout (het)	**αλάτι** (ουδ.)	[alʲáti]

rijst (de)	**ρύζι** (ουδ.)	[rízi]
pasta (de)	**ζυμαρικά** (ουδ.πλ.)	[zimariká]
noedels (mv.)	**νουντλς** (ουδ.πλ.)	[nudls]

boter (de)	**βούτυρο** (ουδ.)	[vútiro]
plantaardige olie (de)	**φυτικό λάδι** (ουδ.)	[fitikó lʲáði]
zonnebloemolie (de)	**ηλιέλαιο** (ουδ.)	[iliéleo]
margarine (de)	**μαργαρίνη** (θηλ.)	[maryaríni]

olijven (mv.)	**ελιές** (θηλ.πλ.)	[eliés]
olijfolie (de)	**ελαιόλαδο** (ουδ.)	[eleólʲaðo]

melk (de)	**γάλα** (ουδ.)	[ɣálʲa]
gecondenseerde melk (de)	**συμπυκνωμένο γάλα** (ουδ.)	[simbiknoméno ɣálʲa]
yoghurt (de)	**γιαούρτι** (ουδ.)	[ja̯úrti]
zure room (de)	**ξινή κρέμα** (θηλ.)	[ksiní kréma]
room (de)	**κρέμα γάλακτος** (θηλ.)	[kréma ɣálʲaktos]

mayonaise (de)	**μαγιονέζα** (θηλ.)	[ma̯jonéza]
crème (de)	**κρέμα** (θηλ.)	[kréma]

graan (het)	**πλιγούρι** (ουδ.)	[pliɣúri]
meel (het), bloem (de)	**αλεύρι** (ουδ.)	[alévri]
conserven (mv.)	**κονσέρβες** (θηλ.πλ.)	[konsérves]

maïsvlokken (mv.)	**κορν φλέικς** (ουδ.πλ.)	[kornfléjks]
honing (de)	**μέλι** (ουδ.)	[méli]
jam (de)	**μαρμελάδα** (θηλ.)	[marmelʲáða]
kauwgom (de)	**τσίχλα** (θηλ.)	[tsíxlʲa]

45. Drankjes

water (het)	**νερό** (ουδ.)	[neró]
drinkwater (het)	**πόσιμο νερό** (ουδ.)	[pósimo neró]
mineraalwater (het)	**μεταλλικό νερό** (ουδ.)	[metalikó neró]

zonder gas	**χωρίς ανθρακικό**	[xorís anθrakikó]
koolzuurhoudend (bn)	**ανθρακούχος**	[anθrakúxos]
bruisend (bn)	**ανθρακούχο**	[anθrakúxo]
ijs (het)	**πάγος** (αρ.)	[páɣos]
met ijs	**με πάγο**	[me páɣo]

alcohol vrij (bn)	**χωρίς αλκοόλ**	[xorís alʲkoólʲ]
alcohol vrije drank (de)	**αναψυκτικό** (ουδ.)	[anapsiktikó]
frisdrank (de)	**αναψυκτικό** (ουδ.)	[anapsiktikó]
limonade (de)	**λεμονάδα** (θηλ.)	[lemonáða]
alcoholische dranken (mv.)	**αλκοολούχα ποτά** (ουδ.πλ.)	[alʲkoolʲúxa potá]
wijn (de)	**κρασί** (ουδ.)	[krasí]
witte wijn (de)	**λευκό κρασί** (ουδ.)	[lefkó krasí]
rode wijn (de)	**κόκκινο κρασί** (ουδ.)	[kókino krasí]
likeur (de)	**λικέρ** (ουδ.)	[likér]
champagne (de)	**σαμπάνια** (θηλ.)	[sambánia]
vermout (de)	**βερμούτ** (ουδ.)	[vermút]
whisky (de)	**ουίσκι** (ουδ.)	[wíski]
wodka (de)	**βότκα** (θηλ.)	[vótka]
gin (de)	**τζιν** (ουδ.)	[dzin]
cognac (de)	**κονιάκ** (ουδ.)	[konják]
rum (de)	**ρούμι** (ουδ.)	[rúmi]
koffie (de)	**καφές** (αρ.)	[kafés]
zwarte koffie (de)	**σκέτος καφές** (αρ.)	[skétos kafés]
koffie (de) met melk	**καφές με γάλα** (αρ.)	[kafés me ɣálʲa]
cappuccino (de)	**καπουτσίνο** (αρ.)	[kaputsíno]
oploskoffie (de)	**στιγμιαίος καφές** (αρ.)	[stiɣmiéos kafes]
melk (de)	**γάλα** (ουδ.)	[ɣálʲa]
cocktail (de)	**κοκτέιλ** (ουδ.)	[koktéjlʲ]
milkshake (de)	**μιλκσέικ** (ουδ.)	[milʲkséjk]
sap (het)	**χυμός** (αρ.)	[ximós]
tomatensap (het)	**χυμός ντομάτας** (αρ.)	[ximós domátas]
sinaasappelsap (het)	**χυμός πορτοκαλιού** (αρ.)	[ximós portokaliú]
vers geperst sap (het)	**φρέσκος χυμός** (αρ.)	[fréskos ximós]
bier (het)	**μπύρα** (θηλ.)	[bíra]
licht bier (het)	**ανοιχτόχρωμη μπύρα** (θηλ.)	[anixtóxromi bíra]
donker bier (het)	**σκούρα μπύρα** (θηλ.)	[skúra bíra]
thee (de)	**τσάι** (ουδ.)	[tsáj]
zwarte thee (de)	**μαύρο τσάι** (ουδ.)	[mávro tsaj]
groene thee (de)	**πράσινο τσάι** (ουδ.)	[prásino tsaj]

46. Groenten

groenten (mv.)	**λαχανικά** (ουδ.πλ.)	[lʲaxaniká]
verse kruiden (mv.)	**χόρτα** (ουδ.)	[xórta]
tomaat (de)	**ντομάτα** (θηλ.)	[domáta]
augurk (de)	**αγγούρι** (ουδ.)	[angúri]
wortel (de)	**καρότο** (ουδ.)	[karóto]
aardappel (de)	**πατάτα** (θηλ.)	[patáta]
ui (de)	**κρεμμύδι** (ουδ.)	[kremíði]
knoflook (de)	**σκόρδο** (ουδ.)	[skórðo]

kool (de)	**λάχανο** (ουδ.)	[lʲáxano]
bloemkool (de)	**κουνουπίδι** (ουδ.)	[kunupíði]
spruitkool (de)	**λαχανάκι Βρυξελλών** (ουδ.)	[lʲaxanáki vrikselʲón]
broccoli (de)	**μπρόκολο** (ουδ.)	[brókolʲo]
rode biet (de)	**παντζάρι** (ουδ.)	[pandzári]
aubergine (de)	**μελιτζάνα** (θηλ.)	[melidzána]
courgette (de)	**κολοκύθι** (ουδ.)	[kolʲokíθi]
pompoen (de)	**κολοκύθα** (θηλ.)	[kolʲokíθa]
raap (de)	**γογγύλι** (ουδ.), **ρέβα** (θηλ.)	[ɣongíli], [réva]
peterselie (de)	**μαϊντανός** (αρ.)	[majdanós]
dille (de)	**άνηθος** (αρ.)	[ániθos]
sla (de)	**μαρούλι** (ουδ.)	[marúli]
selderij (de)	**σέλινο** (ουδ.)	[sélino]
asperge (de)	**σπαράγγι** (ουδ.)	[sparángi]
spinazie (de)	**σπανάκι** (ουδ.)	[spanáki]
erwt (de)	**αρακάς** (αρ.)	[arakás]
bonen (mv.)	**κουκί** (ουδ.)	[kukí]
maïs (de)	**καλαμπόκι** (ουδ.)	[kalʲambóki]
nierboon (de)	**κόκκινο φασόλι** (ουδ.)	[kókino fasóli]
peper (de)	**πιπεριά** (θηλ.)	[piperiá]
radijs (de)	**ρεπανάκι** (ουδ.)	[repanáki]
artisjok (de)	**αγκινάρα** (θηλ.)	[anginára]

47. Vruchten. Noten

vrucht (de)	**φρούτο** (ουδ.)	[frúto]
appel (de)	**μήλο** (ουδ.)	[mílʲo]
peer (de)	**αχλάδι** (ουδ.)	[axlʲáði]
citroen (de)	**λεμόνι** (ουδ.)	[lemóni]
sinaasappel (de)	**πορτοκάλι** (ουδ.)	[portokáli]
aardbei (de)	**φράουλα** (θηλ.)	[fráulʲa]
mandarijn (de)	**μανταρίνι** (ουδ.)	[mandaríni]
pruim (de)	**δαμάσκηνο** (ουδ.)	[ðamáskino]
perzik (de)	**ροδάκινο** (ουδ.)	[roðákino]
abrikoos (de)	**βερίκοκο** (ουδ.)	[veríkoko]
framboos (de)	**σμέουρο** (ουδ.)	[zméuro]
ananas (de)	**ανανάς** (αρ.)	[ananás]
banaan (de)	**μπανάνα** (θηλ.)	[banána]
watermeloen (de)	**καρπούζι** (ουδ.)	[karpúzi]
druif (de)	**σταφύλι** (ουδ.)	[stafíli]
zure kers (de)	**βύσσινο** (ουδ.)	[vísino]
zoete kers (de)	**κεράσι** (ουδ.)	[kerási]
meloen (de)	**πεπόνι** (ουδ.)	[pepóni]
grapefruit (de)	**γκρέιπφρουτ** (ουδ.)	[gréjpfrut]
avocado (de)	**αβοκάντο** (ουδ.)	[avokádo]
papaja (de)	**παπάγια** (θηλ.)	[papája]
mango (de)	**μάγκο** (ουδ.)	[mángo]

granaatappel (de)	**ρόδι** (ουδ.)	[róði]
rode bes (de)	**κόκκινο φραγκοστάφυλο** (ουδ.)	[kókino frangostáfilʲo]
zwarte bes (de)	**μαύρο φραγκοστάφυλο** (ουδ.)	[mávro frangostáfilʲo]
kruisbes (de)	**λαγοκέρασο** (ουδ.)	[lʲaɣokéraso]
blauwe bosbes (de)	**μύρτιλλο** (ουδ.)	[mírtilʲo]
braambes (de)	**βατόμουρο** (ουδ.)	[vatómuro]
rozijn (de)	**σταφίδα** (θηλ.)	[stafíða]
vijg (de)	**σύκο** (ουδ.)	[síko]
dadel (de)	**χουρμάς** (αρ.)	[xurmás]
pinda (de)	**φυστίκι** (ουδ.)	[fistíki]
amandel (de)	**αμύγδαλο** (ουδ.)	[amíɣðalʲo]
walnoot (de)	**καρύδι** (ουδ.)	[karíði]
hazelnoot (de)	**φουντούκι** (ουδ.)	[fundúki]
kokosnoot (de)	**καρύδα** (θηλ.)	[karíða]
pistaches (mv.)	**φυστίκια** (ουδ.πλ.)	[fistíkia]

48. Brood. Snoep

suikerbakkerij (de)	**ζαχαροπλαστική** (θηλ.)	[zaxaroplʲastikí]
brood (het)	**ψωμί** (ουδ.)	[psomí]
koekje (het)	**μπισκότο** (ουδ.)	[biskóto]
chocolade (de)	**σοκολάτα** (θηλ.)	[sokolʲáta]
chocolade- (abn)	**σοκολατένιος**	[sokolʲaténios]
snoepje (het)	**καραμέλα** (θηλ.)	[karamélʲa]
cakeje (het)	**κέικ** (ουδ.)	[kéjk]
taart (bijv. verjaardags~)	**τούρτα** (θηλ.)	[túrta]
pastei (de)	**πίτα** (θηλ.)	[píta]
vulling (de)	**γέμιση** (θηλ.)	[jémisi]
confituur (de)	**μαρμελάδα** (θηλ.)	[marmelʲáða]
marmelade (de)	**μαρμελάδα** (θηλ.)	[marmelʲáða]
wafel (de)	**γκοφρέτες** (θηλ.πλ.)	[gofrétes]
ijsje (het)	**παγωτό** (ουδ.)	[paɣotó]

49. Bereide gerechten

gerecht (het)	**πιάτο** (ουδ.)	[piáto]
keuken (bijv. Franse ~)	**κουζίνα** (θηλ.)	[kuzína]
recept (het)	**συνταγή** (θηλ.)	[sindají]
portie (de)	**μερίδα** (θηλ.)	[meríða]
salade (de)	**σαλάτα** (θηλ.)	[salʲáta]
soep (de)	**σούπα** (θηλ.)	[súpa]
bouillon (de)	**ζωμός** (αρ.)	[zomós]
boterham (de)	**σάντουιτς** (ουδ.)	[sánduits]

spiegelei (het)	**τηγανητά αυγά** (ουδ.πλ.)	[tiɣanitá avɣá]
hamburger (de)	**χάμπουργκερ** (ουδ.)	[xámburger]
biefstuk (de)	**μπριζόλα** (θηλ.)	[brizólʲa]
garnering (de)	**συνοδευτικό πιάτο** (ουδ.)	[sinoðeftikó piáto]
spaghetti (de)	**σπαγγέτι** (ουδ.)	[spagéti]
aardappelpuree (de)	**πουρές** (αρ.)	[purés]
pizza (de)	**πίτσα** (θηλ.)	[pítsa]
omelet (de)	**ομελέτα** (θηλ.)	[omeléta]
gekookt (in water)	**βραστός**	[vrastós]
gerookt (bn)	**καπνιστός**	[kapnistós]
gebakken (bn)	**τηγανητός**	[tiɣanitós]
gedroogd (bn)	**αποξηραμένος**	[apoksiraménos]
diepvries (bn)	**κατεψυγμένος**	[katepsiɣménos]
gemarineerd (bn)	**τουρσί**	[tursí]
zoet (bn)	**γλυκός**	[ɣlikós]
gezouten (bn)	**αλμυρός**	[alʲmirós]
koud (bn)	**κρύος**	[kríos]
heet (bn)	**ζεστός**	[zestós]
bitter (bn)	**πικρός**	[pikrós]
lekker (bn)	**νόστιμος**	[nóstimos]
koken (in kokend water)	**βράζω**	[vrázo]
bereiden (avondmaaltijd ~)	**μαγειρεύω**	[maʝirévo]
bakken (ww)	**τηγανίζω**	[tiɣanízo]
opwarmen (ww)	**ζεσταίνω**	[zesténo]
zouten (ww)	**αλατίζω**	[alʲatízo]
peperen (ww)	**πιπερώνω**	[piperóno]
raspen (ww)	**τρίβω**	[trívo]
schil (de)	**φλούδα** (θηλ.)	[flʲúða]
schillen (ww)	**καθαρίζω**	[kaθarízo]

50. Kruiden

zout (het)	**αλάτι** (ουδ.)	[alʲáti]
gezouten (bn)	**αλμυρός**	[alʲmirós]
zouten (ww)	**αλατίζω**	[alʲatízo]
zwarte peper (de)	**μαύρο πιπέρι** (ουδ.)	[mávro pipéri]
rode peper (de)	**κόκκινο πιπέρι** (ουδ.)	[kókino pipéri]
mosterd (de)	**μουστάρδα** (θηλ.)	[mustárða]
mierikswortel (de)	**χρένο** (ουδ.)	[xréno]
condiment (het)	**μπαχαρικό** (ουδ.)	[baxarikó]
specerij, kruiderij (de)	**καρύκευμα** (ουδ.)	[karíkevma]
saus (de)	**σάλτσα** (θηλ.)	[sálʲtsa]
azijn (de)	**ξίδι** (ουδ.)	[ksíði]
anijs (de)	**γλυκάνισος** (αρ.)	[ɣlikánisos]
basilicum (de)	**βασιλικός** (αρ.)	[vasilikós]
kruidnagel (de)	**γαρίφαλο** (ουδ.)	[ɣarífalʲo]

gember (de)	**πιπερόριζα** (θηλ.)	[piperóriza]
koriander (de)	**κόλιανδρος** (αρ.)	[kólianðros]
kaneel (de/het)	**κανέλα** (θηλ.)	[kanélʲa]
sesamzaad (het)	**σουσάμι** (ουδ.)	[susámi]
laurierblad (het)	**φύλλο δάφνης** (ουδ.)	[fílʲo ðáfnis]
paprika (de)	**πάπρικα** (θηλ.)	[páprika]
komijn (de)	**κύμινο** (ουδ.)	[kímino]
saffraan (de)	**σαφράν** (ουδ.)	[safrán]

51. Maaltijden

eten (het)	**τροφή** (θηλ.), **φαγητό** (ουδ.)	[trofí], [fajitó]
eten (ww)	**τρώω**	[tróo]
ontbijt (het)	**πρωινό** (ουδ.)	[proinó]
ontbijten (ww)	**παίρνω πρωινό**	[pérno proinó]
lunch (de)	**μεσημεριανό** (ουδ.)	[mesimerianó]
lunchen (ww)	**τρώω μεσημεριανό**	[tróo mesimerianó]
avondeten (het)	**δείπνο** (ουδ.)	[ðípno]
souperen (ww)	**τρώω βραδινό**	[tróo vraðinó]
eetlust (de)	**όρεξη** (θηλ.)	[óreksi]
Eet smakelijk!	**Καλή όρεξη!**	[kalí óreksi]
openen (een fles ~)	**ανοίγω**	[aníɣo]
morsen (koffie, enz.)	**χύνω**	[xíno]
zijn gemorst	**χύνομαι**	[xínome]
koken (water kookt bij 100°C)	**βράζω**	[vrázo]
koken (Hoe om water te ~)	**βράζω**	[vrázo]
gekookt (~ water)	**βρασμένος**	[vrazménos]
afkoelen (koeler maken)	**κρυώνω**	[krióno]
afkoelen (koeler worden)	**κρυώνω**	[krióno]
smaak (de)	**γεύση** (θηλ.)	[jéfsi]
nasmaak (de)	**επίγευση** (θηλ.)	[epíjefsi]
volgen een dieet	**αδυνατίζω**	[aðinatízo]
dieet (het)	**δίαιτα** (θηλ.)	[ðíeta]
vitamine (de)	**βιταμίνη** (θηλ.)	[vitamíni]
calorie (de)	**θερμίδα** (θηλ.)	[θermíða]
vegetariër (de)	**χορτοφάγος** (αρ.)	[xortofáɣos]
vegetarisch (bn)	**χορτοφάγος**	[xortofáɣos]
vetten (mv.)	**λίπη** (ουδ.πλ.)	[lípi]
eiwitten (mv.)	**πρωτεΐνες** (θηλ.πλ.)	[proteínes]
koolhydraten (mv.)	**υδατάνθρακες** (αρ.πλ.)	[iðatánθrakes]
snede (de)	**φέτα** (θηλ.)	[féta]
stuk (bijv. een ~ taart)	**κομμάτι** (ουδ.)	[komáti]
kruimel (de)	**ψίχουλο** (ουδ.)	[psíxulʲo]

52. Tafelschikking

lepel (de)	**κουτάλι** (ουδ.)	[kutáli]
mes (het)	**μαχαίρι** (ουδ.)	[maxéri]
vork (de)	**πιρούνι** (ουδ.)	[pirúni]
kopje (het)	**φλιτζάνι** (ουδ.)	[flidzáni]
bord (het)	**πιάτο** (ουδ.)	[piáto]
schoteltje (het)	**πιατάκι** (ουδ.)	[piatáki]
servet (het)	**χαρτοπετσέτα** (θηλ.)	[xartopetséta]
tandenstoker (de)	**οδοντογλυφίδα** (θηλ.)	[oðondoɣlifíða]

53. Restaurant

restaurant (het)	**εστιατόριο** (ουδ.)	[estiatório]
koffiehuis (het)	**καφετέρια** (θηλ.)	[kafetéria]
bar (de)	**μπαρ** (ουδ.), **μπυραρία** (θηλ.)	[bar], [biraría]
tearoom (de)	**τσαγερί** (θηλ.)	[tsa̯jerí]
kelner, ober (de)	**σερβιτόρος** (αρ.)	[servitóros]
serveerster (de)	**σερβιτόρα** (θηλ.)	[servitóra]
barman (de)	**μπάρμαν** (αρ.)	[bárman]
menu (het)	**κατάλογος** (αρ.)	[katálʲoɣos]
wijnkaart (de)	**κατάλογος κρασιών** (αρ.)	[katálʲoɣos krasión]
een tafel reserveren	**κλείνω τραπέζι**	[klíno trapézi]
gerecht (het)	**πιάτο** (ουδ.)	[piáto]
bestellen (eten ~)	**παραγγέλνω**	[parangélʲno]
een bestelling maken	**κάνω παραγγελία**	[káno parangelía]
aperitief (de/het)	**απεριτίφ** (ουδ.)	[aperitíf]
voorgerecht (het)	**ορεκτικό** (ουδ.)	[orektikó]
dessert (het)	**επιδόρπιο** (ουδ.)	[epiðórpio]
rekening (de)	**λογαριασμός** (αρ.)	[lʲoɣariazmós]
de rekening betalen	**πληρώνω λογαριασμό**	[pliróno lʲoɣariazmó]
wisselgeld teruggeven	**δίνω τα ρέστα**	[ðíno ta résta]
fooi (de)	**πουρμπουάρ** (ουδ.)	[purbuár]

Familie, verwanten en vrienden

54. Persoonlijke informatie. Formulieren

naam (de)	**όνομα** (ουδ.)	[ónoma]
achternaam (de)	**επώνυμο** (ουδ.)	[epónimo]
geboortedatum (de)	**ημερομηνία γέννησης** (θηλ.)	[imerominía jénisis]
geboorteplaats (de)	**τόπος γέννησης** (αρ.)	[tópos jénisis]
nationaliteit (de)	**εθνικότητα** (θηλ.)	[eθnikótita]
woonplaats (de)	**τόπος διαμονής** (αρ.)	[tópos ðiamonís]
land (het)	**χώρα** (θηλ.)	[xóra]
beroep (het)	**επάγγελμα** (ουδ.)	[epángelʲma]
geslacht (ov. het vrouwelijk ~)	**φύλο** (ουδ.)	[fílʲo]
lengte (de)	**ύψος, μπόι** (ουδ.)	[ípsos], [bói]
gewicht (het)	**βάρος** (ουδ.)	[város]

55. Familieleden. Verwanten

moeder (de)	**μητέρα** (θηλ.)	[mitéra]
vader (de)	**πατέρας** (αρ.)	[patéras]
zoon (de)	**γιός** (αρ.)	[jos]
dochter (de)	**κόρη** (θηλ.)	[kóri]
jongste dochter (de)	**μικρότερη κόρη** (ουδ.)	[mikróteri kóri]
jongste zoon (de)	**μικρότερος γιός** (αρ.)	[mikróteros jos]
oudste dochter (de)	**μεγαλύτερη κόρη** (θηλ.)	[meɣalíteri kóri]
oudste zoon (de)	**μεγαλύτερος γιός** (αρ.)	[meɣalíteros jiós]
broer (de)	**αδερφός** (αρ.)	[aðerfós]
zuster (de)	**αδερφή** (θηλ.)	[aðerfí]
neef (zoon van oom, tante)	**ξάδερφος** (αρ.)	[ksáðerfos]
nicht (dochter van oom, tante)	**ξαδέρφη** (θηλ.)	[ksaðérfi]
mama (de)	**μαμά** (θηλ.)	[mamá]
papa (de)	**μπαμπάς** (αρ.)	[babás]
ouders (mv.)	**γονείς** (αρ.πλ.)	[ɣonís]
kind (het)	**παιδί** (ουδ.)	[peðí]
kinderen (mv.)	**παιδιά** (ουδ.πλ.)	[peðiá]
oma (de)	**γιαγιά** (θηλ.)	[jajá]
opa (de)	**παππούς** (αρ.)	[papús]
kleinzoon (de)	**εγγονός** (αρ.)	[engonós]
kleindochter (de)	**εγγονή** (θηλ.)	[engoní]
kleinkinderen (mv.)	**εγγόνια** (ουδ.πλ.)	[engónia]

oom (de)	**θείος** (αρ.)	[θíos]
tante (de)	**θεία** (θηλ.)	[θía]
neef (zoon van broer, zus)	**ανιψιός** (αρ.)	[anipsiós]
nicht (dochter van broer, zus)	**ανιψιά** (θηλ.)	[anipsiá]
schoonmoeder (de)	**πεθερά** (θηλ.)	[peθerá]
schoonvader (de)	**πεθερός** (αρ.)	[peθerós]
schoonzoon (de)	**γαμπρός** (αρ.)	[ɣambrós]
stiefmoeder (de)	**μητριά** (θηλ.)	[mitriá]
stiefvader (de)	**πατριός** (αρ.)	[patriós]
zuigeling (de)	**βρέφος** (ουδ.)	[vréfos]
wiegenkind (het)	**βρέφος** (ουδ.)	[vréfos]
kleuter (de)	**νήπιο** (ουδ.)	[nípio]
vrouw (de)	**γυναίκα** (θηλ.)	[ʝinéka]
man (de)	**άνδρας** (αρ.)	[ánðras]
echtgenoot (de)	**σύζυγος** (αρ.)	[síziɣos]
echtgenote (de)	**σύζυγος** (θηλ.)	[síziɣos]
gehuwd (mann.)	**παντρεμένος**	[pandreménos]
gehuwd (vrouw.)	**παντρεμένη**	[pandreméni]
ongehuwd (mann.)	**ανύπαντρος**	[anípandros]
vrijgezel (de)	**εργένης** (αρ.)	[erʝénis]
gescheiden (bn)	**χωρισμένος**	[xorizménos]
weduwe (de)	**χήρα** (θηλ.)	[xíra]
weduwnaar (de)	**χήρος** (αρ.)	[xíros]
familielid (het)	**συγγενής** (αρ.)	[singenís]
dichte familielid (het)	**κοντινός συγγενής** (αρ.)	[kondinós singenís]
verre familielid (het)	**μακρινός συγγενής** (αρ.)	[makrinós singenís]
familieleden (mv.)	**συγγενείς** (αρ.πλ.)	[singenís]
wees (de), weeskind (het)	**ορφανό** (ουδ.)	[orfanó]
voogd (de)	**κηδεμόνας** (αρ.)	[kiðemónas]
adopteren (een jongen te ~)	**υιοθετώ**	[ioθetó]
adopteren (een meisje te ~)	**υιοθετώ**	[ioθetó]

56. Vrienden. Collega's

vriend (de)	**φίλος** (αρ.)	[fílʲos]
vriendin (de)	**φίλη** (θηλ.)	[fíli]
vriendschap (de)	**φιλία** (θηλ.)	[filía]
bevriend zijn (ww)	**κάνω φιλία**	[káno filía]
makker (de)	**φίλος** (αρ.)	[fílʲos]
vriendin (de)	**φιλενάδα** (θηλ.)	[filenáða]
partner (de)	**συνέταιρος** (αρ.)	[sinéteros]
chef (de)	**αφεντικό** (ουδ.)	[afendikó]
baas (de)	**προϊστάμενος** (αρ.)	[projstámenos]
ondergeschikte (de)	**υφιστάμενος** (αρ.)	[ifistámenos]
collega (de)	**συνεργάτης** (αρ.)	[sinerɣátis]
kennis (de)	**γνωστός** (αρ.)	[ɣnostós]

medereiziger (de)	**συνταξιδιώτης** (αρ.)	[sindaksiðiótis]
klasgenoot (de)	**συμμαθητής** (αρ.)	[simaθitís]
buurman (de)	**γείτονας** (αρ.)	[ʝítonas]
buurvrouw (de)	**γειτόνισσα** (θηλ.)	[ʝitónisa]
buren (mv.)	**γείτονες** (αρ.πλ.)	[ʝítones]

57. Man. Vrouw

vrouw (de)	**γυναίκα** (θηλ.)	[ʝinéka]
meisje (het)	**κοπέλα** (θηλ.)	[kopélʲa]
bruid (de)	**νύφη** (θηλ.)	[nífi]
mooi(e) (vrouw, meisje)	**όμορφη**	[ómorfi]
groot, grote (vrouw, meisje)	**ψηλή**	[psilí]
slank(e) (vrouw, meisje)	**λεπτή**	[leptí]
korte, kleine (vrouw, meisje)	**κοντή**	[kondí]
blondine (de)	**ξανθιά** (θηλ.)	[ksanθxá]
brunette (de)	**μελαχρινή** (θηλ.)	[melʲaxriní]
dames- (abn)	**γυναικείος**	[ʝinekíos]
maagd (de)	**παρθένα** (θηλ.)	[parθéna]
zwanger (bn)	**έγκυος**	[éngios]
man (de)	**άντρας, άνδρας** (αρ.)	[ándras], [ánðras]
blonde man (de)	**ξανθός** (αρ.)	[ksanθós]
bruinharige man (de)	**μελαχρινός** (αρ.)	[melʲaxrinós]
groot (bn)	**ψηλός**	[psilʲós]
klein (bn)	**κοντός**	[kondós]
onbeleefd (bn)	**άξεστος**	[áksestos]
gedrongen (bn)	**γεροδεμένος**	[ʝeroðeménos]
robuust (bn)	**ρωμαλέος**	[romaléos]
sterk (bn)	**δυνατός**	[ðinatós]
sterkte (de)	**δύναμη** (θηλ.)	[ðínami]
mollig (bn)	**χοντρός, παχύς**	[xondrós], [paxís]
getaand (bn)	**μελαψός**	[melʲapsós]
slank (bn)	**λεπτός**	[leptós]
elegant (bn)	**κομψός**	[kompsós]

58. Leeftijd

leeftijd (de)	**ηλικία** (θηλ.)	[ilikía]
jeugd (de)	**νιάτα** (πλ.)	[niáta]
jong (bn)	**νέος, νεαρός**	[néos], [nearós]
jonger (bn)	**μικρότερος**	[mikróteros]
ouder (bn)	**μεγαλύτερος**	[meɣalíteros]
jongen (de)	**νεαρός** (αρ.)	[nearós]
tiener, adolescent (de)	**έφηβος** (αρ.)	[éfivos]

kerel (de)	**αγόρι** (ουδ.)	[aɣóri]
oude man (de)	**γέρος** (αρ.)	[ʝéros]
oude vrouw (de)	**γριά** (θηλ.)	[ɣriá]
volwassen (bn)	**ενήλικος**	[enílikos]
van middelbare leeftijd (bn)	**μέσης ηλικίας**	[mésis ilikías]
bejaard (bn)	**ηλικιωμένος**	[ilikioménos]
oud (bn)	**γέρος**	[ʝéros]
pensioen (het)	**σύνταξη** (θηλ.)	[síndaksi]
met pensioen gaan	**βγαίνω σε σύνταξη**	[vʝéno se síndaksi]
gepensioneerde (de)	**συνταξιούχος** (αρ.)	[sindaksiúxos]

59. Kinderen

kind (het)	**παιδί** (ουδ.)	[peðí]
kinderen (mv.)	**παιδιά** (ουδ.πλ.)	[peðiá]
tweeling (de)	**δίδυμα** (πλ.)	[ðíðima]
wieg (de)	**κούνια** (θηλ.)	[kúnia]
rammelaar (de)	**κουδουνίστρα** (θηλ.)	[kuðunístra]
luier (de)	**πάνα** (θηλ.), **πάμπερς** (ουδ.)	[pána], [pámpers]
speen (de)	**πιπίλα** (θηλ.)	[pipílʲa]
kinderwagen (de)	**καροτσάκι** (ουδ.)	[karotsáki]
kleuterschool (de)	**παιδικός σταθμός** (αρ.)	[peðikós staθmós]
babysitter (de)	**νταντά** (θηλ.)	[dadá]
kindertijd (de)	**παιδικά χρόνια** (ουδ.πλ.)	[peðiká xrónia]
pop (de)	**κούκλα** (θηλ.)	[kúklʲa]
speelgoed (het)	**παιχνίδι** (ουδ.)	[pexníði]
welopgevoed (bn)	**ευγενικός**	[evʝenikós]
onopgevoed (bn)	**αγενής**	[aʝenís]
verwend (bn)	**κακομαθημένος**	[kakomaθiménos]
stout zijn (ww)	**κάνω αταξίες**	[káno ataksíes]
stout (bn)	**άτακτος**	[átaktos]
stoutheid (de)	**αταξία** (θηλ.)	[ataksía]
stouterd (de)	**άτακτο παιδί** (ουδ.)	[átakto peðí]
gehoorzaam (bn)	**υπάκουος**	[ipákuos]
ongehoorzaam (bn)	**ανυπάκουος**	[anipákuos]
braaf (bn)	**πειθήνιος**	[piθínios]
slim (verstandig)	**έξυπνος**	[éksipnos]
wonderkind (het)	**παιδί θαύμα** (ουδ.)	[peðiθávma]

60. Gehuwde paren. Gezinsleven

kussen (een kus geven)	**φιλάω**	[filʲáo]
elkaar kussen (ww)	**φιλιέμαι**	[filiéme]

gezin (het)	οικογένεια (θηλ.)	[ikojénia]
gezins- (abn)	οικογενειακός	[ikojeniakós]
paar (het)	ζευγάρι (ουδ.)	[zevɣári]
huwelijk (het)	γάμος (αρ.)	[ɣámos]
thuis (het)	σπίτι (ουδ.)	[spíti]
dynastie (de)	δυναστεία (θηλ.)	[ðinastía]

date (de)	ραντεβού (ουδ.)	[randevú]
zoen (de)	φιλί (ουδ.)	[filí]

liefde (de)	αγάπη (θηλ.)	[aɣápi]
liefhebben (ww)	αγαπάω	[aɣapáo]
geliefde (bn)	αγαπημένος	[aɣapiménos]

tederheid (de)	τρυφερότητα (θηλ.)	[triferótita]
teder (bn)	τρυφερός	[triferós]
trouw (de)	πίστη (θηλ.)	[písti]
trouw (bn)	πιστός	[pistós]
zorg (bijv. bejaarden~)	φροντίδα (θηλ.)	[frondíða]
zorgzaam (bn)	στοργικός	[storjikós]

jonggehuwden (mv.)	νεόνυμφοι (πλ.)	[neónimfi]
wittebroodsweken (mv.)	ταξίδι του μέλιτος (ουδ.)	[taksíði tu mélitos]
trouwen (vrouw)	παντρεύομαι	[pandrévome]
trouwen (man)	παντρεύομαι	[pandrévome]

bruiloft (de)	γάμος (αρ.)	[ɣámos]
gouden bruiloft (de)	χρυσή επέτειος (θηλ.)	[xrisí epétios]
verjaardag (de)	επέτειος (θηλ.)	[epétios]

minnaar (de)	εραστής (αρ.)	[erastís]
minnares (de)	ερωμένη (θηλ.)	[eroméni]

overspel (het)	απιστία, μοιχεία (θηλ.)	[apistía], [mixía]
overspel plegen (ww)	απατώ	[apató]
jaloers (bn)	ζηλιάρης	[ziliáris]
jaloers zijn (echtgenoot, enz.)	ζηλεύω	[zilévo]
echtscheiding (de)	διαζύγιο (ουδ.)	[ðiazíjo]
scheiden (ww)	χωρίζω	[xorízo]

ruzie hebben (ww)	τσακώνομαι	[tsakónome]
vrede sluiten (ww)	συμφιλιώνομαι	[simfiliónome]
samen (bw)	μαζί	[mazí]
seks (de)	σεξ (ουδ.)	[seks]

geluk (het)	ευτυχία (θηλ.)	[eftixía]
gelukkig (bn)	ευτυχισμένος	[eftixizménos]
ongeluk (het)	κακοτυχία (θηλ.)	[kakotixía]
ongelukkig (bn)	στεναχωρημένος	[stenaxoriménos]

Karakter. Gevoelens. Emoties

61. Gevoelens. Emoties

gevoel (het)	**αίσθημα** (ουδ.)	[ésθima]
gevoelens (mv.)	**αισθήματα** (ουδ.πλ.)	[esθímata]
honger (de)	**πείνα** (θηλ.)	[pína]
honger hebben (ww)	**πεινάω**	[pináo]
dorst (de)	**δίψα** (θηλ.)	[ðípsa]
dorst hebben	**διψάω**	[ðipsáo]
slaperigheid (de)	**νύστα** (θηλ.)	[nísta]
willen slapen	**νυστάζω**	[nistázo]
moeheid (de)	**κούραση** (θηλ.)	[kúrasi]
moe (bn)	**κουρασμένος**	[kurazménos]
vermoeid raken (ww)	**κουράζομαι**	[kurázome]
stemming (de)	**διάθεση** (θηλ.)	[ðiáθesi]
verveling (de)	**ανία** (θηλ.)	[anía]
zich vervelen (ww)	**βαριέμαι**	[variéme]
afzondering (de)	**απομόνωση** (θηλ.)	[apomónosi]
zich afzonderen (ww)	**απομονώνομαι**	[apomonónome]
bezorgd maken	**ανησυχώ**	[anisixó]
bezorgd zijn (ww)	**ανησυχώ**	[anisixó]
zorg (bijv. geld~en)	**ανησυχία** (θηλ.)	[anisixía]
ongerustheid (de)	**άγχος** (ουδ.)	[ánxos]
ongerust (bn)	**προβληματισμένος**	[provlimatizménos]
zenuwachtig zijn (ww)	**αγχώνομαι**	[anxónome]
in paniek raken	**πανικοβάλλομαι**	[panikoválʲome]
hoop (de)	**ελπίδα** (θηλ.)	[elʲpíða]
hopen (ww)	**ελπίζω**	[elʲpízo]
zekerheid (de)	**σιγουριά** (θηλ.)	[siɣuriá]
zeker (bn)	**σίγουρος**	[síɣuros]
onzekerheid (de)	**αβεβαιότητα** (θηλ.)	[aveveótita]
onzeker (bn)	**αβέβαιος**	[avéveos]
dronken (bn)	**μεθυσμένος**	[meθizménos]
nuchter (bn)	**νηφάλιος**	[nifálios]
zwak (bn)	**αδύναμος**	[aðínamos]
gelukkig (bn)	**τυχερός**	[tixerós]
doen schrikken (ww)	**τρομάζω**	[tromázo]
toorn (de)	**λύσσα** (θηλ.)	[lísa]
woede (de)	**οργή** (θηλ.)	[orʝí]
depressie (de)	**κατάθλιψη** (θηλ.)	[katáθlipsi]
ongemak (het)	**δυσφορία** (θηλ.)	[ðisforía]

gemak, comfort (het)	**άνεση** (θηλ.)	[ánesi]
spijt hebben (ww)	**λυπάμαι**	[lipáme]
spijt (de)	**λύπη** (θηλ.)	[lípi]
pech (de)	**ατυχία** (θηλ.)	[atixía]
bedroefdheid (de)	**στεναχώρια** (θηλ.)	[stenaxória]
schaamte (de)	**ντροπή** (θηλ.)	[dropí]
pret (de), plezier (het)	**χαρά** (θηλ.)	[xará]
enthousiasme (het)	**ενθουσιασμός** (αρ.)	[enθusiazmós]
enthousiasteling (de)	**ενθουσιαστής** (αρ.)	[enθusiastís]
enthousiasme vertonen	**ενθουσιάζομαι**	[enθusiázome]

62. Karakter. Persoonlijkheid

karakter (het)	**χαρακτήρας** (αρ.)	[xaraktíras]
karakterfout (de)	**ελάττωμα** (ουδ.)	[elʲátoma]
verstand (het)	**μυαλό** (ουδ.)	[mialʲó]
rede (de)	**λογική** (θηλ.)	[lʲoǰikí]
geweten (het)	**συνείδηση** (θηλ.)	[siníðisi]
gewoonte (de)	**συνήθεια** (θηλ.)	[siníθia]
bekwaamheid (de)	**ικανότητα** (θηλ.)	[ikanótita]
kunnen (bijv., ~ zwemmen)	**ξέρω**	[kséro]
geduldig (bn)	**υπομονετικός**	[ipomonetikós]
ongeduldig (bn)	**ανυπόμονος**	[anipómonos]
nieuwsgierig (bn)	**περίεργος**	[períerɣos]
nieuwsgierigheid (de)	**περιέργεια** (θηλ.)	[periérǰia]
bescheidenheid (de)	**σεμνότητα** (θηλ.)	[semnótita]
bescheiden (bn)	**σεμνός**	[semnós]
onbescheiden (bn)	**άσεμνος**	[ásemnos]
luiheid (de)	**τεμπελιά** (θηλ.)	[tembeliá]
lui (bn)	**τεμπέλης**	[tembélis]
luiwammes (de)	**τεμπέλης** (αρ.)	[tembélis]
sluwheid (de)	**πονηριά** (θηλ.)	[poniriá]
sluw (bn)	**πονηρός**	[ponirós]
wantrouwen (het)	**δυσπιστία** (θηλ.)	[ðispistía]
wantrouwig (bn)	**δύσπιστος**	[ðíspistos]
gulheid (de)	**γενναιοδωρία** (θηλ.)	[ǰeneoðoría]
gul (bn)	**γενναιόδωρος**	[ǰeneóðoros]
talentrijk (bn)	**ταλαντούχος**	[talʲandúxos]
talent (het)	**ταλέντο** (ουδ.)	[taléndo]
moedig (bn)	**θαρραλέος**	[θaraléos]
moed (de)	**θάρρος** (ουδ.)	[θáros]
eerlijk (bn)	**τίμιος**	[tímios]
eerlijkheid (de)	**τιμιότητα** (θηλ.)	[timiótita]
voorzichtig (bn)	**προσεκτικός**	[prosektikós]
manhaftig (bn)	**θαρραλέος**	[θaraléos]

ernstig (bn)	**σοβαρός**	[sovarós]
streng (bn)	**αυστηρός**	[afstirós]
resoluut (bn)	**αποφασιστικός**	[apofasistikós]
onzeker, irresoluut (bn)	**αναποφάσιστος**	[anapofásistos]
schuchter (bn)	**άτολμος**	[átolʲmos]
schuchterheid (de)	**ατολμία** (θηλ.)	[atolʲmía]
vertrouwen (het)	**εμπιστοσύνη** (θηλ.)	[embistosíni]
vertrouwen (ww)	**εμπιστεύομαι**	[embistévome]
goedgelovig (bn)	**ευκολόπιστος**	[efkolʲópistos]
oprecht (bw)	**ειλικρινά**	[ilikriná]
oprecht (bn)	**ειλικρινής**	[ilikrinís]
oprechtheid (de)	**ειλικρίνεια** (θηλ.)	[ilikrínia]
open (bn)	**ανοιχτός**	[anixtós]
rustig (bn)	**ήσυχος**	[ísixos]
openhartig (bn)	**ειλικρινής**	[ilikrinís]
naïef (bn)	**αφελής**	[afelís]
verstrooid (bn)	**αφηρημένος**	[afiriménos]
leuk, grappig (bn)	**αστείος**	[astíos]
gierigheid (de)	**τσιγκουνιά** (θηλ.)	[tsinguniá]
gierig (bn)	**τσιγκούνης**	[tsingúnis]
inhalig (bn)	**φιλάργυρος**	[filʲárʝiros]
kwaad (bn)	**κακός**	[kakós]
koppig (bn)	**πεισματάρης**	[pizmatáris]
onaangenaam (bn)	**δυσάρεστος**	[ðisárestos]
egoïst (de)	**εγωιστής** (αρ.)	[eɣoistís]
egoïstisch (bn)	**εγωιστικός**	[eɣoistikós]
lafaard (de)	**δειλός**	[ðilʲós]
laf (bn)	**δειλός**	[ðilʲós]

63. Slaap. Dromen

slapen (ww)	**κοιμάμαι**	[kimáme]
slaap (in ~ vallen)	**ύπνος** (αρ.)	[ípnos]
droom (de)	**όνειρο** (ουδ.)	[óniro]
dromen (in de slaap)	**βλέπω όνειρα**	[vlépo ónira]
slaperig (bn)	**νυσταγμένος**	[nistaɣménos]
bed (het)	**κρεβάτι** (ουδ.)	[kreváti]
matras (de)	**στρώμα** (ουδ.)	[stróma]
deken (de)	**πάπλωμα** (ουδ.)	[páplʲoma]
kussen (het)	**μαξιλάρι** (ουδ.)	[maksilʲári]
laken (het)	**σεντόνι** (ουδ.)	[sendóni]
slapeloosheid (de)	**αϋπνία** (θηλ.)	[aipnía]
slapeloos (bn)	**άυπνος**	[áipnos]
slaapmiddel (het)	**υπνωτικό χάπι** (ουδ.)	[ipnotikó xápi]
slaapmiddel innemen	**παίρνω υπνωτικό χάπι**	[pérno ipnotikó xápi]
willen slapen	**νυστάζω**	[nistázo]

geeuwen (ww)	**χασμουριέμαι**	[xazmuriéme]
gaan slapen	**πηγαίνω για ύπνο**	[piʝéno ʝa ípno]
het bed opmaken	**στρώνω το κρεβάτι**	[stróno to kreváti]
inslapen (ww)	**αποκοιμάμαι**	[apokimáme]
nachtmerrie (de)	**εφιάλτης** (αρ.)	[efiálʲtis]
gesnurk (het)	**ροχαλητό** (ουδ.)	[roxalitó]
snurken (ww)	**ροχαλίζω**	[roxalízo]
wekker (de)	**ξυπνητήρι** (ουδ.)	[ksipnitíri]
wekken (ww)	**ξυπνάω**	[ksipnáo]
wakker worden (ww)	**ξυπνάω**	[ksipnáo]
opstaan (ww)	**σηκώνομαι**	[sikónome]
zich wassen (ww)	**πλένομαι**	[plénome]

64. Humor. Gelach. Blijdschap

humor (de)	**χιούμορ** (ουδ.)	[xúmor]
gevoel (het) voor humor	**αίσθηση του χιούμορ** (θηλ.)	[ésθisi tu xúmor]
plezier hebben (ww)	**διασκεδάζω**	[ðiaskeðázo]
vrolijk (bn)	**χαρούμενος**	[xarúmenos]
pret (de), plezier (het)	**ευθυμία** (θηλ.)	[efθimía]
glimlach (de)	**χαμόγελο** (ουδ.)	[xamóʝelʲo]
glimlachen (ww)	**χαμογελάω**	[xamoʝelʲáo]
beginnen te lachen (ww)	**ξεκινώ να γελάω**	[ksekinó na ʝelʲáo]
lachen (ww)	**γελάω**	[ʝelʲáo]
lach (de)	**γέλιο** (ουδ.)	[ʝélio]
mop (de)	**ανέκδοτο** (ουδ.)	[anékðoto]
grappig (een ~ verhaal)	**αστείος**	[astíos]
grappig (~e clown)	**αστείος**	[astíos]
grappen maken (ww)	**αστειεύομαι**	[astiévome]
grap (de)	**αστείο** (ουδ.)	[astío]
blijheid (de)	**χαρά** (θηλ.)	[xará]
blij zijn (ww)	**χαίρομαι**	[xérome]
blij (bn)	**χαρούμενος**	[xarúmenos]

65. Discussie, conversatie. Deel 1

communicatie (de)	**επικοινωνία** (θηλ.)	[epikinonía]
communiceren (ww)	**επικοινωνώ**	[epikinonó]
conversatie (de)	**κουβέντα** (θηλ.)	[kuvénda]
dialoog (de)	**διάλογος** (αρ.)	[ðiálʲoɣos]
discussie (de)	**συζήτηση** (θηλ.)	[sizítisi]
debat (het)	**διαμάχη** (θηλ.)	[ðiamáxi]
debatteren, twisten (ww)	**λογομαχώ**	[lʲoɣomaxó]
gesprekspartner (de)	**συνομιλητής** (αρ.)	[sinomilitís]
thema (het)	**θέμα** (ουδ.)	[θéma]

standpunt (het)	**άποψη** (θηλ.)	[ápopsi]
mening (de)	**άποψη** (θηλ.)	[ápopsi]
toespraak (de)	**ομιλία** (θηλ.)	[omilía]
bespreking (de)	**συζήτηση** (θηλ.)	[sizítisi]
bespreken (spreken over)	**συζητώ**	[sizitó]
gesprek (het)	**συζήτηση** (θηλ.)	[sizítisi]
spreken (converseren)	**συζητώ**	[sizitó]
ontmoeting (de)	**συνάντηση** (θηλ.)	[sinándisi]
ontmoeten (ww)	**συναντιέμαι**	[sinandiéme]
spreekwoord (het)	**παροιμία** (θηλ.)	[parimía]
gezegde (het)	**ρητό** (ουδ.)	[ritó]
raadsel (het)	**αίνιγμα** (ουδ.)	[éniɣma]
een raadsel opgeven	**θέτω αίνιγμα**	[θeto éniɣma]
wachtwoord (het)	**κωδικός** (αρ.)	[koðikós]
geheim (het)	**μυστικό** (ουδ.)	[mistikó]
eed (de)	**όρκος** (αρ.)	[órkos]
zweren (een eed doen)	**ορκίζομαι**	[orkízome]
belofte (de)	**υπόσχεση** (θηλ.)	[ipósxesi]
beloven (ww)	**υπόσχομαι**	[ipósxome]
advies (het)	**συμβουλή** (θηλ.)	[simvulí]
adviseren (ww)	**συμβουλεύω**	[simvulévo]
luisteren (gehoorzamen)	**υπακούω**	[ipakúo]
nieuws (het)	**νέα** (ουδ.)	[néa]
sensatie (de)	**εντύπωση** (θηλ.)	[endíposi]
informatie (de)	**στοιχεία** (ουδ.πλ.)	[stixía]
conclusie (de)	**συμπέρασμα** (ουδ.)	[simbérazma]
stem (de)	**φωνή** (θηλ.)	[foní]
compliment (het)	**κομπλιμέντο** (ουδ.)	[komblimέndo]
vriendelijk (bn)	**ευγενικός**	[evʝenikós]
woord (het)	**λέξη** (θηλ.)	[léksi]
zin (de), zinsdeel (het)	**φράση** (θηλ.)	[frási]
antwoord (het)	**απάντηση** (θηλ.)	[apándisi]
waarheid (de)	**αλήθεια** (θηλ.)	[alíθia]
leugen (de)	**ψέμα** (ουδ.)	[pséma]
gedachte (de)	**σκέψη** (θηλ.)	[sképsi]
idee (de/het)	**ιδέα** (θηλ.)	[iðéa]
fantasie (de)	**φαντασιοπληξία** (θηλ.)	[fandasiopliksía]

66. Discussie, conversatie. Deel 2

gerespecteerd (bn)	**αξιοσέβαστος**	[aksiosévastos]
respecteren (ww)	**σέβομαι**	[sévome]
respect (het)	**σεβασμός** (αρ.)	[sevazmós]
Geachte ... (brief)	**Αξιότιμε ...**	[aksiótime]
voorstellen (Mag ik jullie ~)	**συστήνω**	[sistíno]
intentie (de)	**πρόθεση** (θηλ.)	[próθesi]

intentie hebben (ww)	**σκοπεύω**	[skopévo]
wens (de)	**ευχή** (θηλ.)	[efxí]
wensen (ww)	**εύχομαι**	[éfxome]
verbazing (de)	**έκπληξη** (θηλ.)	[ékpliksi]
verbazen (verwonderen)	**εκπλήσσω**	[ekplíso]
verbaasd zijn (ww)	**εκπλήσσομαι**	[ekplísome]
geven (ww)	**δίνω**	[ðíno]
nemen (ww)	**παίρνω**	[pérno]
teruggeven (ww)	**επιστρέφω**	[epistréfo]
retourneren (ww)	**επιστρέφω**	[epistréfo]
zich verontschuldigen	**ζητώ συγνώμη**	[zitó siɣnómi]
verontschuldiging (de)	**συγνώμη** (θηλ.)	[siɣnómi]
vergeven (ww)	**συγχωρώ**	[sinxoró]
spreken (ww)	**μιλάω**	[milʲáo]
luisteren (ww)	**ακούω**	[akúo]
aanhoren (ww)	**ακούω**	[akúo]
begrijpen (ww)	**καταλαβαίνω**	[katalʲavéno]
tonen (ww)	**δείχνω**	[ðíxno]
kijken naar ...	**κοιτάω**	[kitáo]
roepen (vragen te komen)	**καλώ**	[kalʲó]
storen (lastigvallen)	**ενοχλώ**	[enoxlʲó]
doorgeven (ww)	**μεταβιβάζω**	[metavivázo]
verzoek (het)	**παράκληση** (θηλ.)	[paráklisi]
verzoeken (ww)	**ζητάω**	[zitáo]
eis (de)	**απαίτηση** (θηλ.)	[apétisi]
eisen (met klem vragen)	**απαιτώ**	[apetó]
beledigen (beledigende namen geven)	**κοροϊδεύω**	[koroiðévo]
uitlachen (ww)	**κοροϊδεύω**	[koroiðévo]
spot (de)	**χλευασμός** (αρ.)	[xlevazmós]
bijnaam (de)	**παρατσούκλι** (ουδ.)	[paratsúkli]
zinspeling (de)	**υπαινιγμός** (αρ.)	[ipeniɣmós]
zinspelen (ww)	**υπαινίσσομαι**	[ipenísome]
impliceren (duiden op)	**σημαίνω**	[siméno]
beschrijving (de)	**περιγραφή** (θηλ.)	[periɣrafí]
beschrijven (ww)	**περιγράφω**	[periɣráfo]
lof (de)	**έπαινος** (αρ.)	[épenos]
loven (ww)	**παινεύω**	[penévo]
teleurstelling (de)	**απογοήτευση** (θηλ.)	[apoɣoítefsi]
teleurstellen (ww)	**απογοητεύω**	[apoɣoitévo]
teleurgesteld zijn (ww)	**απογοητεύομαι**	[apoɣoitévome]
veronderstelling (de)	**υπόθεση** (θηλ.)	[ipóθesi]
veronderstellen (ww)	**υποθέτω**	[ipoθéto]
waarschuwing (de)	**προειδοποίηση** (θηλ.)	[proiðopíisi]
waarschuwen (ww)	**προειδοποιώ**	[proiðopió]

67. Discussie, conversatie. Deel 3

aanpraten (ww)	**πείθω**	[píθo]
kalmeren (kalm maken)	**καθησυχάζω**	[kaθisixázo]
stilte (de)	**σιωπή** (θηλ.)	[siopí]
zwijgen (ww)	**σιωπώ**	[siopó]
fluisteren (ww)	**ψιθυρίζω**	[psiθirízo]
gefluister (het)	**ψιθύρισμα** (ουδ.)	[psiθírizma]
open, eerlijk (bw)	**ειλικρινά**	[ilikriná]
volgens mij ...	**κατά τη γνώμη μου ...**	[katá ti ɣnómi mu]
detail (het)	**λεπτομέρεια** (θηλ.)	[leptoméria]
gedetailleerd (bn)	**λεπτομερής**	[leptomerís]
gedetailleerd (bw)	**λεπτομερώς**	[leptomerós]
hint (de)	**υπαινιγμός** (αρ.)	[ipeniɣmós]
een hint geven	**υπαινίσσομαι**	[ipenísome]
blik (de)	**βλέμμα** (ουδ.)	[vléma]
een kijkje nemen	**ρίχνω ματιά**	[ríxno matiá]
strak (een ~ke blik)	**απλανής**	[apl^janís]
knipperen (ww)	**ανοιγοκλείνω τα μάτια**	[aniɣoklíno ta mátia]
knipogen (ww)	**κλείνω το μάτι**	[klíno to máti]
knikken (ww)	**γνέφω**	[ɣnéfo]
zucht (de)	**αναπνοή** (θηλ.)	[anapnoí]
zuchten (ww)	**αναστενάζω**	[anastenázo]
huiveren (ww)	**τρέμω**	[trémo]
gebaar (het)	**χειρονομία** (θηλ.)	[xironomía]
aanraken (ww)	**αγγίζω**	[angízo]
grijpen (ww)	**πιάνω**	[piáno]
een schouderklopje geven	**χτυπώ ελαφρά**	[xtipó el^jafrá]
Kijk uit!	**Προσοχή!**	[prosoxí]
Echt?	**Αλήθεια;**	[alíθia]
Bent je er zeker van?	**Είσαι σίγουρος;**	[íse síɣuros]
Succes!	**Καλή τύχη!**	[kalí tíxi]
Juist, ja!	**Κατάλαβα!**	[katál^java]
Wat jammer!	**Τι κρίμα!**	[ti kríma]

68. Overeenstemming. Weigering

instemming (het)	**συγκατάθεση** (θηλ.)	[singatáθasi]
instemmen (akkoord gaan)	**συμφωνώ**	[simfonó]
goedkeuring (de)	**έγκριση** (θηλ.)	[éngrisi]
goedkeuren (ww)	**εγκρίνω**	[engríno]
weigering (de)	**άρνηση** (θηλ.)	[árnisi]
weigeren (ww)	**αρνούμαι**	[arnúme]
Geweldig!	**Ωραία!**	[oréa]
Goed!	**Εντάξει!**	[endáksi]

Akkoord!	**Εντάξει!**	[endáksi]
verboden (bn)	**απαγορευμένος**	[apaɣorevménos]
het is verboden	**απαγορεύεται**	[apaɣorévete]
het is onmogelijk	**είναι αδύνατο**	[íne aðínato]
onjuist (bn)	**λανθασμένος**	[lʲanθazménos]
afwijzen (ww)	**απορρίπτω**	[aporípto]
steunen (een goed doel, enz.)	**υποστηρίζω**	[ipostirízo]
aanvaarden (excuses ~)	**δέχομαι**	[ðéxome]
bevestigen (ww)	**επιβεβαιώνω**	[epiveveóno]
bevestiging (de)	**επιβεβαίωση** (θηλ.)	[epivevéosi]
toestemming (de)	**άδεια** (θηλ.)	[áðia]
toestaan (ww)	**επιτρέπω**	[epitrépo]
beslissing (de)	**απόφαση** (θηλ.)	[apófasi]
z'n mond houden (ww)	**σιωπώ**	[siopó]
voorwaarde (de)	**όρος** (αρ.)	[óros]
smoes (de)	**πρόφαση** (θηλ.)	[prófasi]
lof (de)	**έπαινος** (αρ.)	[épenos]
loven (ww)	**παινεύω**	[penévo]

69. Succes. Veel geluk. Mislukking

succes (het)	**επιτυχία** (θηλ.)	[epitixía]
succesvol (bw)	**επιτυχώς**	[epitixós]
succesvol (bn)	**επιτυχής**	[epitixís]
geluk (het)	**τύχη** (θηλ.)	[tíxi]
Succes!	**Καλή τύχη!**	[kalí tíxi]
geluks- (bn)	**τυχερός**	[tixerós]
gelukkig (fortuinlijk)	**τυχερός**	[tixerós]
mislukking (de)	**αποτυχία** (θηλ.)	[apotixía]
tegenslag (de)	**ατυχία** (θηλ.)	[atixía]
pech (de)	**ατυχία** (θηλ.)	[atixía]
zonder succes (bn)	**αποτυχημένος**	[apotiximénos]
catastrofe (de)	**καταστροφή** (θηλ.)	[katastrofí]
fierheid (de)	**υπερηφάνεια** (θηλ.)	[iperifánia]
fier (bn)	**υπερήφανος**	[iperífanos]
fier zijn (ww)	**είμαι περήφανος**	[íme perífanos]
winnaar (de)	**νικητής** (αρ.)	[nikitís]
winnen (ww)	**νικάω, κερδίζω**	[nikáo], [kerðízo]
verliezen (ww)	**χάνω**	[xáno]
poging (de)	**προσπάθεια** (θηλ.)	[prospáθia]
pogen, proberen (ww)	**προσπαθώ**	[prospaθó]
kans (de)	**ευκαιρία** (θηλ.)	[efkería]

70. Ruzies. Negatieve emoties

schreeuw (de)	**κραυγή** (θηλ.)	[kravjí]
schreeuwen (ww)	**φωνάζω**	[fonázo]
beginnen te schreeuwen	**ξεκινώ να φωνάζω**	[ksekinó na fonázo]
ruzie (de)	**τσακωμός** (αρ.)	[tsakomós]
ruzie hebben (ww)	**τσακώνομαι**	[tsakónome]
schandaal (het)	**καυγάς** (αρ.)	[kavɣás]
schandaal maken (ww)	**καυγαδίζω**	[kavɣaðízo]
conflict (het)	**σύγκρουση** (θηλ.)	[síngrusi]
misverstand (het)	**παρεξήγηση** (θηλ.)	[pareksíjisi]
belediging (de)	**προσβολή** (θηλ.)	[prozvolí]
beledigen (met scheldwoorden)	**προσβάλλω**	[prozválʲo]
beledigd (bn)	**προσβεβλημένος**	[prozvevliménos]
krenking (de)	**πίκρα** (θηλ.)	[píkra]
krenken (beledigen)	**προσβάλλω**	[prozválʲo]
gekwetst worden (ww)	**θίγομαι**	[θíɣome]
verontwaardiging (de)	**αγανάκτηση** (θηλ.)	[aɣanáktisi]
verontwaardigd zijn (ww)	**αγανακτώ**	[aɣanaktó]
klacht (de)	**παράπονο** (ουδ.)	[parápono]
klagen (ww)	**παραπονιέμαι**	[paraponiéme]
verontschuldiging (de)	**συγνώμη** (θηλ.)	[siɣnómi]
zich verontschuldigen	**ζητώ συγνώμη**	[zitó siɣnómi]
excuus vragen	**ζητώ συγχώρεση**	[zitó sinxóresi]
kritiek (de)	**κριτική** (θηλ.)	[kritikí]
bekritiseren (ww)	**κριτικάρω**	[kritikáro]
beschuldiging (de)	**κατηγορία** (θηλ.)	[katiɣoría]
beschuldigen (ww)	**κατηγορώ**	[katiɣoró]
wraak (de)	**εκδίκηση** (θηλ.)	[ekðíkisi]
wreken (ww)	**εκδικούμαι**	[ekðikúme]
wraak nemen (ww)	**παίρνω εκδίκηση**	[pérno ekðíkisi]
minachting (de)	**περιφρόνηση** (θηλ.)	[perifronísi]
minachten (ww)	**περιφρονώ**	[perifronó]
haat (de)	**μίσος** (ουδ.)	[mísos]
haten (ww)	**μισώ**	[misó]
zenuwachtig (bn)	**νευρικός**	[nevrikós]
zenuwachtig zijn (ww)	**αγχώνομαι**	[anxónome]
boos (bn)	**θυμωμένος**	[θimoménos]
boos maken (ww)	**θυμώνω**	[θimóno]
vernedering (de)	**ταπείνωση** (θηλ.)	[tapínosi]
vernederen (ww)	**ταπεινώνω**	[tapinóno]
zich vernederen (ww)	**ταπεινώνομαι**	[tapinónome]
schok (de)	**σοκ** (ουδ.)	[sok]
schokken (ww)	**σοκάρω**	[sokáro]

onaangenaamheid (de)	**πρόβλημα** (ουδ.)	[próvlima]
onaangenaam (bn)	**δυσάρεστος**	[ðisárestos]
vrees (de)	**φόβος** (αρ.)	[fóvos]
vreselijk (bijv. ~ onweer)	**τρομερός**	[tromerós]
eng (bn)	**τρομακτικός**	[tromaktikós]
gruwel (de)	**τρόμος** (αρ.)	[trómos]
vreselijk (~ nieuws)	**φρικτός**	[friktós]
huilen (wenen)	**κλαίω**	[kléo]
beginnen te huilen (wenen)	**ξεκινώ να κλαίω**	[ksekinó na kléo]
traan (de)	**δάκρυ** (ουδ.)	[ðákri]
schuld (~ geven aan)	**λάθος** (ουδ.)	[lʲáθos]
schuldgevoel (het)	**ενοχή** (θηλ.)	[enoxí]
schande (de)	**ντροπή** (θηλ.)	[dropí]
protest (het)	**διαμαρτυρία** (θηλ.)	[ðiamartiría]
stress (de)	**στρες** (ουδ.)	[stres]
storen (lastigvallen)	**ενοχλώ**	[enoxlʲó]
kwaad zijn (ww)	**θυμώνω**	[θimóno]
kwaad (bn)	**θυμωμένος**	[θimoménos]
beëindigen (een relatie ~)	**τελειώνω**	[telióno]
vloeken (ww)	**βρίζω**	[vrízo]
schrikken (schrik krijgen)	**τρομάζω**	[tromázo]
slaan (iemand ~)	**χτυπάω**	[xtipáo]
vechten (ww)	**παλεύω**	[palévo]
regelen (conflict)	**διευθετώ**	[ðiefθetó]
ontevreden (bn)	**δυσαρεστημένος**	[ðisarestiménos]
woedend (bn)	**οργισμένος**	[orʝizménos]
Dat is niet goed!	**Δεν είναι καλό!**	[ðen íne kalʲó]
Dat is slecht!	**Είναι κακό!**	[íne kakó]

Geneeskunde

71. Ziekten

ziekte (de)	αρρώστια (θηλ.)	[aróstia]
ziek zijn (ww)	είμαι άρρωστος	[íme árostos]
gezondheid (de)	υγεία (θηλ.)	[ijía]

snotneus (de)	συνάχι (ουδ.)	[sináxi]
angina (de)	αμυγδαλίτιδα (θηλ.)	[amiɣðalítiða]
verkoudheid (de)	κρυολόγημα (ουδ.)	[kriolʲójima]
verkouden raken (ww)	κρυολογώ	[kriolʲoɣó]

bronchitis (de)	βρογχίτιδα (θηλ.)	[vronxítiða]
longontsteking (de)	πνευμονία (θηλ.)	[pnevmonía]
griep (de)	γρίπη (θηλ.)	[ɣrípi]

bijziend (bn)	μύωπας	[míopas]
verziend (bn)	πρεσβύωπας	[prezvíopas]
scheelheid (de)	στραβισμός (αρ.)	[stravizmós]
scheel (bn)	αλλήθωρος	[alíθoros]
grauwe staar (de)	καταρράκτης (αρ.)	[kataráktis]
glaucoom (het)	γλαύκωμα (ουδ.)	[ɣlʲáfkoma]

beroerte (de)	αποπληξία (θηλ.)	[apopliksía]
hartinfarct (het)	έμφραγμα (ουδ.)	[émfraɣma]
myocardiaal infarct (het)	έμφραγμα του μυοκαρδίου (ουδ.)	[émfraɣma tu miokarðíu]
verlamming (de)	παράλυση (θηλ.)	[parálisi]
verlammen (ww)	παραλύω	[paralío]

allergie (de)	αλλεργία (θηλ.)	[alerʲía]
astma (de/het)	άσθμα (ουδ.)	[ásθma]
diabetes (de)	διαβήτης (αρ.)	[ðiavítis]

| tandpijn (de) | πονόδοντος (αρ.) | [ponóðondos] |
| tandbederf (het) | τερηδόνα (θηλ.) | [teriðóna] |

diarree (de)	διάρροια (θηλ.)	[ðiária]
constipatie (de)	δυσκοιλιότητα (θηλ.)	[ðiskiliótita]
maagstoornis (de)	στομαχική διαταραχή (θηλ.)	[stomaxikí ðiataraxí]
voedselvergiftiging (de)	τροφική δηλητηρίαση (θηλ.)	[trofikí ðilitiríasi]
voedselvergiftiging oplopen	δηλητηριάζομαι	[ðilitiriázome]

artritis (de)	αρθρίτιδα (θηλ.)	[arθrítiða]
rachitis (de)	ραχίτιδα (θηλ.)	[raxítiða]
reuma (het)	ρευματισμοί (αρ.πλ.)	[revmatizmí]
arteriosclerose (de)	αθηροσκλήρωση (θηλ.)	[aθirosklírosi]
gastritis (de)	γαστρίτιδα (θηλ.)	[ɣastrítiða]
blindedarmontsteking (de)	σκωληκοειδίτιδα (θηλ.)	[skolikoiðítiða]

galblaasontsteking (de)	χολοκυστίτιδα (θηλ.)	[xolʲokistítiða]
zweer (de)	έλκος (ουδ.)	[élʲkos]

mazelen (mv.)	ιλαρά (θηλ.)	[ilʲará]
rodehond (de)	ερυθρά (θηλ.)	[eriθrá]
geelzucht (de)	ίκτερος (αρ.)	[íkteros]
leverontsteking (de)	ηπατίτιδα (θηλ.)	[ipatítiða]

schizofrenie (de)	σχιζοφρένεια (θηλ.)	[sxizofrénia]
dolheid (de)	λύσσα (θηλ.)	[lísa]
neurose (de)	νεύρωση (θηλ.)	[névrosi]
hersenschudding (de)	διάσειση (θηλ.)	[ðiásisi]

kanker (de)	καρκίνος (αρ.)	[karkínos]
sclerose (de)	σκλήρυνση (θηλ.)	[sklírinsi]
multiple sclerose (de)	σκλήρυνση κατά πλάκας (θηλ.)	[sklírinsi kataplʲákas]

alcoholisme (het)	αλκοολισμός (αρ.)	[alʲkoolizmós]
alcoholicus (de)	αλκοολικός (αρ.)	[alʲkoolikós]
syfilis (de)	σύφιλη (θηλ.)	[sífili]
AIDS (de)	AIDS (ουδ.)	[ejds]

tumor (de)	όγκος (αρ.)	[óngos]
kwaadaardig (bn)	κακοήθης	[kakoíθis]
goedaardig (bn)	καλοήθης	[kalʲoíθis]

koorts (de)	πυρετός (αρ.)	[piretós]
malaria (de)	ελονοσία (θηλ.)	[elʲonosía]
gangreen (het)	γάγγραινα (θηλ.)	[ɣángrena]
zeeziekte (de)	ναυτία (θηλ.)	[naftía]
epilepsie (de)	επιληψία (θηλ.)	[epilipsía]

epidemie (de)	επιδημία (θηλ.)	[epiðimía]
tyfus (de)	τύφος (αρ.)	[tífos]
tuberculose (de)	φυματίωση (θηλ.)	[fimatíosi]
cholera (de)	χολέρα (θηλ.)	[xoléra]
pest (de)	πανούκλα (θηλ.)	[panúklʲa]

72. Symptomen. Behandelingen. Deel 1

symptoom (het)	σύμπτωμα (ουδ.)	[símptoma]
temperatuur (de)	θερμοκρασία (θηλ.)	[θermokrasía]
verhoogde temperatuur (de)	υψηλή θερμοκρασία (θηλ.)	[ipsilí θermokrasía]
polsslag (de)	παλμός (αρ.)	[palʲmós]

duizeling (de)	ίλιγγος (αρ.)	[ílingos]
heet (erg warm)	ζεστός	[zestós]
koude rillingen (mv.)	ρίγος (ουδ.)	[ríɣos]
bleek (bn)	χλομός	[xlʲomós]

hoest (de)	βήχας (αρ.)	[víxas]
hoesten (ww)	βήχω	[víxo]
niezen (ww)	φτερνίζομαι	[fternízome]

flauwte (de)	**λιποθυμία** (θηλ.)	[lipoθimía]
flauwvallen (ww)	**λιποθυμώ**	[lipoθimó]
blauwe plek (de)	**μελανιά** (θηλ.)	[melʲaniá]
buil (de)	**καρούμπαλο** (ουδ.)	[karúmbalʲo]
zich stoten (ww)	**χτυπάω**	[xtipáo]
kneuzing (de)	**μώλωπας** (αρ.)	[mólʲopas]
kneuzen (gekneusd zijn)	**χτυπάω**	[xtipáo]
hinken (ww)	**κουτσαίνω**	[kutséno]
verstuiking (de)	**εξάρθρημα** (ουδ.)	[eksárθrima]
verstuiken (enkel, enz.)	**εξαρθρώνω**	[eksaθróno]
breuk (de)	**κάταγμα** (ουδ.)	[kátaɣma]
een breuk oplopen	**παθαίνω κάταγμα**	[paθéno kátaɣma]
snijwond (de)	**κόψιμο, σχίσιμο** (ουδ.)	[kópsimo], [sxísimo]
zich snijden (ww)	**κόβομαι**	[kóvome]
bloeding (de)	**αιμορραγία** (θηλ.)	[emoraʝía]
brandwond (de)	**έγκαυμα** (ουδ.)	[éngavma]
zich branden (ww)	**καίγομαι**	[kéɣome]
prikken (ww)	**τρυπώ**	[tripó]
zich prikken (ww)	**τρυπώ**	[tripó]
blesseren (ww)	**τραυματίζω**	[travmatízo]
blessure (letsel)	**τραυματισμός** (αρ.)	[travmatizmós]
wond (de)	**πληγή** (θηλ.)	[pliʝí]
trauma (het)	**τραύμα** (ουδ.)	[trávma]
ijlen (ww)	**παραμιλώ**	[paramilʲó]
stotteren (ww)	**τραυλίζω**	[travlízo]
zonnesteek (de)	**ηλίαση** (θηλ.)	[ilíasi]

73. Symptomen. Behandelingen. Deel 2

pijn (de)	**πόνος** (αρ.)	[pónos]
splinter (de)	**ακίδα** (θηλ.)	[akíða]
zweet (het)	**ιδρώτας** (αρ.)	[iðrótas]
zweten (ww)	**ιδρώνω**	[iðróno]
braking (de)	**εμετός** (αρ.)	[emetós]
stuiptrekkingen (mv.)	**σπασμοί** (αρ.πλ.)	[spazmí]
zwanger (bn)	**έγκυος**	[éngios]
geboren worden (ww)	**γεννιέμαι**	[ʝeniéme]
geboorte (de)	**γέννα** (θηλ.)	[ʝéna]
baren (ww)	**γεννάω**	[ʝenáo]
abortus (de)	**έκτρωση** (θηλ.)	[éktrosi]
ademhaling (de)	**αναπνοή** (θηλ.)	[anapnoí]
inademing (de)	**εισπνοή** (θηλ.)	[ispnoí]
uitademing (de)	**εκπνοή** (θηλ.)	[ekpnoí]
uitademen (ww)	**εκπνέω**	[ekpnéo]
inademen (ww)	**εισπνέω**	[ispnéo]

invalide (de)	**ανάπηρος** (αρ.)	[anápiros]
gehandicapte (de)	**σακάτης** (αρ.)	[sakátis]
drugsverslaafde (de)	**ναρκομανής** (αρ.)	[narkomanís]
doof (bn)	**κουφός, κωφός**	[kufós], [kofós]
stom (bn)	**μουγγός**	[mungós]
doofstom (bn)	**κωφάλαλος**	[kofálʲalʲos]
krankzinnig (bn)	**τρελός**	[trelʲós]
krankzinnige (man)	**τρελός** (αρ.)	[trelʲós]
krankzinnige (vrouw)	**τρελή** (θηλ.)	[trelí]
krankzinnig worden	**τρελαίνομαι**	[trelénome]
gen (het)	**γονίδιο** (ουδ.)	[ɣoníðio]
immuniteit (de)	**ανοσία** (θηλ.)	[anosía]
erfelijk (bn)	**κληρονομικός**	[klironomikós]
aangeboren (bn)	**συγγενής**	[singenís]
virus (het)	**ιός** (αρ.)	[jos]
microbe (de)	**μικρόβιο** (ουδ.)	[mikróvio]
bacterie (de)	**βακτήριο** (ουδ.)	[vaktírio]
infectie (de)	**μόλυνση** (θηλ.)	[mólinsi]

74. Symptomen. Behandelingen. Deel 3

ziekenhuis (het)	**νοσοκομείο** (ουδ.)	[nosokomío]
patiënt (de)	**ασθενής** (αρ.)	[asθenís]
diagnose (de)	**διάγνωση** (θηλ.)	[ðiáɣnosi]
genezing (de)	**θεραπεία** (θηλ.)	[θerapía]
medische behandeling (de)	**ιατρική περίθαλψη** (θηλ.)	[jatrikí períθalʲpsi]
onder behandeling zijn	**θεραπεύομαι**	[θerapévume]
behandelen (ww)	**περιποιούμαι**	[peripiúme]
zorgen (zieken ~)	**φροντίζω**	[frondízo]
ziekenzorg (de)	**φροντίδα** (θηλ.)	[frondíða]
operatie (de)	**εγχείρηση** (θηλ.)	[enxírisi]
verbinden (een arm ~)	**επιδένω**	[epiðéno]
verband (het)	**επίδεση** (θηλ.)	[epíðesi]
vaccin (het)	**εμβόλιο** (ουδ.)	[emvólio]
inenten (vaccineren)	**εμβολιάζω**	[emvoliázo]
injectie (de)	**ένεση** (θηλ.)	[énesi]
een injectie geven	**κάνω ένεση**	[káno énesi]
amputatie (de)	**ακρωτηριασμός** (αρ.)	[akrotiriazmós]
amputeren (ww)	**ακρωτηριάζω**	[akrotiriázo]
coma (het)	**κώμα** (ουδ.)	[kóma]
in coma liggen	**βρίσκομαι σε κώμα**	[vrískome se kóma]
intensieve zorg, ICU (de)	**εντατική** (θηλ.)	[endatikí]
zich herstellen (ww)	**αναρρώνω**	[anaróno]
toestand (de)	**κατάσταση** (θηλ.)	[katástasi]
bewustzijn (het)	**αισθήσεις** (θηλ.πλ.)	[esθísis]

geheugen (het)	**μνήμη** (θηλ.)	[mními]
trekken (een kies ~)	**βγάζω**	[vɣázo]
vulling (de)	**σφράγισμα** (ουδ.)	[sfráʝizma]
vullen (ww)	**σφραγίζω**	[sfraʝízo]
hypnose (de)	**ύπνωση** (θηλ.)	[ípnosi]
hypnotiseren (ww)	**υπνωτίζω**	[ipnotízo]

75. Artsen

dokter, arts (de)	**γιατρός** (αρ.)	[ʝatrós]
ziekenzuster (de)	**νοσοκόμα** (θηλ.)	[nosokóma]
lijfarts (de)	**προσωπικός γιατρός** (αρ.)	[prosopikós ʝatrós]
tandarts (de)	**οδοντίατρος** (αρ.)	[oðondíatros]
oogarts (de)	**οφθαλμίατρος** (αρ.)	[ofθalʲmíatros]
therapeut (de)	**παθολόγος** (αρ.)	[paθolʲóɣos]
chirurg (de)	**χειρουργός** (αρ.)	[xiruryós]
psychiater (de)	**ψυχίατρος** (αρ.)	[psixíatros]
pediater (de)	**παιδίατρος** (αρ.)	[peðíatros]
psycholoog (de)	**ψυχολόγος** (αρ.)	[psixolʲóɣos]
gynaecoloog (de)	**γυναικολόγος** (αρ.)	[ʝinekolʲóɣos]
cardioloog (de)	**καρδιολόγος** (αρ.)	[karðiolʲóɣos]

76. Geneeskunde. Medicijnen. Accessoires

geneesmiddel (het)	**φάρμακο** (ουδ.)	[fármako]
middel (het)	**θεραπεία** (θηλ.)	[θerapía]
voorschrijven (ww)	**γράφω**	[ɣráfo]
recept (het)	**συνταγή** (θηλ.)	[sindaʝí]
tablet (de/het)	**χάπι** (ουδ.)	[xápi]
zalf (de)	**αλοιφή** (θηλ.)	[alifí]
ampul (de)	**αμπούλα** (θηλ.)	[ambúlʲa]
drank (de)	**διάλυμα** (ουδ.)	[ðiálima]
siroop (de)	**σιρόπι** (ουδ.)	[sirópi]
pil (de)	**κάψουλα** (θηλ.)	[kápsulʲa]
poeder (de/het)	**σκόνη** (θηλ.)	[skóni]
verband (het)	**επίδεσμος** (αρ.)	[epíðezmos]
watten (mv.)	**χειρουργικό βαμβάκι** (ουδ.)	[xiruryikó vamváki]
jodium (het)	**ιώδιο** (ουδ.)	[ióðio]
pleister (de)	**τσιρότο** (ουδ.)	[tsiróto]
pipet (de)	**σταγονόμετρο** (ουδ.)	[staɣonómetro]
thermometer (de)	**θερμόμετρο** (ουδ.)	[θermómetro]
spuit (de)	**σύριγγα** (θηλ.)	[síringa]
rolstoel (de)	**αναπηρικό καροτσάκι** (ουδ.)	[anapirikó karotsáki]
krukken (mv.)	**πατερίτσες** (θηλ.πλ.)	[paterítses]
pijnstiller (de)	**αναλγητικό** (ουδ.)	[analʲʝitikó]

laxeermiddel (het)	**καθαρτικό** (ουδ.)	[kaθartikó]
spiritus (de)	**οινόπνευμα** (ουδ.)	[inópnevma]
medicinale kruiden (mv.)	**θεραπευτικά βότανα** (ουδ.πλ.)	[θerapeftiká vótana]
kruiden- (abn)	**από βότανα**	[apó vótana]

77. Roken. Tabaksproducten

tabak (de)	**καπνός** (αρ.)	[kapnós]
sigaret (de)	**τσιγάρο** (ουδ.)	[tsiɣáro]
sigaar (de)	**πούρο** (ουδ.)	[púro]
pijp (de)	**πίπα** (θηλ.)	[pípa]
pakje (~ sigaretten)	**πακέτο** (ουδ.)	[pakéto]
lucifers (mv.)	**σπίρτα** (ουδ.πλ.)	[spírta]
luciferdoosje (het)	**σπιρτόκουτο** (ουδ.)	[spirtókuto]
aansteker (de)	**αναπτήρας** (αρ.)	[anaptíras]
asbak (de)	**τασάκι** (ουδ.)	[tasáki]
sigarettendoosje (het)	**τσιγαροθήκη** (θηλ.)	[tsiɣaroθíki]
sigarettenpijpje (het)	**καπνοσύριγγα** (θηλ.)	[kapnosíringa]
filter (de/het)	**φίλτρο** (ουδ.)	[fíl^jtro]
roken (ww)	**καπνίζω**	[kapnízo]
een sigaret opsteken	**ανάβω τσιγάρο**	[anávo tsiɣáro]
roken (het)	**κάπνισμα** (ουδ.)	[kápnizma]
roker (de)	**καπνιστής** (αρ.)	[kapnistís]
peuk (de)	**αποτσίγαρο** (ουδ.)	[apotsíɣaro]
rook (de)	**καπνός** (αρ.)	[kapnós]
as (de)	**στάχτη** (θηλ.)	[stáxti]

HET MENSELIJKE LEEFGEBIED

Stad

78. Stad. Het leven in de stad

stad (de)	**πόλη** (θηλ.)	[póli]
hoofdstad (de)	**πρωτεύουσα** (θηλ.)	[protévusa]
dorp (het)	**χωριό** (ουδ.)	[xorió]
plattegrond (de)	**χάρτης πόλης** (αρ.)	[xártis pólis]
centrum (ov. een stad)	**κέντρο της πόλης** (ουδ.)	[kéndro tis pólis]
voorstad (de)	**προάστιο** (ουδ.)	[proástio]
voorstads- (abn)	**προαστιακός**	[proastiakós]
randgemeente (de)	**προάστια** (ουδ.πλ.)	[proástia]
omgeving (de)	**περίχωρα** (πλ.)	[períxora]
blok (huizenblok)	**συνοικία** (θηλ.)	[sinikía]
woonwijk (de)	**οικιστικό τετράγωνο** (ουδ.)	[ikistikó tetráɣono]
verkeer (het)	**κίνηση** (θηλ.)	[kínisi]
verkeerslicht (het)	**φανάρι** (ουδ.)	[fanári]
openbaar vervoer (het)	**δημόσιες συγκοινωνίες** (θηλ.πλ.)	[ðimósies singinoníes]
kruispunt (het)	**διασταύρωση** (θηλ.)	[ðiastávrosi]
zebrapad (oversteekplaats)	**διάβαση πεζών** (θηλ.)	[ðiávasi pezón]
onderdoorgang (de)	**υπόγεια διάβαση** (θηλ.)	[ipójia ðiávasi]
oversteken (de straat ~)	**περνάω, διασχίζω**	[pernáo], [ðiasxízo]
voetganger (de)	**πεζός** (αρ.)	[pezós]
trottoir (het)	**πεζοδρόμιο** (ουδ.)	[pezoðrómio]
brug (de)	**γέφυρα** (θηλ.)	[jéfira]
dijk (de)	**προκυμαία** (θηλ.)	[prokiméa]
fontein (de)	**κρήνη** (θηλ.)	[kríni]
allee (de)	**αλέα** (θηλ.)	[aléa]
park (het)	**πάρκο** (ουδ.)	[párko]
boulevard (de)	**λεωφόρος** (θηλ.)	[leofóros]
plein (het)	**πλατεία** (θηλ.)	[plʲatía]
laan (de)	**λεωφόρος** (θηλ.)	[leofóros]
straat (de)	**δρόμος** (αρ.)	[ðrómos]
zijstraat (de)	**παράδρομος** (αρ.)	[paráðromos]
doodlopende straat (de)	**αδιέξοδο** (ουδ.)	[aðiéksoðo]
huis (het)	**σπίτι** (ουδ.)	[spíti]
gebouw (het)	**κτίριο** (ουδ.)	[ktírio]
wolkenkrabber (de)	**ουρανοξύστης** (αρ.)	[uranoksístis]
gevel (de)	**πρόσοψη** (θηλ.)	[prósopsi]

dak (het)	**στέγη** (θηλ.)	[stéji]
venster (het)	**παράθυρο** (ουδ.)	[paráθiro]
boog (de)	**αψίδα** (θηλ.)	[apsíða]
pilaar (de)	**κολόνα** (θηλ.)	[kolʲóna]
hoek (ov. een gebouw)	**γωνία** (θηλ.)	[ɣonía]
vitrine (de)	**βιτρίνα** (θηλ.)	[vitrína]
gevelreclame (de)	**ταμπέλα** (θηλ.)	[tabélʲa]
affiche (de/het)	**αφίσα** (θηλ.)	[afísa]
reclameposter (de)	**διαφημιστική αφίσα** (θηλ.)	[ðiafimistikí afísa]
aanplakbord (het)	**διαφημιστική πινακίδα** (θηλ.)	[ðiafimistikí pinakíða]
vuilnis (de/het)	**σκουπίδια** (ουδ.πλ.)	[skupíðia]
vuilnisbak (de)	**σκουπιδοτενεκές** (αρ.)	[skupiðotenekés]
afval weggooien (ww)	**λερώνω με σκουπίδια**	[leróno me skupíðia]
stortplaats (de)	**χωματερή** (θηλ.)	[xomaterí]
telefooncel (de)	**τηλεφωνικός θάλαμος** (αρ.)	[tilefonikós θálʲamos]
straatlicht (het)	**φανοστάτης** (αρ.)	[fanostátis]
bank (de)	**παγκάκι** (ουδ.)	[pangáki]
politieagent (de)	**αστυνομικός** (αρ.)	[astinomikós]
politie (de)	**αστυνομία** (θηλ.)	[astinomía]
zwerver (de)	**ζητιάνος** (αρ.)	[zitiános]
dakloze (de)	**άστεγος** (αρ.)	[ásteɣos]

79. Stedelijke instellingen

winkel (de)	**κατάστημα** (ουδ.)	[katástima]
apotheek (de)	**φαρμακείο** (ουδ.)	[farmakío]
optiek (de)	**κατάστημα οπτικών** (ουδ.)	[katástima optikón]
winkelcentrum (het)	**εμπορικό κέντρο** (ουδ.)	[emborikó kéndro]
supermarkt (de)	**σουπερμάρκετ** (ουδ.)	[supermárket]
bakkerij (de)	**αρτοπωλείο** (ουδ.)	[artopolío]
bakker (de)	**φούρναρης** (αρ.)	[fúrnaris]
banketbakkerij (de)	**ζαχαροπλαστείο** (ουδ.)	[zaxaroplʲastío]
kruidenier (de)	**μπακάλικο** (ουδ.)	[bakáliko]
slagerij (de)	**κρεοπωλείο** (ουδ.)	[kreopolío]
groentewinkel (de)	**μανάβικο** (ουδ.)	[manáviko]
markt (de)	**αγορά, λαϊκή** (θηλ.)	[aɣorá], [lʲajkí]
koffiehuis (het)	**καφετέρια** (θηλ.)	[kafetéria]
restaurant (het)	**εστιατόριο** (ουδ.)	[estiatório]
bar (de)	**μπαρ** (ουδ.), **μπυραρία** (θηλ.)	[bar], [biraría]
pizzeria (de)	**πιτσαρία** (θηλ.)	[pitsaría]
kapperssalon (de/het)	**κομμωτήριο** (ουδ.)	[komotírio]
postkantoor (het)	**ταχυδρομείο** (ουδ.)	[taxiðromío]
stomerij (de)	**στεγνοκαθαριστήριο** (ουδ.)	[steɣnokaθaristírio]
fotostudio (de)	**φωτογραφείο** (ουδ.)	[fotoɣrafío]
schoenwinkel (de)	**κατάστημα παπουτσιών** (ουδ.)	[katástima paputsión]

boekhandel (de)	**βιβλιοπωλείο** (ουδ.)	[vivliopolío]
sportwinkel (de)	**κατάστημα αθλητικών ειδών** (ουδ.)	[katástima aθlitikón iðón]
kledingreparatie (de)	**κατάστημα επιδιορθώσεων ενδυμάτων** (ουδ.)	[katástima epiðiorθóseon enðimáton]
kledingverhuur (de)	**ενοικίαση ενδυμάτων** (θηλ.)	[enikíasi enðimáton]
videotheek (de)	**κατάστημα ενοικίασης βίντεο** (ουδ.)	[katástima enikíasis vídeo]
circus (de/het)	**τσίρκο** (ουδ.)	[tsírko]
dierentuin (de)	**ζωολογικός κήπος** (αρ.)	[zooljojikós kípos]
bioscoop (de)	**κινηματογράφος** (αρ.)	[kinimatoɣráfos]
museum (het)	**μουσείο** (ουδ.)	[musío]
bibliotheek (de)	**βιβλιοθήκη** (θηλ.)	[vivlioθíki]
theater (het)	**θέατρο** (ουδ.)	[θéatro]
opera (de)	**όπερα** (θηλ.)	[ópera]
nachtclub (de)	**νυχτερινό κέντρο** (ουδ.)	[nixterinó kéndro]
casino (het)	**καζίνο** (ουδ.)	[kazíno]
moskee (de)	**τζαμί** (ουδ.)	[dzamí]
synagoge (de)	**συναγωγή** (θηλ.)	[sinaɣojí]
kathedraal (de)	**καθεδρικός** (αρ.)	[kaθeðrikós]
tempel (de)	**ναός** (αρ.)	[naós]
kerk (de)	**εκκλησία** (θηλ.)	[eklisía]
instituut (het)	**πανεπιστήμιο** (ουδ.)	[panepistímio]
universiteit (de)	**πανεπιστήμιο** (ουδ.)	[panepistímio]
school (de)	**σχολείο** (ουδ.)	[sxolío]
gemeentehuis (het)	**νομός** (αρ.)	[nómos]
stadhuis (het)	**δημαρχείο** (ουδ.)	[ðimarxío]
hotel (het)	**ξενοδοχείο** (ουδ.)	[ksenoðoxío]
bank (de)	**τράπεζα** (θηλ.)	[trápeza]
ambassade (de)	**πρεσβεία** (θηλ.)	[prezvía]
reisbureau (het)	**ταξιδιωτικό γραφείο** (ουδ.)	[taksiðiotikó ɣrafío]
informatieloket (het)	**γραφείο πληροφοριών** (ουδ.)	[ɣrafío pliroforión]
wisselkantoor (het)	**ανταλλακτήριο συναλλάγματος** (ουδ.)	[andalʲaktírio sinalʲáɣmatos]
metro (de)	**μετρό** (ουδ.)	[metró]
ziekenhuis (het)	**νοσοκομείο** (ουδ.)	[nosokomío]
benzinestation (het)	**βενζινάδικο** (ουδ.)	[venzináðiko]
parking (de)	**πάρκινγκ** (ουδ.)	[párking]

80. Borden

gevelreclame (de)	**ταμπέλα** (θηλ.)	[tabélʲa]
opschrift (het)	**επιγραφή** (θηλ.)	[epiɣrafí]
poster (de)	**αφίσα, πόστερ** (ουδ.)	[afísa], [póster]
wegwijzer (de)	**πινακίδα** (θηλ.)	[pinakíða]

pijl (de)	**βελάκι** (ουδ.)	[velʲáki]
waarschuwing (verwittiging)	**προειδοποίηση** (θηλ.)	[proiðopíisi]
waarschuwingsbord (het)	**προειδοποίηση** (θηλ.)	[proiðopíisi]
waarschuwen (ww)	**προειδοποιώ**	[proiðopió]
vrije dag (de)	**ρεπό** (ουδ.)	[repó]
dienstregeling (de)	**ωράριο** (ουδ.)	[orário]
openingsuren (mv.)	**ώρες λειτουργίας** (θηλ.πλ.)	[óres liturʝías]
WELKOM!	**ΚΑΛΩΣ ΗΡΘΑΤΕ!**	[kalʲos írθate]
INGANG	**ΕΙΣΟΔΟΣ**	[ísoðos]
UITGANG	**ΕΞΟΔΟΣ**	[éksoðos]
DUWEN	**ΩΘΗΣΑΤΕ**	[oθísate]
TREKKEN	**ΕΛΞΑΤΕ**	[élʲksate]
OPEN	**ΑΝΟΙΚΤΟ**	aníkto
GESLOTEN	**ΚΛΕΙΣΤΟ**	[klísto]
DAMES	**ΓΥΝΑΙΚΩΝ**	[ʝinekón]
HEREN	**ΑΝΔΡΕΣ**	[ánðres]
KORTING	**ΕΚΠΤΩΣΕΙΣ**	[ekptósis]
UITVERKOOP	**ΞΕΠΟΥΛΗΜΑ**	[ksepúlima]
NIEUW!	**ΝΕΟ!**	[néo]
GRATIS	**ΔΩΡΕΑΝ**	[ðoreán]
PAS OP!	**ΠΡΟΣΟΧΗ!**	[prosoxí]
VOLGEBOEKT	**ΔΕΝ ΥΠΑΡΧΟΥΝ ΚΕΝΑ ΔΩΜΑΤΙΑ**	[ðen ipárxun kená ðomátia]
GERESERVEERD	**ΡΕΖΕΡΒΕ**	[rezervé]
ADMINISTRATIE	**ΔΙΕΥΘΥΝΤΗΣ**	[ðiéfθindis]
ALLEEN VOOR PERSONEEL	**ΜΟΝΟ ΓΙΑ ΤΟ ΠΡΟΣΩΠΙΚΟ**	[móno ja to prosopikó]
GEVAARLIJKE HOND	**ΠΡΟΣΟΧΗ ΣΚΥΛΟΣ**	[prosoxí skílʲos]
VERBODEN TE ROKEN!	**ΑΠΑΓΟΡΕΥΕΤΑΙ ΤΟ ΚΑΠΝΙΣΜΑ**	[apaɣorévete to kápnizma]
NIET AANRAKEN!	**ΜΗΝ ΑΓΓΙΖΕΤΕ!**	[min angízete]
GEVAARLIJK	**ΚΙΝΔΥΝΟΣ**	[kínðinos]
GEVAAR	**ΚΙΝΔΥΝΟΣ**	[kínðinos]
HOOGSPANNING	**ΥΨΗΛΗ ΤΑΣΗ**	[ípseli tási]
VERBODEN TE ZWEMMEN	**ΑΠΑΓΟΡΕΥΕΤΑΙ ΤΟ ΚΟΛΥΜΠΙ**	[apaɣorévete to kolíbi]
BUITEN GEBRUIK	**ΕΚΤΟΣ ΛΕΙΤΟΥΡΓΙΑΣ**	éktos liturʝías
ONTVLAMBAAR	**ΕΥΦΛΕΚΤΟ**	[éflekto]
VERBODEN	**ΑΠΑΓΟΡΕΥΕΤΑΙ**	[apaɣorévete]
DOORGANG VERBODEN	**ΑΠΑΓΟΡΕΥΕΤΑΙ ΤΟ ΠΕΡΑΣΜΑ**	[apaɣorévete to pérazma]
OPGELET PAS GEVERFD	**ΦΡΕΣΚΟΒΑΜΜΕΝΟ**	[frésko vaméno]

81. Stedelijk vervoer

bus, autobus (de)	**λεωφορείο** (ουδ.)	[leoforío]
tram (de)	**τραμ** (ουδ.)	[tram]
trolleybus (de)	**τρόλεϊ** (ουδ.)	[trólej]
route (de)	**δρομολόγιο** (ουδ.)	[ðromolʲójo]
nummer (busnummer, enz.)	**αριθμός** (αρ.)	[ariθmós]
rijden met ...	**πηγαίνω με ...**	[pijéno me]
stappen (in de bus ~)	**ανεβαίνω**	[anevéno]
afstappen (ww)	**κατεβαίνω**	[katevéno]
halte (de)	**στάση** (θηλ.)	[stási]
volgende halte (de)	**επόμενη στάση** (θηλ.)	[epómeni stási]
eindpunt (het)	**τερματικός σταθμός** (αρ.)	[termatikós staθmós]
dienstregeling (de)	**δρομολόγιο** (ουδ.)	[ðromolʲójo]
wachten (ww)	**περιμένω**	[periméno]
kaartje (het)	**εισιτήριο** (ουδ.)	[isitírio]
reiskosten (de)	**τιμή εισιτηρίου** (θηλ.)	[timí isitiríu]
kassier (de)	**ταμίας** (αρ./θηλ.)	[tamías]
kaartcontrole (de)	**έλεγχος εισιτηρίων** (αρ.)	[élenxos isitiríon]
controleur (de)	**ελεγκτής εισιτηρίων** (αρ.)	[elengtís isitiríon]
te laat zijn (ww)	**καθυστερώ**	[kaθisteró]
missen (de bus ~)	**καθυστερώ**	[kaθisteró]
zich haasten (ww)	**βιάζομαι**	[viázome]
taxi (de)	**ταξί** (ουδ.)	[taksí]
taxichauffeur (de)	**ταξιτζής** (αρ.)	[taksidzís]
met de taxi (bw)	**με ταξί**	[me taksí]
taxistandplaats (de)	**πιάτσα ταξί** (θηλ.)	[piátsa taksí]
een taxi bestellen	**καλώ ταξί**	[kalʲó taksí]
een taxi nemen	**παίρνω ταξί**	[pérno taksí]
verkeer (het)	**κίνηση** (θηλ.)	[kínisi]
file (de)	**μποτιλιάρισμα** (ουδ.)	[botiliárizma]
spitsuur (het)	**ώρα αιχμής** (θηλ.)	[óra exmís]
parkeren (on.ww.)	**παρκάρω**	[parkáro]
parkeren (ov.ww.)	**παρκάρω**	[parkáro]
parking (de)	**πάρκινγκ** (ουδ.)	[párking]
metro (de)	**μετρό** (ουδ.)	[metró]
halte (bijv. kleine treinhalte)	**σταθμός** (αρ.)	[staθmós]
de metro nemen	**παίρνω το μετρό**	[pérno to metró]
trein (de)	**τραίνο, τρένο** (ουδ.)	[tréno]
station (treinstation)	**σιδηροδρομικός σταθμός** (αρ.)	[siðiroðromikós staθmós]

82. Bezienswaardigheden

monument (het)	**μνημείο** (ουδ.)	[mnimío]
vesting (de)	**φρούριο** (ουδ.)	[frúrio]

paleis (het)	**παλάτι** (ουδ.)	[palʲáti]
kasteel (het)	**κάστρο** (ουδ.)	[kástro]
toren (de)	**πύργος** (αρ.)	[píryos]
mausoleum (het)	**μαυσωλείο** (ουδ.)	[mafsolío]
architectuur (de)	**αρχιτεκτονική** (θηλ.)	[arxitektonikí]
middeleeuws (bn)	**μεσαιωνικός**	[meseonikós]
oud (bn)	**αρχαίος**	[arxéos]
nationaal (bn)	**εθνικός**	[eθnikós]
bekend (bn)	**διάσημος**	[ðiásimos]
toerist (de)	**τουρίστας** (αρ.)	[turístas]
gids (de)	**ξεναγός** (αρ.)	[ksenaɣós]
rondleiding (de)	**εκδρομή** (θηλ.)	[ekðromí]
tonen (ww)	**δείχνω**	[ðíxno]
vertellen (ww)	**διηγούμαι**	[ðiiɣúme]
vinden (ww)	**βρίσκω**	[vrísko]
verdwalen (de weg kwijt zijn)	**χάνομαι**	[xánome]
plattegrond (~ van de metro)	**χάρτης** (αρ.)	[xártis]
plattegrond (~ van de stad)	**χάρτης** (αρ.)	[xártis]
souvenir (het)	**ενθύμιο** (ουδ.)	[enθímio]
souvenirwinkel (de)	**κατάστημα με είδη δώρων** (ουδ.)	[katástima me ídi ðóron]
foto's maken	**φωτογραφίζω**	[fotoɣrafízo]
zich laten fotograferen	**βγαίνω φωτογραφία**	[vjéno fotoɣrafía]

83. Winkelen

kopen (ww)	**αγοράζω**	[aɣorázo]
aankoop (de)	**αγορά** (θηλ.)	[aɣorá]
winkelen (ww)	**ψωνίζω**	[psonízo]
winkelen (het)	**shopping** (ουδ.)	[ʃópiŋ]
open zijn (ov. een winkel, enz.)	**λειτουργώ**	[lituryó]
gesloten zijn (ww)	**κλείνω**	[klíno]
schoeisel (het)	**υποδήματα** (ουδ.πλ.)	[ipoðímata]
kleren (mv.)	**ενδύματα** (ουδ.πλ.)	[enðímata]
cosmetica (mv.)	**καλλυντικά** (ουδ.πλ.)	[kalindiká]
voedingswaren (mv.)	**τρόφιμα** (ουδ.πλ.)	[trófima]
geschenk (het)	**δώρο** (ουδ.)	[ðóro]
verkoper (de)	**πωλητής** (αρ.)	[politís]
verkoopster (de)	**πωλήτρια** (θηλ.)	[polítria]
kassa (de)	**ταμείο** (ουδ.)	[tamío]
spiegel (de)	**καθρέφτης** (αρ.)	[kaθréftis]
toonbank (de)	**πάγκος** (αρ.)	[pángos]
paskamer (de)	**δοκιμαστήριο** (ουδ.)	[ðokimastírio]
aanpassen (ww)	**δοκιμάζω**	[ðokimázo]
passen (ov. kleren)	**ταιριάζω**	[teriázo]

bevallen (prettig vinden)	**μου αρέσει**	[mu arési]
prijs (de)	**τιμή** (θηλ.)	[timí]
prijskaartje (het)	**καρτέλα τιμής** (θηλ.)	[kartélʲa timís]
kosten (ww)	**κοστίζω**	[kostízo]
Hoeveel?	**Πόσο κάνει;**	póso káni?
korting (de)	**έκπτωση** (θηλ.)	[ékptosi]
niet duur (bn)	**φτηνός**	[ftinós]
goedkoop (bn)	**φτηνός**	[ftinós]
duur (bn)	**ακριβός**	[akrivós]
Dat is duur.	**Είναι ακριβός**	[íne akrivós]
verhuur (de)	**ενοικίαση** (θηλ.)	[enikíasi]
huren (smoking, enz.)	**νοικιάζω**	[nikiázo]
krediet (het)	**πίστωση** (θηλ.)	[pístosi]
op krediet (bw)	**με πίστωση**	[me pístosi]

84. Geld

geld (het)	**χρήματα** (ουδ.πλ.)	[xrímata]
ruil (de)	**ανταλλαγή** (θηλ.)	[andalʲaʝí]
koers (de)	**ισοτιμία** (θηλ.)	[isotimía]
geldautomaat (de)	**ATM** (ουδ.)	[eitiém]
muntstuk (de)	**κέρμα** (ουδ.)	[kérma]
dollar (de)	**δολάριο** (ουδ.)	[ðolʲário]
euro (de)	**ευρώ** (ουδ.)	[evró]
lire (de)	**λίρα** (θηλ.)	[líra]
Duitse mark (de)	**μάρκο** (ουδ.)	[márko]
frank (de)	**φράγκο** (ουδ.)	[frángo]
pond sterling (het)	**στερλίνα** (θηλ.)	[sterlína]
yen (de)	**γιεν** (ουδ.)	[ʝén]
schuld (geldbedrag)	**χρέος** (ουδ.)	[xréos]
schuldenaar (de)	**χρεώστης** (αρ.)	[xreóstis]
uitlenen (ww)	**δανείζω**	[ðanízo]
lenen (geld ~)	**δανείζομαι**	[ðanízome]
bank (de)	**τράπεζα** (θηλ.)	[trápeza]
bankrekening (de)	**λογαριασμός** (αρ.)	[lʲoɣariazmós]
op rekening storten	**καταθέτω στο λογαριασμό**	[kataθéto sto lʲoɣariazmó]
opnemen (ww)	**κάνω ανάληψη**	[káno análipsi]
kredietkaart (de)	**πιστωτική κάρτα** (θηλ.)	[pistotikí kárta]
baar geld (het)	**μετρητά** (ουδ.πλ.)	[metritá]
cheque (de)	**επιταγή** (θηλ.)	[epitaʝí]
een cheque uitschrijven	**κόβω επιταγή**	[kóvo epitaʝí]
chequeboekje (het)	**βιβλιάριο επιταγών** (ουδ.)	[vivliário epitaɣón]
portefeuille (de)	**πορτοφόλι** (ουδ.)	[portofóli]
geldbeugel (de)	**πορτοφόλι** (ουδ.)	[portofóli]
safe (de)	**χρηματοκιβώτιο** (ουδ.)	[xrimatokivótio]
erfgenaam (de)	**κληρονόμος** (αρ.)	[klironómos]

erfenis (de)	**κληρονομιά** (θηλ.)	[klironomiá]
fortuin (het)	**περιουσία** (θηλ.)	[periusía]
huur (de)	**σύμβαση μίσθωσης** (θηλ.)	[símvasi mísθosis]
huurprijs (de)	**ενοίκιο** (ουδ.)	[eníkio]
huren (huis, kamer)	**νοικιάζω**	[nikiázo]
prijs (de)	**τιμή** (θηλ.)	[timí]
kostprijs (de)	**κόστος** (ουδ.)	[kóstos]
som (de)	**ποσό** (ουδ.)	[posó]
uitgeven (geld besteden)	**ξοδεύω**	[ksoðévo]
kosten (mv.)	**έξοδα** (ουδ.πλ.)	[éksoða]
bezuinigen (ww)	**κάνω οικονομία**	[káno ikonomía]
zuinig (bn)	**οικονομικός**	[ikonomikós]
betalen (ww)	**πληρώνω**	[pliróno]
betaling (de)	**αμοιβή** (θηλ.)	[amiví]
wisselgeld (het)	**ρέστα** (ουδ.πλ.)	[résta]
belasting (de)	**φόρος** (αρ.)	[fóros]
boete (de)	**πρόστιμο** (ουδ.)	[próstimo]
beboeten (bekeuren)	**επιβάλλω πρόστιμο**	[epivál^lo próstimo]

85. Post. Postkantoor

postkantoor (het)	**ταχυδρομείο** (ουδ.)	[taxiðromío]
post (de)	**ταχυδρομείο** (ουδ.)	[taxiðromío]
postbode (de)	**ταχυδρόμος** (αρ.)	[taxiðrómos]
openingsuren (mv.)	**ώρες λειτουργίας** (θηλ.πλ.)	[óres liturʝías]
brief (de)	**γράμμα** (ουδ.)	[ɣráma]
aangetekende brief (de)	**συστημένο γράμμα** (ουδ.)	[sistiméno ɣráma]
briefkaart (de)	**κάρτα** (θηλ.)	[kárta]
telegram (het)	**τηλεγράφημα** (ουδ.)	[tileɣráfima]
postpakket (het)	**δέμα** (ουδ.)	[ðéma]
overschrijving (de)	**έμβασμα** (ουδ.)	[émvazma]
ontvangen (ww)	**λαμβάνω**	[l^lamváno]
sturen (zenden)	**στέλνω**	[stél^lno]
verzending (de)	**αποστολή** (θηλ.)	[apostolí]
adres (het)	**διεύθυνση** (θηλ.)	[ðiéfθinsi]
postcode (de)	**ταχυδρομικός κώδικας** (αρ.)	[taxiðromikós kóðikas]
verzender (de)	**αποστολέας** (αρ.)	[apostoléas]
ontvanger (de)	**παραλήπτης** (αρ.)	[paralíptis]
naam (de)	**όνομα** (ουδ.)	[ónoma]
achternaam (de)	**επώνυμο** (ουδ.)	[epónimo]
tarief (het)	**ταχυδρομικό τέλος** (ουδ.)	[taxiðromikó tél^los]
standaard (bn)	**κανονικός**	[kanonikós]
zuinig (bn)	**οικονομικός**	[ikonomikós]
gewicht (het)	**βάρος** (ουδ.)	[város]

afwegen (op de weegschaal)	**ζυγίζω**	[zijízo]
envelop (de)	**φάκελος** (αρ.)	[fákel'os]
postzegel (de)	**γραμματόσημο** (ουδ.)	[ɣramatósimo]
een postzegel plakken op	**βάζω γραμματόσημο**	[vázo ɣramatósimo]

Woning. Huis. Thuis

86. Huis. Woning

huis (het)	σπίτι (ουδ.)	[spíti]
thuis (bw)	σπίτι	[spíti]
cour (de)	αυλή (θηλ.)	[avlí]
omheining (de)	φράχτης (αρ.)	[fráxtis]
baksteen (de)	τούβλο (ουδ.)	[túvlʲo]
van bakstenen	από τούβλο	[apó túvlʲo]
steen (de)	πέτρα (θηλ.)	[pétra]
stenen (bn)	πέτρινος	[pétrinos]
beton (het)	μπετόν (ουδ.)	[betón]
van beton	από μπετόν	[apó betón]
nieuw (bn)	καινούριος	[kenúrios]
oud (bn)	παλιός	[paliós]
vervallen (bn)	ετοιμόρροπος	[etimóropos]
modern (bn)	σύγχρονος	[sínxronos]
met veel verdiepingen	πολυώροφος	[poliórofos]
hoog (bn)	ψηλός	[psilʲós]
verdieping (de)	όροφος (αρ.)	[órofos]
met een verdieping	μονοόροφο (ουδ.)	[monoórofo]
laagste verdieping (de)	ισόγειο (ουδ.)	[isójio]
bovenverdieping (de)	τελευταίος όροφος (αρ.)	[teleftéos órofos]
dak (het)	στέγη (θηλ.)	[stéji]
schoorsteen (de)	καμινάδα (θηλ.)	[kamináða]
dakpan (de)	κεραμίδι (ουδ.)	[keramíði]
pannen- (abn)	με κεραμίδια	[me keramíðia]
zolder (de)	σοφίτα (θηλ.)	[sofíta]
venster (het)	παράθυρο (ουδ.)	[paráθiro]
glas (het)	τζάμι (ουδ.)	[dzámi]
vensterbank (de)	περβάζι (ουδ.)	[pervázi]
luiken (mv.)	παντζούρια (ουδ.πλ.)	[padzúria]
muur (de)	τοίχος (αρ.)	[tíxos]
balkon (het)	μπαλκόνι (ουδ.)	[balʲkóni]
regenpijp (de)	υδρορρόη (θηλ.)	[iðrorói]
boven (bw)	πάνω	[páno]
naar boven gaan (ww)	πηγαίνω πάνω	[pijéno páno]
afdalen (on.ww.)	κατεβαίνω	[katevéno]
verhuizen (ww)	μετακομίζω	[metakomízo]

87. Huis. Ingang. Lift

ingang (de)	**είσοδος** (θηλ.)	[ísoðos]
trap (de)	**σκάλα** (θηλ.)	[skálʲa]
treden (mv.)	**σκαλοπάτια** (ουδ.πλ.)	[skalʲopátia]
trapleuning (de)	**κάγκελα** (ουδ.πλ.)	[kángelʲa]
hal (de)	**φουαγιέ** (ουδ.)	[fuaʝé]
postbus (de)	**γραμματοκιβώτιο** (ουδ.)	[ɣramatokivótio]
vuilnisbak (de)	**σκουπιδοτενεκές** (αρ.)	[skupiðotenekés]
vuilniskoker (de)	**αγωγός ρίψης σκουπιδιών** (αρ.)	[aɣoɣóz rípsis skupiðion]
lift (de)	**ασανσέρ** (ουδ.)	[asansér]
goederenlift (de)	**ανελκυστήρας εμπορευμάτων** (αρ.)	[anelʲkistíras emborevmáton]
liftcabine (de)	**θάλαμος** (αρ.)	[θálʲamos]
de lift nemen	**πηγαίνω με ασανσέρ**	[piʝéno me asansér]
appartement (het)	**διαμέρισμα** (ουδ.)	[ðiamérizma]
bewoners (mv.)	**κάτοικοι** (αρ.πλ.)	[kátiki]
buurman (de)	**γείτονας** (αρ.)	[ʝítonas]
buurvrouw (de)	**γειτόνισσα** (θηλ.)	[ʝitónisa]
buren (mv.)	**γείτονες** (αρ.πλ.)	[ʝítones]

88. Huis. Elektriciteit

elektriciteit (de)	**ηλεκτρισμός** (αρ.)	[ilektrizmós]
lamp (de)	**λάμπα** (θηλ.)	[lʲámba]
schakelaar (de)	**διακόπτης** (αρ.)	[ðiakóptis]
zekering (de)	**ασφάλεια** (θηλ.), **φυσίγγιο** (ουδ.)	[asfália], [fisíngio]
draad (de)	**καλώδιο** (ουδ.)	[kalʲóðio]
bedrading (de)	**καλωδίωση** (θηλ.)	[kalʲoðíosi]
elektriciteitsmeter (de)	**μετρητής ηλεκτρικής κατανάλωσης** (αρ.)	[metritís ilektrikís katanálʲosis]
gegevens (mv.)	**ενδείξεις** (θηλ.πλ.)	[enðíksis]

89. Huis. Deuren. Sloten

deur (de)	**πόρτα** (θηλ.)	[pórta]
toegangspoort (de)	**αυλόπορτα** (θηλ.)	[avlʲóporta]
deurkruk (de)	**χερούλι** (ουδ.)	[xerúli]
ontsluiten (ontgrendelen)	**ξεκλειδώνω**	[kseklіðóno]
openen (ww)	**ανοίγω**	[aníɣo]
sluiten (ww)	**κλείνω**	[klíno]
sleutel (de)	**κλειδί** (ουδ.)	[kliðí]
sleutelbos (de)	**αρμαθιά** (θηλ.)	[armaθxá]
knarsen (bijv. scharnier)	**τρίζω**	[trízo]

knarsgeluid (het)	τρίξιμο (ουδ.)	[tríksimo]
scharnier (het)	ρεζές (αρ.)	[rezés]
deurmat (de)	χαλάκι (ουδ.)	[xalʲáki]

slot (het)	κλειδαριά (θηλ.)	[kliðariá]
sleutelgat (het)	κλειδαρότρυπα (θηλ.)	[kliðarótripa]
grendel (de)	σύρτης (αρ.)	[sírtis]
schuif (de)	μάνταλο (ουδ.)	[mándalʲo]
hangslot (het)	λουκέτο (ουδ.)	[lʲukéto]

aanbellen (ww)	χτυπάω	[xtipáo]
bel (geluid)	κουδούνισμα (ουδ.)	[kuðúnizma]
deurbel (de)	κουδούνι (ουδ.)	[kuðúni]
belknop (de)	κουμπί (ουδ.)	[kumbí]
geklop (het)	χτύπημα (ουδ.)	[xtípima]
kloppen (ww)	χτυπάω	[xtipáo]

code (de)	κωδικός (αρ.)	[koðikós]
cijferslot (het)	κλειδαριά με κωδικό (θηλ.)	[kliðariá mekoðikó]
parlofoon (de)	θυροτηλέφωνο (ουδ.)	[θirotiléfono]
nummer (het)	αριθμός (αρ.)	[ariθmós]
naambordje (het)	πινακίδα (θηλ.)	[pinakíða]
deurspion (de)	ματάκι (ουδ.)	[matáki]

90. Huis op het platteland

dorp (het)	χωριό (ουδ.)	[xorió]
moestuin (de)	λαχανόκηπος (αρ.)	[lʲaxanókipos]
hek (het)	φράχτης (αρ.)	[fráxtis]
houten hekwerk (het)	φράχτης (αρ.)	[fráxtis]
tuinpoortje (het)	πόρτα (θηλ.)	[pórta]

graanschuur (de)	σιταποθήκη (θηλ.)	[sitapoθíki]
wortelkelder (de)	κελάρι (ουδ.)	[kelʲári]
schuur (de)	αποθήκη (θηλ.)	[apoθíki]
waterput (de)	πηγάδι (ουδ.)	[piɣáði]

kachel (de)	ξυλόφουρνος (αρ.)	[ksilʲófurnos]
de kachel stoken	ανάβω τον φούρνο	[anávo ton fúrno]
brandhout (het)	ξύλα (ουδ.πλ.)	[ksílʲa]
houtblok (het)	κούτσουρο (ουδ.)	[kútsuro]

veranda (de)	βεράντα (θηλ.)	[veránda]
terras (het)	βεράντα (θηλ.)	[veránda]
bordes (het)	σκαλιά (ουδ.πλ.)	[skaliá]
schommel (de)	κούνια (θηλ.)	[kúnia]

91. Villa. Herenhuis

landhuisje (het)	εξωχικό (ουδ.)	[eksoxikó]
villa (de)	βίλα (θηλ.)	[vílʲa]
vleugel (de)	πτέρυγα (θηλ.)	[ptériɣa]

tuin (de)	**κήπος** (αρ.)	[kípos]
park (het)	**πάρκο** (ουδ.)	[párko]
oranjerie (de)	**θερμοκήπιο** (ουδ.)	[θermokípio]
onderhouden (tuin, enz.)	**φροντίζω**	[frondízo]
zwembad (het)	**πισίνα** (θηλ.)	[pisína]
gym (het)	**γυμναστήριο** (ουδ.)	[jimnastírio]
tennisveld (het)	**γήπεδο τένις** (ουδ.)	[jípeðo ténis]
bioscoopkamer (de)	**οικιακός κινηματογράφος** (αρ.)	[ikiakós kinimatoɣráfos]
garage (de)	**γκαράζ** (ουδ.)	[garáz]
privé-eigendom (het)	**ιδωτική ιδιοκτησία** (θηλ.)	[iðotikí iðioktisía]
eigen terrein (het)	**ιδιωτική έκταση** (θηλ.)	[iðiotikí éktasi]
waarschuwing (de)	**προειδοποίηση** (θηλ.)	[proiðopíisi]
waarschuwingsbord (het)	**προειδοποιητικό σήμα** (ουδ.)	[proiðopoiitikó síma]
bewaking (de)	**ασφάλεια** (θηλ.)	[asfália]
bewaker (de)	**φρουρός** (αρ.)	[fílʲakas]
inbraakalarm (het)	**συναγερμός** (αρ.)	[sinajermós]

92. Kasteel. Paleis

kasteel (het)	**κάστρο** (ουδ.)	[kástro]
paleis (het)	**παλάτι** (ουδ.)	[palʲáti]
vesting (de)	**φρούριο** (ουδ.)	[frúrio]
ringmuur (de)	**τείχος** (ουδ.)	[tíxos]
toren (de)	**πύργος** (αρ.)	[pírɣos]
donjon (de)	**μπουντρούμι** (ουδ.)	[budrúmi]
valhek (het)	**καταρρακτή** (θηλ.)	[kataraktí]
onderaardse gang (de)	**υπόγειο πέρασμα** (ουδ.)	[ipójio pérazma]
slotgracht (de)	**τάφρος** (θηλ.)	[táfros]
ketting (de)	**αλυσίδα** (θηλ.)	[alisíða]
schietgat (het)	**πολεμίστρα** (θηλ.)	[polemístra]
prachtig (bn)	**θαυμάσιος**	[θavmásios]
majestueus (bn)	**μεγαλοπρεπής**	[meɣalʲoprepís]
onneembaar (bn)	**απόρθητος**	[apórθitos]
middeleeuws (bn)	**μεσαιωνικός**	[meseonikós]

93. Appartement

appartement (het)	**διαμέρισμα** (ουδ.)	[ðiamérizma]
kamer (de)	**δωμάτιο** (ουδ.)	[ðomátio]
slaapkamer (de)	**υπνοδωμάτιο** (ουδ.)	[ipnoðomátio]
eetkamer (de)	**τραπεζαρία** (θηλ.)	[trapezaría]
salon (de)	**σαλόνι** (ουδ.)	[salʲóni]
studeerkamer (de)	**γραφείο** (ουδ.)	[ɣrafío]

gang (de)	**χωλ** (ουδ.)	[xolʲ]
badkamer (de)	**μπάνιο** (ουδ.)	[bánio]
toilet (het)	**τουαλέτα** (θηλ.)	[tualéta]
plafond (het)	**ταβάνι** (ουδ.)	[taváni]
vloer (de)	**πάτωμα** (ουδ.)	[pátoma]
hoek (de)	**γωνία** (θηλ.)	[ɣonía]

94. Appartement. Schoonmaken

schoonmaken (ww)	**τακτοποιώ**	[taktopió]
opbergen (in de kast, enz.)	**τακτοποιώ**	[taktopió]
stof (het)	**σκόνη** (θηλ.)	[skóni]
stoffig (bn)	**σκονισμένος**	[skonizménos]
stoffen (ww)	**ξεσκονίζω**	[kseskonízo]
stofzuiger (de)	**ηλεκτρική σκούπα** (θηλ.)	[ilektrikí skúpa]
stofzuigen (ww)	**σκουπίζω με την ηλεκτρική**	[skupízo me tin ilektrikí]
vegen (de vloer ~)	**σκουπίζω**	[skupízo]
veegsel (het)	**σκουπίδια** (ουδ.πλ.)	[skupíðia]
orde (de)	**τάξη** (θηλ.)	[táksi]
wanorde (de)	**ακαταστασία** (θηλ.)	[akatastasía]
zwabber (de)	**σφουγγαρίστρα** (θηλ.)	[sfungarístra]
poetsdoek (de)	**πατσαβούρα** (θηλ.)	[patsavúra]
veger (de)	**μικρή σκούπα** (θηλ.)	[mikrí skúpa]
stofblik (het)	**φαράσι** (ουδ.)	[farási]

95. Meubels. Interieur

meubels (mv.)	**έπιπλα** (ουδ.πλ.)	[épiplʲa]
tafel (de)	**τραπέζι** (ουδ.)	[trapézi]
stoel (de)	**καρέκλα** (θηλ.)	[karéklʲa]
bed (het)	**κρεβάτι** (ουδ.)	[kreváti]
bankstel (het)	**καναπές** (αρ.)	[kanapés]
fauteuil (de)	**πολυθρόνα** (θηλ.)	[poliθróna]
boekenkast (de)	**βιβλιοθήκη** (θηλ.)	[vivlioθíki]
boekenrek (het)	**ράφι** (ουδ.)	[ráfi]
kledingkast (de)	**ντουλάπα** (θηλ.)	[dulʲápa]
kapstok (de)	**κρεμάστρα** (θηλ.)	[kremástra]
staande kapstok (de)	**καλόγερος** (αρ.)	[kalʲójeros]
commode (de)	**συρταριέρα** (θηλ.)	[sirtariéra]
salontafeltje (het)	**τραπεζάκι** (ουδ.)	[trapezáki]
spiegel (de)	**καθρέφτης** (αρ.)	[kaθréftis]
tapijt (het)	**χαλί** (ουδ.)	[xalí]
tapijtje (het)	**χαλάκι** (ουδ.)	[xalʲáki]
haard (de)	**τζάκι** (ουδ.)	[dzáki]
kaars (de)	**κερί** (ουδ.)	[kerí]

kandelaar (de)	κηροπήγιο (ουδ.)	[kiropíjo]
gordijnen (mv.)	κουρτίνες (θηλ.πλ.)	[kurtínes]
behang (het)	ταπετσαρία (θηλ.)	[tapetsaría]
jaloezie (de)	στόρια (ουδ.πλ.)	[stória]

bureaulamp (de)	επιτραπέζιο φωτιστικό (ουδ.)	[epitrapézio fotistikó]
wandlamp (de)	φωτιστικό τοίχου (ουδ.)	[fotistikó tíxu]
staande lamp (de)	φωτιστικό δαπέδου (ουδ.)	[fotistikó ðapéðu]
luchter (de)	πολυέλαιος (αρ.)	[poliéleos]

poot (ov. een tafel, enz.)	πόδι (ουδ.)	[póði]
armleuning (de)	μπράτσο (ουδ.)	[brátso]
rugleuning (de)	πλάτη (θηλ.)	[plʲáti]
la (de)	συρτάρι (ουδ.)	[sirtári]

96. Beddengoed

beddengoed (het)	σεντόνια (ουδ.πλ.)	[sendónia]
kussen (het)	μαξιλάρι (ουδ.)	[maksilʲári]
kussenovertrek (de)	μαξιλαροθήκη (θηλ.)	[maksilʲaroθíki]
deken (de)	πάπλωμα (ουδ.)	[páplʲoma]
laken (het)	σεντόνι (ουδ.)	[sendóni]
sprei (de)	κουβερλί (ουδ.)	[kuverlí]

97. Keuken

keuken (de)	κουζίνα (θηλ.)	[kuzína]
gas (het)	γκάζι (ουδ.)	[gázi]
gasfornuis (het)	κουζίνα με γκάζι (θηλ.)	[kuzína me gázi]
elektrisch fornuis (het)	ηλεκτρική κουζίνα (θηλ.)	[ilektrikí kuzína]
oven (de)	φούρνος (αρ.)	[fúrnos]
magnetronoven (de)	φούρνος μικροκυμάτων (αρ.)	[fúrnos mikrokimáton]

koelkast (de)	ψυγείο (ουδ.)	[psijío]
diepvriezer (de)	καταψύκτης (αρ.)	[katapsíktis]
vaatwasmachine (de)	πλυντήριο πιάτων (ουδ.)	[plindírio piáton]

vleesmolen (de)	κρεατομηχανή (θηλ.)	[kreatomixaní]
vruchtenpers (de)	αποχυμωτής (αρ.)	[apoximotís]
toaster (de)	φρυγανιέρα (θηλ.)	[friɣaniéra]
mixer (de)	μίξερ (ουδ.)	[míkser]

koffiemachine (de)	καφετιέρα (θηλ.)	[kafetiéra]
koffiepot (de)	καφετιέρα (θηλ.)	[kafetiéra]
koffiemolen (de)	μύλος του καφέ (αρ.)	[mílʲos tu kafé]

fluitketel (de)	βραστήρας (αρ.)	[vrastíras]
theepot (de)	τσαγιέρα (θηλ.)	[tsajéra]
deksel (de/het)	καπάκι (ουδ.)	[kapáki]
theezeefje (het)	σουρωτήρι τσαγιού (ουδ.)	[surotíri tsajú]
lepel (de)	κουτάλι (ουδ.)	[kutáli]
theelepeltje (het)	κουταλάκι του γλυκού (ουδ.)	[kutalʲáki tu ɣlikú]

eetlepel (de)	κουτάλι της σούπας (ουδ.)	[kutáli tis súpas]
vork (de)	πιρούνι (ουδ.)	[pirúni]
mes (het)	μαχαίρι (ουδ.)	[maxéri]

vaatwerk (het)	επιτραπέζια σκεύη (ουδ.πλ.)	[epitrapézia skévi]
bord (het)	πιάτο (ουδ.)	[piáto]
schoteltje (het)	πιατάκι (ουδ.)	[piatáki]

likeurglas (het)	σφηνοπότηρο (ουδ.)	[sfinopótiro]
glas (het)	ποτήρι (ουδ.)	[potíri]
kopje (het)	φλιτζάνι (ουδ.)	[flidzáni]

suikerpot (de)	ζαχαριέρα (θηλ.)	[zaxariéra]
zoutvat (het)	αλατιέρα (θηλ.)	[alˈatiéra]
pepervat (het)	πιπεριέρα (θηλ.)	[piperiéra]
boterschaaltje (het)	βουτυριέρα (θηλ.)	[vutiriéra]

pan (de)	κατσαρόλα (θηλ.)	[katsarólˈa]
bakpan (de)	τηγάνι (ουδ.)	[tiɣáni]
pollepel (de)	κουτάλα (θηλ.)	[kutálˈa]
vergiet (de/het)	σουρωτήρι (ουδ.)	[surotíri]
dienblad (het)	δίσκος (αρ.)	[ðískos]

fles (de)	μπουκάλι (ουδ.)	[bukáli]
glazen pot (de)	βάζο (ουδ.)	[vázo]
blik (conserven~)	κουτί (ουδ.)	[kutí]

flesopener (de)	ανοιχτήρι (ουδ.)	[anixtíri]
blikopener (de)	ανοιχτήρι (ουδ.)	[anixtíri]
kurkentrekker (de)	τιρμπουσόν (ουδ.)	[tirbusón]
filter (de/het)	φίλτρο (ουδ.)	[fílˈtro]
filteren (ww)	φιλτράρω	[filˈtráro]

| huisvuil (het) | σκουπίδια (ουδ.πλ.) | [skupíðia] |
| vuilnisemmer (de) | κάδος σκουπιδιών (αρ.) | [káðos skupiðión] |

98. Badkamer

badkamer (de)	μπάνιο (ουδ.)	[bánio]
water (het)	νερό (ουδ.)	[neró]
kraan (de)	βρύση (ουδ.)	[vrísi]
warm water (het)	ζεστό νερό (ουδ.)	[zestó neró]
koud water (het)	κρύο νερό (ουδ.)	[krío neró]

| tandpasta (de) | οδοντόκρεμα (θηλ.) | [oðondókrema] |
| tanden poetsen (ww) | πλένω τα δόντια | [pléno ta ðóndia] |

zich scheren (ww)	ξυρίζομαι	[ksirízome]
scheercrème (de)	αφρός ξυρίσματος (αρ.)	[afrós ksirízmatos]
scheermes (het)	ξυράφι (ουδ.)	[ksiráfi]

wassen (ww)	πλένω	[pléno]
een bad nemen	πλένομαι	[plénome]
douche (de)	ντουζ (ουδ.)	[duz]

een douche nemen	**κάνω ντους**	[káno duz]
bad (het)	**μπανιέρα** (θηλ.)	[baniéra]
toiletpot (de)	**λεκάνη** (θηλ.)	[lekáni]
wastafel (de)	**νιπτήρας** (αρ.)	[niptíras]
zeep (de)	**σαπούνι** (ουδ.)	[sapúni]
zeepbakje (het)	**σαπουνοθήκη** (θηλ.)	[sapunoθíki]
spons (de)	**σφουγγάρι** (ουδ.)	[sfungári]
shampoo (de)	**σαμπουάν** (ουδ.)	[sambuán]
handdoek (de)	**πετσέτα** (θηλ.)	[petséta]
badjas (de)	**μπουρνούζι** (ουδ.)	[burnúzi]
was (bijv. handwas)	**μπουγάδα** (θηλ.)	[buɣáða]
wasmachine (de)	**πλυντήριο ρούχων** (ουδ.)	[plindírio rúxon]
de was doen	**πλένω τα σεντόνια**	[pléno ta sendónia]
waspoeder (de)	**απορρυπαντικό** (ουδ.)	[aporipandikó]

99. Huishoudelijke apparaten

televisie (de)	**τηλεόραση** (θηλ.)	[tileórasi]
cassettespeler (de)	**κασετόφωνο** (ουδ.)	[kasetófono]
videorecorder (de)	**συσκευή βίντεο** (θηλ.)	[siskeví vídeo]
radio (de)	**ραδιόφωνο** (ουδ.)	[raðiófono]
speler (de)	**πλέιερ** (ουδ.)	[pléjer]
videoprojector (de)	**βιντεοπροβολέας** (αρ.)	[videoprovoléas]
home theater systeem (het)	**οικιακός κινηματογράφος** (αρ.)	[ikiakós kinimatoɣráfos]
DVD-speler (de)	**συσκευή DVD** (θηλ.)	[siskeví dividí]
versterker (de)	**ενισχυτής** (αρ.)	[enisxitís]
spelconsole (de)	**κονσόλα παιχνιδιών** (θηλ.)	[konsólʲa pexniðion]
videocamera (de)	**βιντεοκάμερα** (θηλ.)	[videokámera]
fotocamera (de)	**φωτογραφική μηχανή** (θηλ.)	[fotoɣrafikí mixaní]
digitale camera (de)	**ψηφιακή φωτογραφική μηχανή** (θηλ.)	[psifiakí fotoɣrafikí mixaní]
stofzuiger (de)	**ηλεκτρική σκούπα** (θηλ.)	[ilektrikí skúpa]
strijkijzer (het)	**σίδερο** (ουδ.)	[síðero]
strijkplank (de)	**σιδερώστρα** (θηλ.)	[siðeróstra]
telefoon (de)	**τηλέφωνο** (ουδ.)	[tiléfono]
mobieltje (het)	**κινητό τηλέφωνο** (ουδ.)	[kinitó tiléfono]
schrijfmachine (de)	**γραφομηχανή** (θηλ.)	[ɣrafomixaní]
naaimachine (de)	**ραπτομηχανή** (θηλ.)	[raptomixaní]
microfoon (de)	**μικρόφωνο** (ουδ.)	[mikrófono]
koptelefoon (de)	**ακουστικά** (ουδ.πλ.)	[akustiká]
afstandsbediening (de)	**τηλεχειριστήριο** (ουδ.)	[tilexiristírio]
CD (de)	**συμπαγής δίσκος** (αρ.)	[simpaʝís ðískos]
cassette (de)	**κασέτα** (θηλ.)	[kaséta]
vinylplaat (de)	**δίσκος βινυλίου** (αρ.)	[ðískos vinilíu]

100. Reparaties. Renovatie

renovatie (de)	**ανακαίνιση** (θηλ.)	[anakénisi]
renoveren (ww)	**κάνω ανακαίνιση**	[káno anakénisi]
repareren (ww)	**επισκευάζω**	[episkevázo]
op orde brengen	**τακτοποιώ**	[taktopió]
overdoen (ww)	**ξανακάνω**	[ksanakáno]
verf (de)	**μπογιά** (θηλ.)	[bojá]
verven (muur ~)	**βάφω**	[váfo]
schilder (de)	**ελαιοχρωματιστής** (αρ.)	[eleoxromatistís]
kwast (de)	**πινέλο** (ουδ.)	[pinélʲo]
kalk (de)	**ασβεστόχρωμα** (ουδ.)	[asvestóxroma]
kalken (ww)	**ασβεστώνω**	[asvestóno]
behang (het)	**ταπετσαρία** (θηλ.)	[tapetsaría]
behangen (ww)	**βάζω ταπετσαρία**	[vázo tapetsaría]
lak (de/het)	**βερνίκι** (ουδ.)	[verníki]
lakken (ww)	**βερνικώνω**	[vernikóno]

101. Loodgieterswerk

water (het)	**νερό** (ουδ.)	[neró]
warm water (het)	**ζεστό νερό** (ουδ.)	[zestó neró]
koud water (het)	**κρύο νερό** (ουδ.)	[krío neró]
kraan (de)	**βρύση** (ουδ.)	[vrísi]
druppel (de)	**σταγόνα** (θηλ.)	[staɣóna]
druppelen (ww)	**στάζω**	[stázo]
lekken (een lek hebben)	**διαρρέω**	[ðiaréo]
lekkage (de)	**διαρροή** (θηλ.)	[ðiaroí]
plasje (het)	**λιμνούλα** (θηλ.)	[limnúlʲa]
buis, leiding (de)	**σωλήνας** (αρ.)	[solínas]
stopkraan (de)	**βαλβίδα** (θηλ.)	[valʲvíða]
verstopt raken (ww)	**βουλώνω**	[vulʲóno]
gereedschap (het)	**εργαλεία** (ουδ.πλ.)	[erɣalía]
Engelse sleutel (de)	**γαλλικό κλειδί** (ουδ.)	[ɣalikó kliðí]
losschroeven (ww)	**ξεβιδώνω**	[kseviðóno]
aanschroeven (ww)	**βιδώνω**	[viðóno]
ontstoppen (riool, enz.)	**ξεβουλώνω**	[ksevulʲóno]
loodgieter (de)	**υδραυλικός** (αρ.)	[iðravlikós]
kelder (de)	**υπόγειο** (ουδ.)	[ipójio]
riolering (de)	**αποχέτευση** (θηλ.)	[apoxétefsi]

102. Brand. Vuurzee

brand (de)	**φωτιά, πυρκαγιά** (θηλ.)	[fotiá], [pirkajá]
vlam (de)	**φλόγα** (θηλ.)	[flʲóɣa]

vonk (de)	**σπίθα** (θηλ.)	[spíθa]
rook (de)	**καπνός** (αρ.)	[kapnós]
fakkel (de)	**δαυλός** (αρ.)	[ðavlós]
kampvuur (het)	**φωτιά** (θηλ.)	[fotiá]
benzine (de)	**βενζίνη** (θηλ.)	[venzíni]
kerosine (de)	**κηροζίνη** (θηλ.)	[kirozíni]
brandbaar (bn)	**καύσιμος**	[káfsimos]
ontplofbaar (bn)	**εκρηκτικός**	[ekriktikós]
VERBODEN TE ROKEN!	**ΑΠΑΓΟΡΕΥΕΤΑΙ ΤΟ ΚΑΠΝΙΣΜΑ**	[apaɣorévete to kápnizma]
veiligheid (de)	**ασφάλεια** (θηλ.)	[asfália]
gevaar (het)	**κίνδυνος** (αρ.)	[kínðinos]
gevaarlijk (bn)	**επικίνδυνος**	[epikínðinos]
in brand vliegen (ww)	**παίρνω φωτιά**	[pérno fotiá]
explosie (de)	**έκρηξη** (θηλ.)	[ékriksi]
in brand steken (ww)	**πυρπολώ**	[pirpolʲó]
brandstichter (de)	**εμπρηστής** (αρ.)	[embristís]
brandstichting (de)	**εμπρησμός** (αρ.)	[embrizmós]
vlammen (ww)	**καίω**	[kéo]
branden (ww)	**καίγομαι**	[kéɣome]
afbranden (ww)	**καίγομαι**	[kéɣome]
brandweerman (de)	**πυροσβέστης** (αρ.)	[pirozvéstis]
brandweerwagen (de)	**πυροσβεστικό όχημα** (ουδ.)	[pirozvestikó óxima]
brandweer (de)	**πυροσβεστικό σώμα** (ουδ.)	[pirozvestikó sóma]
uitschuifbare ladder (de)	**πυροσβεστική σκάλα** (θηλ.)	[pirozvestikí skálʲa]
brandslang (de)	**μάνικα** (θηλ.)	[mánika]
brandblusser (de)	**πυροσβεστήρας** (αρ.)	[pirozvestíras]
helm (de)	**κράνος** (ουδ.)	[krános]
sirene (de)	**σειρήνα** (θηλ.)	[sirína]
roepen (ww)	**φωνάζω**	[fonázo]
hulp roepen	**καλώ βοήθεια**	[kalʲó voíθia]
redder (de)	**διασώστης** (αρ.)	[ðiasóstis]
redden (ww)	**σώζω**	[sózo]
aankomen (per auto, enz.)	**έρχομαι**	[érxome]
blussen (ww)	**σβήνω**	[zvíno]
water (het)	**νερό** (ουδ.)	[neró]
zand (het)	**άμμος** (θηλ.)	[ámos]
ruïnes (mv.)	**ερείπια** (ουδ.πλ.)	[erípia]
instorten (gebouw, enz.)	**γκρεμίζομαι**	[gremízome]
ineenstorten (ww)	**καταρρέω**	[kataréo]
inzakken (ww)	**γκρεμίζομαι**	[gremízome]
brokstuk (het)	**συντρίμμι** (ουδ.)	[sindrími]
as (de)	**στάχτη** (θηλ.)	[stáxti]
verstikken (ww)	**ασφυκτιώ**	[asfiktió]
omkomen (ww)	**σκοτώνομαι**	[skotónome]

MENSELIJKE ACTIVITEITEN

Baan. Business. Deel 1

103. Kantoor. Op kantoor werken

kantoor (het)	**γραφείο** (ουδ.)	[ɣrafío]
kamer (de)	**γραφείο** (ουδ.)	[ɣrafío]
receptie (de)	**ρεσεψιόν** (θηλ.)	[resepsión]
secretaris (de)	**γραμματέας** (αρ./θηλ.)	[ɣramatéas]
directeur (de)	**διευθυντής** (αρ.)	[ðiefθindís]
manager (de)	**μάνατζερ** (αρ.)	[mánadzer]
boekhouder (de)	**λογιστής** (αρ.)	[lʲojistís]
werknemer (de)	**υπάλληλος** (αρ.)	[ipálilʲos]
meubilair (het)	**έπιπλα** (ουδ.πλ.)	[épiplʲa]
tafel (de)	**γραφείο** (ουδ.)	[ɣrafío]
bureaustoel (de)	**καρέκλα** (θηλ.)	[karéklʲa]
ladeblok (het)	**συρταριέρα** (θηλ.)	[sirtariéra]
kapstok (de)	**καλόγερος** (αρ.)	[kalʲójeros]
computer (de)	**υπολογιστής** (αρ.)	[ipolʲojistís]
printer (de)	**εκτυπωτής** (αρ.)	[ektipotís]
fax (de)	**φαξ** (ουδ.)	[faks]
kopieerapparaat (het)	**φωτοτυπικό μηχάνημα** (ουδ.)	[fototipikó mixánima]
papier (het)	**χαρτί** (ουδ.)	[xartí]
kantoorartikelen (mv.)	**χαρτικά** (ουδ.πλ.)	[xartiká]
muismat (de)	**μάους παντ** (ουδ.)	[máus pad]
blad (het)	**φύλλο** (ουδ.)	[fílʲo]
ordner (de)	**ντοσιέ** (ουδ.)	[dosié]
catalogus (de)	**κατάλογος** (αρ.)	[katálʲoɣos]
telefoongids (de)	**τηλεφωνικός κατάλογος** (αρ.)	[tilefonikós katálʲoɣos]
documentatie (de)	**έγγραφα** (ουδ.πλ.)	[éngrafa]
brochure (de)	**φυλλάδιο** (ουδ.)	[filʲáðio]
flyer (de)	**φυλλάδιο** (ουδ.)	[filʲáðio]
monster (het), staal (de)	**δείγμα** (ουδ.)	[ðíɣma]
training (de)	**σεμινάριο** (ουδ.)	[seminário]
vergadering (de)	**σύσκεψη** (θηλ.)	[sískepsi]
lunchpauze (de)	**μεσημεριανό διάλειμμα** (ουδ.)	[mesimerianó ðiálima]
een kopie maken	**κάνω αντίγραφο**	[káno andíɣrafo]
de kopieën maken	**κάνω αντίγραφα**	[káno andíɣrafa]
een fax ontvangen	**λαμβάνω φαξ**	[lʲamváno faks]

een fax versturen	**στέλνω φαξ**	[stélʲno faks]
opbellen (ww)	**τηλεφωνώ**	[tilefonó]
antwoorden (ww)	**απαντώ**	[apandó]
doorverbinden (ww)	**συνδέω**	[sinðéo]
afspreken (ww)	**κλείνω ραντεβού**	[klíno randevú]
demonstreren (ww)	**επιδεικνύω**	[epiðiknío]
absent zijn (ww)	**απουσιάζω**	[apusiázo]
afwezigheid (de)	**απουσία** (θηλ.)	[apusía]

104. Bedrijfsprocessen. Deel 1

zaak (de), beroep (het)	**επάγγελμα** (ουδ.)	[epángelʲma]
firma (de)	**εταιρία** (θηλ.)	[etería]
bedrijf (maatschap)	**εταιρία** (θηλ.)	[etería]
corporatie (de)	**εταιρεία** (θηλ.)	[etería]
onderneming (de)	**οργανισμός** (αρ.)	[orɣanizmós]
agentschap (het)	**πρακτορείο** (ουδ.)	[praktorío]
overeenkomst (de)	**συμφωνία** (θηλ.)	[simfonía]
contract (het)	**συμβόλαιο** (ουδ.)	[simvóleo]
transactie (de)	**συμφωνία** (θηλ.)	[simfonía]
bestelling (de)	**παραγγελία** (θηλ.)	[parangelía]
voorwaarde (de)	**όρος** (αρ.)	[óros]
in het groot (bw)	**σε χονδρική**	[se xonðrikí]
groothandels- (abn)	**χοντρικός**	[xondrikós]
groothandel (de)	**χονδρικό εμπόριο** (ουδ.)	[xonðrikó embório]
kleinhandels- (abn)	**λιανικός**	[lianikós]
kleinhandel (de)	**λιανικό εμπόριο** (ουδ.)	[lianikó embório]
concurrent (de)	**ανταγωνιστής** (αρ.)	[andaɣonistís]
concurrentie (de)	**ανταγωνισμός** (αρ.)	[andaɣonizmós]
concurreren (ww)	**ανταγωνίζομαι**	[andaɣonízome]
partner (de)	**συνέταιρος** (αρ.)	[sinéteros]
partnerschap (het)	**σύμπραξη** (θηλ.)	[símpraksi]
crisis (de)	**κρίση** (θηλ.)	[krísi]
bankroet (het)	**χρεοκοπία** (θηλ.)	[xreokopía]
bankroet gaan (ww)	**χρεοκοπώ**	[xreokopó]
moeilijkheid (de)	**δυσκολία** (θηλ.)	[ðiskolía]
probleem (het)	**πρόβλημα** (ουδ.)	[próvlima]
catastrofe (de)	**καταστροφή** (θηλ.)	[katastrofí]
economie (de)	**οικονομία** (θηλ.)	[ikonomía]
economisch (bn)	**οικονομικός**	[ikonomikós]
economische recessie (de)	**οικονομική ύφεση** (θηλ.)	[ikonomikí ifesi]
doel (het)	**στόχος** (αρ.)	[stóxos]
taak (de)	**καθήκον** (ουδ.)	[kaθíkon]
handelen (handel drijven)	**εμπορεύομαι**	[emborévome]
netwerk (het)	**δίκτυο** (ουδ.)	[ðíktio]

voorraad (de)	**απόθεμα** (ουδ.)	[apóθema]
assortiment (het)	**ποικιλία** (θηλ.)	[pikilía]
leider (de)	**αρχηγός** (αρ.)	[arxiɣós]
groot (bn)	**μεγάλος**	[meɣálʲos]
monopolie (het)	**μονοπώλιο** (ουδ.)	[monopólio]
theorie (de)	**θεωρία** (θηλ.)	[θeoría]
praktijk (de)	**πρακτική** (θηλ.)	[praktikí]
ervaring (de)	**εμπειρία** (θηλ.)	[embiría]
tendentie (de)	**τάση** (θηλ.)	[tási]
ontwikkeling (de)	**εξέλιξη** (θηλ.)	[ekséliksi]

105. Bedrijfsprocessen. Deel 2

voordeel (het)	**κέρδος** (ουδ.)	[kérðos]
voordelig (bn)	**κερδοφόρος**	[kerðofóros]
delegatie (de)	**αντιπροσωπεία** (θηλ.)	[andiprosopía]
salaris (het)	**μισθός** (αρ.)	[misθós]
corrigeren (fouten ~)	**διορθώνω**	[ðiorθóno]
zakenreis (de)	**επαγγελματικό ταξίδι** (ουδ.)	[epangelʲmatikó taksíði]
commissie (de)	**επιτροπή** (θηλ.)	[epitropí]
controleren (ww)	**ελέγχω**	[elénxo]
conferentie (de)	**συνέδριο** (ουδ.)	[sinéðrio]
licentie (de)	**άδεια** (θηλ.)	[áðia]
betrouwbaar (partner, enz.)	**αξιόπιστος**	[aksiópistos]
aanzet (de)	**πρωτοβουλία** (θηλ.)	[protovulía]
norm (bijv. ~ stellen)	**προδιαγραφή** (θηλ.)	[proðiaɣrafí]
omstandigheid (de)	**περίσταση** (θηλ.)	[perístasi]
taak, plicht (de)	**υποχρέωση** (θηλ.)	[ipoxréosi]
organisatie (bedrijf, zaak)	**οργάνωση** (θηλ.)	[orɣánosi]
organisatie (proces)	**οργάνωση** (θηλ.)	[orɣánosi]
georganiseerd (bn)	**οργανωμένος**	[orɣanoménos]
afzegging (de)	**ακύρωση** (θηλ.)	[akírosi]
afzeggen (ww)	**ακυρώνω**	[akiróno]
verslag (het)	**έκθεση, αναφορά** (θηλ.)	[ékθesi], [anaforá]
patent (het)	**πατέντα** (θηλ.)	[paténda]
patenteren (ww)	**πατεντάρω**	[patendáro]
plannen (ww)	**σχεδιάζω**	[sxeðiázo]
premie (de)	**μπόνους** (ουδ.)	[bónus]
professioneel (bn)	**επαγγελματικός**	[epangelʲmatikós]
procedure (de)	**διαδικασία** (θηλ.)	[ðiaðikasía]
onderzoeken (contract, enz.)	**εξετάζω**	[eksetázo]
berekening (de)	**υπολογισμός** (αρ.)	[ipolʲojizmós]
reputatie (de)	**υπόληψη** (θηλ.)	[ipólipsi]
risico (het)	**ρίσκο** (ουδ.)	[rísko]
beheren (managen)	**διευθύνω**	[ðiefθíno]

informatie (de)	**στοιχεία** (ουδ.πλ.)	[stixía]
eigendom (bezit)	**ιδιοκτησία** (θηλ.)	[iðioktisía]
unie (de)	**ένωση** (θηλ.)	[énosi]
levensverzekering (de)	**ασφάλιση ζωής** (θηλ.)	[asfálisi zoís]
verzekeren (ww)	**ασφαλίζω**	[asfalízo]
verzekering (de)	**ασφάλεια** (θηλ.)	[asfália]
veiling (de)	**δημοπρασία** (θηλ.)	[ðimoprasía]
verwittigen (ww)	**ειδοποιώ**	[iðopió]
beheer (het)	**διοίκηση** (θηλ.)	[ðiíkisi]
dienst (de)	**υπηρεσία** (θηλ.)	[ipiresía]
forum (het)	**φόρουμ** (ουδ.)	[fórum]
functioneren (ww)	**λειτουργώ**	[lituryó]
stap, etappe (de)	**στάδιο** (ουδ.)	[stáðio]
juridisch (bn)	**νομικός**	[nomikós]
jurist (de)	**νομικός** (αρ.)	[nomikós]

106. Productie. Werken

industriële installatie (fabriek)	**εργοστάσιο** (ουδ.)	[eryostásio]
fabriek (de)	**εργοστάσιο** (ουδ.)	[eryostásio]
werkplaatsruimte (de)	**εργαστήρι** (ουδ.)	[eryastíri]
productielocatie (de)	**παραγωγική μονάδα** (θηλ.)	[parayojikí monáða]
industrie (de)	**βιομηχανία** (θηλ.)	[viomixanía]
industrieel (bn)	**βιομηχανικός**	[viomixanikós]
zware industrie (de)	**βαριά βιομηχανία** (θηλ.)	[variá viomixanía]
lichte industrie (de)	**ελαφρά βιομηχανία** (θηλ.)	[elʲafrá viomixanía]
productie (de)	**προϊόντα** (ουδ.πλ.)	[projónda]
produceren (ww)	**παράγω**	[paráyo]
grondstof (de)	**πρώτες ύλες** (θηλ.πλ.)	[prótes íles]
voorman, ploegbaas (de)	**εργοδηγός** (αρ.)	[eryoðiyós]
ploeg (de)	**ομάδα** (θηλ.)	[omáða]
arbeider (de)	**εργάτης** (αρ.)	[eryátis]
werkdag (de)	**εργάσιμη μέρα** (θηλ.)	[eryásimi méra]
pauze (de)	**διάλειμμα** (ουδ.)	[ðiálima]
samenkomst (de)	**σύσκεψη** (θηλ.)	[sískepsi]
bespreken (spreken over)	**συζητώ**	[sizitó]
plan (het)	**σχέδιο** (ουδ.)	[sxéðio]
het plan uitvoeren	**υλοποιώ το σχέδιο**	[ilʲopió to sxéðio]
productienorm (de)	**ρυθμός παραγωγής** (αρ.)	[riθmós parayojís]
kwaliteit (de)	**ποιότητα** (θηλ.)	[piótita]
controle (de)	**έλεγχος** (αρ.)	[élenxos]
kwaliteitscontrole (de)	**έλεγχος ποιότητας** (αρ.)	[élenxos piótitas]
arbeidsveiligheid (de)	**ασφάλεια της εργασίας** (θηλ.)	[asfália tis eryasías]
discipline (de)	**πειθαρχία** (θηλ.)	[piθarxía]
overtreding (de)	**παράβαση** (θηλ.)	[parávasi]

overtreden (ww)	**παραβιάζω**	[paraviázo]
staking (de)	**απεργία** (θηλ.)	[aperʝía]
staker (de)	**απεργός** (αρ.)	[aperɣós]
staken (ww)	**απεργώ**	[aperɣó]
vakbond (de)	**συνδικάτο** (ουδ.)	[sinðikáto]
uitvinden (machine, enz.)	**εφευρίσκω**	[efevrísko]
uitvinding (de)	**εφεύρεση** (θηλ.)	[efévresi]
onderzoek (het)	**έρευνα** (θηλ.)	[érevna]
verbeteren (beter maken)	**βελτιώνω**	[velʲtióno]
technologie (de)	**τεχνολογία** (θηλ.)	[texnolʲoʝía]
technische tekening (de)	**σχέδιο** (ουδ.)	[sxéðio]
vracht (de)	**φορτίο** (ουδ.)	[fortío]
lader (de)	**φορτωτής** (αρ.)	[fortotís]
laden (vrachtwagen)	**φορτώνω**	[fortóno]
laden (het)	**φόρτωση** (θηλ.)	[fórtosi]
lossen (ww)	**ξεφορτώνω**	[ksefortóno]
lossen (het)	**ξεφόρτωμα** (ουδ.)	[ksefórtoma]
transport (het)	**μεταφορά** (θηλ.)	[metaforá]
transportbedrijf (de)	**μεταφορική εταιρία** (θηλ.)	[metaforikí etería]
transporteren (ww)	**μεταφέρω**	[metaféro]
goederenwagon (de)	**φορτηγό βαγόνι** (ουδ.)	[fortiɣó vaɣóni]
tank (bijv. ketelwagen)	**δεξαμενή** (θηλ.)	[ðeksamení]
vrachtwagen (de)	**φορτηγό** (ουδ.)	[fortiɣó]
machine (de)	**εργαλειομηχανή** (θηλ.)	[erɣaliomixaní]
mechanisme (het)	**μηχανισμός** (αρ.)	[mixanizmós]
industrieel afval (het)	**βιομηχανικά απόβλητα** (ουδ.πλ.)	[vioμixaniká apóvlita]
verpakking (de)	**συσκευασία** (θηλ.)	[siskevasía]
verpakken (ww)	**συσκευάζω**	[siskevázo]

107. Contract. Overeenstemming

contract (het)	**συμβόλαιο** (ουδ.)	[simvóleo]
overeenkomst (de)	**συμφωνία** (θηλ.)	[simfonía]
bijlage (de)	**παράρτημα** (ουδ.)	[parártima]
een contract sluiten	**υπογράφω συμβόλαιο**	[ipoɣráfo simvóleo]
handtekening (de)	**υπογραφή** (θηλ.)	[ipoɣrafí]
ondertekenen (ww)	**υπογράφω**	[ipoɣráfo]
stempel (de)	**σφραγίδα** (θηλ.)	[sfraʝíða]
voorwerp (het) van de overeenkomst	**αντικείμενο της συμβάσης** (ουδ.)	[andikímeno tis simvásis]
clausule (de)	**ρήτρα** (θηλ.)	[rítra]
partijen (mv.)	**συμβαλλόμενοι** (αρ.πλ.)	[simvalʲómeni]
vestigingsadres (het)	**διεύθυνση εγγεγραμμένου γραφείου** (θηλ.)	[ðiéfθinsi engeɣraménu ɣrafíu]
het contract verbreken (overtreden)	**παραβιάζω τη σύμβαση**	[paraviázo ti símvasi]

verplichting (de)	**υποχρέωση** (θηλ.)	[ipoxréosi]
verantwoordelijkheid (de)	**ευθύνη** (θηλ.)	[efθíni]
overmacht (de)	**ανωτέρα βία** (θηλ.)	[anotéra vía]
geschil (het)	**διαφωνία, διαφορά** (θηλ.)	[ðiafonía], [ðiaforá]
sancties (mv.)	**κυρώσεις** (θηλ.πλ.)	[kirósis]

108. Import & Export

import (de)	**εισαγωγή** (θηλ.)	[isaɣoʝí]
importeur (de)	**εισαγωγέας** (αρ.)	[isaɣoʝéas]
importeren (ww)	**εισάγω**	[isáɣo]
import- (abn)	**εισαγόμενος**	[isaɣómenos]
exporteur (de)	**εξαγωγέας** (αρ.)	[eksaɣoʝéas]
exporteren (ww)	**εξάγω**	[eksáɣo]
goederen (mv.)	**εμπόρευμα** (ουδ.)	[embórevma]
partij (de)	**παρτίδα** (θηλ.)	[partíða]
gewicht (het)	**βάρος** (ουδ.)	[város]
volume (het)	**όγκος** (αρ.)	[óngos]
kubieke meter (de)	**κυβικό μέτρο** (ουδ.)	[kivikó métro]
producent (de)	**παραγωγός** (αρ.)	[paraɣoɣós]
transportbedrijf (de)	**μεταφορική εταιρία** (θηλ.)	[metaforikí etería]
container (de)	**εμπορευματοκιβώτιο** (ουδ.)	[emborevmatokivótio]
grens (de)	**σύνορο** (ουδ.)	[sínoro]
douane (de)	**τελωνείο** (ουδ.)	[telʲonío]
douanerecht (het)	**τελωνειακός δασμός** (αρ.)	[telʲoniakós ðazmós]
douanier (de)	**τελωνειακός** (αρ.)	[telʲoniakós]
smokkelen (het)	**λαθρεμπόριο** (ουδ.)	[lʲaθrembório]
smokkelwaar (de)	**λαθραία εμπορεύματα** (ουδ.πλ.)	[lʲaθréa emborévmata]

109. Financiën

aandeel (het)	**μετοχή** (θηλ.)	[metoxí]
obligatie (de)	**ομόλογο** (ουδ.)	[omólʲoɣo]
wissel (de)	**γραμμάτιο** (ουδ.)	[ɣramátio]
beurs (de)	**χρηματιστήριο** (ουδ.)	[xrimatistírio]
aandelenkoers (de)	**τιμή μετοχής** (θηλ.)	[timí metoxís]
dalen (ww)	**πέφτω**	[péfto]
stijgen (ww)	**ακριβαίνω**	[akrivéno]
meerderheidsbelang (het)	**ελέγχουσα συμμετοχή** (θηλ.)	[elénxusa simetoxí]
investeringen (mv.)	**επενδύσεις** (θηλ.πλ.)	[epenðísis]
investeren (ww)	**επενδύω**	[epenðío]
procent (het)	**τοις εκατό**	[tis ekató]
rente (de)	**τόκος** (αρ.)	[tókos]

winst (de)	**κέρδος** (ουδ.)	[kérðos]
winstgevend (bn)	**κερδοφόρος**	[kerðofóros]
belasting (de)	**φόρος** (αρ.)	[fóros]
valuta (vreemde ~)	**συνάλλαγμα** (ουδ.)	[sinálʲaɣma]
nationaal (bn)	**εθνικός**	[eθnikós]
ruil (de)	**ανταλλαγή** (θηλ.)	[andalʲaʝí]
boekhouder (de)	**λογιστής** (αρ.)	[lʲoʝistís]
boekhouding (de)	**λογιστήριο** (αρ.)	[lʲoʝistírio]
bankroet (het)	**χρεοκοπία** (θηλ.)	[xreokopía]
ondergang (de)	**κατάρρευση** (θηλ.)	[katárefsi]
faillissement (het)	**χρεοκοπία** (θηλ.)	[xreokopía]
geruïneerd zijn (ww)	**χρεοκοπώ**	[xreokopó]
inflatie (de)	**πληθωρισμός** (αρ.)	[pliθorizmós]
devaluatie (de)	**υποτίμηση** (θηλ.)	[ipotímisi]
kapitaal (het)	**κεφάλαιο** (ουδ.)	[kefáleo]
inkomen (het)	**κέρδος** (ουδ.)	[kérðos]
omzet (de)	**τζίρος** (αρ.)	[dzíros]
middelen (mv.)	**πόροι** (αρ.πλ.)	[póri]
financiële middelen (mv.)	**νομισματικοί πόροι** (αρ.πλ.)	[nomizmatikí póri]
reduceren (kosten ~)	**μειώνω**	[mióno]

110. Marketing

marketing (de)	**μάρκετινγκ** (ουδ.)	[márketing]
markt (de)	**αγορά** (θηλ.)	[aɣorá]
marktsegment (het)	**τμήμα αγοράς** (ουδ.)	[tmíma aɣorás]
product (het)	**προϊόν** (ουδ.)	[projón]
goederen (mv.)	**εμπόρευμα** (ουδ.)	[embórevma]
merk (het)	**εμπορικό σήμα** (ουδ.)	[emborikó síma]
beeldmerk (het)	**λογότυπο** (ουδ.)	[lʲoɣótipo]
logo (het)	**λογότυπο** (ουδ.)	[lʲoɣótipo]
vraag (de)	**ζήτηση** (θηλ.)	[zítisi]
aanbod (het)	**προσφορά** (θηλ.)	[prosforá]
behoefte (de)	**ανάγκη** (θηλ.)	[anángi]
consument (de)	**καταναλωτής** (αρ.)	[katanalʲotís]
analyse (de)	**ανάλυση** (θηλ.)	[análisi]
analyseren (ww)	**αναλύω**	[analío]
positionering (de)	**τοποθέτηση** (θηλ.)	[topoθétisi]
positioneren (ww)	**τοποθετώ**	[topoθetó]
prijs (de)	**τιμή** (θηλ.)	[timí]
prijspolitiek (de)	**πολιτική τιμών** (θηλ.)	[politikí timón]
prijsvorming (de)	**τιμολόγηση** (θηλ.)	[timolʲóʝisi]

111. Reclame

reclame (de)	**διαφήμιση** (θηλ.)	[ðiafímisi]
adverteren (ww)	**διαφημίζω**	[ðiafimízo]
budget (het)	**προϋπολογισμός** (αρ.)	[proipolʲojizmós]
advertentie, reclame (de)	**διαφήμιση** (θηλ.)	[ðiafímisi]
TV-reclame (de)	**τηλεοπτική διαφήμιση** (θηλ.)	[tileoptikí ðiafímisi]
radioreclame (de)	**ραδιοφωνική διαφήμιση** (θηλ.)	[raðiofonikí ðiafímisi]
buitenreclame (de)	**εξωτερική διαφήμιση** (θηλ.)	[eksoterikí ðiafímisi]
massamedia (de)	**μέσα μαζικής ενημέρωσης** (ουδ.πλ.)	[mésa mazikís enimérosis]
periodiek (de)	**περιοδικό** (ουδ.)	[perioðikó]
imago (het)	**εικόνα** (θηλ.)	[ikóna]
slagzin (de)	**σύνθημα** (ουδ.)	[sínθima]
motto (het)	**μότο** (ουδ.)	[móto]
campagne (de)	**καμπάνια** (θηλ.)	[kambánia]
reclamecampagne (de)	**διαφημιστική καμπάνια** (θηλ.)	[ðiafimistikí kambánia]
doelpubliek (het)	**ομάδα στόχος** (θηλ.)	[omáða stóxos]
visitekaartje (het)	**επαγγελματική κάρτα** (θηλ.)	[epangelʲmatikí kárta]
flyer (de)	**φυλλάδιο** (ουδ.)	[filʲáðio]
brochure (de)	**φυλλάδιο** (ουδ.)	[filʲáðio]
folder (de)	**φυλλάδιο** (ουδ.)	[filʲáðio]
nieuwsbrief (de)	**ενημερωτικό δελτίο** (ουδ.)	[enimerotikó ðelʲtío]
gevelreclame (de)	**ταμπέλα** (θηλ.)	[tabélʲa]
poster (de)	**αφίσα, πόστερ** (ουδ.)	[afísa], [póster]
aanplakbord (het)	**διαφημιστική πινακίδα** (θηλ.)	[ðiafimistikí pinakíða]

112. Bankieren

bank (de)	**τράπεζα** (θηλ.)	[trápeza]
bankfiliaal (het)	**κατάστημα** (ουδ.)	[katástima]
bankbediende (de)	**υπάλληλος** (αρ.)	[ipálilʲos]
manager (de)	**διευθυντής** (αρ.)	[ðiefθindís]
bankrekening (de)	**λογαριασμός** (αρ.)	[lʲoɣariazmós]
rekeningnummer (het)	**αριθμός λογαριασμού** (αρ.)	[ariθmós lʲoɣariazmú]
lopende rekening (de)	**τρεχούμενος λογαριασμός** (αρ.)	[trexúmenos lʲoɣariazmós]
een rekening openen	**ανοίγω λογαριασμό**	[aníɣo lʲoɣariazmó]
de rekening sluiten	**κλείνω λογαριασμό**	[klíno lʲoɣariazmó]
op rekening storten	**καταθέτω στο λογαριασμό**	[kataθéto sto lʲoɣariazmó]
opnemen (ww)	**κάνω ανάληψη**	[káno análipsi]
storting (de)	**κατάθεση** (θηλ.)	[katáθesi]

een storting maken	**καταθέτω**	[kataθéto]
overschrijving (de)	**έμβασμα** (ουδ.)	[émvazma]
een overschrijving maken	**εμβάζω**	[emvázo]
som (de)	**ποσό** (ουδ.)	[posó]
Hoeveel?	**Πόσο κάνει;**	póso káni?
handtekening (de)	**υπογραφή** (θηλ.)	[ipoɣrafí]
ondertekenen (ww)	**υπογράφω**	[ipoɣráfo]
kredietkaart (de)	**πιστωτική κάρτα** (θηλ.)	[pistotikí kárta]
code (de)	**κωδικός** (αρ.)	[koðikós]
kredietkaartnummer (het)	**αριθμός πιστωτικής κάρτας** (αρ.)	[ariθmós pistotikís kártas]
geldautomaat (de)	**ATM** (ουδ.)	[eitiém]
cheque (de)	**επιταγή** (θηλ.)	[epitaʝí]
een cheque uitschrijven	**κόβω επιταγή**	[kóvo epitaʝí]
chequeboekje (het)	**βιβλιάριο επιταγών** (ουδ.)	[vivliário epitaɣón]
lening, krediet (de)	**δάνειο** (ουδ.)	[ðánio]
een lening aanvragen	**υποβάλλω αίτηση για δάνειο**	[ipoválʲo étisi ʝa ðánio]
een lening nemen	**παίρνω δάνειο**	[pérno ðánio]
een lening verlenen	**παρέχω δάνειο**	[paréxo ðánio]

113. Telefoon. Telefoongesprek

telefoon (de)	**τηλέφωνο** (ουδ.)	[tiléfono]
mobieltje (het)	**κινητό τηλέφωνο** (ουδ.)	[kinitó tiléfono]
antwoordapparaat (het)	**τηλεφωνητής** (αρ.)	[tilefonitís]
bellen (ww)	**τηλεφωνώ**	[tilefonó]
belletje (telefoontje)	**κλήση** (θηλ.)	[klísi]
een nummer draaien	**καλώ έναν αριθμό**	[kalʲó énan ariθmó]
Hallo!	**Εμπρός!**	[embrós]
vragen (ww)	**ρωτάω**	[rotáo]
antwoorden (ww)	**απαντώ**	[apandó]
horen (ww)	**ακούω**	[akúo]
goed (bw)	**καλά**	[kalʲá]
slecht (bw)	**χάλια**	[xália]
storingen (mv.)	**παρεμβολές** (θηλ.πλ.)	[paremvolés]
hoorn (de)	**ακουστικό** (ουδ.)	[akustikó]
opnemen (ww)	**σηκώνω το ακουστικό**	[sikóno to akustikó]
ophangen (ww)	**κλείνω το τηλεφώνο**	[klíno to tiléfono]
bezet (bn)	**κατειλημμένος**	[katiliménos]
overgaan (ww)	**χτυπάω**	[xtipáo]
telefoonboek (het)	**τηλεφωνικός κατάλογος** (αρ.)	[tilefonikós katálʲoɣos]

lokaal (bn)	**τοπική**	[topikí]
interlokaal (bn)	**υπεραστική**	[iperastikí]
buitenlands (bn)	**διεθνής**	[ðieθnís]

114. Mobiele telefoon

mobieltje (het)	**κινητό τηλέφωνο** (ουδ.)	[kinitó tiléfono]
scherm (het)	**οθόνη** (θηλ.)	[oθóni]
toets, knop (de)	**κουμπί** (ουδ.)	[kumbí]
simkaart (de)	**κάρτα SIM** (θηλ.)	[kárta sim]
batterij (de)	**μπαταρία** (θηλ.)	[batarí́a]
leeg zijn (ww)	**εξαντλούμαι**	[eksantlʲúme]
acculader (de)	**φορτιστής** (αρ.)	[fortistís]
menu (het)	**μενού** (ουδ.)	[menú]
instellingen (mv.)	**ρυθμίσεις** (θηλ.πλ.)	[riθmísis]
melodie (beltoon)	**μελωδία** (θηλ.)	[melʲoðía]
selecteren (ww)	**επιλέγω**	[epiléɣo]
rekenmachine (de)	**αριθμομηχανή** (θηλ.)	[ariθmomixaní]
voicemail (de)	**τηλεφωνητής** (αρ.)	[tilefonitís]
wekker (de)	**ξυπνητήρι** (ουδ.)	[ksipnitíri]
contacten (mv.)	**επαφές** (θηλ.πλ.)	[epafés]
SMS-bericht (het)	**μήνυμα SMS** (ουδ.)	[mínima esemés]
abonnee (de)	**συνδρομητής** (αρ.)	[sinðromitís]

115. Schrijfbehoeften

balpen (de)	**στιλό διαρκείας** (ουδ.)	[stilʲó ðiarkías]
vulpen (de)	**πέννα** (θηλ.)	[péna]
potlood (het)	**μολύβι** (ουδ.)	[molívi]
marker (de)	**μαρκαδόρος** (αρ.)	[markaðóros]
viltstift (de)	**μαρκαδόρος** (αρ.)	[markaðóros]
notitieboekje (het)	**μπλοκ** (ουδ.)	[blʲok]
agenda (boekje)	**ατζέντα** (θηλ.)	[adzénda]
liniaal (de/het)	**χάρακας** (αρ.)	[xárakas]
rekenmachine (de)	**αριθμομηχανή** (θηλ.)	[ariθmomixaní]
gom (de)	**γόμα** (θηλ.)	[ɣóma]
punaise (de)	**πινέζα** (θηλ.)	[pinéza]
paperclip (de)	**συνδετήρας** (αρ.)	[sinðetíras]
lijm (de)	**κόλλα** (θηλ.)	[kólʲa]
nietmachine (de)	**συρραπτικό** (ουδ.)	[siraptikó]
perforator (de)	**περφορατέρ** (ουδ.)	[perforatér]
potloodslijper (de)	**ξύστρα** (θηλ.)	[ksístra]

116. Verschillende soorten documenten

verslag (het)	**έκθεση, αναφορά** (θηλ.)	[ékθesi], [anaforá]
overeenkomst (de)	**συμφωνία** (θηλ.)	[simfonía]
aanvraagformulier (het)	**αίτηση** (θηλ.)	[étisi]
origineel, authentiek (bn)	**αυθεντικός**	[afθendikós]
badge, kaart (de)	**κονκάρδα** (θηλ.)	[konkárða]
visitekaartje (het)	**επαγγελματική κάρτα** (θηλ.)	[epangelʲmatikí kárta]
certificaat (het)	**πιστοποιητικό** (ουδ.)	[pistopiitikó]
cheque (de)	**επιταγή** (θηλ.)	[epitaʝí]
rekening (in restaurant)	**λογαριασμός** (αρ.)	[lʲoɣariazmós]
grondwet (de)	**σύνταγμα** (ουδ.)	[sindaɣma]
contract (het)	**συμβόλαιο** (ουδ.)	[simvóleo]
kopie (de)	**αντίγραφο** (ουδ.)	[andíɣrafo]
exemplaar (het)	**αντίτυπο** (ουδ.)	[andítipo]
douaneaangifte (de)	**τελωνειακή διασάφηση** (θηλ.)	[telʲoniakí ðiasáfisi]
document (het)	**έγγραφο** (ουδ.)	[éngrafo]
rijbewijs (het)	**δίπλωμα οδήγησης** (ουδ.)	[ðíplʲoma oðíʝisis]
bijlage (de)	**παράρτημα** (ουδ.)	[parártima]
formulier (het)	**ερωτηματολόγιο** (ουδ.)	[erotimatolʲóʝo]
identiteitskaart (de)	**ταυτότητα** (θηλ.)	[taftótita]
aanvraag (de)	**αίτημα** (ουδ.)	[étima]
uitnodigingskaart (de)	**πρόσκληση** (θηλ.)	[prósklisi]
factuur (de)	**τιμολόγιο** (ουδ.)	[timolʲóʝo]
wet (de)	**νόμος** (αρ.)	[nómos]
brief (de)	**γράμμα** (ουδ.)	[ɣráma]
briefhoofd (het)	**επιστολόχαρτο** (ουδ.)	[epistolóxarto]
lijst (de)	**λίστα** (θηλ.)	[lísta]
manuscript (het)	**χειρόγραφο** (ουδ.)	[xiróɣrafo]
nieuwsbrief (de)	**ενημερωτικό δελτίο** (ουδ.)	[enimerotikó ðelʲtío]
briefje (het)	**σημείωμα** (ουδ.)	[simíoma]
pasje (voor personeel, enz.)	**πάσο** (ουδ.)	[páso]
paspoort (het)	**διαβατήριο** (ουδ.)	[ðiavatírio]
vergunning (de)	**άδεια** (θηλ.)	[áðia]
CV, curriculum vitae (het)	**βιογραφικό** (ουδ.)	[vioɣrafikó]
schuldbekentenis (de)	**ταμειακό γραμμάτιο** (ουδ.)	[tamiakó ɣramátio]
kwitantie (de)	**απόδειξη** (θηλ.)	[apóðiksi]
bon (kassabon)	**απόδειξη** (θηλ.)	[apóðiksi]
rapport (het)	**αναφορά** (θηλ.)	[anaforá]
tonen (paspoort, enz.)	**επιδεικνύω**	[epiðiknío]
ondertekenen (ww)	**υπογράφω**	[ipoɣráfo]
handtekening (de)	**υπογραφή** (θηλ.)	[ipoɣrafí]
stempel (de)	**σφραγίδα** (θηλ.)	[sfraʝíða]
tekst (de)	**κείμενο** (ουδ.)	[kímeno]
biljet (het)	**εισιτήριο** (ουδ.)	[isitírio]
doorhalen (doorstrepen)	**διαγράφω**	[ðiaɣráfo]
invullen (een formulier ~)	**συμπληρώνω**	[simbliróno]

vrachtbrief (de)	**φορτωτική** (θηλ.)	[fortotikí]
testament (het)	**διαθήκη** (θηλ.)	[ðiaθíki]

117. Soorten bedrijven

uitzendbureau (het)	**γραφείο ευρέσεως εργασίας** (ουδ.)	[ɣrafío évresis erɣasías]
bewakingsfirma (de)	**εταιρεία παροχής υπηρεσιών ασφαλείας** (θηλ.)	[etería paroxís ipiresión asfalías]
persbureau (het)	**ειδησεογραφικό πρακτορείο** (ουδ.)	[iðiseoɣrafikó praktorío]
reclamebureau (het)	**διαφημιστικό πρακτορείο** (ουδ.)	[ðiafimistikó praktorío]
antiek (het)	**αντίκες** (θηλ.πλ.)	[andíkes]
verzekering (de)	**ασφάλιση** (θηλ.)	[asfálisi]
naaiatelier (het)	**ραφτάδικο** (ουδ.)	[raftáðiko]
banken (mv.)	**τραπεζικός τομέας** (αρ.)	[trapezikós toméas]
bar (de)	**μπαρ** (ουδ.)	[bar]
bouwbedrijven (mv.)	**κατασκευές** (θηλ.πλ.)	[kataskevés]
juwelen (mv.)	**κοσμήματα** (ουδ.πλ.)	[kozmímata]
juwelier (de)	**κοσμηματοπώλης** (αρ.)	[kozmimatopólis]
wasserette (de)	**καθαριστήριο ρούχων** (ουδ.)	[kaθaristírio rúxon]
alcoholische dranken (mv.)	**αλκοολούχα ποτά** (ουδ.πλ.)	[alʲkoolʲúxa potá]
nachtclub (de)	**νυχτερινό κέντρο** (ουδ.)	[nixterinó kéndro]
handelsbeurs (de)	**χρηματιστήριο** (ουδ.)	[xrimatistírio]
bierbrouwerij (de)	**ζυθοποιία** (θηλ.)	[ziθopiía]
uitvaartcentrum (het)	**γραφείο τελετών** (ουδ.)	[ɣrafío teletón]
casino (het)	**καζίνο** (ουδ.)	[kazíno]
zakencentrum (het)	**κτίριο γραφείων** (ουδ.)	[ktírio ɣrafíon]
bioscoop (de)	**κινηματογράφος** (αρ.)	[kinimatoɣráfos]
airconditioning (de)	**κλιματιστικά** (ουδ.πλ.)	[klimatistiká]
handel (de)	**εμπόριο** (ουδ.)	[embório]
luchtvaartmaatschappij (de)	**αεροπορική εταιρεία** (θηλ.)	[aeroporikí etería]
adviesbureau (het)	**συμβουλευτικές υπηρεσίες** (θηλ.πλ.)	[simvuleftikés ipiresíes]
koerierdienst (de)	**υπηρεσία ταχυμεταφοράς** (θηλ.)	[ipiresía taximetaforás]
tandheelkunde (de)	**οδοντιατρική κλινική** (θηλ.)	[oðondiatrikí klinikí]
design (het)	**σχεδιασμός** (αρ.)	[sxeðiazmós]
business school (de)	**σχολή επιχειρήσεων** (θηλ.)	[sxolí epixiríseon]
magazijn (het)	**αποθήκη** (θηλ.)	[apoθíki]
kunstgalerie (de)	**γκαλερί** (θηλ.)	[galerí]
ijsje (het)	**παγωτό** (ουδ.)	[paɣotó]
hotel (het)	**ξενοδοχείο** (ουδ.)	[ksenoðoxío]
vastgoed (het)	**ακίνητη περιουσία** (θηλ.)	[akíniti periusía]
drukkerij (de)	**τυπογραφία** (θηλ.)	[tipoɣrafía]
industrie (de)	**βιομηχανία** (θηλ.)	[viomixanía]

Internet (het)	**διαδίκτυο** (ουδ.)	[ðiaðíktio]
investeringen (mv.)	**επενδύσεις** (θηλ.πλ.)	[epenðísis]
krant (de)	**εφημερίδα** (θηλ.)	[efimeríða]
boekhandel (de)	**βιβλιοπωλείο** (ουδ.)	[vivliopolío]
lichte industrie (de)	**ελαφρά βιομηχανία** (θηλ.)	[elʲafrá viomixanía]
winkel (de)	**κατάστημα** (ουδ.)	[katástima]
uitgeverij (de)	**εκδοτικός οίκος** (αρ.)	[ekðotikós íkos]
medicijnen (mv.)	**ιατρική** (θηλ.)	[jatrikí]
meubilair (het)	**έπιπλα** (ουδ.πλ.)	[épiplʲa]
museum (het)	**μουσείο** (ουδ.)	[musío]
olie (aardolie)	**πετρέλαιο** (ουδ.)	[petréleo]
apotheek (de)	**φαρμακείο** (ουδ.)	[farmakío]
farmacie (de)	**φαρμακοποιία** (θηλ.)	[farmakopiía]
zwembad (het)	**πισίνα** (θηλ.)	[pisína]
stomerij (de)	**στεγνοκαθαριστήριο** (ουδ.)	[steɣnokaθaristírio]
voedingswaren (mv.)	**τρόφιμα** (ουδ.πλ.)	[trófima]
reclame (de)	**διαφήμιση** (θηλ.)	[ðiafímisi]
radio (de)	**ραδιόφωνο** (ουδ.)	[raðiófono]
afvalinzameling (de)	**αποκομιδή απορριμάτων** (θηλ.)	[apokomiðí aporimáton]
restaurant (het)	**εστιατόριο** (ουδ.)	[estiatório]
tijdschrift (het)	**περιοδικό** (ουδ.)	[perioðikó]
schoonheidssalon (de/het)	**κέντρο ομορφιάς** (ουδ.)	[kéndro omorfiás]
financiële diensten (mv.)	**χρηματοοικονομικές υπηρεσίες** (θηλ.πλ.)	[xrimatikonomikés ipiresíes]
juridische diensten (mv.)	**νομικός σύμβουλος** (αρ.)	[nomikós símvulʲos]
boekhouddiensten (mv.)	**λογιστικές υπηρεσίες** (θηλ.πλ.)	[lʲojistikés iperisíes]
audit diensten (mv.)	**ελεγκτικές υπηρεσίες** (θηλ.πλ.)	[elengtikés iperisíes]
sport (de)	**αθλητισμός** (αρ.)	[aθlitizmós]
supermarkt (de)	**σουπερμάρκετ** (ουδ.)	[supermárket]
televisie (de)	**τηλεόραση** (θηλ.)	[tileórasi]
theater (het)	**θέατρο** (ουδ.)	[θéatro]
toerisme (het)	**τουρισμός** (αρ.)	[turizmós]
transport (het)	**μεταφορά** (θηλ.)	[metaforá]
postorderbedrijven (mv.)	**πωλήσεις με αλληλογραφία** (θηλ.πλ.)	[polísis me alilʲoɣrafía]
kleding (de)	**ενδύματα** (ουδ.πλ.)	[enðímata]
dierenarts (de)	**κτηνίατρος** (αρ.)	[ktiníatros]

Baan. Business. Deel 2

118. Show. Tentoonstelling

beurs (de)	**έκθεση** (θηλ.)	[ékθesi]
vakbeurs, handelsbeurs (de)	**εμπορική έκθεση** (θηλ.)	[emborikí ékθesi]
deelneming (de)	**συμμετοχή** (θηλ.)	[simetoxí]
deelnemen (ww)	**συμμετέχω**	[simetéxo]
deelnemer (de)	**εκθέτης** (αρ.)	[ekθétis]
directeur (de)	**διευθυντής** (αρ.)	[ðiefθindís]
organisatiecomité (het)	**διοργανώτρια εταιρεία** (αρ.)	[ðioryanótria etería]
organisator (de)	**οργανωτής** (αρ.)	[oryanotís]
organiseren (ww)	**διοργανώνω**	[ðioryanóno]
deelnemingsaanvraag (de)	**δήλωση συμμετοχής** (θηλ.)	[ðílʲosi simetoxís]
invullen (een formulier ~)	**συμπληρώνω**	[simbliróno]
details (mv.)	**λεπτομέρειες** (θηλ.πλ.)	[leptoméries]
informatie (de)	**πληροφορίες** (θηλ.πλ.)	[pliroforíes]
prijs (de)	**τιμή** (θηλ.), **κόστος** (ουδ.)	[timí], [kóstos]
inclusief (bijv. ~ BTW)	**συμπεριλαμβανομένου**	[simberilʲamvanoménu]
inbegrepen (alles ~)	**συμπεριλαμβάνω**	[simberilʲamváno]
betalen (ww)	**πληρώνω**	[pliróno]
registratietarief (het)	**κόστος εγγραφής** (ουδ.)	[kóstos engrafís]
ingang (de)	**είσοδος** (θηλ.)	[ísoðos]
paviljoen (het), hal (de)	**αίθουσα** (θηλ.), **περίπτερο** (ουδ.)	[éθusa], [períptero]
registreren (ww)	**καταχωρώ**	[kataxoró]
badge, kaart (de)	**κονκάρδα** (θηλ.)	[konkárða]
beursstand (de)	**περίπτερο** (ουδ.)	[períptero]
reserveren (een stand ~)	**κλείνω**	[klíno]
vitrine (de)	**βιτρίνα** (θηλ.)	[vitrína]
licht (het)	**προβολέας** (αρ.)	[provoléas]
design (het)	**σχεδιασμός** (αρ.)	[sxeðiazmós]
plaatsen (ww)	**τοποθετώ**	[topoθetó]
distributeur (de)	**διανομέας** (αρ.)	[ðianoméas]
leverancier (de)	**προμηθευτής** (αρ.)	[promiθeftís]
land (het)	**χώρα** (θηλ.)	[xóra]
buitenlands (bn)	**ξένος**	[ksénos]
product (het)	**προϊόν** (ουδ.)	[projón]
associatie (de)	**σύλλογος** (αρ.)	[sílʲoɣos]
conferentiezaal (de)	**αίθουσα συνεδριάσεων** (θηλ.)	[éθusa sineðriáseon]

congres (het)	**συνέδριο** (ουδ.)	[sinéðrio]
wedstrijd (de)	**διαγωνισμός** (αρ.)	[ðiaɣonizmós]
bezoeker (de)	**επισκέπτης** (αρ.)	[episképtis]
bezoeken (ww)	**επισκέπτομαι**	[episképtome]
afnemer (de)	**πελάτης** (αρ.)	[pelʲátis]

119. Massamedia

krant (de)	**εφημερίδα** (θηλ.)	[efimeríða]
tijdschrift (het)	**περιοδικό** (ουδ.)	[perioðikó]
pers (gedrukte media)	**τύπος** (αρ.)	[típos]
radio (de)	**ραδιόφωνο** (ουδ.)	[raðiófono]
radiostation (het)	**ραδιοφωνικός σταθμός** (αρ.)	[raðiofonikós staθmós]
televisie (de)	**τηλεόραση** (θηλ.)	[tileórasi]
presentator (de)	**παρουσιαστής** (αρ.)	[parusiastís]
nieuwslezer (de)	**παρουσιαστής** (αρ.)	[parusiastís]
commentator (de)	**σχολιαστής** (αρ.)	[sxoliastís]
journalist (de)	**δημοσιογράφος** (αρ.)	[ðimosioɣráfos]
correspondent (de)	**ανταποκριτής** (αρ.)	[andapokritís]
reporter (de)	**ρεπόρτερ** (αρ.)	[repórter]
redacteur (de)	**συντάκτης** (αρ.)	[sindáktis]
chef-redacteur (de)	**αρχισυντάκτης** (αρ.)	[arxisindáktis]
zich abonneren op	**γίνομαι συνδρομητής** (αρ.)	[ʝínome sinðromitís]
abonnement (het)	**συνδρομή** (θηλ.)	[sinðromí]
abonnee (de)	**συνδρομητής** (αρ.)	[sinðromitís]
lezen (ww)	**διαβάζω**	[ðiavázo]
lezer (de)	**αναγνώστης** (αρ.)	[anaɣnóstis]
oplage (de)	**τιράζ** (ουδ.)	[tiráz]
maand-, maandelijks (bn)	**μηνιαίος**	[miniéos]
wekelijks (bn)	**εβδομαδιαίος**	[evðomaðiéos]
nummer (het)	**τεύχος** (ουδ.)	[téfxos]
vers (~ van de pers)	**τελευταίος**	[teleftéos]
kop (de)	**τίτλος** (αρ.)	[títlʲos]
korte artikel (het)	**αρθρίδιο** (ουδ.)	[arθríðio]
rubriek (de)	**στήλη** (θηλ.)	[stíli]
artikel (het)	**άρθρο** (ουδ.)	[árθro]
pagina (de)	**σελίδα** (θηλ.)	[selíða]
reportage (de)	**ρεπορτάζ** (ουδ.)	[reportáz]
gebeurtenis (de)	**γεγονός** (ουδ.)	[ʝeɣonós]
sensatie (de)	**εντύπωση** (θηλ.)	[endíposi]
schandaal (het)	**σκάνδαλο** (ουδ.)	[skánðalʲo]
schandalig (bn)	**σκανδαλιστικός**	[skanðalistikós]
groot (~ schandaal, enz.)	**μεγάλος**	[meɣálʲos]
programma (het)	**εκπομπή** (θηλ.)	[ekpombí]
interview (het)	**συνέντευξη** (θηλ.)	[sinéndefksi]

live uitzending (de)	**απευθείας μετάδοση** (θηλ.)	[apefθías metáðosi]
kanaal (het)	**κανάλι** (ουδ.)	[kanáli]

120. Landbouw

landbouw (de)	**γεωργία** (θηλ.)	[ʝeorʝía]
boer (de)	**αγρότης** (αρ.)	[aɣrótis]
boerin (de)	**αγρότισσα** (θηλ.)	[aɣrótisa]
landbouwer (de)	**αγρότης** (αρ.)	[aɣrótis]
tractor (de)	**τρακτέρ** (ουδ.)	[traktér]
maaidorser (de)	**θεριζοαλωνιστική μηχανή** (θηλ.)	[θerizoalʲonistikí mixaní]
ploeg (de)	**άροτρο** (ουδ.)	[árotro]
ploegen (ww)	**οργώνω**	[orɣóno]
akkerland (het)	**οργωμένο χωράφι** (ουδ.)	[orɣoméno xoráfi]
voor (de)	**αυλακιά** (θηλ.)	[avlʲakiá]
zaaien (ww)	**σπείρω**	[spíro]
zaaimachine (de)	**σπαρτική μηχανή** (θηλ.)	[spartikí mixaní]
zaaien (het)	**σπορά** (θηλ.)	[sporá]
zeis (de)	**κόσα** (θηλ.)	[kósa]
maaien (ww)	**θερίζω**	[θerízo]
schop (de)	**φτυάρι** (ουδ.)	[ftiári]
spitten (ww)	**οργώνω**	[orɣóno]
schoffel (de)	**τσάπα** (θηλ.)	[tsápa]
wieden (ww)	**σκαλίζω, ξεχορταριάζω**	[skalízo], [ksexortariázo]
onkruid (het)	**ζιζάνιο** (ουδ.)	[zizánio]
gieter (de)	**ποτιστήρι** (ουδ.)	[potistíri]
begieten (water geven)	**ποτίζω**	[potízo]
bewatering (de)	**πότισμα** (ουδ.)	[pótizma]
riek, hooivork (de)	**δικράνι** (ουδ.)	[ðikráni]
hark (de)	**τσουγκράνα** (θηλ.)	[tsungrána]
kunstmest (de)	**λίπασμα** (ουδ.)	[lípazma]
bemesten (ww)	**λιπαίνω**	[lipéno]
mest (de)	**κοπριά** (θηλ.)	[kopriá]
veld (het)	**αγρός** (αρ.)	[aɣrós]
wei (de)	**λιβάδι** (ουδ.)	[liváði]
moestuin (de)	**λαχανόκηπος** (αρ.)	[lʲaxanókipos]
boomgaard (de)	**οπωρώνας** (αρ.)	[oporónas]
weiden (ww)	**βόσκω**	[vósko]
herder (de)	**βοσκός** (αρ.)	[voskós]
weiland (de)	**βοσκή** (θηλ.)	[voskí]
veehouderij (de)	**κτηνοτροφία** (θηλ.)	[ktinotrofía]
schapenteelt (de)	**εκτροφή προβάτων** (θηλ.)	[ektrofí prováton]

plantage (de)	**φυτεία** (θηλ.)	[fitía]
rijtje (het)	**βραγιά** (θηλ.)	[vraʝá]
broeikas (de)	**θερμοκήπιο** (ουδ.)	[θermokípio]
droogte (de)	**ξηρασιά** (θηλ.)	[ksirasiá]
droog (bn)	**ξηρός**	[ksirós]
graangewassen (mv.)	**δημητριακών** (ουδ.πλ.)	[ðimitriakón]
oogsten (ww)	**θερίζω**	[θerízo]
molenaar (de)	**μυλωνάς** (αρ.)	[milʲonás]
molen (de)	**μύλος** (αρ.)	[mílʲos]
malen (graan ~)	**αλέθω**	[aléθo]
bloem (bijv. tarwebloem)	**αλεύρι** (ουδ.)	[alévri]
stro (het)	**άχυρο** (ουδ.)	[áxiro]

121. Gebouw. Bouwproces

bouwplaats (de)	**εργοτάξιο** (ουδ.)	[erɣotáksio]
bouwen (ww)	**κτίζω**	[ktízo]
bouwvakker (de)	**οικοδόμος** (αρ.)	[ikoðómos]
project (het)	**πρότζεκτ** (ουδ.)	[pródzekt]
architect (de)	**αρχιτέκτονας** (αρ.)	[arxitéktonas]
arbeider (de)	**εργάτης** (αρ.)	[erɣátis]
fundering (de)	**θεμέλιο** (ουδ.)	[θemélio]
dak (het)	**στέγη** (θηλ.)	[stéʝi]
heipaal (de)	**πάσσαλος** (αρ.)	[pásalʲos]
muur (de)	**τοίχος** (αρ.)	[tíxos]
betonstaal (het)	**οπλισμός** (αρ.)	[oplizmós]
steigers (mv.)	**σκαλωσιές** (θηλ.πλ.)	[skalʲosiés]
beton (het)	**μπετόν** (ουδ.)	[betón]
graniet (het)	**γρανίτης** (αρ.)	[ɣranítis]
steen (de)	**πέτρα** (θηλ.)	[pétra]
baksteen (de)	**τούβλο** (ουδ.)	[túvlʲo]
zand (het)	**άμμος** (θηλ.)	[ámos]
cement (de/het)	**τσιμέντο** (ουδ.)	[tsiméndo]
pleister (het)	**στόκος** (αρ.)	[stókos]
pleisteren (ww)	**σοβατίζω**	[sovatízo]
verf (de)	**μπογιά** (θηλ.)	[boʝá]
verven (muur ~)	**βάφω**	[váfo]
ton (de)	**βαρέλι** (ουδ.)	[varéli]
kraan (de)	**γερανός** (αρ.)	[ʝeranós]
heffen, hijsen (ww)	**σηκώνω**	[sikóno]
neerlaten (ww)	**κατεβάζω**	[katevázo]
bulldozer (de)	**μπουλντόζα** (θηλ.)	[bulʲdóza]
graafmachine (de)	**εκσκαφέας** (αρ.)	[ekskaféas]

graafbak (de)	**κουβάς** (αρ.)	[kuvás]
graven (tunnel, enz.)	**σκάβω**	[skávo]
helm (de)	**κράνος** (ουδ.)	[krános]

122. Wetenschap. Onderzoek. Wetenschappers

wetenschap (de)	**επιστήμη** (θηλ.)	[epistími]
wetenschappelijk (bn)	**επιστημονικός**	[epistimonikós]
wetenschapper (de)	**επιστήμονας** (αρ.)	[epistímonas]
theorie (de)	**θεωρία** (θηλ.)	[θeoría]
axioma (het)	**αξίωμα** (ουδ.)	[aksíoma]
analyse (de)	**ανάλυση** (θηλ.)	[análisi]
analyseren (ww)	**αναλύω**	[analío]
argument (het)	**επιχείρημα** (ουδ.)	[epixírima]
substantie (de)	**ουσία** (θηλ.)	[usía]
hypothese (de)	**υπόθεση** (θηλ.)	[ipóθesi]
dilemma (het)	**δίλημμα** (ουδ.)	[ðílima]
dissertatie (de)	**διατριβή** (θηλ.)	[ðiatriví]
dogma (het)	**δόγμα** (ουδ.)	[ðóɣma]
doctrine (de)	**δοξασία** (θηλ.)	[ðoksasía]
onderzoek (het)	**έρευνα** (θηλ.)	[érevna]
onderzoeken (ww)	**ερευνώ**	[erevnó]
toetsing (de)	**δοκιμές** (θηλ.πλ.)	[ðokimés]
laboratorium (het)	**εργαστήριο** (ουδ.)	[erɣastírio]
methode (de)	**μέθοδος** (θηλ.)	[méθoðos]
molecule (de/het)	**μόριο** (ουδ.)	[mório]
monitoring (de)	**παρακολούθηση** (θηλ.)	[parakolʲúθisi]
ontdekking (de)	**ανακάλυψη** (θηλ.)	[anakálipsi]
postulaat (het)	**αξίωμα** (ουδ.)	[aksíoma]
principe (het)	**αρχή** (θηλ.)	[arxí]
voorspelling (de)	**πρόγνωση** (θηλ.)	[próɣnosi]
een prognose maken	**προβλέπω**	[provlépo]
synthese (de)	**σύνθεση** (θηλ.)	[sínθesi]
tendentie (de)	**τάση** (θηλ.)	[tási]
theorema (het)	**θεώρημα** (ουδ.)	[θeórima]
leerstellingen (mv.)	**διδαχές** (θηλ.πλ.)	[ðiðaxés]
feit (het)	**γεγονός** (ουδ.)	[ʝeɣonós]
expeditie (de)	**αποστολή** (θηλ.)	[apostolí]
experiment (het)	**πείραμα** (ουδ.)	[pírama]
academicus (de)	**ακαδημαϊκός** (αρ.)	[akaðimaikós]
bachelor (bijv. BA, LLB)	**πτυχιούχος** (αρ.)	[ptixiúxos]
doctor (de)	**δόκτορας** (αρ.)	[ðóktoras]
universitair docent (de)	**επίκουρος καθηγητής** (αρ.)	[epíkuros kaθiʝitís]
master, magister (de)	**κάτοχος μάστερ** (αρ.)	[kátoxos máster]
professor (de)	**καθηγητής** (αρ.)	[kaθiʝitís]

Beroepen en ambachten

123. Zoeken naar werk. Ontslag

baan (de)	**δουλειά** (θηλ.)	[ðuliá]
personeel (het)	**προσωπικό** (ουδ.)	[prosopikó]
carrière (de)	**καριέρα** (θηλ.)	[kariéra]
vooruitzichten (mv.)	**προοπτικές** (θηλ.πλ.)	[prooptikés]
meesterschap (het)	**μαστοριά** (θηλ.)	[mastoriá]
keuze (de)	**επιλογή** (θηλ.)	[epilʲoʝí]
uitzendbureau (het)	**γραφείο ευρέσεως εργασίας** (ουδ.)	[ɣrafío évresis erɣasías]
CV, curriculum vitae (het)	**βιογραφικό** (ουδ.)	[vioɣrafikó]
sollicitatiegesprek (het)	**συνέντευξη** (θηλ.)	[sinéndefksi]
vacature (de)	**κενή θέση** (θηλ.)	[kení θési]
salaris (het)	**μισθός** (αρ.)	[misθós]
vaste salaris (het)	**άκαμπτος μισθός** (αρ.)	[ákamptos misθós]
loon (het)	**αμοιβή** (θηλ.)	[amiví]
betrekking (de)	**θέση** (θηλ.)	[θési]
taak, plicht (de)	**υποχρέωση** (θηλ.)	[ipoxréosi]
takenpakket (het)	**φάσμα καθηκόντων** (ουδ.)	[fázma kaθikóndon]
bezig (~ zijn)	**απασχολημένος**	[apasxoliménos]
ontslagen (ww)	**απολύω**	[apolío]
ontslag (het)	**απόλυση** (θηλ.)	[apólisi]
werkloosheid (de)	**ανεργία** (θηλ.)	[anerʝía]
werkloze (de)	**άνεργος** (αρ.)	[áneryos]
pensioen (het)	**σύνταξη** (θηλ.)	[síndaksi]
met pensioen gaan	**βγαίνω σε σύνταξη**	[vʝéno se síndaksi]

124. Zakenmensen

directeur (de)	**διευθυντής** (αρ.)	[ðiefθindís]
beheerder (de)	**διευθυντής** (αρ.)	[ðiefθindís]
hoofd (het)	**διαχειριστής** (αρ.)	[ðiaxiristís]
baas (de)	**προϊστάμενος** (αρ.)	[projstámenos]
superieuren (mv.)	**προϊστάμενοι** (πλ.)	[projstámeni]
president (de)	**πρόεδρος** (αρ.)	[próeðros]
voorzitter (de)	**πρόεδρος** (αρ.)	[próeðros]
adjunct (de)	**αναπληρωτής** (αρ.)	[anaplirotís]
assistent (de)	**βοηθός** (αρ.)	[voiθós]

secretaris (de)	**γραμματέας** (αρ./θηλ.)	[ɣramatéas]
persoonlijke assistent (de)	**προσωπικός γραμματέας** (αρ.)	[prosopikós ɣramatéas]
zakenman (de)	**μπίζνεσμαν** (αρ.)	[bíznezman]
ondernemer (de)	**επιχειρηματίας** (αρ.)	[epixirimatías]
oprichter (de)	**ιδρυτής** (αρ.)	[iðritís]
oprichten (een nieuw bedrijf ~)	**ιδρύω**	[iðrío]
stichter (de)	**ιδρυτής** (αρ.)	[iðritís]
partner (de)	**συνέταιρος** (αρ.)	[sinéteros]
aandeelhouder (de)	**μέτοχος** (αρ.)	[métoxos]
miljonair (de)	**εκατομμυριούχος** (αρ.)	[ekatomiriúxos]
miljardair (de)	**δισεκατομμυριούχος** (αρ.)	[ðisekatomiriúxos]
eigenaar (de)	**ιδιοκτήτης** (αρ.)	[iðioktítis]
landeigenaar (de)	**κτηματίας** (αρ.)	[ktimatías]
klant (de)	**πελάτης** (αρ.)	[pelʲátis]
vaste klant (de)	**τακτικός πελάτης** (αρ.)	[taktikós pelʲátis]
koper (de)	**αγοραστής** (αρ.)	[aɣorastís]
bezoeker (de)	**επισκέπτης** (αρ.)	[episképtis]
professioneel (de)	**επαγγελματίας** (αρ.)	[epangelʲmatías]
expert (de)	**ειδήμονας** (αρ.)	[iðímonas]
specialist (de)	**ειδικός** (αρ.)	[iðikós]
bankier (de)	**τραπεζίτης** (αρ.)	[trapezítis]
makelaar (de)	**μεσίτης** (αρ.)	[mesítis]
kassier (de)	**ταμίας** (αρ./θηλ.)	[tamías]
boekhouder (de)	**λογιστής** (αρ.)	[lʲoʝistís]
bewaker (de)	**φρουρός** (αρ.)	[fílʲakas]
investeerder (de)	**επενδυτής** (αρ.)	[epenðitís]
schuldenaar (de)	**χρεώστης** (αρ.)	[xreóstis]
crediteur (de)	**πιστωτής** (αρ.)	[pistotís]
lener (de)	**δανειολήπτης** (αρ.)	[ðaniolíptis]
importeur (de)	**εισαγωγέας** (αρ.)	[isaɣoʝéas]
exporteur (de)	**εξαγωγέας** (αρ.)	[eksaɣoʝéas]
producent (de)	**παραγωγός** (αρ.)	[paraɣoɣós]
distributeur (de)	**διανομέας** (αρ.)	[ðianoméas]
bemiddelaar (de)	**μεσολαβητής** (αρ.)	[mesolʲavitís]
adviseur, consulent (de)	**σύμβουλος** (αρ.)	[símvulʲos]
vertegenwoordiger (de)	**αντιπρόσωπος** (αρ.)	[andiprósopos]
agent (de)	**πράκτορας** (αρ.)	[práktoras]
verzekeringsagent (de)	**ασφαλιστής** (αρ.)	[asfalistís]

125. Dienstverlenende beroepen

kok (de)	**μάγειρας** (αρ.)	[máʝiras]
chef-kok (de)	**σεφ** (αρ./θηλ.)	[sef]

bakker (de)	**φούρναρης** (αρ.)	[fúrnaris]
barman (de)	**μπάρμαν** (αρ.)	[bárman]
kelner, ober (de)	**σερβιτόρος** (αρ.)	[servitóros]
serveerster (de)	**σερβιτόρα** (θηλ.)	[servitóra]
advocaat (de)	**δικηγόρος** (αρ.)	[ðikiɣóros]
jurist (de)	**νομικός** (αρ.)	[nomikós]
notaris (de)	**συμβολαιογράφος** (αρ.)	[simvoleoɣráfos]
elektricien (de)	**ηλεκτρολόγος** (αρ.)	[ilektrolʲóɣos]
loodgieter (de)	**υδραυλικός** (αρ.)	[iðravlikós]
timmerman (de)	**μαραγκός** (αρ.)	[marangós]
masseur (de)	**μασέρ** (αρ.)	[masér]
masseuse (de)	**μασέζ** (θηλ.)	[maséz]
dokter, arts (de)	**γιατρός** (αρ.)	[jatrós]
taxichauffeur (de)	**ταξιτζής** (αρ.)	[taksidzís]
chauffeur (de)	**οδηγός** (αρ.)	[oðiɣós]
koerier (de)	**κούριερ** (αρ.)	[kúrier]
kamermeisje (het)	**καμαριέρα** (θηλ.)	[kamariéra]
bewaker (de)	**φρουρός** (αρ.)	[fílʲakas]
stewardess (de)	**αεροσυνοδός** (θηλ.)	[aerosinoðós]
meester (de)	**δάσκαλος** (αρ.)	[ðáskalʲos]
bibliothecaris (de)	**βιβλιοθηκάριος** (αρ.)	[vivlioθikários]
vertaler (de)	**μεταφραστής** (αρ.)	[metafrastís]
tolk (de)	**διερμηνέας** (αρ.)	[ðierminéas]
gids (de)	**ξεναγός** (αρ.)	[ksenaɣós]
kapper (de)	**κομμωτής** (αρ.)	[komotís]
postbode (de)	**ταχυδρόμος** (αρ.)	[taxiðrómos]
verkoper (de)	**πωλητής** (αρ.)	[politís]
tuinman (de)	**κηπουρός** (αρ.)	[kipurós]
huisbediende (de)	**υπηρέτης** (αρ.)	[ipirétis]
dienstmeisje (het)	**υπηρέτρια** (θηλ.)	[ipirétria]
schoonmaakster (de)	**καθαρίστρια** (θηλ.)	[kaθarístria]

126. Militaire beroepen en rangen

soldaat (rang)	**απλός στρατιώτης** (αρ.)	[aplʲós stratiótis]
sergeant (de)	**λοχίας** (αρ.)	[lʲoxías]
luitenant (de)	**υπολοχαγός** (αρ.)	[ipolʲoxaɣós]
kapitein (de)	**λοχαγός** (αρ.)	[lʲoxaɣós]
majoor (de)	**ταγματάρχης** (αρ.)	[taɣmatárxis]
kolonel (de)	**συνταγματάρχης** (αρ.)	[sindaɣmatárxis]
generaal (de)	**στρατηγός** (αρ.)	[stratiɣós]
maarschalk (de)	**στρατάρχης** (αρ.)	[stratárxis]
admiraal (de)	**ναύαρχος** (αρ.)	[návarxos]
militair (de)	**στρατιωτικός** (αρ.)	[stratiotikós]
soldaat (de)	**στρατιώτης** (αρ.)	[stratiótis]

officier (de)	**αξιωματικός** (αρ.)	[aksiomatikós]
commandant (de)	**διοικητής** (αρ.)	[ðiikitís]
grenswachter (de)	**φρουρός των συνόρων** (αρ.)	[frurós ton sinóron]
marconist (de)	**χειριστής ασυρμάτου** (αρ.)	[xiristís asirmátu]
verkenner (de)	**ανιχνευτής** (αρ.)	[anixneftís]
sappeur (de)	**σκαπανέας** (αρ.)	[skapanéas]
schutter (de)	**σκοπευτής** (αρ.)	[skopeftís]
stuurman (de)	**πλοηγός** (αρ.)	[plʲoiɣós]

127. Ambtenaren. Priesters

koning (de)	**βασιλιάς** (αρ.)	[vasiliás]
koningin (de)	**βασίλισσα** (θηλ.)	[vasílisa]
prins (de)	**πρίγκιπας** (αρ.)	[príngipas]
prinses (de)	**πριγκίπισσα** (θηλ.)	[pringípisa]
tsaar (de)	**τσάρος** (αρ.)	[tsáros]
tsarina (de)	**τσαρίνα** (θηλ.)	[tsarína]
president (de)	**πρόεδρος** (αρ.)	[próeðros]
minister (de)	**υπουργός** (αρ.)	[ipurɣós]
eerste minister (de)	**πρωθυπουργός** (αρ.)	[proθipurɣós]
senator (de)	**γερουσιαστής** (αρ.)	[ʝerusiastís]
diplomaat (de)	**διπλωμάτης** (αρ.)	[ðiplʲomátis]
consul (de)	**πρόξενος** (αρ.)	[próksenos]
ambassadeur (de)	**πρέσβης** (αρ.)	[prézvis]
adviseur (de)	**σύμβουλος** (αρ.)	[símvulʲos]
ambtenaar (de)	**αξιωματούχος** (αρ.)	[aksiomatúxos]
prefect (de)	**νομάρχης** (αρ.)	[nomárxis]
burgemeester (de)	**δήμαρχος** (αρ.)	[ðímarxos]
rechter (de)	**δικαστής** (αρ.)	[ðikastís]
aanklager (de)	**εισαγγελέας** (αρ.)	[isangeléas]
missionaris (de)	**ιεραπόστολος** (αρ.)	[ierapóstolʲos]
monnik (de)	**καλόγερος** (αρ.)	[kalʲóʝeros]
abt (de)	**αβάς** (αρ.)	[avás]
rabbi, rabbijn (de)	**ραβίνος** (αρ.)	[ravínos]
vizier (de)	**βεζίρης** (αρ.)	[vezíris]
sjah (de)	**σάχης** (αρ.)	[sáxis]
sjeik (de)	**σεΐχης** (αρ.)	[séjxis]

128. Agrarische beroepen

imker (de)	**μελισσοκόμος** (αρ.)	[melisokómos]
herder (de)	**βοσκός** (αρ.)	[voskós]
landbouwkundige (de)	**αγρονόμος** (αρ.)	[aɣronómos]

veehouder (de)	**κτηνοτρόφος** (αρ.)	[ktinotrófos]
dierenarts (de)	**κτηνίατρος** (αρ.)	[ktiníatros]
landbouwer (de)	**αγρότης** (αρ.)	[aɣrótis]
wijnmaker (de)	**οινοποιός** (αρ.)	[inopiós]
zoöloog (de)	**ζωολόγος** (αρ.)	[zooʎóɣos]
cowboy (de)	**καουμπόης** (αρ.)	[kaubóis]

129. Kunst beroepen

acteur (de)	**ηθοποιός** (αρ.)	[iθopiós]
actrice (de)	**ηθοποιός** (θηλ.)	[iθopiós]
zanger (de)	**τραγουδιστής** (αρ.)	[traɣuðistís]
zangeres (de)	**τραγουδίστρια** (θηλ.)	[traɣuðístria]
danser (de)	**χορευτής** (αρ.)	[xoreftís]
danseres (de)	**χορεύτρια** (θηλ.)	[xoréftria]
artiest (mann.)	**καλλιτέχνης** (αρ.)	[kalitéxnis]
artiest (vrouw.)	**καλλιτέχνης** (θηλ.)	[kalitéxnis]
muzikant (de)	**μουσικός** (αρ.)	[musikós]
pianist (de)	**πιανίστας** (αρ.)	[pianístas]
gitarist (de)	**κιθαρίστας** (αρ.)	[kiθarístas]
orkestdirigent (de)	**μαέστρος** (αρ.)	[maéstros]
componist (de)	**συνθέτης** (αρ.)	[sinθétis]
impresario (de)	**ιμπρεσάριος** (αρ.)	[imbresários]
filmregisseur (de)	**σκηνοθέτης** (αρ.)	[skinoθétis]
filmproducent (de)	**παραγωγός** (αρ.)	[paraɣoɣós]
scenarioschrijver (de)	**σεναριογράφος** (αρ.)	[senarioɣráfos]
criticus (de)	**κριτικός** (αρ.)	[kritikós]
schrijver (de)	**συγγραφέας** (αρ.)	[singraféas]
dichter (de)	**ποιητής** (αρ.)	[piitís]
beeldhouwer (de)	**γλύπτης** (αρ.)	[ɣlíptis]
kunstenaar (de)	**ζωγράφος** (αρ.)	[zoɣráfos]
jongleur (de)	**ζογκλέρ** (αρ.)	[zonglér]
clown (de)	**κλόουν** (αρ.)	[kʎóun]
acrobaat (de)	**ακροβάτης** (αρ.)	[akrovátis]
goochelaar (de)	**θαυματοποιός** (αρ.)	[θavmatopiós]

130. Verschillende beroepen

dokter, arts (de)	**γιατρός** (αρ.)	[jatrós]
ziekenzuster (de)	**νοσοκόμα** (θηλ.)	[nosokóma]
psychiater (de)	**ψυχίατρος** (αρ.)	[psixíatros]
tandarts (de)	**οδοντίατρος** (αρ.)	[oðondíatros]
chirurg (de)	**χειρουργός** (αρ.)	[xiruryós]

astronaut (de)	**αστροναύτης** (αρ.)	[astronáftis]
astronoom (de)	**αστρονόμος** (αρ.)	[astronómos]
chauffeur (de)	**οδηγός** (αρ.)	[oðiɣós]
machinist (de)	**οδηγός τρένου** (αρ.)	[oðiɣós trénu]
mecanicien (de)	**μηχανικός** (αρ.)	[mixanikós]
mijnwerker (de)	**ανθρακωρύχος** (αρ.)	[anθrakoríxos]
arbeider (de)	**εργάτης** (αρ.)	[erɣátis]
bankwerker (de)	**κλειδαράς** (αρ.)	[kliðarás]
houtbewerker (de)	**ξυλουργός** (αρ.)	[ksilʲurɣós]
draaier (de)	**τορναδόρος** (αρ.)	[tornaðóros]
bouwvakker (de)	**οικοδόμος** (αρ.)	[ikoðómos]
lasser (de)	**ηλεκτροσυγκολλητής** (αρ.)	[ilektrosingolitís]
professor (de)	**καθηγητής** (αρ.)	[kaθiʝitís]
architect (de)	**αρχιτέκτονας** (αρ.)	[arxitéktonas]
historicus (de)	**ιστορικός** (αρ.)	[istorikós]
wetenschapper (de)	**επιστήμονας** (αρ.)	[epistímonas]
fysicus (de)	**φυσικός** (αρ.)	[fisikós]
scheikundige (de)	**χημικός** (αρ.)	[ximikós]
archeoloog (de)	**αρχαιολόγος** (αρ.)	[arxeolʲóɣos]
geoloog (de)	**γεωλόγος** (αρ.)	[ʝeolʲóɣos]
onderzoeker (de)	**ερευνητής** (αρ.)	[erevnitís]
babysitter (de)	**νταντά** (θηλ.)	[dadá]
leraar, pedagoog (de)	**παιδαγωγός** (αρ.)	[peðaɣoɣós]
redacteur (de)	**συντάκτης** (αρ.)	[sindáktis]
chef-redacteur (de)	**αρχισυντάκτης** (αρ.)	[arxisindáktis]
correspondent (de)	**ανταποκριτής** (αρ.)	[andapokritís]
typiste (de)	**δακτυλογράφος** (θηλ.)	[ðaktilʲoɣráfos]
designer (de)	**σχεδιαστής** (αρ.)	[sxeðiastís]
computerexpert (de)	**τεχνικός υπολογιστών** (αρ.)	[texnikós ipolʲoʝistón]
programmeur (de)	**προγραμματιστής** (αρ.)	[proɣramatistís]
ingenieur (de)	**μηχανικός** (αρ.)	[mixanikós]
matroos (de)	**ναυτικός** (αρ.)	[naftikós]
zeeman (de)	**ναύτης** (αρ.)	[náftis]
redder (de)	**διασώστης** (αρ.)	[ðiasóstis]
brandweerman (de)	**πυροσβέστης** (αρ.)	[pirozvéstis]
politieagent (de)	**αστυνομικός** (αρ.)	[astinomikós]
nachtwaker (de)	**φύλακας** (αρ.)	[fílʲakas]
detective (de)	**ντετέκτιβ** (αρ.)	[detéktiv]
douanier (de)	**τελωνειακός** (αρ.)	[telʲoniakós]
lijfwacht (de)	**σωματοφύλακας** (αρ.)	[somatofílʲakas]
gevangenisbewaker (de)	**δεσμοφύλακας** (αρ.)	[ðezmofílʲakas]
inspecteur (de)	**παρατηρητής** (αρ.)	[paratiritís]
sportman (de)	**αθλητής** (αρ.)	[aθlitís]
trainer (de)	**προπονητής** (αρ.)	[proponitís]
slager, beenhouwer (de)	**κρεοπώλης** (αρ.)	[kreopólis]

schoenlapper (de)	**τσαγκάρης** (αρ.)	[tsangáris]
handelaar (de)	**επιχειρηματίας** (αρ.)	[epixirimatías]
lader (de)	**φορτωτής** (αρ.)	[fortotís]
kledingstilist (de)	**σχεδιαστής** (αρ.)	[sxeðiastís]
model (het)	**μοντέλο** (ουδ.)	[modélʲo]

131. Beroepen. Sociale status

scholier (de)	**μαθητής** (αρ.)	[maθitís]
student (de)	**φοιτητής** (αρ.)	[fititís]
filosoof (de)	**φιλόσοφος** (αρ.)	[filʲósofos]
econoom (de)	**οικονομολόγος** (αρ.)	[ikonomolʲóɣos]
uitvinder (de)	**εφευρέτης** (αρ.)	[efevrétis]
werkloze (de)	**άνεργος** (αρ.)	[ánerɣos]
gepensioneerde (de)	**συνταξιούχος** (αρ.)	[sindaksiúxos]
spion (de)	**κατάσκοπος** (αρ.)	[katáskopos]
gedetineerde (de)	**φυλακισμένος** (αρ.)	[filʲakizménos]
staker (de)	**απεργός** (αρ.)	[aperɣós]
bureaucraat (de)	**γραφειοκράτης** (αρ.)	[ɣrafiokrátis]
reiziger (de)	**ταξιδιώτης** (αρ.)	[taksiðiótis]
homoseksueel (de)	**γκέι, ομοφυλόφιλος** (αρ.)	[géi], [omofilʲófilʲos]
hacker (computerkraker)	**χάκερ** (αρ.)	[xáker]
bandiet (de)	**συμμορίτης** (αρ.)	[simorítis]
huurmoordenaar (de)	**πληρωμένος δολοφόνος** (αρ.)	[pliroménos ðolʲofónos]
drugsverslaafde (de)	**ναρκομανής** (αρ.)	[narkomanís]
drugshandelaar (de)	**έμπορος ναρκωτικών** (αρ.)	[émboros narkotikón]
prostituee (de)	**πόρνη** (θηλ.)	[pórni]
pooier (de)	**νταβατζής** (αρ.)	[davadzís]
tovenaar (de)	**μάγος** (αρ.)	[máɣos]
tovenares (de)	**μάγισσα** (θηλ.)	[májisa]
piraat (de)	**πειρατής** (αρ.)	[piratís]
slaaf (de)	**δούλος** (αρ.)	[ðúlʲos]
samoerai (de)	**σαμουράι** (αρ.)	[samuráj]
wilde (de)	**άγριος** (αρ.)	[áɣrios]

Sport

132. Soorten sporten. Sporters

sportman (de)	**αθλητής** (αρ.)	[aθlitís]
soort sport (de/het)	**είδος αθλήματος** (ουδ.)	[íðos aθlímatos]
basketbal (het)	**μπάσκετ** (ουδ.)	[básket]
basketbalspeler (de)	**μπασκετμπολίστας** (αρ.)	[basketbolístas]
baseball (het)	**μπέιζμπολ** (ουδ.)	[béjzbolʲ]
baseballspeler (de)	**παίκτης μπέιζμπολ** (αρ.)	[péktis béjzbolʲ]
voetbal (het)	**ποδόσφαιρο** (ουδ.)	[poðósfero]
voetballer (de)	**ποδοσφαιριστής** (αρ.)	[poðosferistís]
doelman (de)	**τερματοφύλακας** (αρ.)	[termatofílʲakas]
hockey (het)	**χόκεϊ** (ουδ.)	[xókej]
hockeyspeler (de)	**παίκτης χόκεϊ** (αρ.)	[péktis xókej]
volleybal (het)	**βόλεϊ** (ουδ.)	[vólej]
volleybalspeler (de)	**βολεϊμπολίστας** (αρ.)	[volejbolístas]
boksen (het)	**πυγμαχία** (θηλ.)	[piɣmaxía]
bokser (de)	**πυγμάχος** (αρ.)	[piɣmáxos]
worstelen (het)	**πάλη** (θηλ.)	[páli]
worstelaar (de)	**παλαιστής** (αρ.)	[palestís]
karate (de)	**καράτε** (ουδ.)	[karáte]
karateka (de)	**αθλητής καράτε** (αρ.)	[aθlitís karáte]
judo (de)	**τζούντο** (ουδ.)	[dzúdo]
judoka (de)	**αθλητής του τζούντου** (αρ.)	[aθlitís tu dzúdu]
tennis (het)	**τένις** (ουδ.)	[ténis]
tennisspeler (de)	**τενίστας** (αρ.)	[tenístas]
zwemmen (het)	**κολύμβηση** (θηλ.)	[kolímvisi]
zwemmer (de)	**κολυμβητής** (αρ.)	[kolimvistís]
schermen (het)	**ξιφασκία** (θηλ.)	[ksifaskía]
schermer (de)	**ξιφομάχος** (αρ.)	[ksifomáxos]
schaak (het)	**σκάκι** (ουδ.)	[skáki]
schaker (de)	**σκακιστής** (αρ.)	[skakistís]
alpinisme (het)	**ορειβασία** (θηλ.)	[orivasía]
alpinist (de)	**ορειβάτης** (αρ.)	[orivátis]
hardlopen (het)	**δρόμος** (αρ.)	[ðrómos]

renner (de)	**δρομέας** (αρ.)	[ðroméas]
atletiek (de)	**στίβος** (αρ.)	[stívos]
atleet (de)	**αθλητής** (αρ.)	[aθlitís]
paardensport (de)	**ιππασία** (θηλ.)	[ipasía]
ruiter (de)	**ιππέας** (αρ.)	[ipéas]
kunstschaatsen (het)	**καλλιτεχνικό πατινάζ** (ουδ.)	[kalitexnikó patináz]
kunstschaatser (de)	**αθλητής του καλλιτεχνικού πατινάζ** (αρ.)	[aθlitís tu kalitexnikú patináz]
kunstschaatsster (de)	**αθλήτρια του καλλιτεχνικού πατινάζ** (θηλ.)	[aθlítria tu kalitexnikú patináz]
gewichtheffen (het)	**άρση βαρών** (θηλ.)	[ársi varón]
autoraces (mv.)	**αγώνας αυτοκινήτων** (αρ.)	[aɣónas aftokiníton]
wielersport (de)	**ποδηλασία** (θηλ.)	[poðilʲasía]
wielrenner (de)	**ποδηλάτης** (αρ.)	[poðilʲátis]
verspringen (het)	**άλμα εις μήκος** (ουδ.)	[álʲma is míkos]
polsstokspringen (het)	**άλμα επί κοντώ** (ουδ.)	[álʲma epí kontó]
verspringer (de)	**άλτης** (αρ.)	[álʲtis]

133. Soorten sporten. Diversen

Amerikaans voetbal (het)	**αμερικάνικο ποδόσφαιρο** (ουδ.)	[amerikániko poðósfero]
badminton (het)	**μπάντμιντον** (ουδ.)	[bádminton]
biatlon (de)	**δίαθλο** (ουδ.)	[ðíaθlʲo]
biljart (het)	**μπιλιάρδο** (ουδ.)	[biliárðo]
bobsleeën (het)	**έλκηθρο** (ουδ.)	[élʲkiθro]
bodybuilding (de)	**μπόντι μπίλντινγκ** (ουδ.)	[bódi bílʲding]
waterpolo (het)	**πόλο** (ουδ.)	[pólʲo]
handbal (de)	**χειροσφαίριση** (θηλ.)	[xirosférisi]
golf (het)	**γκολφ** (ουδ.)	[golʲf]
roeisport (de)	**κωπηλασία** (θηλ.)	[kopilʲasía]
duiken (het)	**κατάδυση** (θηλ.)	[katáðisi]
langlaufen (het)	**σκι αντοχής** (ουδ.)	[ski andoxís]
tafeltennis (het)	**επιτραπέζια αντισφαίριση** (θηλ.)	[epitrapézia andisfírisi]
zeilen (het)	**ιστιοπλοΐα** (θηλ.)	[istioplʲoía]
rally (de)	**ράλι** (ουδ.)	[ráli]
rugby (het)	**ράγκμπι** (ουδ.)	[rágbi]
snowboarden (het)	**σνόουμπορντ** (ουδ.)	[snóubord]
boogschieten (het)	**τοξοβολία** (θηλ.)	[toksovolía]

134. Fitnessruimte

lange halter (de)	**μπάρα** (θηλ.)	[bára]
halters (mv.)	**βαράκια** (ουδ.πλ.)	[varákia]

training machine (de)	**όργανο γυμναστικής** (ουδ.)	[órɣano jimnastikís]
hometrainer (de)	**στατικό ποδήλατο** (ουδ.)	[statikó poðílʲato]
loopband (de)	**διάδρομος** (αρ.)	[ðiáðromos]
rekstok (de)	**μονόζυγο** (ουδ.)	[monóziɣo]
brug (de) gelijke leggers	**παράλληλοι ζυγοί** (αρ.πλ.)	[parálili ziɣí]
paardsprong (de)	**ίππος** (αρ.)	[ípos]
mat (de)	**στρώμα** (ουδ.)	[stróma]
aerobics (de)	**αεροβική** (θηλ.)	[aerovikí]
yoga (de)	**γιόγκα** (θηλ.)	[jóga]

135. Hockey

hockey (het)	**χόκεϊ** (ουδ.)	[xókej]
hockeyspeler (de)	**παίκτης χόκεϊ** (αρ.)	[péktis xókej]
hockey spelen	**παίζω χόκεϊ**	[pézo xókej]
ijs (het)	**πάγος** (αρ.)	[páɣos]
puck (de)	**σφαίρα** (θηλ.)	[sféra]
hockeystick (de)	**μπαστούνι χόκεϊ** (ουδ.)	[bastúni xókej]
schaatsen (mv.)	**παγοπέδιλα** (ουδ.πλ.)	[paɣopéðilʲa]
boarding (de)	**πλευρά** (θηλ.)	[plevrá]
schot (het)	**σουτ** (ουδ.)	[sut]
doelman (de)	**τερματοφύλακας** (αρ.)	[termatofílʲakas]
goal (de)	**γκολ** (ουδ.)	[golʲ]
een goal scoren	**βάζω γκολ**	[vázo golʲ]
periode (de)	**περίοδος** (θηλ.)	[períoðos]
reservebank (de)	**πάγκος αναπληρωματικών** (αρ.)	[pángos anapliromatikón]

136. Voetbal

voetbal (het)	**ποδόσφαιρο** (ουδ.)	[poðósfero]
voetballer (de)	**ποδοσφαιριστής** (αρ.)	[poðosferistís]
voetbal spelen	**παίζω ποδόσφαιρο**	[pézo poðósfero]
eredivisie (de)	**Σούπερ Λίγκα** (θηλ.)	[súper líga]
voetbalclub (de)	**ποδοσφαιρικός σύλλογος** (αρ.)	[poðosferikós sílʲoɣos]
trainer (de)	**προπονητής** (αρ.)	[proponitís]
eigenaar (de)	**ιδιοκτήτης** (αρ.)	[iðioktítis]
team (het)	**ομάδα** (θηλ.)	[omáða]
aanvoerder (de)	**αρχηγός της ομάδας** (αρ.)	[arxiɣós tis omáðas]
speler (de)	**παίκτης** (αρ.)	[péktis]
reservespeler (de)	**αναπληρωματικός** (αρ.)	[anapliromatikós]
aanvaller (de)	**επιθετικός** (αρ.)	[epiθetikós]
centrale aanvaller (de)	**κεντρικός επιθετικός** (αρ.)	[kendrikós epiθetikós]

doelpuntmaker (de)	**σκόρερ** (αρ.)	[skórer]
verdediger (de)	**αμυντικός** (αρ.)	[amindikós]
middenvelder (de)	**μέσος** (αρ.)	[mésos]
match, wedstrijd (de)	**ματς** (ουδ.)	[mats]
elkaar ontmoeten (ww)	**συναντιέμαι**	[sinandiéme]
finale (de)	**τελικός** (αρ.)	[telikós]
halve finale (de)	**ημιτελικός** (αρ.)	[imitelikós]
kampioenschap (het)	**πρωτάθλημα** (ουδ.)	[protáθlima]
helft (de)	**ημίχρονο** (ουδ.)	[imíxrono]
eerste helft (de)	**πρώτο ημίχρονο** (ουδ.)	[próto imíxrono]
pauze (de)	**διάλειμμα** (ουδ.)	[ðiálima]
doel (het)	**τέρμα** (ουδ.)	[térma]
doelman (de)	**τερματοφύλακας** (αρ.)	[termatofílʲakas]
doelpaal (de)	**δοκάρι** (ουδ.)	[ðokári]
lat (de)	**οριζόντιο δοκάρι** (ουδ.)	[orizóndio ðokári]
doelnet (het)	**δίχτυ** (ουδ.)	[ðíxti]
een goal incasseren	**δέχομαι γκολ**	[ðéxome gólʲ]
bal (de)	**μπάλα** (θηλ.)	[bálʲa]
pass (de)	**πάσα** (θηλ.)	[pása]
schot (het), schop (de)	**κλωτσιά** (θηλ.), **σουτ** (ουδ.)	[klʲotsiá], [sut]
schieten (de bal ~)	**κλωτσάω**	[klʲotsáo]
vrije schop (directe ~)	**ελεύθερο χτύπημα** (ουδ.)	[eléfθero xtípima]
hoekschop, corner (de)	**κόρνερ** (ουδ.)	[kórner]
aanval (de)	**επίθεση** (θηλ.)	[epíθesi]
tegenaanval (de)	**αντεπίθεση** (θηλ.)	[andepíθesi]
combinatie (de)	**συνδυασμός** (αρ.)	[sinðiazmós]
scheidsrechter (de)	**διαιτητής** (αρ.)	[ðietitís]
fluiten (ww)	**σφυρίζω**	[sfirízo]
fluitsignaal (het)	**σφύριγμα** (ουδ.)	[sfíriɣma]
overtreding (de)	**φάουλ, παράπτωμα** (ουδ.)	[fául], [paráptoma]
een overtreding maken	**παραβιάζω**	[paraviázo]
uit het veld te sturen	**αποβάλλω**	[apoválʲo]
gele kaart (de)	**κίτρινη κάρτα** (θηλ.)	[kítrini kárta]
rode kaart (de)	**κόκκινη κάρτα** (θηλ.)	[kókini kárta]
diskwalificatie (de)	**αποκλεισμός** (αρ.)	[apoklizmós]
diskwalificeren (ww)	**αποκλείω**	[apoklío]
strafschop, penalty (de)	**πέναλτι** (ουδ.)	[pénalʲti]
muur (de)	**τείχος** (αρ.)	[tíxos]
scoren (ww)	**σκοράρω**	[skoráro]
goal (de), doelpunt (het)	**γκολ** (ουδ.)	[golʲ]
een goal scoren	**βάζω γκολ**	[vázo golʲ]
vervanging (de)	**αλλαγή** (θηλ.)	[alʲaʝí]
vervangen (ov.ww.)	**αντικαθιστώ**	[andikaθistó]
regels (mv.)	**κανόνες** (αρ.πλ.)	[kanónes]
tactiek (de)	**τακτική** (θηλ.)	[taktikí]
stadion (het)	**γήπεδο** (ουδ.)	[ʝípeðo]

tribune (de)	**κερκίδα** (θηλ.)	[kerkíðа]
fan, supporter (de)	**φίλαθλος** (αρ.)	[fílʲaθlʲos]
schreeuwen (ww)	**φωνάζω**	[fonázo]
scorebord (het)	**πίνακας** (αρ.)	[pínakas]
stand (~ is 3-1)	**σκορ, αποτέλεσμα** (ουδ.)	[skor], [apotélezma]
nederlaag (de)	**ήττα** (θηλ.)	[íta]
verliezen (ww)	**χάνω**	[xáno]
gelijkspel (het)	**ισοπαλία** (θηλ.)	[isopalía]
in gelijk spel eindigen	**έρχομαι ισοπαλία**	[érxome isopalía]
overwinning (de)	**νίκη** (θηλ.)	[níki]
overwinnen (ww)	**νικάω, κερδίζω**	[nikáo], [kerðízo]
kampioen (de)	**πρωταθλητής** (αρ.)	[protaθlitís]
best (bn)	**καλύτερος**	[kalíteros]
feliciteren (ww)	**συγχαίρω**	[sinxéro]
commentator (de)	**σχολιαστής** (αρ.)	[sxoliastís]
becommentariëren (ww)	**σχολιάζω**	[sxoliázo]
uitzending (de)	**μετάδοση** (θηλ.)	[metáðosi]

137. Alpine skiën

ski's (mv.)	**σκι** (ουδ.)	[ski]
skiën (ww)	**κάνω σκι**	[káno ski]
skigebied (het)	**χιονοδρομικό κέντρο** (ουδ.)	[xonoðromikó kéndro]
skilift (de)	**τελεφερίκ** (ουδ.)	[teleferík]
skistokken (mv.)	**μπαστούνια του σκι** (ουδ.πλ.)	[bastúni tu ski]
helling (de)	**πλαγιά** (θηλ.)	[plʲaʝá]
slalom (de)	**σλάλομ** (ουδ.)	[slʲálʲom]

138. Tennis. Golf

golf (het)	**γκολφ** (ουδ.)	[golʲf]
golfclub (de)	**γκολφ κλαμπ** (ουδ.)	[golʲf klʲab]
golfer (de)	**γκολφέρ** (αρ.)	[golʲfér]
hole (de)	**τρύπα** (θηλ.)	[trípa]
golfclub (de)	**μπαστούνι** (ουδ.)	[bastúni]
trolley (de)	**καροτσάκι** (ουδ.)	[karotsáki]
tennis (het)	**τένις** (ουδ.)	[ténis]
tennisveld (het)	**γήπεδο τένις** (ουδ.)	[ʝípeðo ténis]
opslag (de)	**σερβίς** (ουδ.)	[servís]
serveren, opslaan (ww)	**σερβίρω**	[servíro]
racket (het)	**ρακέτα** (θηλ.)	[rakéta]
net (het)	**δίχτυ** (ουδ.)	[ðíxti]
bal (de)	**μπάλα** (θηλ.)	[bálʲa]

139. Schaken

schaak (het)	**σκάκι** (ουδ.)	[skáki]
schaakstukken (mv.)	**πεσσοί** (αρ.πλ.)	[pesí]
schaker (de)	**σκακιστής** (αρ.)	[skakistís]
schaakbord (het)	**σκακιέρα** (θηλ.)	[skakiéra]
schaakstuk (het)	**πεσσός** (αρ.)	[pesós]
witte stukken (mv.)	**λευκά** (ουδ.πλ.)	[lefká]
zwarte stukken (mv.)	**μαύρα** (ουδ.πλ.)	[mávra]
pion (de)	**πιόνι** (ουδ.)	[pióni]
loper (de)	**αξιωματικός** (αρ.)	[aksiomatikós]
paard (het)	**άλογο** (ουδ.)	[álʲoɣo]
toren (de)	**πύργος** (αρ.)	[píɣos]
dame, koningin (de)	**βασίλισσα** (θηλ.)	[vasílisa]
koning (de)	**βασιλιάς** (αρ.)	[vasiliás]
zet (de)	**κίνηση** (θηλ.)	[kínisi]
zetten (ww)	**κάνω κίνηση**	[káno kínisi]
opofferen (ww)	**θυσιάζω**	[θisiázo]
rokade (de)	**ροκέ** (ουδ.)	[roké]
schaak (het)	**σαχ** (ουδ.)	[sax]
schaakmat (het)	**ματ** (ουδ.)	[mat]
schaakwedstrijd (de)	**τουρνουά σκάκι** (ουδ.)	[turnuá skáki]
grootmeester (de)	**Γκρανμαίτρ** (αρ.)	[granmétr]
combinatie (de)	**συνδυασμός** (αρ.)	[sinðiazmós]
partij (de)	**παρτίδα** (θηλ.)	[partíða]
dammen (de)	**ντάμα** (θηλ.)	[dáma]

140. Boksen

boksen (het)	**πυγμαχία** (θηλ.), **μποξ** (ουδ.)	[piɣmaxía], [boks]
boksgevecht (het)	**αγώνας** (αρ.)	[aɣónas]
bokswedstrijd (de)	**μονομαχία** (θηλ.)	[monomaxía]
ronde (de)	**γύρος** (αρ.)	[jíros]
ring (de)	**ρινγκ** (ουδ.)	[ring]
gong (de)	**γκονγκ** (ουδ.)	[gong]
stoot (de)	**γροθιά, μπουνιά** (θηλ.)	[ɣroθxá], [buniá]
knock-down (de)	**νοκ ντάουν** (ουδ.)	[nokdáun]
knock-out (de)	**νοκ άουτ** (ουδ.)	[nokáut]
knock-out slaan (ww)	**βγάζω νοκ άουτ**	[vɣázo nokáut]
bokshandschoen (de)	**γάντι πυγμαχίας** (ουδ.)	[ɣándi piɣmaxías]
referee (de)	**διαιτητής** (αρ.)	[ðietitís]
lichtgewicht (het)	**ελαφριών βαρών** (ουδ.)	[elʲafrión varón]
middengewicht (het)	**μεσαίων βαρών** (ουδ.)	[meséon varón]
zwaargewicht (het)	**βαρέων βαρών** (ουδ.)	[varéon varón]

141. Sporten. Diversen

Olympische Spelen (mv.)	**Ολυμπιακοί Αγώνες** (αρ.πλ.)	[olimbiakí aɣónes]
winnaar (de)	**νικητής** (αρ.)	[nikitís]
overwinnen (ww)	**νικάω**	[nikáo]
winnen (ww)	**νικάω, κερδίζω**	[nikáo], [kerðízo]
leider (de)	**αρχηγός** (αρ.)	[arxiɣós]
leiden (ww)	**αρχηγεύω**	[arxijévo]
eerste plaats (de)	**πρώτη θέση** (θηλ.)	[próti θési]
tweede plaats (de)	**δεύτερη θέση** (θηλ.)	[ðéfteri θési]
derde plaats (de)	**τρίτη θέση** (θηλ.)	[tríti θési]
medaille (de)	**μετάλλιο** (ουδ.)	[metálio]
trofee (de)	**τρόπαιο** (ουδ.)	[trópeo]
beker (de)	**κύπελλο** (ουδ.)	[kípelʲo]
prijs (de)	**βραβείο** (ουδ.)	[vravío]
hoofdprijs (de)	**πρώτο βραβείο** (ουδ.)	[próto vravío]
record (het)	**ρεκόρ** (ουδ.)	[rekór]
een record breken	**κάνω ρεκόρ**	[káno rekór]
finale (de)	**τελικός** (αρ.)	[telikós]
finale (bn)	**τελικός**	[telikós]
kampioen (de)	**πρωταθλητής** (αρ.)	[protaθlitís]
kampioenschap (het)	**πρωτάθλημα** (ουδ.)	[protáθlima]
stadion (het)	**γήπεδο** (ουδ.)	[jípeðo]
tribune (de)	**κερκίδα** (θηλ.)	[kerkíða]
fan, supporter (de)	**φίλαθλος** (αρ.)	[fílʲaθlʲos]
tegenstander (de)	**αντίπαλος** (αρ.)	[andípalʲos]
start (de)	**αφετηρία** (θηλ.)	[afetiría]
finish (de)	**τέρμα** (ουδ.)	[térma]
nederlaag (de)	**ήττα** (θηλ.)	[íta]
verliezen (ww)	**χάνω**	[xáno]
rechter (de)	**δικαστής** (αρ.)	[ðikastís]
jury (de)	**κριτές** (αρ.πλ.)	[krités]
stand (~ is 3-1)	**σκορ** (ουδ.)	[skor]
gelijkspel (het)	**ισοπαλία** (θηλ.)	[isopalía]
in gelijk spel eindigen	**έρχομαι ισοπαλία**	[érxome isopalía]
punt (het)	**πόντος, βαθμός** (αρ.)	[póndos], [vaθmós]
uitslag (de)	**αποτέλεσμα** (ουδ.)	[apotélezma]
pauze (de)	**διάλειμμα** (ουδ.)	[ðiálima]
doping (de)	**ντόπινγκ** (ουδ.)	[dóping]
straffen (ww)	**επιβάλλω ποινή**	[epiválʲo piní]
diskwalificeren (ww)	**αποκλείω**	[apoklío]
toestel (het)	**όργανο γυμναστικής** (ουδ.)	[órɣano jimnastikís]
speer (de)	**ακόντιο** (ουδ.)	[akóndio]

| kogel (de) | σφαίρα (θηλ.) | [sféra] |
| bal (de) | μπάλα (θηλ.) | [bálʲa] |

doel (het)	στόχος (αρ.)	[stóxos]
schietkaart (de)	στόχος (αρ.)	[stóxos]
schieten (ww)	πυροβολώ	[pirovolʲó]
precies (bijv. precieze schot)	ακριβής	[akrivís]

trainer, coach (de)	προπονητής (αρ.)	[proponitís]
trainen (ww)	προπονώ	[proponó]
zich trainen (ww)	προπονούμαι	[proponúme]
training (de)	προπόνηση (θηλ.)	[propónisi]

gymnastiekzaal (de)	γυμναστήριο (ουδ.)	[ʝimnastírio]
oefening (de)	άσκηση (θηλ.)	[áskisi]
opwarming (de)	προθέρμανση (θηλ.)	[proθérmansi]

Onderwijs

142. School

school (de)	**σχολείο** (ουδ.)	[sxolío]
schooldirecteur (de)	**διευθυντής** (αρ.)	[ðiefθindís]
leerling (de)	**μαθητής** (αρ.)	[maθitís]
leerlinge (de)	**μαθήτρια** (θηλ.)	[maθítria]
scholier (de)	**μαθητής** (αρ.)	[maθitís]
scholiere (de)	**μαθήτρια** (θηλ.)	[maθítria]
leren (lesgeven)	**διδάσκω**	[ðiðásko]
studeren (bijv. een taal ~)	**μαθαίνω**	[maθéno]
van buiten leren	**μαθαίνω απ'έξω**	[maθéno apékso]
leren (bijv. ~ tellen)	**μαθαίνω**	[maθéno]
in school zijn (schooljongen zijn)	**πηγαίνω σχολείο**	[pijéno sxolío]
naar school gaan	**πηγαίνω σχολείο**	[pijéno sxolío]
alfabet (het)	**αλφάβητος** (θηλ.)	[alʲfávitos]
vak (schoolvak)	**μάθημα** (ουδ.)	[máθima]
klaslokaal (het)	**τάξη** (θηλ.)	[táksi]
les (de)	**μάθημα** (ουδ.)	[máθima]
pauze (de)	**διάλειμμα** (ουδ.)	[ðiálima]
bel (de)	**κουδούνι** (ουδ.)	[kuðúni]
schooltafel (de)	**θρανίο** (ουδ.)	[θranío]
schoolbord (het)	**πίνακας** (αρ.)	[pínakas]
cijfer (het)	**βαθμός** (αρ.)	[vaθmós]
goed cijfer (het)	**καλός βαθμός** (αρ.)	[kalʲós vaθmós]
slecht cijfer (het)	**κακός βαθμός** (αρ.)	[kakós vaθmós]
een cijfer geven	**βάζω βαθμό**	[vázo vaθmó]
fout (de)	**λάθος** (ουδ.)	[lʲáθos]
fouten maken	**κάνω λάθη**	[káno lʲáθi]
corrigeren (fouten ~)	**διορθώνω**	[ðiorθóno]
spiekbriefje (het)	**σκονάκι** (ουδ.)	[skonáki]
huiswerk (het)	**εργασία για το σπίτι** (θηλ.)	[erɣasía ja to spíti]
oefening (de)	**άσκηση** (θηλ.)	[áskisi]
aanwezig zijn (ww)	**είμαι παρών**	[íme parón]
absent zijn (ww)	**απουσιάζω**	[apusiázo]
bestraffen (een stout kind ~)	**τιμωρώ**	[timoró]
bestraffing (de)	**τιμωρία** (θηλ.)	[timoría]
gedrag (het)	**συμπεριφορά** (θηλ.)	[simberiforá]

cijferlijst (de)	**έλεγχος** (αρ.)	[élenxos]
potlood (het)	**μολύβι** (ουδ.)	[molívi]
gom (de)	**γόμα** (θηλ.)	[γóma]
krijt (het)	**κιμωλία** (θηλ.)	[kimolía]
pennendoos (de)	**κασετίνα** (θηλ.)	[kasetína]
boekentas (de)	**σχολική τσάντα** (θηλ.)	[sxolikí tsánda]
pen (de)	**στιλό** (ουδ.)	[stiló]
schrift (de)	**τετράδιο** (ουδ.)	[tetráðio]
leerboek (het)	**σχολικό βιβλίο** (ουδ.)	[sxolikó vivlío]
passer (de)	**διαβήτης** (αρ.)	[ðiavítis]
technisch tekenen (ww)	**σχεδιάζω**	[sxeðiázo]
technische tekening (de)	**σχέδιο** (ουδ.)	[sxéðio]
gedicht (het)	**ποίημα** (ουδ.)	[píima]
van buiten (bw)	**απ'έξω**	[apékso]
van buiten leren	**μαθαίνω απ'έξω**	[maθéno apékso]
vakantie (de)	**διακοπές** (θηλ.πλ.)	[ðiakopés]
met vakantie zijn	**κάνω διακοπές**	[káno ðiakopés]
toets (schriftelijke ~)	**τεστ, διαγώνισμα** (ουδ.)	[test], [ðiaγónizma]
opstel (het)	**έκθεση** (θηλ.)	[ékθesi]
dictee (het)	**υπαγόρευση** (θηλ.)	[ipaγórefsi]
examen (het)	**εξετάσεις** (θηλ.πλ.)	[eksetásis]
examen afleggen	**δίνω εξετάσεις**	[ðíno eksetásis]
experiment (het)	**πείραμα** (ουδ.)	[pírama]

143. Hogeschool. Universiteit

academie (de)	**ακαδημία** (θηλ.)	[akaðimía]
universiteit (de)	**πανεπιστήμιο** (ουδ.)	[panepistímio]
faculteit (de)	**σχολή** (θηλ.)	[sxolí]
student (de)	**φοιτητής** (αρ.)	[fititís]
studente (de)	**φοιτήτρια** (θηλ.)	[fitítria]
leraar (de)	**καθηγητής** (αρ.)	[kaθijitís]
collegezaal (de)	**αίθουσα διαλέξεων** (θηλ.)	[éθusa ðialékseon]
afgestudeerde (de)	**απόφοιτος** (αρ.)	[apófitos]
diploma (het)	**πτυχίο** (ουδ.)	[ptixío]
dissertatie (de)	**διατριβή** (θηλ.)	[ðiatriví]
onderzoek (het)	**έρευνα** (θηλ.)	[érevna]
laboratorium (het)	**εργαστήριο** (ουδ.)	[erγastírio]
college (het)	**διάλεξη** (θηλ.)	[ðiáleksi]
medestudent (de)	**συμφοιτητής** (αρ.)	[simfititís]
studiebeurs (de)	**υποτροφία** (θηλ.)	[ipotrofía]
academische graad (de)	**ακαδημαϊκό πτυχίο** (ουδ.)	[akaðimaikó ptixío]

144. Wetenschappen. Disciplines

wiskunde (de)	**μαθηματικά** (ουδ.πλ.)	[maθimatiká]
algebra (de)	**άλγεβρα** (θηλ.)	[álʲjevra]
meetkunde (de)	**γεωμετρία** (θηλ.)	[jeometría]
astronomie (de)	**αστρονομία** (θηλ.)	[astronomía]
biologie (de)	**βιολογία** (θηλ.)	[violʲojía]
geografie (de)	**γεωγραφία** (θηλ.)	[jeoɣrafía]
geologie (de)	**γεωλογία** (θηλ.)	[jeolʲojía]
geschiedenis (de)	**ιστορία** (θηλ.)	[istoría]
geneeskunde (de)	**ιατρική** (θηλ.)	[jatrikí]
pedagogiek (de)	**παιδαγωγική** (θηλ.)	[peðaɣojikí]
rechten (mv.)	**δίκαιο** (ουδ.)	[ðíkeo]
fysica, natuurkunde (de)	**φυσική** (θηλ.)	[fisikí]
scheikunde (de)	**χημεία** (θηλ.)	[ximía]
filosofie (de)	**φιλοσοφία** (θηλ.)	[filʲosofía]
psychologie (de)	**ψυχολογία** (θηλ.)	[psixolʲojía]

145. Schrift. Spelling

grammatica (de)	**γραμματική** (θηλ.)	[ɣramatikí]
vocabulaire (het)	**λεξιλόγιο** (ουδ.)	[leksilʲójo]
fonetiek (de)	**φωνητική** (θηλ.)	[fonitikí]
zelfstandig naamwoord (het)	**ουσιαστικό** (ουδ.)	[usiastikó]
bijvoeglijk naamwoord (het)	**επίθετο** (ουδ.)	[epíθeto]
werkwoord (het)	**ρήμα** (ουδ.)	[ríma]
bijwoord (het)	**επίρρημα** (ουδ.)	[epírima]
voornaamwoord (het)	**αντωνυμία** (θηλ.)	[andonimía]
tussenwerpsel (het)	**επιφώνημα** (ουδ.)	[epifónima]
voorzetsel (het)	**πρόθεση** (θηλ.)	[próθesi]
stam (de)	**ρίζα** (θηλ.)	[ríza]
achtervoegsel (het)	**κατάληξη** (θηλ.)	[katáliksi]
voorvoegsel (het)	**πρόθεμα** (ουδ.)	[próθema]
lettergreep (de)	**συλλαβή** (θηλ.)	[silʲaví]
achtervoegsel (het)	**επίθημα** (ουδ.)	[epíθima]
nadruk (de)	**τόνος** (αρ.)	[tónos]
afkappingsteken (het)	**απόστροφος** (θηλ.)	[apóstrofos]
punt (de)	**τελεία** (θηλ.)	[telía]
komma (de/het)	**κόμμα** (ουδ.)	[kóma]
puntkomma (de)	**άνω τελεία** (θηλ.)	[áno telía]
dubbelpunt (de)	**διπλή τελεία** (θηλ.)	[ðiplí telía]
beletselteken (het)	**αποσιωπητικά** (ουδ.πλ.)	[aposiopitiká]
vraagteken (het)	**ερωτηματικό** (ουδ.)	[erotimatikó]
uitroepteken (het)	**θαυμαστικό** (ουδ.)	[θavmastikó]

aanhalingstekens (mv.)	**εισαγωγικά** (ουδ.πλ.)	[isaɣojiká]
tussen aanhalingstekens (bw)	**σε εισαγωγικά**	[se isaɣojiká]
haakjes (mv.)	**παρένθεση** (θηλ.)	[parénθesi]
tussen haakjes (bw)	**σε παρένθεση**	[se parénθesi]
streepje (het)	**ενωτικό** (ουδ.)	[enotikó]
gedachtestreepje (het)	**παύλα** (θηλ.)	[pávlʲa]
spatie (~ tussen twee woorden)	**κενό** (ουδ.)	[kenó]
letter (de)	**γράμμα** (ουδ.)	[ɣráma]
hoofdletter (de)	**κεφαλαίο γράμμα** (ουδ.)	[kefaléo ɣráma]
klinker (de)	**φωνήεν** (ουδ.)	[foníen]
medeklinker (de)	**σύμφωνο** (ουδ.)	[símfono]
zin (de)	**πρόταση** (θηλ.)	[prótasi]
onderwerp (het)	**υποκείμενο** (ουδ.)	[ipokímeno]
gezegde (het)	**κατηγορούμενο** (ουδ.)	[katiɣorúmeno]
regel (in een tekst)	**γραμμή** (θηλ.)	[ɣramí]
op een nieuwe regel (bw)	**σε καινούργια γραμμή**	[se kenúrjia ɣramí]
alinea (de)	**παράγραφος** (θηλ.)	[paráɣrafos]
woord (het)	**λέξη** (θηλ.)	[léksi]
woordgroep (de)	**ομάδα λέξεων** (θηλ.)	[omáða lékseon]
uitdrukking (de)	**έκφραση** (θηλ.)	[ékfrasi]
synoniem (het)	**συνώνυμο** (ουδ.)	[sinónimo]
antoniem (het)	**αντώνυμο** (ουδ.)	[andónimo]
regel (de)	**κανόνας** (αρ.)	[kanónas]
uitzondering (de)	**εξαίρεση** (θηλ.)	[ekséresi]
correct (bijv. ~e spelling)	**σωστός**	[sostós]
vervoeging, conjugatie (de)	**κλίση ρήματος** (θηλ.)	[klísi rímatos]
verbuiging, declinatie (de)	**κλίση** (θηλ.)	[klísi]
naamval (de)	**πτώση** (θηλ.)	[ptósi]
vraag (de)	**ερώτημα** (ουδ.)	[erótima]
onderstrepen (ww)	**υπογραμμίζω**	[ipoɣramízo]
stippellijn (de)	**διακεκομμένη γραμμή** (θηλ.)	[ðiakekoméni ɣramí]

146. Vreemde talen

taal (de)	**γλώσσα** (θηλ.)	[ɣlʲósa]
vreemde taal (de)	**ξένη γλώσσα** (θηλ.)	[kséni ɣlósa]
leren (bijv. van buiten ~)	**μελετάω**	[meletáo]
studeren (Nederlands ~)	**μαθαίνω**	[maθéno]
lezen (ww)	**διαβάζω**	[ðiavázo]
spreken (ww)	**μιλάω**	[milʲáo]
begrijpen (ww)	**καταλαβαίνω**	[katalʲavéno]
schrijven (ww)	**γράφω**	[ɣráfo]
snel (bw)	**γρήγορα**	[ɣríɣora]
langzaam (bw)	**αργά**	[arɣá]

vloeiend (bw)	**ευφράδεια**	[effráðia]
regels (mv.)	**κανόνες** (αρ.πλ.)	[kanónes]
grammatica (de)	**γραμματική** (θηλ.)	[ɣramatikí]
vocabulaire (het)	**λεξιλόγιο** (ουδ.)	[leksilʲójo]
fonetiek (de)	**φωνητική** (θηλ.)	[fonitikí]
leerboek (het)	**σχολικό βιβλίο** (ουδ.)	[sxolikó vivlío]
woordenboek (het)	**λεξικό** (ουδ.)	[leksikó]
leerboek (het) voor zelfstudie	**εγχειρίδιο αυτοδιδασκαλίας** (ουδ.)	[enxiríðio aftoðiðaskalías]
taalgids (de)	**βιβλίο φράσεων** (ουδ.)	[vivlío fráseon]
cassette (de)	**κασέτα** (θηλ.)	[kaséta]
videocassette (de)	**βιντεοκασέτα** (θηλ.)	[videokaséta]
CD (de)	**συμπαγής δίσκος** (αρ.)	[simpajís ðískos]
DVD (de)	**DVD** (ουδ.)	[dividí]
alfabet (het)	**αλφάβητος** (θηλ.)	[alʲfávitos]
uitspraak (de)	**προφορά** (θηλ.)	[proforá]
accent (het)	**προφορά** (θηλ.)	[proforá]
met een accent (bw)	**με προφορά**	[me proforá]
zonder accent (bw)	**χωρίς προφορά**	[xorís proforá]
woord (het)	**λέξη** (θηλ.)	[léksi]
betekenis (de)	**σημασία** (θηλ.)	[simasía]
cursus (de)	**μαθήματα** (ουδ.πλ.)	[maθímata]
zich inschrijven (ww)	**γράφομαι**	[ɣráfome]
leraar (de)	**καθηγητής** (αρ.)	[kaθijitís]
vertaling (een ~ maken)	**μετάφραση** (θηλ.)	[metáfrasi]
vertaling (tekst)	**μετάφραση** (θηλ.)	[metáfrasi]
vertaler (de)	**μεταφραστής** (αρ.)	[metafrastís]
tolk (de)	**διερμηνέας** (αρ.)	[ðierminéas]
polyglot (de)	**πολύγλωσσος** (αρ.)	[políɣlʲosos]
geheugen (het)	**μνήμη** (θηλ.)	[mními]

147. Sprookjesfiguren

Sinterklaas (de)	**Άγιος Βασίλης** (αρ.)	[ájos vasílis]
zeemeermin (de)	**γοργόνα** (θηλ.)	[ɣorɣóna]
magiër, tovenaar (de)	**μάγος** (αρ.)	[máɣos]
goede heks (de)	**νεράιδα** (θηλ.)	[neráiða]
magisch (bn)	**μαγικός**	[majikós]
toverstokje (het)	**μαγικό ραβδί** (ουδ.)	[majikó ravðí]
sprookje (het)	**παραμύθι** (ουδ.)	[paramíθi]
wonder (het)	**θαύμα** (ουδ.)	[θávma]
dwerg (de)	**νάνος** (αρ.)	[nános]
veranderen in ... (anders worden)	**μεταμορφώνομαι**	[metamorfónome]

geest (de)	**φάντασμα** (ουδ.)	[fándazma]
spook (het)	**φάντασμα** (ουδ.)	[fándazma]
monster (het)	**τέρας** (ουδ.)	[téras]
draak (de)	**δράκος** (αρ.)	[ðrákos]
reus (de)	**γίγαντας** (αρ.)	[ʝíɣandas]

148. Dierenriem

Ram (de)	**Κριός** (αρ.)	[kriós]
Stier (de)	**Ταύρος** (αρ.)	[távros]
Tweelingen (mv.)	**Δίδυμοι** (αρ.πλ.)	[ðídimi]
Kreeft (de)	**Καρκίνος** (αρ.)	[karkínos]
Leeuw (de)	**Λέων** (αρ.)	[léon]
Maagd (de)	**Παρθένος** (θηλ.)	[parθénos]
Weegschaal (de)	**Ζυγός** (αρ.)	[ziɣós]
Schorpioen (de)	**Σκορπιός** (αρ.)	[skorpiós]
Boogschutter (de)	**Τοξότης** (αρ.)	[toksótis]
Steenbok (de)	**Αιγόκερως** (αρ.)	[eɣókeros]
Waterman (de)	**Υδροχόος** (αρ.)	[iðroxóos]
Vissen (mv.)	**Ιχθείς** (αρ.πλ.)	[ixθís]
karakter (het)	**χαρακτήρας** (αρ.)	[xaraktíras]
karaktertrekken (mv.)	**στοιχεία του χαρακτήρα** (ουδ.πλ.)	[stixía tu xaraktíra]
gedrag (het)	**συμπεριφορά** (θηλ.)	[simberiforá]
waarzeggen (ww)	**λέω την τύχη**	[léo tin tíxi]
waarzegster (de)	**μάντισσα** (θηλ.)	[mándisa]
horoscoop (de)	**ωροσκόπιο** (ουδ.)	[oroskópio]

Kunst

149. Theater

theater (het)	**θέατρο** (ουδ.)	[θéatro]
opera (de)	**όπερα** (θηλ.)	[ópera]
operette (de)	**οπερέτα** (θηλ.)	[operéta]
ballet (het)	**μπαλέτο** (ουδ.)	[baléto]
affiche (de/het)	**αφίσα** (θηλ.)	[afísa]
theatergezelschap (het)	**θίασος** (αρ.)	[θíasos]
tournee (de)	**περιοδεία** (θηλ.)	[perioðía]
op tournee zijn	**περιοδεύω**	[perioðévo]
repeteren (ww)	**κάνω πρόβα**	[káno próva]
repetitie (de)	**πρόβα** (θηλ.)	[próva]
repertoire (het)	**ρεπερτόριο** (ουδ.)	[repertório]
voorstelling (de)	**παράσταση** (θηλ.)	[parástasi]
spektakel (het)	**παράσταση** (θηλ.)	[parástasi]
toneelstuk (het)	**θεατρικό έργο** (ουδ.)	[θeatrikó érɣo]
biljet (het)	**εισιτήριο** (ουδ.)	[isitírio]
kassa (de)	**ταμείο** (ουδ.)	[tamío]
foyer (de)	**φουαγιέ** (ουδ.)	[fuaјé]
garderobe (de)	**βεστιάριο** (ουδ.)	[vestiário]
garderobe nummer (het)	**καρτελάκι** (θηλ.)	[karteľáki]
verrekijker (de)	**κιάλια** (ουδ.πλ.)	[kiália]
plaatsaanwijzer (de)	**ταξιθέτης** (αρ.)	[taksiθétis]
parterre (de)	**πλατεία** (θηλ.)	[pľatía]
balkon (het)	**εξώστης** (αρ.)	[eksóstis]
loge (de)	**θεωρείο** (ουδ.)	[θeorío]
rij (de)	**σειρά** (θηλ.)	[sirá]
plaats (de)	**θέση** (θηλ.)	[θési]
publiek (het)	**κοινό** (ουδ.)	[kinó]
kijker (de)	**θεατής** (αρ.)	[θeatís]
klappen (ww)	**χειροκροτώ**	[xirokrotó]
applaus (het)	**χειροκρότημα** (ουδ.)	[xirokrótima]
ovatie (de)	**επευφημία** (θηλ.)	[epeffimía]
toneel (op het ~ staan)	**σκηνή** (θηλ.)	[skiní]
gordijn, doek (het)	**παραπέτασμα** (ουδ.)	[parapétazma]
toneeldecor (het)	**σκηνικό** (ουδ.)	[skinikó]
backstage (de)	**παρασκήνια** (ουδ.πλ.)	[paraskínia]
scène (de)	**σκηνή** (θηλ.)	[skiní]
bedrijf (het)	**πράξη** (θηλ.)	[práksi]
pauze (de)	**διάλειμμα** (ουδ.)	[ðiálima]

150. Bioscoop

acteur (de)	**ηθοποιός** (αρ.)	[iθopiós]
actrice (de)	**ηθοποιός** (θηλ.)	[iθopiós]
bioscoop (de)	**κινηματογράφος** (αρ.)	[kinimatoɣráfos]
speelfilm (de)	**ταινία** (θηλ.)	[tenía]
aflevering (de)	**επεισόδιο** (ουδ.)	[episóðio]
detectivefilm (de)	**αστυνομική ταινία** (θηλ.)	[astinomikí tenía]
actiefilm (de)	**ταινία δράσης** (θηλ.)	[tenía ðrásis]
avonturenfilm (de)	**περιπέτεια** (θηλ.)	[peripétia]
sciencefictionfilm (de)	**ταινία επιστημονικής φαντασίας** (θηλ.)	[tenía epistimonikís fandasías]
griezelfilm (de)	**ταινία τρόμου** (θηλ.)	[tenía trómu]
komedie (de)	**κωμωδία** (θηλ.)	[komoðía]
melodrama (het)	**μελόδραμα** (ουδ.)	[melʲóðrama]
drama (het)	**δράμα** (ουδ.)	[ðráma]
speelfilm (de)	**ταινία** (θηλ.)	[tenía]
documentaire (de)	**ντοκιμαντέρ** (ουδ.)	[dokimandér]
tekenfilm (de)	**κινούμενα σχέδια** (ουδ.πλ.)	[kinúmena sxéðia]
stomme film (de)	**βουβές ταινίες** (θηλ.πλ.)	[vuvés teníes]
rol (de)	**ρόλος** (αρ.)	[rólʲos]
hoofdrol (de)	**πρωταγωνιστικός ρόλος** (αρ.)	[protaɣonistikós rólʲos]
spelen (ww)	**παίζω**	[pézo]
filmster (de)	**αστέρας** (αρ.)	[astéras]
bekend (bn)	**γνωστός**	[ɣnostós]
beroemd (bn)	**διάσημος**	[ðiásimos]
populair (bn)	**δημοφιλής**	[ðimofilís]
scenario (het)	**σενάριο** (ουδ.)	[senário]
scenarioschrijver (de)	**σεναριογράφος** (αρ.)	[senarioɣráfos]
regisseur (de)	**σκηνοθέτης** (αρ.)	[skinoθétis]
filmproducent (de)	**παραγωγός** (αρ.)	[paraɣoɣós]
assistent (de)	**βοηθός** (αρ.)	[voiθós]
cameraman (de)	**οπερατέρ** (αρ.)	[operatér]
stuntman (de)	**κασκαντέρ** (αρ.)	[kaskadér]
een film maken	**γυρίζω ταινία**	[ʝirízo tenía]
auditie (de)	**ακρόαση** (θηλ.)	[akróasi]
opnamen (mv.)	**γυρίσματα** (ουδ.πλ.)	[ʝirízmata]
filmploeg (de)	**κινηματογραφικό συνεργείο** (ουδ.)	[kinimatoɣrafikó sinerʝío]
filmset (de)	**σκηνικό** (ουδ.)	[skinikó]
filmcamera (de)	**κάμερα** (θηλ.)	[kámera]
bioscoop (de)	**κινηματογράφος** (αρ.)	[kinimatoɣráfos]
scherm (het)	**οθόνη** (θηλ.)	[oθóni]
een film vertonen	**προβάλλω ταινία**	[proválʲo tenía]
geluidsspoor (de)	**ηχητική λωρίδα** (θηλ.)	[ixitikí lʲoríða]

speciale effecten (mv.)	**ειδικά εφέ** (ουδ.πλ.)	[iðiká efé]
ondertiteling (de)	**υπότιτλοι** (αρ.πλ.)	[ipótitli]
voortiteling, aftiteling (de)	**τίτλοι** (αρ.πλ.)	[títli]
vertaling (de)	**μετάφραση** (θηλ.)	[metáfrasi]

151. Schilderij

kunst (de)	**τέχνη** (θηλ.)	[téxni]
schone kunsten (mv.)	**καλές τέχνες** (θηλ.πλ.)	[kalés texnes]
kunstgalerie (de)	**γκαλερί** (θηλ.)	[galerí]
kunsttentoonstelling (de)	**έκθεση πινάκων** (θηλ.)	[ékθesi pinákon]
schilderkunst (de)	**ζωγραφική** (θηλ.)	[zoɣrafikí]
grafiek (de)	**γραφική τέχνη** (θηλ.)	[ɣrafikí téxni]
abstracte kunst (de)	**αφηρημένη τέχνη** (θηλ.)	[afiriméni téxni]
impressionisme (het)	**ιμπρεσιονισμός** (αρ.)	[imbresionizmós]
schilderij (het)	**πίνακας** (αρ.)	[pínakas]
tekening (de)	**ζωγραφιά** (θηλ.)	[zoɣrafiá]
poster (de)	**πόστερ** (ουδ.)	[póster]
illustratie (de)	**εικονογράφηση** (θηλ.)	[ikonoɣráfisi]
miniatuur (de)	**μινιατούρα** (θηλ.)	[miniatúra]
kopie (de)	**αντίγραφο** (ουδ.)	[andíɣrafo]
reproductie (de)	**αντίγραφο** (ουδ.)	[andíɣrafo]
mozaïek (het)	**ψηφιδωτό** (ουδ.)	[psifiðotó]
gebrandschilderd glas (het)	**υαλογράφημα** (ουδ.)	[ialʲoɣráfima]
fresco (het)	**φρέσκο** (ουδ.)	[frésko]
gravure (de)	**χαλκογραφία** (θηλ.)	[xalʲkoɣrafía]
buste (de)	**προτομή** (θηλ.)	[protomí]
beeldhouwwerk (het)	**γλυπτό** (ουδ.)	[ɣliptó]
beeld (bronzen ~)	**άγαλμα** (ουδ.)	[áɣalʲma]
gips (het)	**γύψος** (αρ.)	[ʝípsos]
gipsen (bn)	**γύψινος**	[ʝípsinos]
portret (het)	**πορτρέτο** (ουδ.)	[portréto]
zelfportret (het)	**αυτοπορτρέτο** (ουδ.)	[aftoportréto]
landschap (het)	**τοπιογραφία** (θηλ.)	[topioɣrafía]
stilleven (het)	**νεκρή φύση** (θηλ.)	[nekrí físi]
karikatuur (de)	**καρικατούρα** (θηλ.)	[karikatúra]
schets (de)	**σκίτσο** (ουδ.)	[skítso]
verf (de)	**μπογιά** (θηλ.)	[boʝá]
aquarel (de)	**νερομπογιά** (θηλ.)	[neroboʝá]
olieverf (de)	**λαδομπογιά** (θηλ.)	[lʲaðoboʝá]
potlood (het)	**μολύβι** (ουδ.)	[molívi]
Oost-Indische inkt (de)	**μελάνι** (ουδ.)	[melʲáni]
houtskool (de)	**άνθρακας** (αρ.)	[ánθrakas]
tekenen (met krijt)	**ζωγραφίζω**	[zoɣrafízo]
schilderen (ww)	**ζωγραφίζω**	[zoɣrafízo]
poseren (ww)	**ποζάρω**	[pozáro]

naaktmodel (man)	**μοντέλο** (ουδ.)	[modélʲo]
naaktmodel (vrouw)	**μοντέλο** (ουδ.)	[modélʲo]
kunstenaar (de)	**ζωγράφος** (αρ.)	[zoɣráfos]
kunstwerk (het)	**έργο** (ουδ.)	[érɣo]
meesterwerk (het)	**αριστούργημα** (ουδ.)	[aristúrʝima]
studio, werkruimte (de)	**ατελιέ** (ουδ.)	[atelié]
schildersdoek (het)	**καμβάς** (αρ.)	[kamvás]
schildersezel (de)	**καβαλέτο** (ουδ.)	[kavaléto]
palet (het)	**παλέτα** (θηλ.)	[paléta]
lijst (een vergulde ~)	**κορνίζα** (θηλ.)	[korníza]
restauratie (de)	**αναστήλωση** (θηλ.)	[anastílʲosi]
restaureren (ww)	**αναστηλώνω**	[anastilʲóno]

152. Literatuur & Poëzie

literatuur (de)	**λογοτεχνία** (θηλ.)	[lʲoɣotexnía]
auteur (de)	**συγγραφέας** (αρ.)	[singraféas]
pseudoniem (het)	**ψευδώνυμο** (ουδ.)	[psevðónimo]
boek (het)	**βιβλίο** (ουδ.)	[vivlío]
boekdeel (het)	**τόμος** (αρ.)	[tómos]
inhoudsopgave (de)	**περιεχόμενα** (ουδ.πλ.)	[periexómena]
pagina (de)	**σελίδα** (θηλ.)	[selíða]
hoofdpersoon (de)	**πρωταγωνιστής** (αρ.)	[protaɣonistís]
handtekening (de)	**αυτόγραφο** (ουδ.)	[aftóɣrafo]
verhaal (het)	**διήγημα** (ουδ.)	[ðiíʝima]
novelle (de)	**νουβέλα** (θηλ.)	[nuvélʲa]
roman (de)	**μυθιστόρημα** (ουδ.)	[miθistórima]
werk (literatuur)	**έργο** (ουδ.)	[érɣo]
fabel (de)	**μύθος** (αρ.)	[míθos]
detectiveroman (de)	**αστυνομικό μυθιστόρημα** (ουδ.)	[astinomikó miθistórima]
gedicht (het)	**ποίημα** (ουδ.)	[píima]
poëzie (de)	**ποίηση** (θηλ.)	[píisi]
epos (het)	**έπος** (ουδ.)	[épos]
dichter (de)	**ποιητής** (αρ.)	[piitís]
fictie (de)	**μυθοπλασία** (θηλ.)	[miθoplʲasía]
sciencefiction (de)	**επιστημονική φαντασία** (θηλ.)	[epistimonikí fandasía]
avonturenroman (de)	**περιπέτειες** (θηλ.πλ.)	[peripéties]
opvoedkundige literatuur (de)	**εκπαιδευτικά βιβλία** (ουδ.πλ.)	[ekpeðeftiká vivlía]
kinderliteratuur (de)	**παιδικά βιβλία** (ουδ.πλ.)	[peðiká vivlía]

153. Circus

circus (de/het)	**τσίρκο** (ουδ.)	[tsírko]
chapiteau circus (de/het)	**περιοδεύον τσίρκο** (ουδ.)	[perioðévon tsírko]

programma (het)	**πρόγραμμα** (ουδ.)	[próɣrama]
voorstelling (de)	**παράσταση** (θηλ.)	[parástasi]
nummer (circus ~)	**νούμερο** (ουδ.)	[número]
arena (de)	**σκηνή** (θηλ.)	[skiní]
pantomime (de)	**παντομίμα** (θηλ.)	[pandomíma]
clown (de)	**κλόουν** (αρ.)	[klʲóun]
acrobaat (de)	**ακροβάτης** (αρ.)	[akrovátis]
acrobatiek (de)	**ακροβατική** (θηλ.)	[akrovatikí]
gymnast (de)	**ακροβάτης** (αρ.)	[akrovátis]
gymnastiek (de)	**ακροβασία** (θηλ.)	[akrovasía]
salto (de)	**σάλτο** (ουδ.)	[sálʲto]
sterke man (de)	**μασίστας** (αρ.)	[masístas]
temmer (de)	**δαμαστής** (αρ.)	[ðamastís]
ruiter (de)	**ιππέας** (αρ.)	[ipéas]
assistent (de)	**βοηθός** (αρ.)	[voiθós]
stunt (de)	**κόλπο** (ουδ.)	[kólʲpo]
goocheltruc (de)	**μαγικό κόλπο** (ουδ.)	[maʝikó kólʲpo]
goochelaar (de)	**θαυματοποιός** (αρ.)	[θavmatopiós]
jongleur (de)	**ζογκλέρ** (αρ.)	[zonglér]
dierentrainer (de)	**εκπαιδευτής ζώων** (αρ.)	[ekpeðeftís zóon]
dressuur (de)	**εκπαίδευση ζώων** (θηλ.)	[ekpéðefsi zóon]
dresseren (ww)	**εκπαιδεύω**	[ekpeðévo]

154. Muziek. Popmuziek

muziek (de)	**μουσική** (θηλ.)	[musikí]
muzikant (de)	**μουσικός** (αρ.)	[musikós]
muziekinstrument (het)	**μουσικό όργανο** (ουδ.)	[musikó órɣano]
spelen (bijv. gitaar ~)	**παίζω ...**	[pézo]
gitaar (de)	**κιθάρα** (θηλ.)	[kiθára]
viool (de)	**βιολί** (ουδ.)	[violí]
cello (de)	**βιολοντσέλο** (ουδ.)	[violʲontsélʲo]
contrabas (de)	**κοντραμπάσο** (ουδ.)	[kondrabáso]
harp (de)	**άρπα** (θηλ.)	[árpa]
piano (de)	**πιάνο** (ουδ.)	[piáno]
vleugel (de)	**πιάνο** (ουδ.)	[piáno]
orgel (het)	**εκκλησιαστικό όργανο** (ουδ.)	[eklisiastikó orɣano]
blaasinstrumenten (mv.)	**πνευστά όργανα** (ουδ.πλ.)	[pnefstá órɣana]
hobo (de)	**όμποε** (ουδ.)	[óboe]
saxofoon (de)	**σαξόφωνο** (ουδ.)	[saksófono]
klarinet (de)	**κλαρίνο** (ουδ.)	[klʲaríno]
fluit (de)	**φλάουτο** (ουδ.)	[flʲáuto]
trompet (de)	**τρομπέτα** (θηλ.)	[trombéta]
accordeon (de/het)	**ακορντεόν** (ουδ.)	[akordeón]
trommel (de)	**τύμπανο** (ουδ.)	[tímbano]

duet (het)	ντουέτο (ουδ.)	[duéto]
trio (het)	τρίο (ουδ.)	[trío]
kwartet (het)	κουαρτέτο (ουδ.)	[kuartéto]
koor (het)	χορωδία (θηλ.)	[xoroðía]
orkest (het)	ορχήστρα (θηλ.)	[orxístra]
popmuziek (de)	ποπ μουσική (θηλ.)	[pop musikí]
rockmuziek (de)	ροκ μουσική (θηλ.)	[rok musikí]
rockgroep (de)	ροκ συγκρότημα (ουδ.)	[rok singrótima]
jazz (de)	τζαζ (θηλ.)	[dzaz]
idool (het)	είδωλο (ουδ.)	[íðolʲo]
bewonderaar (de)	θαυμαστής (αρ.)	[θavmastís]
concert (het)	συναυλία (θηλ.)	[sinavlía]
symfonie (de)	συμφωνία (θηλ.)	[simfonía]
compositie (de)	σύνθεση (θηλ.)	[sínθesi]
componeren (muziek ~)	συνθέτω	[sinθéto]
zang (de)	τραγούδημα (ουδ.)	[traɣúðima]
lied (het)	τραγούδι (ουδ.)	[traɣúði]
melodie (de)	μελωδία (θηλ.)	[melʲoðía]
ritme (het)	ρυθμός (αρ.)	[riθmós]
blues (de)	μπλουζ (ουδ.)	[blʲuz]
bladmuziek (de)	νότες (θηλ.πλ.)	[nótes]
dirigeerstok (baton)	μπαγκέτα (θηλ.)	[bagéta]
strijkstok (de)	δοξάρι (ουδ.)	[ðoksári]
snaar (de)	χορδή (θηλ.)	[xorðí]
koffer (de)	θήκη (θηλ.)	[θíki]

Rusten. Entertainment. Reizen

155. Trip. Reizen

toerisme (het)	**τουρισμός** (αρ.)	[turizmós]
toerist (de)	**τουρίστας** (αρ.)	[turístas]
reis (de)	**ταξίδι** (ουδ.)	[taksíði]
avontuur (het)	**περιπέτεια** (θηλ.)	[peripétia]
tocht (de)	**ταξίδι** (ουδ.)	[taksíði]
vakantie (de)	**διακοπές** (θηλ.πλ.)	[ðiakopés]
met vakantie zijn	**είμαι σε διακοπές**	[íme se ðiakopés]
rust (de)	**διακοπές** (πλ.)	[ðiakopés]
trein (de)	**τραίνο, τρένο** (ουδ.)	[tréno]
met de trein	**με τρένο**	[me tréno]
vliegtuig (het)	**αεροπλάνο** (ουδ.)	[aeropláno]
met het vliegtuig	**με αεροπλάνο**	[me aeropláno]
met de auto	**με αυτοκίνητο**	[me aftokínito]
per schip (bw)	**με καράβι**	[me karávi]
bagage (de)	**αποσκευές** (θηλ.πλ.)	[aposkevés]
valies (de)	**βαλίτσα** (θηλ.)	[valítsa]
bagagekarretje (het)	**καρότσι αποσκευών** (ουδ.)	[karótsi aposkevón]
paspoort (het)	**διαβατήριο** (ουδ.)	[ðiavatírio]
visum (het)	**βίζα** (θηλ.)	[víza]
kaartje (het)	**εισιτήριο** (ουδ.)	[isitírio]
vliegticket (het)	**αεροπορικό εισιτήριο** (ουδ.)	[aeroporikó isitírio]
reisgids (de)	**ταξιδιωτικός οδηγός** (αρ.)	[taksiðiotikós oðiɣós]
kaart (de)	**χάρτης** (αρ.)	[xártis]
gebied (landelijk ~)	**περιοχή** (θηλ.)	[perioxí]
plaats (de)	**τόπος** (αρ.)	[tópos]
exotische bestemming (de)	**εξωτικά πράγματα** (ουδ.πλ.)	[eksotiká práɣmata]
exotisch (bn)	**εξωτικός**	[eksotikós]
verwonderlijk (bn)	**καταπληκτικός**	[katapliktikós]
groep (de)	**ομάδα** (θηλ.)	[omáða]
rondleiding (de)	**εκδρομή** (θηλ.)	[ekðromí]
gids (de)	**ξεναγός** (αρ.)	[ksenaɣós]

156. Hotel

hotel (het)	**ξενοδοχείο** (ουδ.)	[ksenoðoxío]
motel (het)	**μοτέλ** (ουδ.)	[motél]
3-sterren	**τριών αστέρων**	[trión astéron]

5-sterren	**πέντε αστέρων**	[pénde astéron]
overnachten (ww)	**μένω**	[méno]
kamer (de)	**δωμάτιο** (ουδ.)	[ðomátio]
eenpersoonskamer (de)	**μονόκλινο δωμάτιο** (ουδ.)	[monóklino ðomátio]
tweepersoonskamer (de)	**δίκλινο δωμάτιο** (ουδ.)	[ðíklino ðomátio]
een kamer reserveren	**κλείνω δωμάτιο**	[klíno ðomátio]
halfpension (het)	**ημιδιατροφή** (θηλ.)	[imiðiatrofí]
volpension (het)	**πλήρης διατροφή** (θηλ.)	[plíris ðiatrofí]
met badkamer	**με μπανιέρα**	[me baniéra]
met douche	**με ντουζ**	[me dúz]
satelliet-tv (de)	**δορυφορική τηλεόραση** (θηλ.)	[ðorifori kí tileórasi]
airconditioner (de)	**κλιματιστικό** (ουδ.)	[klimatistikó]
handdoek (de)	**πετσέτα** (θηλ.)	[petséta]
sleutel (de)	**κλειδί** (ουδ.)	[kliðí]
administrateur (de)	**υπεύθυνος** (αρ.)	[ipéfθinos]
kamermeisje (het)	**καμαριέρα** (θηλ.)	[kamariéra]
piccolo (de)	**αχθοφόρος** (αρ.)	[axθofóros]
portier (de)	**πορτιέρης** (αρ.)	[portiéris]
restaurant (het)	**εστιατόριο** (ουδ.)	[estiatório]
bar (de)	**μπαρ** (ουδ.), **μπυραρία** (θηλ.)	[bar], [biraría]
ontbijt (het)	**πρωινό** (ουδ.)	[proinó]
avondeten (het)	**δείπνο** (ουδ.)	[ðípno]
buffet (het)	**μπουφές** (αρ.)	[bufés]
hal (de)	**φουαγιέ** (ουδ.)	[fuajé]
lift (de)	**ασανσέρ** (ουδ.)	[asansér]
NIET STOREN	**ΜΗΝ ΕΝΟΧΛΕΙΤΕ!**	[min enoxlíte]
VERBODEN TE ROKEN!	**ΑΠΑΓΟΡΕΥΕΤΑΙ ΤΟ ΚΑΠΝΙΣΜΑ**	[apaɣorévete to kápnizma]

157. Boeken. Lezen

boek (het)	**βιβλίο** (ουδ.)	[vivlío]
auteur (de)	**συγγραφέας** (αρ.)	[singraféas]
schrijver (de)	**συγγραφέας** (αρ.)	[singraféas]
schrijven (een boek)	**γράφω**	[ɣráfo]
lezer (de)	**αναγνώστης** (αρ.)	[anaɣnóstis]
lezen (ww)	**διαβάζω**	[ðiavázo]
lezen (het)	**ανάγνωση** (θηλ.)	[anáɣnosi]
stil (~ lezen)	**από μέσα**	[apó mésa]
hardop (~ lezen)	**φωναχτά**	[fonaxtá]
uitgeven (boek ~)	**εκδίδω**	[ekðíðo]
uitgeven (het)	**έκδοση** (θηλ.)	[ékðosi]
uitgever (de)	**εκδότης** (αρ.)	[ekðótis]

uitgeverij (de)	**εκδοτικός οίκος** (αρ.)	[ekðotikós íkos]
verschijnen (bijv. boek)	**βγαίνω**	[vʝéno]
verschijnen (het)	**κυκλοφορία** (θηλ.)	[kiklʲoforía]
oplage (de)	**έκδοση** (θηλ.)	[ékðosi]
boekhandel (de)	**βιβλιοπωλείο** (ουδ.)	[vivliopolío]
bibliotheek (de)	**βιβλιοθήκη** (θηλ.)	[vivlioθíki]
novelle (de)	**νουβέλα** (θηλ.)	[nuvélʲa]
verhaal (het)	**διήγημα** (ουδ.)	[ðiʝima]
roman (de)	**μυθιστόρημα** (ουδ.)	[miθistórima]
detectiveroman (de)	**αστυνομικό μυθιστόρημα** (ουδ.)	[astinomikó miθistórima]
memoires (mv.)	**απομνημονεύματα** (ουδ.πλ.)	[apomnimonévmata]
legende (de)	**θρύλος** (αρ.)	[θrílʲos]
mythe (de)	**μύθος** (αρ.)	[míθos]
gedichten (mv.)	**ποιήματα** (ουδ.πλ.)	[piímata]
autobiografie (de)	**αυτοβιογραφία** (θηλ.)	[aftovioɣrafía]
bloemlezing (de)	**εκλεκτά έργα** (ουδ.πλ.)	[eklektá érɣa]
sciencefiction (de)	**επιστημονική φαντασία** (θηλ.)	[epistimonikí fandasía]
naam (de)	**τίτλος** (αρ.)	[títlʲos]
inleiding (de)	**εισαγωγή** (θηλ.)	[isaɣoʝí]
voorblad (het)	**εξώφυλλο** (ουδ.)	[eksófilʲo]
hoofdstuk (het)	**κεφάλαιο** (ουδ.)	[kefáleo]
fragment (het)	**απόσπασμα** (ουδ.)	[apóspazma]
episode (de)	**σκηνή** (θηλ.)	[skiní]
intrige (de)	**υπόθεση** (θηλ.)	[ipóθesi]
inhoud (de)	**περιεχόμενα** (ουδ.πλ.)	[periexómena]
inhoudsopgave (de)	**περιεχόμενα** (ουδ.πλ.)	[periexómena]
hoofdpersonage (het)	**πρωταγωνιστής** (αρ.)	[protaɣonistís]
boekdeel (het)	**τόμος** (αρ.)	[tómos]
omslag (de/het)	**εξώφυλλο** (ουδ.)	[eksófilʲo]
boekband (de)	**δέσιμο** (ουδ.)	[ðésimo]
bladwijzer (de)	**σελιδοδείκτης** (αρ.)	[seliðoðíktis]
pagina (de)	**σελίδα** (θηλ.)	[selíða]
bladeren (ww)	**ξεφυλλίζω**	[ksefilízo]
marges (mv.)	**περιθώρια** (ουδ.πλ.)	[periθória]
annotatie (de)	**σημείωση** (θηλ.)	[simíosi]
opmerking (de)	**υποσημείωση** (θηλ.)	[iposimíosi]
tekst (de)	**κείμενο** (ουδ.)	[kímeno]
lettertype (het)	**γραμματοσειρά** (θηλ.)	[ɣramatosirá]
drukfout (de)	**τυπογραφικό λάθος** (ουδ.)	[tipoɣrafikó lʲáθos]
vertaling (de)	**μετάφραση** (θηλ.)	[metáfrasi]
vertalen (ww)	**μεταφράζω**	[metafrázo]
origineel (het)	**πρωτότυπο** (ουδ.)	[protótipo]
beroemd (bn)	**διάσημος**	[ðiásimos]

onbekend (bn)	**άγνωστος**	[áɣnostos]
interessant (bn)	**ενδιαφέρων**	[enðiaféron]
bestseller (de)	**μπεστ σέλερ** (ουδ.)	[best séler]
woordenboek (het)	**λεξικό** (ουδ.)	[leksikó]
leerboek (het)	**σχολικό βιβλίο** (ουδ.)	[sxolikó vivlío]
encyclopedie (de)	**εγκυκλοπαίδεια** (θηλ.)	[engikl^jopéðia]

158. Jacht. Vissen

jacht (de)	**κυνήγι** (ουδ.)	[kiniʝi]
jagen (ww)	**κυνηγώ**	[kiniɣó]
jager (de)	**κυνηγός** (αρ.)	[kiniɣós]
schieten (ww)	**πυροβολώ**	[pirovolʲó]
geweer (het)	**τουφέκι** (ουδ.)	[tuféki]
patroon (de)	**φυσίγγι** (ουδ.)	[fisíngi]
hagel (de)	**σκάγια** (ουδ.πλ.)	[skája]
val (de)	**δόκανο** (ουδ.)	[ðókano]
valstrik (de)	**παγίδα** (θηλ.)	[pajíða]
een val zetten	**στήνω δόκανο**	[stíno ðókano]
stroper (de)	**λαθροθήρας** (αρ.)	[lʲaθroθíras]
wild (het)	**θήραμα** (ουδ.)	[θírama]
jachthond (de)	**λαγωνικό** (ουδ.)	[lʲaɣonikó]
safari (de)	**σαφάρι** (ουδ.)	[safári]
opgezet dier (het)	**βαλσαμωμένο ζώο** (ουδ.)	[valʲsamoméno zóo]
visser (de)	**ψαράς** (αρ.)	[psarás]
visvangst (de)	**ψάρεμα** (ουδ.)	[psárema]
vissen (ww)	**ψαρεύω**	[psarévo]
hengel (de)	**καλάμι** (ουδ.)	[kalʲámi]
vislijn (de)	**πετονιά** (θηλ.)	[petoniá]
haak (de)	**αγκίστρι** (ουδ.)	[angístri]
dobber (de)	**φελλός** (αρ.)	[felós]
aas (het)	**δόλωμα** (ουδ.)	[ðólʲoma]
de hengel uitwerpen	**ρίχνω δόλωμα**	[ríxno ðólʲoma]
bijten (ov. de vissen)	**τσιμπάω**	[tsimbáo]
vangst (de)	**αλίευμα** (ουδ.)	[alíevma]
wak (het)	**τρύπα στον πάγο** (θηλ.)	[trípa ston páɣo]
net (het)	**δίχτυ** (ουδ.)	[ðíxti]
boot (de)	**βάρκα** (θηλ.)	[várka]
vissen met netten	**πιάνω με δίχτυ**	[piáno me ðíxti]
het net uitwerpen	**ρίχνω δίχτυ**	[ríxno ðíxti]
het net binnenhalen	**βγάζω δίχτυ**	[vɣázo ðíxti]
walvisvangst (de)	**φαλαινοθήρας** (αρ.)	[falenoθíras]
walvisvaarder (de)	**φαλαινοθηρικό** (ουδ.)	[falenoθirikó]
harpoen (de)	**καμάκι** (ουδ.)	[kamáki]

159. Spellen. Biljart

biljart (het)	**μπιλιάρδο** (ουδ.)	[biliárðo]
biljartzaal (de)	**αίθουσα μπιλιάρδου** (θηλ.)	[éθusa biliárðu]
biljartbal (de)	**μπάλα** (θηλ.)	[bála]
een bal in het gat jagen	**βάζω μπάλα σε τρύπα**	[vázo bálʲa se trípa]
keu (de)	**στέκα** (θηλ.)	[stéka]
gat (het)	**τρύπα** (θηλ.)	[trípa]

160. Spellen. Speelkaarten

ruiten (mv.)	**καρό** (ουδ.)	[karó]
schoppen (mv.)	**μπαστούνι** (ουδ.)	[bastúni]
klaveren (mv.)	**κούπα** (θηλ.)	[kúpa]
harten (mv.)	**σπαθί** (ουδ.)	[spaθí]
aas (de)	**άσος** (αρ.)	[ásos]
koning (de)	**ρήγας** (αρ.)	[ríɣas]
dame (de)	**ντάμα** (θηλ.)	[dáma]
boer (de)	**βαλές** (αρ.)	[valés]
speelkaart (de)	**χαρτί** (ουδ.)	[xartí]
kaarten (mv.)	**χαρτιά** (ουδ.πλ.)	[xartiá]
troef (de)	**ατού** (ουδ.)	[atú]
pak (het) kaarten	**τράπουλα** (θηλ.)	[trápulʲa]
uitdelen (kaarten ~)	**μοιράζω**	[mirázo]
schudden (de kaarten ~)	**ανακατεύω**	[anakatévo]
beurt (de)	**σειρά** (θηλ.)	[sirá]
valsspeler (de)	**χαρτοκλέφτης** (αρ.)	[xartokléftis]

161. Casino. Roulette

casino (het)	**καζίνο** (ουδ.)	[kazíno]
roulette (de)	**ρουλέτα** (θηλ.)	[ruléta]
inzet (de)	**στοίχημα, ποντάρισμα** (ουδ.)	[stíxima], [pondárizma]
een bod doen	**ποντάρω**	[pondáro]
rood (de)	**κόκκινο** (ουδ.)	[kókino]
zwart (de)	**μαύρο** (ουδ.)	[mávro]
inzetten op rood	**ποντάρω στο κόκκινο**	[pondáro sto kókino]
inzetten op zwart	**ποντάρω στο μαύρο**	[pondáro sto mávro]
croupier (de)	**κρουπιέρης** (αρ.)	[krupiéris]
de cilinder draaien	**γυρίζω τον τροχό**	[ʝirízo ton troxó]
spelregels (mv.)	**κανόνες παιχνιδιού** (αρ.πλ.)	[kanónes pexniðiú]
fiche (pokerfiche, etc.)	**μάρκα** (θηλ.)	[márka]
winnen (ww)	**κερδίζω**	[kerðízo]
winst (de)	**κέρδη** (ουδ.πλ.)	[kérði]

verliezen (ww)	**χάνω**	[xáno]
verlies (het)	**χάσιμο** (ουδ.)	[xásimo]
speler (de)	**παίκτης** (αρ.)	[péktis]
blackjack (kaartspel)	**μπλακ τζακ** (ουδ.)	[blʲak dzák]
dobbelspel (het)	**ζάρια** (ουδ.πλ.)	[zária]
speelautomaat (de)	**κουλοχέρης** (αρ.)	[kulʲoxéris]

162. Rusten. Spellen. Diversen

wandelen (on.ww.)	**κάνω βόλτα**	[káno vólʲta]
wandeling (de)	**βόλτα** (θηλ.)	[vólʲta]
trip (per auto)	**βόλτα** (θηλ.)	[vólʲta]
avontuur (het)	**περιπέτεια** (θηλ.)	[peripétia]
picknick (de)	**πικνίκ** (ουδ.)	[pikník]
spel (het)	**παιχνίδι** (ουδ.)	[pexníði]
speler (de)	**παίκτης** (αρ.)	[péktis]
partij (de)	**παρτίδα** (θηλ.)	[partíða]
collectioneur (de)	**συλλέκτης** (αρ.)	[siléktis]
collectioneren (ww)	**συλλέγω**	[siléɣo]
collectie (de)	**συλλογή** (θηλ.)	[silʲoʝí]
kruiswoordraadsel (het)	**σταυρόλεξο** (ουδ.)	[stavrólekso]
hippodroom (de)	**ιππόδρομος** (αρ.)	[ipóðromos]
discotheek (de)	**ντίσκο, ντισκοτέκ** (θηλ.)	[ðísko], [diskoték]
sauna (de)	**σάουνα** (θηλ.)	[sáuna]
loterij (de)	**λοταρία** (θηλ.)	[lʲotaría]
trektocht (kampeertocht)	**ταξίδι** (ουδ.)	[taksíði]
kamp (het)	**κατασκήνωση** (θηλ.)	[kataskínosi]
tent (de)	**σκηνή** (θηλ.)	[skiní]
kompas (het)	**πυξίδα** (θηλ.)	[piksíða]
rugzaktoerist (de)	**ταξιδιώτης** (αρ.)	[taksiðiótis]
bekijken (een film ~)	**βλέπω**	[vlépo]
kijker (televisie~)	**τηλεθεατής** (αρ.)	[tileθeatís]
televisie-uitzending (de)	**τηλεοπτική εκπομπή** (θηλ.)	[tileoptikí ekpombí]

163. Fotografie

fotocamera (de)	**φωτογραφική μηχανή** (θηλ.)	[fotoɣrafikí mixaní]
foto (de)	**φωτογραφία** (θηλ.)	[fotoɣrafía]
fotograaf (de)	**φωτογράφος** (αρ.)	[fotoɣráfos]
fotostudio (de)	**φωτοστούντιο** (ουδ.)	[fotostúdio]
fotoalbum (het)	**φωτογραφικό άλμπουμ** (ουδ.)	[fotoɣrafikó álʲbum]
lens (de), objectief (het)	**φακός** (αρ.)	[fakós]
telelens (de)	**τηλεφακός** (αρ.)	[tilefakós]

filter (de/het)	**φίλτρο** (ουδ.)	[fílʲtro]
lens (de)	**φακός** (αρ.)	[fakós]
optiek (de)	**οπτικά** (ουδ.πλ.)	[optiká]
diafragma (het)	**διάφραγμα** (ουδ.)	[ðiáfraɣma]
belichtingstijd (de)	**ταχύτητα κλείστρου** (θηλ.)	[taxítita klístru]
zoeker (de)	**σκόπευτρο** (ουδ.)	[skópeftro]
digitale camera (de)	**ψηφιακή φωτογραφική μηχανή** (θηλ.)	[psifiakí fotoɣrafikí mixaní]
statief (het)	**τρίποδο** (ουδ.)	[trípoðo]
flits (de)	**φλας** (ουδ.)	[flʲas]
fotograferen (ww)	**φωτογραφίζω**	[fotoɣrafízo]
foto's maken	**βγάζω φωτογραφία**	[vɣázo fotoɣrafía]
zich laten fotograferen	**βγαίνω φωτογραφία**	[vʝéno fotoɣrafía]
focus (de)	**σημείο εστίασης** (ουδ.)	[simío estíasis]
scherpstellen (ww)	**εστιάζω**	[estiázo]
scherp (bn)	**ευκρινής**	[efkrinís]
scherpte (de)	**ευκρίνεια** (θηλ.)	[efkrínia]
contrast (het)	**αντίθεση** (θηλ.)	[andíθesi]
contrastrijk (bn)	**με αντίθεση**	[me andíθesi]
kiekje (het)	**φωτογραφία** (θηλ.)	[fotoɣrafía]
negatief (het)	**αρνητικό** (ουδ.)	[arnitikó]
filmpje (het)	**φιλμ** (ουδ.)	[filʲm]
beeld (frame)	**καρέ** (ουδ.)	[karé]
afdrukken (foto's ~)	**εκτυπώνω**	[ektipóno]

164. Strand. Zwemmen

strand (het)	**παραλία** (θηλ.)	[paralía]
zand (het)	**άμμος** (θηλ.)	[ámos]
leeg (~ strand)	**ερημικός**	[erimikós]
bruine kleur (de)	**μαύρισμα** (ουδ.)	[mávrizma]
zonnebaden (ww)	**μαυρίζω**	[mavrízo]
gebruind (bn)	**μαυρισμένος**	[mavrizménos]
zonnecrème (de)	**αντηλιακό** (ουδ.)	[andiliakó]
bikini (de)	**μπικίνι** (ουδ.)	[bikíni]
badpak (het)	**μαγιό** (ουδ.)	[maʝió]
zwembroek (de)	**μαγιό** (ουδ.)	[maʝió]
zwembad (het)	**πισίνα** (θηλ.)	[pisína]
zwemmen (ww)	**κολυμπώ**	[kolibó]
douche (de)	**ντους** (ουδ.)	[duz]
zich omkleden (ww)	**αλλάζω**	[alʲázo]
handdoek (de)	**πετσέτα** (θηλ.)	[petséta]
boot (de)	**βάρκα** (θηλ.)	[várka]
motorboot (de)	**ταχύπλοο** (ουδ.)	[taxíplʲoo]

waterski's (mv.)	**πέδιλο για θαλάσσιο σκι** (ουδ.)	[péðilʲo ʝa θalʲásio ski]
waterfiets (de)	**θαλάσσιο ποδήλατο** (ουδ.)	[θalʲásio poðílʲato]
surfen (het)	**σέρφινγκ** (ουδ.)	[sérfing]
surfer (de)	**σέρφερ** (αρ.)	[sérfer]
scuba, aqualong (de)	**αναπνευστήρας** (αρ.)	[anapnefstíras]
zwemvliezen (mv.)	**βατραχοπέδιλα** (ουδ.πλ.)	[vatraxopéðilʲa]
duikmasker (het)	**μάσκα** (θηλ.)	[máska]
duiker (de)	**καταδύτης** (αρ.)	[kataðítis]
duiken (ww)	**βουτάω**	[vutáo]
onder water (bw)	**κάτω από το νερό**	[káto apó oneró]
parasol (de)	**ομπρέλα θαλάσσης** (θηλ.)	[ombrélʲa θalʲásis]
ligstoel (de)	**σεζλόνγκ** (θηλ.)	[sezlʲóng]
zonnebril (de)	**γυαλιά ηλίου** (ουδ.πλ.)	[ʝaliá ilíu]
luchtmatras (de/het)	**στρώμα θαλάσσης** (ουδ.)	[stróma θalʲásis]
spelen (ww)	**παίζω**	[pézo]
gaan zwemmen (ww)	**κάνω μπάνιο**	[káno bánio]
bal (de)	**μπάλα** (θηλ.)	[bálʲa]
opblazen (oppompen)	**φουσκώνω**	[fuskóno]
lucht-, opblaasbare (bn)	**φουσκωτός**	[fuskotós]
golf (hoge ~)	**κύμα** (ουδ.)	[kíma]
boei (de)	**σημαδούρα** (θηλ.)	[simaðúra]
verdrinken (ww)	**πνίγομαι**	[pníɣome]
redden (ww)	**σώζω**	[sózo]
reddingsvest (de)	**σωσίβιο γιλέκο** (ουδ.)	[sosívio ʝiléko]
waarnemen (ww)	**παρατηρώ**	[paratiró]
redder (de)	**ναυαγοσώστης** (αρ.)	[navaɣosóstis]

TECHNISCHE APPARATUUR. VERVOER

Technische apparatuur

165. Computer

computer (de)	**υπολογιστής** (αρ.)	[ipolʲoʝistís]
laptop (de)	**φορητός υπολογιστής** (αρ.)	[foritós ipolʲoʝistís]
aanzetten (ww)	**ανοίγω**	[aníɣo]
uitzetten (ww)	**κλείνω**	[klíno]
toetsenbord (het)	**πληκτρολόγιο** (ουδ.)	[pliktrolʲóʝo]
toets (enter~)	**πλήκτρο** (ουδ.)	[plíktro]
muis (de)	**ποντίκι** (ουδ.)	[pondíki]
muismat (de)	**μάους παντ** (ουδ.)	[máus pad]
knopje (het)	**κουμπί** (ουδ.)	[kumbí]
cursor (de)	**κέρσορας** (αρ.)	[kérsoras]
monitor (de)	**οθόνη** (θηλ.)	[oθóni]
scherm (het)	**οθόνη** (θηλ.)	[oθóni]
harde schijf (de)	**σκληρός δίσκος** (αρ.)	[sklirós ðískos]
volume (het) van de harde schijf	**χωρητικότητα σκληρού δίσκου** (θηλ.)	[xoritikótita sklirú ðísku]
geheugen (het)	**μνήμη** (θηλ.)	[mními]
RAM-geheugen (het)	**μνήμη RAM** (θηλ.)	[mními ram]
bestand (het)	**αρχείο** (ουδ.)	[arxío]
folder (de)	**φάκελος** (αρ.)	[fákelʲos]
openen (ww)	**ανοίγω**	[aníɣo]
sluiten (ww)	**κλείνω**	[klíno]
opslaan (ww)	**αποθηκεύω**	[apoθikévo]
verwijderen (wissen)	**διαγράφω**	[ðiaɣráfo]
kopiëren (ww)	**αντιγράφω**	[andiɣráfo]
sorteren (ww)	**ταξινομώ**	[taksinomó]
overplaatsen (ww)	**μεταφέρω**	[metaféro]
programma (het)	**πρόγραμμα** (ουδ.)	[próɣrama]
software (de)	**λογισμικό** (ουδ.)	[lʲoʝizmikó]
programmeur (de)	**προγραμματιστής** (αρ.)	[proɣramatistís]
programmeren (ww)	**προγραμματίζω**	[proɣramatízo]
hacker (computerkraker)	**χάκερ** (αρ.)	[xáker]
wachtwoord (het)	**κωδικός** (αρ.)	[koðikós]
virus (het)	**ιός** (αρ.)	[jos]
ontdekken (virus ~)	**ανιχνεύω**	[anixnévo]

byte (de)	**μπάιτ** (ουδ.)	[bájt]
megabyte (de)	**μεγαμπάιτ** (ουδ.)	[meɣabájt]
data (de)	**δεδομένα** (ουδ.πλ.)	[ðeðoména]
databank (de)	**βάση δεδομένων** (θηλ.)	[vási ðeðoménon]
kabel (USB-~, enz.)	**καλώδιο** (ουδ.)	[kalʲóðio]
afsluiten (ww)	**αποσυνδέω**	[aposinðéo]
aansluiten op (ww)	**συνδέω**	[sinðéo]

166. Internet. E-mail

internet (het)	**διαδίκτυο** (ουδ.)	[ðiaðíktio]
browser (de)	**browser** (αρ.)	[bráuzer]
zoekmachine (de)	**μηχανή αναζήτησης** (θηλ.)	[mixaní anazítisis]
internetprovider (de)	**πάροχος** (αρ.)	[pároxos]
website (de)	**ιστοσελίδα** (θηλ.)	[istoselíða]
webpagina (de)	**ιστοσελίδα** (θηλ.)	[istoselíða]
adres (het)	**διεύθυνση** (θηλ.)	[ðiéfθinsi]
adresboek (het)	**βιβλίο διευθύνσεων** (ουδ.)	[vivlío ðiefθínseon]
postvak (het)	**εισερχόμενα** (ουδ.)	[iserxómena]
post (de)	**ταχυδρομείο** (ουδ.)	[taxiðromío]
bericht (het)	**μήνυμα** (ουδ.)	[mínima]
verzender (de)	**αποστολέας** (αρ.)	[apostoléas]
verzenden (ww)	**στέλνω**	[stélʲno]
verzending (de)	**αποστολή** (θηλ.)	[apostolí]
ontvanger (de)	**παραλήπτης** (αρ.)	[paralíptis]
ontvangen (ww)	**λαμβάνω**	[lʲamváno]
correspondentie (de)	**αλληλογραφία** (θηλ.)	[alilʲoɣrafía]
corresponderen (met ...)	**αλληλογραφώ**	[alilʲoɣrafó]
bestand (het)	**αρχείο** (ουδ.)	[arxío]
downloaden (ww)	**κατεβάζω**	[katevázo]
creëren (ww)	**δημιουργώ**	[ðimiurɣó]
verwijderen (een bestand ~)	**διαγράφω**	[ðiaɣráfo]
verwijderd (bn)	**διεγραμμένος**	[ðieɣraménos]
verbinding (de)	**σύνδεση** (θηλ.)	[sínðesi]
snelheid (de)	**ταχύτητα** (θηλ.)	[taxítita]
modem (de)	**μόντεμ** (ουδ.)	[módem]
toegang (de)	**πρόσβαση** (θηλ.)	[prózvasi]
poort (de)	**θύρα** (θηλ.)	[θíra]
aansluiting (de)	**σύνδεση** (θηλ.)	[sínðesi]
zich aansluiten (ww)	**συνδέομαι**	[sinðéome]
selecteren (ww)	**επιλέγω**	[epiléɣo]
zoeken (ww)	**ψάχνω**	[psáxno]

167. Elektriciteit

elektriciteit (de)	**ηλεκτρισμός** (αρ.)	[ilektrizmós]
elektrisch (bn)	**ηλεκτρικός**	[ilektrikós]
elektriciteitscentrale (de)	**ηλεκτροπαραγωγικός σταθμός** (αρ.)	[ilektroparaɣojikós staθmós]
energie (de)	**ενέργεια** (θηλ.)	[enérjia]
elektrisch vermogen (het)	**ηλεκτρική ενέργεια** (θηλ.)	[ilektrikí enérjia]
lamp (de)	**λάμπα** (θηλ.)	[lʲámba]
zaklamp (de)	**φακός** (αρ.)	[fakós]
straatlantaarn (de)	**στύλος φωτισμού** (αρ.)	[stílʲos fotizmú]
licht (elektriciteit)	**φως** (ουδ.)	[fos]
aandoen (ww)	**ανοίγω, ανάβω**	[aníɣo], [anávo]
uitdoen (ww)	**κλείνω**	[klíno]
het licht uitdoen	**σβήνω το φως**	[svíno to fos]
doorbranden (gloeilamp)	**καίγομαι**	[kéɣome]
kortsluiting (de)	**βραχυκύκλωμα** (ουδ.)	[vraxikíklʲoma]
onderbreking (de)	**σπασμένο καλώδιο** (ουδ.)	[spazméno kalóðio]
contact (het)	**επαφή** (θηλ.)	[epafí]
schakelaar (de)	**διακόπτης** (αρ.)	[ðiakóptis]
stopcontact (het)	**πρίζα** (θηλ.)	[príza]
stekker (de)	**φις** (ουδ.)	[fis]
verlengsnoer (de)	**μπαλαντέζα** (θηλ.)	[balʲadéza]
zekering (de)	**ασφάλεια** (θηλ.)	[asfália]
kabel (de)	**καλώδιο** (ουδ.)	[kalʲóðio]
bedrading (de)	**καλωδίωση** (θηλ.)	[kalʲoðíosi]
ampère (de)	**αμπέρ** (ουδ.)	[ambér]
stroomsterkte (de)	**ένταση ρεύματος** (θηλ.)	[éndasi révmatos]
volt (de)	**βολτ** (ουδ.)	[volʲt]
spanning (de)	**τάση** (θηλ.)	[tási]
elektrisch toestel (het)	**ηλεκτρική συσκευή** (θηλ.)	[ilektrikí siskeví]
indicator (de)	**δείχτης** (αρ.)	[ðíxtis]
elektricien (de)	**ηλεκτρολόγος** (αρ.)	[ilektrolʲóɣos]
solderen (ww)	**συγκολλώ**	[singolʲó]
soldeerbout (de)	**κολλητήρι** (ουδ.)	[kolitíri]
stroom (de)	**ρεύμα** (ουδ.)	[révma]

168. Gereedschappen

werktuig (stuk gereedschap)	**εργαλείο** (ουδ.)	[erɣalío]
gereedschap (het)	**εργαλεία** (ουδ.πλ.)	[erɣalía]
uitrusting (de)	**εξοπλισμός** (αρ.)	[eksoplizmós]
hamer (de)	**σφυρί** (ουδ.)	[sfirí]
schroevendraaier (de)	**κατσαβίδι** (ουδ.)	[katsavíði]

bijl (de)	**τσεκούρι** (ουδ.)	[tsekúri]
zaag (de)	**πριόνι** (ουδ.)	[prióni]
zagen (ww)	**πριονίζω**	[prionízo]
schaaf (de)	**πλάνη** (θηλ.)	[plʲáni]
schaven (ww)	**πλανίζω**	[plʲanízo]
soldeerbout (de)	**κολλητήρι** (ουδ.)	[kolitíri]
solderen (ww)	**συγκολλώ**	[singolʲó]
vijl (de)	**λίμα** (θηλ.)	[líma]
nijptang (de)	**τανάλια** (θηλ.)	[tanália]
combinatietang (de)	**πένσα** (θηλ.)	[pénsa]
beitel (de)	**σκαρπέλο** (ουδ.)	[skarpélʲo]
boorkop (de)	**τρυπάνι** (ουδ.)	[tripáni]
boormachine (de)	**τρυπάνι, δράπανο** (ουδ.)	[tripáni], [ðrápano]
boren (ww)	**τρυπώ**	[tripó]
mes (het)	**μαχαίρι** (ουδ.)	[maxéri]
lemmet (het)	**λάμα** (θηλ.)	[lʲáma]
scherp (bijv. ~ mes)	**κοφτερός**	[kofterós]
bot (bn)	**αμβλύς**	[amvlís]
bot raken (ww)	**αμβλύνομαι**	[amvlínome]
slijpen (een mes ~)	**ακονίζω**	[akonízo]
bout (de)	**μπουλόνι** (ουδ.)	[bulʲóni]
moer (de)	**περικόχλιο** (ουδ.)	[perikóxlio]
schroefdraad (de)	**σπείρωμα** (ουδ.)	[spíroma]
houtschroef (de)	**βίδα** (θηλ.)	[víða]
spijker (de)	**καρφί** (ουδ.)	[karfí]
kop (de)	**κεφάλι** (ουδ.)	[kefáli]
liniaal (de/het)	**χάρακας** (αρ.)	[xárakas]
rolmeter (de)	**μετροταινία** (θηλ.)	[metrotenía]
loep (de)	**μεγεθυντικός φακός** (αρ.)	[mej̥eθindikós fakós]
meetinstrument (het)	**όργανο μέτρησης** (ουδ.)	[óɣano métrisis]
opmeten (ww)	**μετράω**	[metráo]
schaal (meetschaal)	**κλίμακα** (θηλ.)	[klímaka]
gegevens (mv.)	**ενδείξεις** (θηλ.πλ.)	[enðíksis]
compressor (de)	**συμπιεστής** (αρ.)	[simbiestís]
microscoop (de)	**μικροσκόπιο** (ουδ.)	[mikroskópio]
pomp (de)	**αντλία** (θηλ.)	[andlía]
robot (de)	**ρομπότ** (ουδ.)	[robót]
laser (de)	**λέιζερ** (ουδ.)	[léjzer]
moersleutel (de)	**γαλλικό κλειδί** (ουδ.)	[ɣalikó kliðí]
plakband (de)	**κολλητική ταινία** (θηλ.)	[kolitikí tenía]
lijm (de)	**κόλλα** (θηλ.)	[kólʲa]
schuurpapier (het)	**γυαλόχαρτο** (ουδ.)	[j̥alóxarto]
veer (de)	**ελατήριο** (ουδ.)	[elʲatírio]
magneet (de)	**μαγνήτης** (αρ.)	[maɣnítis]

handschoenen (mv.)	**γάντια** (ουδ.πλ.)	[ɣándia]
touw (bijv. henneptouw)	**σχοινί, σκοινί** (ουδ.)	[sxiní], [skiní]
snoer (het)	**κορδόνι** (ουδ.)	[korðóni]
draad (de)	**καλώδιο** (ουδ.)	[kalʲóðio]
kabel (de)	**καλώδιο** (ουδ.)	[kalʲóðio]
moker (de)	**βαριοπούλα** (θηλ.)	[variopúlʲa]
breekijzer (het)	**λοστός** (αρ.)	[lʲostós]
ladder (de)	**φορητή σκάλα** (θηλ.)	[forití skálʲa]
trapje (inklapbaar ~)	**φορητή σκάλα** (θηλ.)	[forití skálʲa]
aanschroeven (ww)	**βιδώνω**	[viðóno]
losschroeven (ww)	**ξεβιδώνω**	[kseviðóno]
dichtpersen (ww)	**σφίγγω**	[sfíngo]
vastlijmen (ww)	**κολλάω**	[kolʲáo]
snijden (ww)	**κόβω**	[kóvo]
defect (het)	**βλάβη** (θηλ.)	[vlʲávi]
reparatie (de)	**επισκευή** (θηλ.)	[episkeví]
repareren (ww)	**επισκευάζω**	[episkevázo]
regelen (een machine ~)	**ρυθμίζω**	[riθmízo]
checken (ww)	**ελέγχω**	[elénxo]
controle (de)	**έλεγχος** (αρ.)	[élenxos]
gegevens (mv.)	**ενδείξεις** (θηλ.πλ.)	[enðíksis]
degelijk (bijv. ~ machine)	**αξιόπιστος**	[aksiópistos]
ingewikkeld (bn)	**περίπλοκος**	[perípluokos]
roesten (ww)	**σκουριάζω**	[skuriázo]
roestig (bn)	**σκουριασμένος**	[skuriazménos]
roest (de/het)	**σκουριά** (θηλ.)	[skuriá]

Vervoer

169. Vliegtuig

vliegtuig (het)	**αεροπλάνο** (ουδ.)	[aeroplʲáno]
vliegticket (het)	**αεροπορικό εισιτήριο** (ουδ.)	[aeroporikó isitírio]
luchtvaartmaatschappij (de)	**αεροπορική εταιρεία** (θηλ.)	[aeroporikí etería]
luchthaven (de)	**αεροδρόμιο** (ουδ.)	[aeroðrómio]
supersonisch (bn)	**υπερηχητικός**	[iperixitikós]
gezagvoerder (de)	**κυβερνήτης** (αρ.)	[kivernítis]
bemanning (de)	**πλήρωμα** (ουδ.)	[plíroma]
piloot (de)	**πιλότος** (αρ.)	[pilʲótos]
stewardess (de)	**αεροσυνοδός** (θηλ.)	[aerosinoðós]
stuurman (de)	**πλοηγός** (αρ.)	[plʲoiɣós]
vleugels (mv.)	**φτερά** (ουδ.πλ.)	[fterá]
staart (de)	**ουρά** (θηλ.)	[urá]
cabine (de)	**πιλοτήριο** (ουδ.)	[pilʲotírio]
motor (de)	**κινητήρας** (αρ.)	[kinitíras]
landingsgestel (het)	**σύστημα προσγείωσης** (ουδ.)	[sístima prosʝíosis]
turbine (de)	**στρόβιλος** (αρ.)	[stróvilʲos]
propeller (de)	**έλικας** (αρ.)	[élikas]
zwarte doos (de)	**μαύρο κουτί** (ουδ.)	[mávro kutí]
stuur (het)	**πηδάλιο** (ουδ.)	[piðálio]
brandstof (de)	**καύσιμο** (ουδ.)	[káfsimo]
veiligheidskaart (de)	**οδηγίες ασφαλείας** (θηλ.πλ.)	[oðiʝíes asfalías]
zuurstofmasker (het)	**μάσκα οξυγόνου** (θηλ.)	[máska oksiɣónu]
uniform (het)	**στολή** (θηλ.)	[stolí]
reddingsvest (de)	**σωσίβιο γιλέκο** (ουδ.)	[sosívio ʝiléko]
parachute (de)	**αλεξίπτωτο** (ουδ.)	[aleksíptoto]
opstijgen (het)	**απογείωση** (θηλ.)	[apoʝíosi]
opstijgen (ww)	**απογειώνομαι**	[apoʝiónome]
startbaan (de)	**διάδρομος απογείωσης** (αρ.)	[ðiáðromos apoʝíosis]
zicht (het)	**ορατότητα** (θηλ.)	[oratótita]
vlucht (de)	**πέταγμα** (ουδ.)	[pétaɣma]
hoogte (de)	**ύψος** (ουδ.)	[ípsos]
luchtzak (de)	**κενό αέρος** (ουδ.)	[kenó aéros]
plaats (de)	**θέση** (θηλ.)	[θési]
koptelefoon (de)	**ακουστικά** (ουδ.πλ.)	[akustiká]
tafeltje (het)	**πτυσσόμενο τραπεζάκι** (ουδ.)	[ptisómeno trapezáki]
venster (het)	**παράθυρο** (ουδ.)	[paráθiro]
gangpad (het)	**διάδρομος** (αρ.)	[ðiáðromos]

170. Trein

trein (de)	τραίνο, τρένο (ουδ.)	[tréno]
elektrische trein (de)	περιφερειακό τρένο (ουδ.)	[periferiakó tréno]
sneltrein (de)	τρένο εξπρές (ουδ.)	[tréno eksprés]
diesellocomotief (de)	αμαξοστοιχία ντίζελ (θηλ.)	[amaksostixía dízelʲ]
stoomlocomotief (de)	ατμάμαξα (θηλ.)	[atmámaksa]
rijtuig (het)	βαγόνι (ουδ.)	[vaɣóni]
restauratierijtuig (het)	εστιατόριο (ουδ.)	[estiatório]
rails (mv.)	ράγες (θηλ.πλ.)	[rájes]
spoorweg (de)	σιδηρόδρομος (αρ.)	[siðiróðromos]
dwarsligger (de)	στρωτήρας (αρ.)	[strotíras]
perron (het)	πλατφόρμα (θηλ.)	[plʲatfórma]
spoor (het)	αποβάθρα (θηλ.)	[apováθra]
semafoor (de)	σηματοδότης (αρ.)	[simatoðótis]
halte (bijv. kleine treinhalte)	σταθμός (αρ.)	[staθmós]
machinist (de)	οδηγός τρένου (αρ.)	[oðiɣós trénu]
kruier (de)	αχθοφόρος (αρ.)	[axθofóros]
conducteur (de)	συνοδός (αρ.)	[sinoðós]
passagier (de)	επιβάτης (αρ.)	[epivátis]
controleur (de)	ελεγκτής εισιτηρίων (αρ.)	[elengtís isitiríon]
gang (in een trein)	διάδρομος (αρ.)	[ðiáðromos]
noodrem (de)	φρένο έκτακτης ανάγκης (ουδ.)	[fréno éktaktis anángis]
coupé (de)	κουπέ (ουδ.)	[kupé]
bed (slaapplaats)	κουκέτα (θηλ.)	[kukéta]
bovenste bed (het)	πάνω κουκέτα (θηλ.)	[páno kukéta]
onderste bed (het)	κάτω κουκέτα (θηλ.)	[káto kukéta]
beddengoed (het)	σεντόνια (ουδ.πλ.)	[sendónia]
kaartje (het)	εισιτήριο (ουδ.)	[isitírio]
dienstregeling (de)	δρομολόγιο (ουδ.)	[ðromolʲójo]
informatiebord (het)	πίνακας πληροφοριών (αρ.)	[pínakas pliroforión]
vertrekken (De trein vertrekt ...)	αναχωρώ	[anaxoró]
vertrek (ov. een trein)	αναχώρηση (θηλ.)	[anaxórisi]
aankomen (ov. de treinen)	φτάνω	[ftáno]
aankomst (de)	άφιξη (θηλ.)	[áfiksi]
aankomen per trein	έρχομαι με τρένο	[érxome me tréno]
in de trein stappen	ανεβαίνω στο τρένο	[anevéno sto tréno]
uit de trein stappen	κατεβαίνω από το τρένο	[katevéno apó to tréno]
treinwrak (het)	πρόσκρουση τρένου (θηλ.)	[próskrusi trénu]
stoker (de)	θερμαστής (αρ.)	[θermastís]
stookplaats (de)	θάλαμο καύσης (ουδ.)	[θálʲamo káfsis]
steenkool (de)	κάρβουνο (ουδ.)	[kárvuno]

171. Schip

schip (het)	πλοίο (ουδ.)	[plío]
vaartuig (het)	σκάφος (ουδ.)	[skáfos]

stoomboot (de)	ατμόπλοιο (ουδ.)	[atmóplio]
motorschip (het)	ποταμόπλοιο (ουδ.)	[potamóplio]
lijnschip (het)	κρουαζιερόπλοιο (ουδ.)	[kruazieróplio]
kruiser (de)	καταδρομικό (ουδ.)	[kataðromikó]

jacht (het)	κότερο (ουδ.)	[kótero]
sleepboot (de)	ρυμουλκό (ουδ.)	[rimulʲkó]
duwbak (de)	φορτηγίδα (θηλ.)	[fortijíða]
ferryboot (de)	φέρι μποτ (ουδ.)	[féri bot]

zeilboot (de)	ιστιοφόρο (ουδ.)	[istiofóro]
brigantijn (de)	βριγαντίνο (ουδ.)	[vriɣantíno]

ijsbreker (de)	παγοθραυστικό (ουδ.)	[paɣoθrafstikó]
duikboot (de)	υποβρύχιο (ουδ.)	[ipovríxo]

boot (de)	βάρκα (θηλ.)	[várka]
sloep (de)	λέμβος (θηλ.)	[lémvos]
reddingssloep (de)	σωσίβια λέμβος (θηλ.)	[sosívia lémvos]
motorboot (de)	ταχύπλοο (ουδ.)	[taxíplʲoo]

kapitein (de)	καπετάνιος (αρ.)	[kapetánios]
zeeman (de)	ναύτης (αρ.)	[náftis]
matroos (de)	ναυτικός (αρ.)	[naftikós]
bemanning (de)	πλήρωμα (ουδ.)	[plíroma]

bootsman (de)	λοστρόμος (αρ.)	[lʲostrómos]
scheepsjongen (de)	μούτσος (αρ.)	[mútsos]
kok (de)	μάγειρας (αρ.)	[májiras]
scheepsarts (de)	ιατρός πλοίου (αρ.)	[jatrós plíu]

dek (het)	κατάστρωμα (ουδ.)	[katástroma]
mast (de)	κατάρτι (ουδ.)	[katárti]
zeil (het)	ιστίο (ουδ.)	[istío]

ruim (het)	αμπάρι (ουδ.)	[ambári]
voorsteven (de)	πλώρη (θηλ.)	[plóri]
achtersteven (de)	πρύμνη (θηλ.)	[prímni]
roeispaan (de)	κουπί (ουδ.)	[kupí]
schroef (de)	προπέλα (θηλ.)	[propélʲa]

kajuit (de)	καμπίνα (θηλ.)	[kabína]
officierskamer (de)	αίθουσα αξιωματικών (ουδ.)	[éθusa aksiomatikón]
machinekamer (de)	μηχανοστάσιο (ουδ.)	[mixanostásio]
brug (de)	γέφυρα (θηλ.)	[jéfira]
radiokamer (de)	θάλαμος επικοινωνιών (αρ.)	[θálamos epikinonión]
radiogolf (de)	κύμα (ουδ.)	[kíma]
logboek (het)	ημερολόγιο πλοίου (ουδ.)	[imerolʲójo plíu]
verrekijker (de)	κυάλι (ουδ.)	[kiáli]
klok (de)	καμπάνα (θηλ.)	[kabána]

vlag (de)	**σημαία** (θηλ.)	[siméa]
kabel (de)	**παλαμάρι** (ουδ.)	[palʲamári]
knoop (de)	**κόμβος** (αρ.)	[kómvos]
leuning (de)	**κουπαστή** (θηλ.)	[kupastí]
trap (de)	**σκάλα επιβιβάσεως** (θηλ.)	[skálʲa epiviváseos]
anker (het)	**άγκυρα** (θηλ.)	[ángira]
het anker lichten	**σηκώνω άγκυρα**	[sikóno ángira]
het anker neerlaten	**ρίχνω άγκυρα**	[ríxno ángira]
ankerketting (de)	**αλυσίδα της άγκυρας** (θηλ.)	[alisíða tis ángiras]
haven (bijv. containerhaven)	**λιμάνι** (ουδ.)	[limáni]
kaai (de)	**προβλήτα** (θηλ.)	[provlíta]
aanleggen (ww)	**αράζω**	[arázo]
wegvaren (ww)	**σαλπάρω**	[salʲpáro]
reis (de)	**ταξίδι** (ουδ.)	[taksíði]
cruise (de)	**κρουαζιέρα** (θηλ.)	[kruaziéra]
koers (de)	**ρότα, πορεία** (θηλ.)	[róta], [poría]
route (de)	**δρομολόγιο** (ουδ.)	[ðromolʲóʝo]
vaarwater (het)	**πλωτό μέρος** (ουδ.)	[plʲotó méros]
zandbank (de)	**ρηχά** (ουδ.πλ.)	[rixá]
stranden (ww)	**εξοκέλλω**	[eksokélʲo]
storm (de)	**καταιγίδα** (θηλ.)	[kateʝíða]
signaal (het)	**σήμα** (ουδ.)	[síma]
zinken (ov. een boot)	**βυθίζομαι**	[viθízome]
SOS (noodsignaal)	**SOS** (ουδ.)	[es-o-es]
reddingsboei (de)	**σωσίβιο** (ουδ.)	[sosívio]

172. Vliegveld

luchthaven (de)	**αεροδρόμιο** (ουδ.)	[aeroðrómio]
vliegtuig (het)	**αεροπλάνο** (ουδ.)	[aeroplʲáno]
luchtvaartmaatschappij (de)	**αεροπορική εταιρεία** (θηλ.)	[aeroporikí etería]
luchtverkeersleider (de)	**ελεγκτής εναέριας κυκλοφορίας** (αρ.)	[elengtís enaérias kiklʲoforías]
vertrek (het)	**αναχώρηση** (θηλ.)	[anaxórisi]
aankomst (de)	**άφιξη** (θηλ.)	[áfiksi]
aankomen (per vliegtuig)	**φτάνω**	[ftáno]
vertrektijd (de)	**ώρα αναχώρησης** (θηλ.)	[ora anaxórisis]
aankomstuur (het)	**ώρα άφιξης** (θηλ.)	[óra áfiksis]
vertraagd zijn (ww)	**καθυστερώ**	[kaθisteró]
vluchtvertraging (de)	**καθυστέρηση πτήσης** (θηλ.)	[kaθistérisi ptísis]
informatiebord (het)	**πίνακας πληροφοριών** (αρ.)	[pínakas pliroforión]
informatie (de)	**πληροφορίες** (θηλ.πλ.)	[pliroforíes]
aankondigen (ww)	**ανακοινώνω**	[anakinóno]
vlucht (bijv. KLM ~)	**πτήση** (θηλ.)	[ptísi]

douane (de)	**τελωνείο** (ουδ.)	[telʲonío]
douanier (de)	**τελωνειακός** (αρ.)	[telʲoniakós]
douaneaangifte (de)	**τελωνειακή διασάφηση** (θηλ.)	[telʲoniakí ðiasáfisi]
een douaneaangifte invullen	**συμπληρώνω τη δήλωση**	[simbliróno ti ðílʲosi]
paspoortcontrole (de)	**έλεγχος διαβατηρίων** (αρ.)	[élenxos ðiavatiríon]
bagage (de)	**αποσκευές** (θηλ.πλ.)	[aposkevés]
handbagage (de)	**χειραποσκευή** (θηλ.)	[xiraposkeví]
bagagekarretje (het)	**καρότσι αποσκευών** (ουδ.)	[karótsi aposkevón]
landing (de)	**προσγείωση** (θηλ.)	[prozʝíosi]
landingsbaan (de)	**διάδρομος προσγείωσης** (αρ.)	[ðiáðromos prozʝíosis]
landen (ww)	**προσγειώνομαι**	[prozʝiónome]
vliegtuigtrap (de)	**σκάλα αεροσκάφους** (θηλ.)	[skálʲa aeroskáfus]
inchecken (het)	**check-in** (ουδ.)	[ʧek-in]
incheckbalie (de)	**πάγκος ελέγχου εισητηρίων** (αρ.)	[pángos elénxu isitiríon]
inchecken (ww)	**κάνω check-in**	[káno ʧek-in]
instapkaart (de)	**κάρτα επιβίβασης** (θηλ.)	[kárta epivívasis]
gate (de)	**πύλη αναχώρησης** (θηλ.)	[píli anaxórisis]
transit (de)	**διέλευση** (θηλ.)	[ðiélefsi]
wachten (ww)	**περιμένω**	[periméno]
wachtzaal (de)	**αίθουσα αναχώρησης** (θηλ.)	[éθusa anaxórisis]
begeleiden (uitwuiven)	**συνοδεύω**	[sinoðévo]
afscheid nemen (ww)	**αποχαιρετώ**	[apoxeretó]

173. Fiets. Motorfiets

fiets (de)	**ποδήλατο** (ουδ.)	[poðílʲato]
bromfiets (de)	**σκούτερ** (ουδ.)	[skúter]
motorfiets (de)	**μοτοσυκλέτα** (θηλ.)	[motosikléta]
met de fiets rijden	**πηγαίνω με το ποδήλατο**	[piʝéno me to poðílʲato]
stuur (het)	**τιμόνι** (ουδ.)	[timóni]
pedaal (de/het)	**πεντάλ** (ουδ.)	[pedálʲ]
remmen (mv.)	**φρένα** (ουδ.πλ.)	[fréna]
fietszadel (de/het)	**σέλα** (θηλ.)	[sélʲa]
pomp (de)	**τρόμπα** (θηλ.)	[trómba]
bagagedrager (de)	**σχάρα** (θηλ.)	[sxára]
fietslicht (het)	**φακός** (αρ.)	[fakós]
helm (de)	**κράνος** (ουδ.)	[krános]
wiel (het)	**τροχός** (αρ.)	[troxós]
spatbord (het)	**λασπωτήρας** (αρ.)	[lʲaspotíras]
velg (de)	**ζάντα** (θηλ.)	[zánda]
spaak (de)	**ακτίνα** (θηλ.)	[aktína]

Auto's

174. Soorten auto's

auto (de)	**αυτοκίνητο** (ουδ.)	[aftokínito]
sportauto (de)	**σπορ αυτοκίνητο** (ουδ.)	[spor aftokínito]
limousine (de)	**λιμουζίνα** (θηλ.)	[limuzína]
terreinwagen (de)	**όχημα παντός εδάφους** (ουδ.)	[óxima pandós eðáfus]
cabriolet (de)	**κάμπριο** (ουδ.)	[kábrio]
minibus (de)	**μίνιμπας** (ουδ.)	[mínibas]
ambulance (de)	**ασθενοφόρο** (ουδ.)	[asθenofóro]
sneeuwruimer (de)	**εκχιονιστήρας** (αρ.)	[ekxonistíras]
vrachtwagen (de)	**φορτηγό** (ουδ.)	[fortiɣó]
tankwagen (de)	**βυτιοφόρο** (ουδ.)	[vitiofóro]
bestelwagen (de)	**φορτηγάκι** (ουδ.)	[fortiɣáki]
trekker (de)	**τράκτορας** (αρ.)	[tráktoras]
aanhangwagen (de)	**ρυμουλκούμενο** (ουδ.)	[rimulʲkúmeno]
comfortabel (bn)	**άνετος**	[ánetos]
tweedehands (bn)	**μεταχειρισμένος**	[metaxirizménos]

175. Auto's. Carrosserie

motorkap (de)	**καπό** (ουδ.)	[kapó]
spatbord (het)	**λασπωτήρας** (αρ.)	[lʲaspotíras]
dak (het)	**οροφή** (θηλ.)	[orofí]
voorruit (de)	**παρμπρίζ** (ουδ.)	[parbríz]
achterruit (de)	**εσωτερικός καθρέφτης** (αρ.)	[esoterikós kaθréftis]
ruitensproeier (de)	**ψεκαστήρας** (αρ.)	[psekastíras]
wisserbladen (mv.)	**υαλοκαθαριστήρες** (αρ.πλ.)	[jalʲokaθaristíres]
zijruit (de)	**πλαϊνό τζάμι** (ουδ.)	[plʲajnó dzámi]
raamlift (de)	**ηλεκτρικά παράθυρα** (ουδ.πλ.)	[ilektriká paráθira]
antenne (de)	**κεραία** (θηλ.)	[keréa]
zonnedak (het)	**ηλιοροφή** (θηλ.)	[iliorofí]
bumper (de)	**προφυλακτήρας** (αρ.)	[profilʲaktíras]
koffer (de)	**πορτ-μπαγκάζ** (ουδ.)	[portbagáz]
portier (het)	**πόρτα** (θηλ.)	[pórta]
handvat (het)	**χερούλι** (ουδ.)	[xerúli]
slot (het)	**κλειδαριά** (θηλ.)	[kliðariá]
nummerplaat (de)	**πινακίδα** (θηλ.)	[pinakíða]
knalpot (de)	**σιγαστήρας** (αρ.)	[siɣastíras]

| benzinetank (de) | ντεπόζιτο (ουδ.) | [depózito] |
| uitlaatpijp (de) | εξάτμιση (θηλ.) | [eksátmisi] |

gas (het)	γκάζι (ουδ.)	[gázi]
pedaal (de/het)	πεντάλ (ουδ.)	[pedálʲ]
gaspedaal (de/het)	ποδομοχλός επιταχύνσεως (αρ.)	[poðomoxlʲós epitaxínseos]

rem (de)	φρένο (ουδ.)	[fréno]
rempedaal (de/het)	ποδομοχλός πεδήσεως (αρ.)	[poðomoxlʲós peðíseos]
remmen (ww)	φρενάρω	[frenáro]
handrem (de)	χειρόφρενο (ουδ.)	[xirófreno]

koppeling (de)	συμπλέκτης (αρ.)	[simbléktis]
koppelingspedaal (de/het)	ποδομοχλός συμπλέξεως (αρ.)	[poðomoxlʲós simblékseos]
koppelingsschijf (de)	δίσκος συμπλέκτη (αρ.)	[ðískos simblékti]
schokdemper (de)	αμορτισέρ (ουδ.)	[amortisér]

wiel (het)	τροχός (αρ.), ρόδα (θηλ.)	[troxós], [róða]
reservewiel (het)	ρεζέρβα (θηλ.)	[rezérva]
wieldop (de)	τάσι (ουδ.)	[tási]

versnellingsbak (de)	κιβώτιο ταχυτήτων (ουδ.)	[kivótio taxitíton]
automatisch (bn)	αυτόματος	[aftómatos]
mechanisch (bn)	μηχανικό	[mixanikó]
versnellingspook (de)	μοχλός ταχυτήτων (αρ.)	[moxlʲós taxitíton]

| voorlicht (het) | προβολέας (αρ.) | [provoléas] |
| voorlichten (mv.) | προβολείς (αρ.πλ.) | [provolís] |

dimlicht (het)	φώτα διασταυρώσεως (ουδ.πλ.)	[fóta ðiastavróseos]
grootlicht (het)	φώτα πορείας (ουδ.πλ.)	[fóta porías]
stoplicht (het)	φώτα πεδήσεως (ουδ.πλ.)	[fóta peðíseos]

standlichten (mv.)	φώτα θέσεως (ουδ.πλ.)	[fóta θéseos]
noodverlichting (de)	φώτα έκτακτης ανάγκης (ουδ.πλ.)	[fóta éktaktis anángis]
mistlichten (mv.)	φώτα ομίχλης (ουδ.πλ.)	[fóta omíxlis]
pinker (de)	φλας (ουδ.)	[flʲas]
achteruitrijdlicht (het)	φως οπισθοπορείας (ουδ.)	[fos opisθoporías]

176. Auto's. Passagiersruimte

interieur (het)	σαλόνι (ουδ.)	[salʲóni]
leren (van leer gemaak)	δερμάτινος	[ðermátinos]
fluwelen (abn)	βελουτέ	[velʲuté]
bekleding (de)	ταπετσαρία (θηλ.)	[tapetsaría]

toestel (het)	όργανο (ουδ.), μετρητής (αρ.)	[óryano], [metritís]
instrumentenbord (het)	ταμπλό (ουδ.)	[tablʲó]
snelheidsmeter (de)	ταχύμετρο, κοντέρ (ουδ.)	[taxímetro], [kontér]
pijltje (het)	βελόνα (θηλ.), δείκτης (αρ.)	[velʲóna], [ðíktis]

kilometerteller (de)	**οδόμετρο** (ουδ.)	[oðómetro]
sensor (de)	**ένδειξη** (θηλ.)	[énðiksi]
niveau (het)	**στάθμη** (θηλ.)	[stáθmi]
controlelampje (het)	**λυχνία, ένδειξη** (θηλ.)	[lixnía], [énðiksi]
stuur (het)	**τιμόνι** (ουδ.)	[timóni]
toeter (de)	**κόρνα** (θηλ.)	[kórna]
knopje (het)	**κουμπί** (ουδ.)	[kumbí]
schakelaar (de)	**διακόπτης** (αρ.)	[ðiakóptis]
stoel (bestuurders~)	**θέση** (θηλ.)	[θési]
rugleuning (de)	**πλάτη** (θηλ.)	[plʲáti]
hoofdsteun (de)	**προσκέφαλο** (ουδ.)	[proskéfalʲo]
veiligheidsgordel (de)	**ζώνη ασφαλείας** (θηλ.)	[zóni asfalías]
de gordel aandoen	**βάζω ζώνη**	[vázo zóni]
regeling (de)	**προσαρμογή** (θηλ.)	[prosarmoɣí]
airbag (de)	**αερόσακος** (αρ.)	[aerósakos]
airconditioner (de)	**κλιματιστικό** (ουδ.)	[klimatistikó]
radio (de)	**ραδιόφωνο** (ουδ.)	[raðiófono]
CD-speler (de)	**CD πλέιερ** (ουδ.)	[sidí pléjer]
aanzetten (bijv. radio ~)	**ανοίγω**	[aníɣo]
antenne (de)	**κεραία** (θηλ.)	[keréa]
handschoenenkastje (het)	**ντουλαπάκι** (ουδ.)	[dulʲapáki]
asbak (de)	**τασάκι** (ουδ.)	[tasáki]

177. Auto's. Motor

diesel- (abn)	**ντίζελ**	[dízelʲ]
benzine- (~motor)	**βενζινο-**	[venzino]
motorinhoud (de)	**όγκος του κινητήρα** (αρ.)	[óngos tu kinitíra]
vermogen (het)	**ισχύς** (θηλ.)	[isxís]
paardenkracht (de)	**ιπποδύναμη** (θηλ.)	[ipoðínami]
zuiger (de)	**πιστόνι** (ουδ.)	[pistóni]
cilinder (de)	**κύλινδρος** (αρ.)	[kílinðros]
klep (de)	**βαλβίδα** (θηλ.)	[valʲvíða]
injectie (de)	**μπεκ** (ουδ.)	[bek]
generator (de)	**γεννήτρια** (θηλ.)	[ʝenítria]
carburator (de)	**καρμπυρατέρ** (αρ.)	[karbiratér]
motorolie (de)	**λάδι κινητήρων** (ουδ.)	[lʲáði kinitíron]
radiator (de)	**ψυγείο** (ουδ.)	[psiʝío]
koelvloeistof (de)	**υγρό ψύξεως** (ουδ.)	[iɣró psíkseos]
ventilator (de)	**ανεμιστήρας** (αρ.)	[anemistíras]
accu (de)	**συσσωρευτής** (αρ.)	[sisoreftís]
starter (de)	**μίζα** (θηλ.)	[míza]
contact (ontsteking)	**ανάφλεξη** (θηλ.)	[anáfleksi]
bougie (de)	**μπουζί** (ουδ.)	[buzí]
pool (de)	**ακροδέκτης** (αρ.)	[akroðéktis]
positieve pool (de)	**θετικός πόλος** (αρ.)	[θetikós pólʲos]

negatieve pool (de)	**αρνητικός πόλος** (αρ.)	[arnitikós pólʲos]
zekering (de)	**ασφάλεια** (θηλ.)	[asfália]
luchtfilter (de)	**φίλτρο αέρα** (ουδ.)	[fílʲtro aéra]
oliefilter (de)	**φίλτρο λαδιού** (ουδ.)	[fílʲtro lʲaðiú]
benzinefilter (de)	**φίλτρο καυσίμου** (ουδ.)	[fílʲtro kafsímu]

178. Auto's. Botsing. Reparatie

auto-ongeval (het)	**σύγκρουση** (θηλ.)	[síngrusi]
verkeersongeluk (het)	**ατύχημα** (ουδ.)	[atíxima]
aanrijden (tegen een boom, enz.)	**συγκρούομαι**	[singrúome]
verongelukken (ww)	**τσακίζομαι**	[tsakízome]
beschadiging (de)	**ζημιά** (θηλ.)	[zimiá]
heelhuids (bn)	**σώος**	[sóos]
kapot gaan (zijn gebroken)	**χαλάω**	[xalʲáo]
sleeptouw (het)	**σχοινί ρυμούλκησης** (ουδ.)	[sxiní rimúlʲkisis]
lek (het)	**τρύπα** (θηλ.)	[trípa]
lekke krijgen (band)	**ξεφουσκώνω**	[ksefuskóno]
oppompen (ww)	**φουσκώνω**	[fuskóno]
druk (de)	**πίεση** (θηλ.)	[píesi]
checken (ww)	**ελέγχω**	[elénxo]
reparatie (de)	**επισκευή** (θηλ.)	[episkeví]
garage (de)	**συνεργείο αυτοκινήτων** (ουδ.)	[sinerjío aftokiníton]
wisselstuk (het)	**ανταλλακτικό** (ουδ.)	[andalʲaktikó]
onderdeel (het)	**μέρος** (ουδ.)	[méros]
bout (de)	**μπουλόνι** (ουδ.)	[bulʲóni]
schroef (de)	**βίδα** (θηλ.)	[víða]
moer (de)	**περικόχλιο** (ουδ.)	[perikóxlio]
sluitring (de)	**ροδέλα** (θηλ.)	[roðélʲa]
kogellager (de/het)	**ρουλεμάν** (ουδ.)	[rulemán]
pijp (de)	**σωλήνας** (αρ.)	[solínas]
pakking (de)	**λαστιχάκι** (ουδ.)	[lʲastixáki]
kabel (de)	**καλώδιο** (ουδ.)	[kalʲóðio]
dommekracht (de)	**γρύλος** (αρ.)	[ɣrílʲos]
moersleutel (de)	**γαλλικό κλειδί** (ουδ.)	[ɣalikó kliðí]
hamer (de)	**σφυρί** (ουδ.)	[sfirí]
pomp (de)	**τρόμπα** (θηλ.)	[trómba]
schroevendraaier (de)	**κατσαβίδι** (ουδ.)	[katsavíði]
brandblusser (de)	**πυροσβεστήρας** (αρ.)	[pirozvestíras]
gevarendriehoek (de)	**προειδοποιητικό τρίγωνο** (ουδ.)	[proiðopoiitikó tríɣono]
afslaan (ophouden te werken)	**σβήνω**	[zvíno]

uitvallen (het)	**διακοπή** (θηλ.)	[ðiakopí]
zijn gebroken	**είμαι χαλασμένος**	[íme xalʲazménos]
oververhitten (ww)	**υπερθερμαίνομαι**	[iperθerménome]
bevriezen (autodeur, enz.)	**παγώνω**	[paɣóno]
barsten (leidingen, enz.)	**σκάω**	[skáo]
druk (de)	**πίεση** (θηλ.)	[píesi]
niveau (bijv. olieniveau)	**επίπεδο** (ουδ.)	[epípeðo]
slap (de drijfriem is ~)	**χαλαρός**	[xalʲarós]
deuk (de)	**βαθούλωμα** (ουδ.)	[vaθúlʲoma]
geklop (vreemde geluiden)	**χτύπημα** (ουδ.)	[xtípima]
barst (de)	**ράγισμα** (ουδ.)	[rájizma]
kras (de)	**γρατζουνιά** (θηλ.)	[ɣradzuniá]

179. Auto's. Weg

weg (de)	**δρόμος** (αρ.)	[ðrómos]
snelweg (de)	**αυτοκινητόδρομος** (αρ.)	[aftokinitóðromos]
autoweg (de)	**αυτοκινητόδρομος** (αρ.)	[aftokinitóðromos]
richting (de)	**κατεύθυνση** (θηλ.)	[katéfθinsi]
afstand (de)	**απόσταση** (θηλ.)	[apóstasi]
brug (de)	**γέφυρα** (θηλ.)	[jéfira]
parking (de)	**πάρκινγκ** (ουδ.)	[párking]
plein (het)	**πλατεία** (θηλ.)	[plʲatía]
verkeersknooppunt (het)	**κυκλοφοριακός κόμβος** (αρ.)	[kiklʲoforiakós kómvos]
tunnel (de)	**σήραγγα** (θηλ.)	[síranga]
benzinestation (het)	**βενζινάδικο** (ουδ.)	[venzináðiko]
parking (de)	**πάρκινγκ** (ουδ.)	[párking]
benzinepomp (de)	**αντλία καυσίμων** (θηλ.)	[andlía kafsímon]
garage (de)	**συνεργείο αυτοκινήτων** (ουδ.)	[sinerjío aftokiníton]
tanken (ww)	**βάζω βενζίνη**	[vázo venzíni]
brandstof (de)	**καύσιμο** (ουδ.)	[káfsimo]
jerrycan (de)	**κάνιστρο** (ουδ.)	[kánistro]
asfalt (het)	**άσφαλτος** (θηλ.)	[ásfalʲtos]
markering (de)	**σήμανση** (θηλ.)	[símansi]
trottoirband (de)	**κράσπεδο** (ουδ.)	[kráspeðo]
geleiderail (de)	**στηθαίο** (ουδ.)	[stiθéo]
greppel (de)	**τάφρος** (θηλ.)	[táfros]
vluchtstrook (de)	**έρεισμα** (ουδ.)	[érizma]
lichtmast (de)	**φανοστάτης** (αρ.)	[fanostátis]
besturen (een auto ~)	**οδηγώ**	[oðiɣó]
afslaan (naar rechts ~)	**στρίβω**	[strívo]
U-bocht maken (ww)	**κάνω αναστροφή**	[káno anastrofí]
achteruit (de)	**όπισθεν** (θηλ.)	[ópisθen]
toeteren (ww)	**κορνάρω**	[kornáro]
toeter (de)	**κόρνα** (θηλ.)	[kórna]

vastzitten (in modder)	**κολλάω**	[kolʲáo]
uitzetten (ww)	**σβήνω**	[zvíno]
snelheid (de)	**ταχύτητα** (θηλ.)	[taxítita]
een snelheidsovertreding maken	**υπερβαίνω το όριο ταχύτητας**	[iperνéno to ório taxítitas]
bekeuren (ww)	**επιβάλλω πρόστιμο**	[epiválʲo próstimo]
verkeerslicht (het)	**φανάρι** (ουδ.)	[fanári]
rijbewijs (het)	**δίπλωμα οδήγησης** (ουδ.)	[ðíplʲoma oðíjisis]
overgang (de)	**ισόπεδη διάβαση** (θηλ.)	[isópeði ðiávasi]
kruispunt (het)	**διασταύρωση** (θηλ.)	[ðiastávrosi]
zebrapad (oversteekplaats)	**διάβαση πεζών** (θηλ.)	[ðiávasi pezón]
bocht (de)	**στροφή** (θηλ.)	[strofí]
voetgangerszone (de)	**πεζόδρομος** (αρ.)	[pezóðromos]

180. Verkeersborden

verkeersregels (mv.)	**κώδικας οδικής κυκλοφορίας** (αρ.)	[kóðikas oðikís kiklʲoforías]
verkeersbord (het)	**πινακίδα** (θηλ.)	[pinakíða]
inhalen (het)	**προσπέρασμα** (ουδ.)	[prospérazma]
bocht (de)	**στροφή** (θηλ.)	[strofí]
U-bocht, kering (de)	**αναστροφή** (θηλ.)	[anastrofí]
Rotonde (de)	**Κυκλική υποχρεωτική διαδρομή**	[kiklikí ipoxreotikí ðiaðromí]
Verboden richting	**απαγορεύεται η είσοδος**	[apaɣorévete i ísoðos]
Verboden toegang	**κλειστή οδός**	[klistí oðós]
Inhalen verboden	**απαγορεύεται το προσπέρασμα**	[apaɣorévete to prospérazma]
Parkeerverbod	**απαγορεύεται η στάθμευση**	[apaɣorévete i stáθmefsi]
Verbod stil te staan	**απαγορεύεται η στάση**	[apaɣorévete i stási]
Gevaarlijke bocht	**επικίνδυνη στροφή** (θηλ.)	[epikínðini strofí]
Gevaarlijke daling	**επικίνδυνη κατωφέρεια** (θηλ.)	[epikínðini katoféria]
Eenrichtingsweg	**μονόδρομος**	[monóðromos]
Voetgangers	**διάβαση πεζών** (θηλ.)	[ðiávasi pezón]
Slipgevaar	**ολισθηρό οδόστρωμα** (ουδ.)	[olisθiró oðóstroma]
Voorrang verlenen	**Υποχρεωτική παραχώρηση προτεραιότητας**	[ipoxreotikí paraxórisi protereotitas]

MENSEN. GEBEURTENISSEN IN HET LEVEN

Gebeurtenissen in het leven

181. Vakanties. Evenement

feest (het)	**γιορτή** (θηλ.)	[jortí]
nationale feestdag (de)	**εθνική γιορτή** (θηλ.)	[eθnikí jortí]
feestdag (de)	**αργία** (θηλ.)	[arjía]
herdenken (ww)	**γιορτάζω**	[jortázo]
gebeurtenis (de)	**γεγονός** (ουδ.)	[jeɣonós]
evenement (het)	**εκδήλωση** (θηλ.)	[ekðílʲosi]
banket (het)	**συμπόσιο** (ουδ.)	[simbósio]
receptie (de)	**δεξίωση** (θηλ.)	[ðeksíosi]
feestmaal (het)	**γλέντι** (ουδ.)	[ɣléndi]
verjaardag (de)	**επέτειος** (θηλ.)	[epétios]
jubileum (het)	**ιωβηλαίο** (ουδ.)	[ioviléo]
vieren (ww)	**γιορτάζω**	[jortázo]
Nieuwjaar (het)	**Πρωτοχρονιά** (θηλ.)	[protoxroniá]
Gelukkig Nieuwjaar!	**Καλή Χρονιά!**	kalí xroniá!
Sinterklaas (de)	**Άγιος Βασίλης** (αρ.)	[ájos vasílis]
Kerstfeest (het)	**Χριστούγεννα** (ουδ.πλ.)	[xristújena]
Vrolijk kerstfeest!	**Καλά Χριστούγεννα!**	[kalʲá xristújena]
kerstboom (de)	**Χριστουγεννιάτικο δέντρο** (ουδ.)	[xristujeniátiko ðéndro]
vuurwerk (het)	**πυροτεχνήματα** (ουδ.πλ.)	[pirotexnímata]
bruiloft (de)	**γάμος** (αρ.)	[ɣámos]
bruidegom (de)	**γαμπρός** (αρ.)	[ɣambrós]
bruid (de)	**νύφη** (θηλ.)	[nífi]
uitnodigen (ww)	**προσκαλώ**	[proskalʲó]
uitnodigingskaart (de)	**πρόσκληση** (θηλ.)	[prósklisi]
gast (de)	**επισκέπτης** (αρ.)	[episképtis]
op bezoek gaan	**επισκέπτομαι**	[episképtome]
gasten verwelkomen	**συναντώ τους καλεσμένους**	[sinandó tus kalezménus]
geschenk, cadeau (het)	**δώρο** (ουδ.)	[ðóro]
geven (iets cadeau ~)	**δίνω**	[ðíno]
geschenken ontvangen	**παίρνω δώρα**	[pérno ðóra]
boeket (het)	**ανθοδέσμη** (θηλ.)	[anθoðézmi]
felicitaties (mv.)	**συγχαρητήρια** (ουδ.πλ.)	[sinxaritíria]
feliciteren (ww)	**συγχαίρω**	[sinxéro]

wenskaart (de)	**ευχετήρια κάρτα** (θηλ.)	[efxetíria kárta]
een kaartje versturen	**στέλνω κάρτα**	[stélʲno kárta]
een kaartje ontvangen	**λαμβάνω κάρτα**	[lʲamváno kárta]
toast (de)	**πρόποση** (θηλ.)	[próposi]
aanbieden (een drankje ~)	**κερνάω**	[kernáo]
champagne (de)	**σαμπάνια** (θηλ.)	[sambánia]
plezier hebben (ww)	**διασκεδάζω**	[ðiaskeðázo]
plezier (het)	**ευθυμία** (θηλ.)	[efθimía]
vreugde (de)	**χαρά** (θηλ.)	[xará]
dans (de)	**χορός** (αρ.)	[xorós]
dansen (ww)	**χορεύω**	[xorévo]
wals (de)	**βαλς** (ουδ.)	[valʲs]
tango (de)	**ταγκό** (ουδ.)	[tangó]

182. Begrafenissen. Begrafenis

kerkhof (het)	**νεκροταφείο** (ουδ.)	[nekrotafío]
graf (het)	**τάφος** (αρ.)	[táfos]
kruis (het)	**σταυρός** (αρ.)	[stavrós]
grafsteen (de)	**ταφόπλακα** (θηλ.)	[tafóplʲaka]
omheining (de)	**φράχτης** (αρ.)	[fráxtis]
kapel (de)	**παρεκκλήσι** (ουδ.)	[pareklísi]
dood (de)	**θάνατος** (αρ.)	[θánatos]
sterven (ww)	**πεθαίνω**	[peθéno]
overledene (de)	**νεκρός** (αρ.)	[nekrós]
rouw (de)	**πένθος** (ουδ.)	[pénθos]
begraven (ww)	**θάβω**	[θávo]
begrafenisonderneming (de)	**γραφείο τελετών** (ουδ.)	[ɣrafío teletón]
begrafenis (de)	**κηδεία** (θηλ.)	[kiðía]
krans (de)	**στεφάνι** (ουδ.)	[stefáni]
doodskist (de)	**φέρετρο** (ουδ.)	[féretro]
lijkwagen (de)	**νεκροφόρα** (θηλ.)	[nekrofóra]
lijkkleed (de)	**σάβανο** (ουδ.)	[sávano]
urn (de)	**τεφροδόχος** (θηλ.)	[tefroðóxos]
crematorium (het)	**κρεματόριο** (ουδ.)	[krematório]
overlijdensbericht (het)	**νεκρολογία** (θηλ.)	[nekrolʲoʝía]
huilen (wenen)	**κλαίω**	[kléo]
snikken (huilen)	**οδύρομαι**	[oðírome]

183. Oorlog. Soldaten

peloton (het)	**διμοιρία** (θηλ.)	[ðimiría]
compagnie (de)	**λόχος** (αρ.)	[lʲóxos]

regiment (het)	**σύνταγμα** (ουδ.)	[síndaɣma]
leger (armee)	**στρατός** (αρ.)	[stratós]
divisie (de)	**μεραρχία** (θηλ.)	[merarxía]
sectie (de)	**απόσπασμα** (ουδ.)	[apóspazma]
troep (de)	**στρατιά** (θηλ.)	[stratiá]
soldaat (militair)	**στρατιώτης** (αρ.)	[stratiótis]
officier (de)	**αξιωματικός** (αρ.)	[aksiomatikós]
soldaat (rang)	**απλός στρατιώτης** (αρ.)	[aplʲós stratiótis]
sergeant (de)	**λοχίας** (αρ.)	[lʲoxías]
luitenant (de)	**υπολοχαγός** (αρ.)	[ipolʲoxaɣós]
kapitein (de)	**λοχαγός** (αρ.)	[lʲoxaɣós]
majoor (de)	**ταγματάρχης** (αρ.)	[taɣmatárxis]
kolonel (de)	**συνταγματάρχης** (αρ.)	[sindaɣmatárxis]
generaal (de)	**στρατηγός** (αρ.)	[stratiɣós]
matroos (de)	**ναυτικός** (αρ.)	[naftikós]
kapitein (de)	**καπετάνιος** (αρ.)	[kapetánios]
bootsman (de)	**λοστρόμος** (αρ.)	[lʲostrómos]
artillerist (de)	**πυροβολητής** (αρ.)	[pirovolitís]
valschermjager (de)	**αλεξιπτωτιστής** (αρ.)	[aleksiptotís]
piloot (de)	**αεροπόρος** (αρ.)	[aeropóros]
stuurman (de)	**πλοηγός** (αρ.)	[plʲoiɣós]
mecanicien (de)	**μηχανικός** (αρ.)	[mixanikós]
sappeur (de)	**σκαπανέας** (αρ.)	[skapanéas]
parachutist (de)	**αλεξιπτωτιστής** (αρ.)	[aleksiptotís]
verkenner (de)	**στρατιωτικός αναγνώρισης** (αρ.)	[stratiotikós anaɣnórisis]
scherpschutter (de)	**δεινός σκοπευτής** (αρ.)	[ðinós skopeftís]
patrouille (de)	**περιπολία** (θηλ.)	[peripolía]
patrouilleren (ww)	**περιπολώ**	[peripolʲó]
wacht (de)	**σκοπός** (αρ.)	[skopós]
krijger (de)	**πολεμιστής** (αρ.)	[polemistís]
patriot (de)	**πατριώτης** (αρ.)	[patriótis]
held (de)	**ήρωας** (αρ.)	[íroas]
heldin (de)	**ηρωίδα** (θηλ.)	[iroíða]
verrader (de)	**προδότης** (αρ.)	[proðótis]
deserteur (de)	**λιποτάκτης** (αρ.)	[lipotáktis]
deserteren (ww)	**λιποτακτώ**	[lipotaktó]
huurling (de)	**μισθοφόρος** (αρ.)	[misθofóros]
rekruut (de)	**νεοσύλλεκτος** (αρ.)	[neosílektos]
vrijwilliger (de)	**εθελοντής** (αρ.)	[eθelʲondís]
gedode (de)	**νεκρός** (αρ.)	[nekrós]
gewonde (de)	**τραυματίας** (αρ.)	[travmatías]
krijgsgevangene (de)	**αιχμάλωτος** (αρ.)	[exmálʲotos]

184. Oorlog. Militaire acties. Deel 1

oorlog (de)	**πόλεμος** (αρ.)	[pólemos]
oorlog voeren (ww)	**πολεμώ**	[polemó]
burgeroorlog (de)	**εμφύλιος πόλεμος** (αρ.)	[emfílios pólemos]
achterbaks (bw)	**ύπουλα**	[ípulʲa]
oorlogsverklaring (de)	**κήρυξη πολέμου** (θηλ.)	[kíriksi polému]
verklaren (de oorlog ~)	**κηρύσσω πόλεμο**	[kiríso pólemo]
agressie (de)	**επιθετικότητα** (θηλ.)	[epiθetikótita]
aanvallen (binnenvallen)	**επιτίθεμαι**	[epitíθeme]
binnenvallen (ww)	**εισβάλλω**	[isválʲo]
invaller (de)	**επιδρομέας** (αρ.)	[epiðroméas]
veroveraar (de)	**κατακτητής** (αρ.)	[kataktitís]
verdediging (de)	**άμυνα** (θηλ.)	[ámina]
verdedigen (je land ~)	**υπερασπίζω**	[iperaspízo]
zich verdedigen (ww)	**αμύνομαι**	[amínome]
vijand (de)	**εχθρός** (αρ.)	[exθrós]
tegenstander (de)	**αντίπαλος** (αρ.)	[andípalʲos]
vijandelijk (bn)	**εχθρικός**	[exθrikós]
strategie (de)	**στρατηγική** (θηλ.)	[stratijikí]
tactiek (de)	**τακτική** (θηλ.)	[taktikí]
order (de)	**διαταγή** (θηλ.)	[ðiatají]
bevel (het)	**διαταγή** (θηλ.)	[ðiatají]
bevelen (ww)	**διατάζω**	[ðiatázo]
opdracht (de)	**αποστολή** (θηλ.)	[apostolí]
geheim (bn)	**μυστικός**	[mistikós]
strijd, slag (de)	**μάχη** (θηλ.)	[máxi]
aanval (de)	**επίθεση** (θηλ.)	[epíθesi]
bestorming (de)	**επίθεση** (θηλ.)	[epíθesi]
bestormen (ww)	**επιτίθεμαι**	[epitíθeme]
bezetting (de)	**πολιορκία** (θηλ.)	[poliorkía]
aanval (de)	**επίθεση** (θηλ.)	[epíθesi]
in het offensief te gaan	**επιτίθεμαι**	[epitíθeme]
terugtrekking (de)	**υποχώρηση** (θηλ.)	[ipoxórisi]
zich terugtrekken (ww)	**υποχωρώ**	[ipoxoró]
omsingeling (de)	**περικύκλωση** (θηλ.)	[perikíklʲosi]
omsingelen (ww)	**περικυκλώνω**	[perikiklʲóno]
bombardement (het)	**βομβαρδισμός** (αρ.)	[vomvarðizmós]
een bom gooien	**ρίχνω βόμβα**	[ríxno vómva]
bombarderen (ww)	**βομβαρδίζω**	[vomvarðízo]
ontploffing (de)	**έκρηξη** (θηλ.)	[ékriksi]
schot (het)	**πυροβολισμός** (αρ.)	[pirovolizmós]
een schot lossen	**πυροβολώ**	[pirovolʲó]

schieten (het)	**πυροβολισμός** (αρ.)	[pirovolizmós]
mikken op (ww)	**στοχεύω σε ...**	[stoxévo se]
aanleggen (een wapen ~)	**σημαδεύω**	[simaðévo]
treffen (doelwit ~)	**πετυχαίνω**	[petixéno]
zinken (tot zinken brengen)	**βυθίζω**	[viθízo]
kogelgat (het)	**ρήγμα** (ουδ.)	[ríɣma]
zinken (gezonken zijn)	**βουλιάζω**	[vuliázo]
front (het)	**μέτωπο** (ουδ.)	[métopo]
evacuatie (de)	**εκκένωση** (θηλ.)	[ekénosi]
evacueren (ww)	**εκκενώνω**	[ekenóno]
prikkeldraad (de)	**συρματόπλεγμα** (ουδ.)	[sirmatópleɣma]
verdedigingsobstakel (het)	**εμπόδιο** (ουδ.)	[embóðio]
wachttoren (de)	**παρατηρητήριο** (ουδ.)	[paratiritírio]
hospitaal (het)	**στρατιωτικό νοσοκομείο** (ουδ.)	[stratiotikó nosokomío]
verwonden (ww)	**τραυματίζω**	[travmatízo]
wond (de)	**πληγή** (θηλ.)	[pliʝí]
gewonde (de)	**τραυματίας** (αρ.)	[travmatías]
gewond raken (ww)	**τραυματίζομαι**	[travmatízome]
ernstig (~e wond)	**σοβαρός**	[sovarós]

185. Oorlog. Militaire acties. Deel 2

krijgsgevangenschap (de)	**αιχμαλωσία** (θηλ.)	[exmalʲosía]
krijgsgevangen nemen	**αιχμαλωτίζω**	[exmalʲotízo]
krijgsgevangene zijn	**είμαι αιχμάλωτος**	[íme exmálʲotos]
krijgsgevangen genomen worden	**αιχμαλωτίζομαι**	[exmalʲotízome]
concentratiekamp (het)	**στρατόπεδο συγκέντρωσης** (ουδ.)	[stratópeðo singendrósis]
krijgsgevangene (de)	**αιχμάλωτος** (αρ.)	[exmálʲotos]
vluchten (ww)	**δραπετεύω**	[ðrapetévo]
verraden (ww)	**προδίδω**	[proðíðo]
verrader (de)	**προδότης** (αρ.)	[proðótis]
verraad (het)	**προδοσία** (θηλ.)	[proðosía]
fusilleren (executeren)	**εκτελώ**	[ektelʲó]
executie (de)	**τυφεκισμός** (αρ.)	[tifekizmós]
uitrusting (de)	**εξοπλισμός** (αρ.)	[eksoplizmós]
schouderstuk (het)	**επωμίδα** (θηλ.)	[epomíða]
gasmasker (het)	**μάσκα αερίων** (θηλ.)	[máska aeríon]
portofoon (de)	**πομποδέκτης** (αρ.)	[pomboðéktis]
geheime code (de)	**κωδικός** (αρ.)	[koðikós]
samenzwering (de)	**μυστικότητα** (θηλ.)	[mistikótita]
wachtwoord (het)	**κωδικός** (αρ.)	[koðikós]
mijn (landmijn)	**νάρκη** (θηλ.)	[nárki]

ondermijnen (legden mijnen)	**ναρκοθετώ**	[narkoθetó]
mijnenveld (het)	**ναρκοπέδιο** (ουδ.)	[narkopéðio]
luchtalarm (het)	**αεροπορικός συναγερμός** (αρ.)	[aeroporikós sinaʝermós]
alarm (het)	**συναγερμός** (αρ.)	[sinaʝermós]
signaal (het)	**σήμα** (ουδ.)	[síma]
vuurpijl (de)	**συνθηματική ρουκέτα** (θηλ.)	[sinθimatikí rukéta]
staf (generale ~)	**αρχηγείο** (ουδ.)	[arxiʝío]
verkenning (de)	**αναγνώριση** (θηλ.)	[anaɣnórisi]
toestand (de)	**κατάσταση** (θηλ.)	[katástasi]
rapport (het)	**αναφορά** (θηλ.)	[anaforá]
hinderlaag (de)	**ενέδρα** (θηλ.)	[enéðra]
versterking (de)	**ενισχύσεις** (θηλ.πλ.)	[enisxísis]
doel (bewegend ~)	**στόχος** (αρ.)	[stóxos]
proefterrein (het)	**πεδίο βολής** (ουδ.)	[peðío volís]
manoeuvres (mv.)	**στρατιωτική άσκηση** (θηλ.)	[stratiotikí áskisi]
paniek (de)	**πανικός** (αρ.)	[panikós]
verwoesting (de)	**ερείπια** (ουδ.πλ.)	[erípia]
verwoestingen (mv.)	**καταστροφές** (θηλ.πλ.)	[katastrofés]
verwoesten (ww)	**καταστρέφω**	[katastréfo]
overleven (ww)	**επιβιώνω**	[epivióno]
ontwapenen (ww)	**αφοπλίζω**	[afoplízo]
behandelen (een pistool ~)	**μεταχειρίζομαι**	[metaxirízome]
Geeft acht!	**Προσοχή!**	[prosoxí]
Op de plaats rust!	**Ανάπαυση!**	[anápafsi]
heldendaad (de)	**άθλος** (αρ.)	[áθlʲos]
eed (de)	**όρκος** (αρ.)	[órkos]
zweren (een eed doen)	**ορκίζομαι**	[orkízome]
decoratie (de)	**μετάλλιο, παράσημο** (ουδ.)	[metálio], [parásimo]
onderscheiden (een ereteken geven)	**απονέμω**	[aponémo]
medaille (de)	**μετάλλιο** (ουδ.)	[metálio]
orde (de)	**παράσημο** (ουδ.)	[parásimo]
overwinning (de)	**νίκη** (θηλ.)	[níki]
verlies (het)	**ήττα** (θηλ.)	[íta]
wapenstilstand (de)	**ανακωχή** (θηλ.)	[anakoxí]
wimpel (vaandel)	**σημαία** (θηλ.)	[siméa]
roem (de)	**δόξα** (θηλ.)	[ðóksa]
parade (de)	**παρέλαση** (θηλ.)	[parélʲasi]
marcheren (ww)	**παρελαύνω**	[parelʲávno]

186. Wapens

wapens (mv.)	**όπλα** (ουδ.πλ.)	[óplʲa]
vuurwapens (mv.)	**πυροβόλα όπλα** (ουδ.πλ.)	[pirovólʲa óplʲa]

koude wapens (mv.)	**αγχέμαχα όπλα** (ουδ.πλ.)	[anxémaxa óplʲa]
chemische wapens (mv.)	**χημικά όπλα** (ουδ.πλ.)	[ximiká óplʲa]
kern-, nucleair (bn)	**πυρηνικός**	[pirinikós]
kernwapens (mv.)	**πυρηνικά όπλα** (ουδ.πλ.)	[piriniká óplʲa]
bom (de)	**βόμβα** (θηλ.)	[vómva]
atoombom (de)	**ατομική βόμβα** (θηλ.)	[atomikí vómva]
pistool (het)	**πιστόλι** (ουδ.)	[pistóli]
geweer (het)	**τουφέκι** (ουδ.)	[tuféki]
machinepistool (het)	**αυτόματο** (ουδ.)	[aftómato]
machinegeweer (het)	**πολυβόλο** (ουδ.)	[polivólʲo]
loop (schietbuis)	**στόμιο κάννης** (ουδ.)	[stómio kánis]
loop (bijv. geweer met kortere ~)	**κάννη** (θηλ.)	[káni]
kaliber (het)	**διαμέτρημα** (ουδ.)	[ðiamétrima]
trekker (de)	**σκανδάλη** (θηλ.)	[skanðáli]
korrel (de)	**στόχαστρο** (ουδ.)	[stóxastro]
magazijn (het)	**γεμιστήρας** (αρ.)	[ʝemistíras]
geweerkolf (de)	**κοντάκι** (ουδ.)	[kondáki]
granaat (handgranaat)	**χειροβομβίδα** (θηλ.)	[xirovomvíða]
explosieven (mv.)	**εκρηκτικό** (ουδ.)	[ekriktikó]
kogel (de)	**σφαίρα** (θηλ.)	[sféra]
patroon (de)	**φυσίγγι** (ουδ.)	[fisíngi]
lading (de)	**γόμωση** (θηλ.)	[ɣómosi]
ammunitie (de)	**πυρομαχικά** (ουδ.πλ.)	[piromaxiká]
bommenwerper (de)	**βομβαρδιστικό αεροπλάνο** (ουδ.)	[vomvarðistikó aeroplʲáno]
straaljager (de)	**μαχητικό αεροσκάφος** (ουδ.)	[maxitikó aeroskáfos]
helikopter (de)	**ελικόπτερο** (ουδ.)	[elikóptero]
afweergeschut (het)	**αντιαεροπορικό πυροβόλο** (ουδ.)	[andiaeroporikó pirovólʲo]
tank (de)	**τανκ** (ουδ.)	[tank]
kanon (tank met een ~ van 76 mm)	**πυροβόλο** (ουδ.)	[pirovólʲo]
artillerie (de)	**πυροβολικό** (ουδ.)	[pirovolikó]
aanleggen (een wapen ~)	**σημαδεύω**	[simaðévo]
projectiel (het)	**βλήμα** (ουδ.)	[vlíma]
mortiergranaat (de)	**βλήμα όλμου** (ουδ.)	[vlíma ólʲmu]
mortier (de)	**όλμος** (αρ.), **ολμοβόλο** (ουδ.)	[ólʲmos], [olʲmovólʲo]
granaatscherf (de)	**θραύσμα** (ουδ.)	[θrávzma]
duikboot (de)	**υποβρύχιο** (ουδ.)	[ipovríxo]
torpedo (de)	**τορπίλη** (θηλ.)	[torpíli]
raket (de)	**ρουκέτα** (θηλ.)	[rukéta]
laden (geweer, kanon)	**γεμίζω**	[ʝemízo]
schieten (ww)	**πυροβολώ**	[pirovolʲó]

richten op (mikken)	**στοχεύω σε ...**	[stoxévo se]
bajonet (de)	**ξιφολόγχη** (θηλ.)	[ksifolʲónxi]
degen (de)	**ξίφος** (ουδ.)	[ksífos]
sabel (de)	**σπαθί** (ουδ.)	[spaθí]
speer (de)	**δόρυ** (ουδ.)	[ðóri]
boog (de)	**τόξο** (ουδ.)	[tókso]
pijl (de)	**βέλος** (ουδ.)	[vélʲos]
musket (de)	**μουσκέτο** (ουδ.)	[muskéto]
kruisboog (de)	**τόξο** (ουδ.)	[tókso]

187. Oude mensen

primitief (bn)	**πρωτόγονος**	[protóɣonos]
voorhistorisch (bn)	**προϊστορικός**	[projstorikós]
eeuwenoude (~ beschaving)	**αρχαίος**	[arxéos]
Steentijd (de)	**Λίθινη Εποχή** (θηλ.)	[líθini epoxí]
Bronstijd (de)	**Εποχή του Χαλκού** (θηλ.)	[epoxí tu xalʲkú]
IJstijd (de)	**Εποχή των Παγετώνων** (θηλ.)	[epoxí ton paɣetónon]
stam (de)	**φυλή** (θηλ.)	[filí]
menseneter (de)	**κανίβαλος** (αρ.)	[kanívalʲos]
jager (de)	**κυνηγός** (αρ.)	[kiniɣós]
jagen (ww)	**κυνηγώ**	[kiniɣó]
mammoet (de)	**μαμούθ** (ουδ.)	[mamúθ]
grot (de)	**σπηλιά** (θηλ.)	[spiliá]
vuur (het)	**φωτιά** (θηλ.)	[fotiá]
kampvuur (het)	**φωτιά** (θηλ.)	[fotiá]
rotstekening (de)	**τοιχογραφία σπηλαίων** (θηλ.)	[tixoɣrafía spiléon]
werkinstrument (het)	**εργαλείο** (ουδ.)	[erɣalío]
speer (de)	**ακόντιο** (ουδ.)	[akóndio]
stenen bijl (de)	**πέτρινο τσεκούρι** (ουδ.)	[pétrino tsekúri]
oorlog voeren (ww)	**πολεμώ**	[polemó]
temmen (bijv. wolf ~)	**εξημερώνω**	[eksimeróno]
idool (het)	**είδωλο** (ουδ.)	[íðolʲo]
aanbidden (ww)	**λατρεύω**	[lʲatrévo]
bijgeloof (het)	**δεισιδαιμονία** (θηλ.)	[ðisiðemonía]
evolutie (de)	**εξέλιξη** (θηλ.)	[ekséliksi]
ontwikkeling (de)	**ανάπτυξη** (θηλ.)	[anáptiksi]
verdwijning (de)	**εξαφάνιση** (θηλ.)	[eksafánisi]
zich aanpassen (ww)	**προσαρμόζομαι**	[prosarmózome]
archeologie (de)	**αρχαιολογία** (θηλ.)	[arxeolʲoʝía]
archeoloog (de)	**αρχαιολόγος** (αρ.)	[arxeolʲóɣos]
archeologisch (bn)	**αρχαιολογικός**	[arxeolʲoʝikós]
opgravingsplaats (de)	**χώρος ανασκαφής** (αρ.)	[xóros anaskafís]
opgravingen (mv.)	**ανασκαφή** (θηλ.)	[anaskafí]

| vondst (de) | εύρημα (ουδ.) | [évrima] |
| fragment (het) | τεμάχιο (ουδ.) | [temáxio] |

188. Middeleeuwen

volk (het)	λαός (αρ.)	[lʲaós]
volkeren (mv.)	λαοί (αρ.πλ.)	[lʲaí]
stam (de)	φυλή (θηλ.)	[filí]
stammen (mv.)	φυλές (θηλ.πλ.)	[filés]

barbaren (mv.)	Βάρβαροι (αρ.πλ.)	[várvari]
Galliërs (mv.)	Γάλλοι (αρ.πλ.)	[ɣáli]
Goten (mv.)	Γότθοι (αρ.πλ.)	[ɣótθi]
Slaven (mv.)	Σλάβοι (αρ.πλ.)	[slʲávi]
Vikings (mv.)	Βίκινγκς (αρ.πλ.)	[víkings]

| Romeinen (mv.) | Ρωμαίοι (αρ.πλ.) | [roméi] |
| Romeins (bn) | ρωμαϊκός | [romaikós] |

Byzantijnen (mv.)	Βυζαντινοί (αρ.πλ.)	[vizandiní]
Byzantium (het)	Βυζάντιο (ουδ.)	[vizándio]
Byzantijns (bn)	βυζαντινός	[vizandinós]

keizer (bijv. Romeinse ~)	αυτοκράτορας (αρ.)	[aftokrátoras]
opperhoofd (het)	αρχηγός (αρ.)	[arxiɣós]
machtig (bn)	ισχυρός	[isxirós]
koning (de)	βασιλιάς (αρ.)	[vasiliás]
heerser (de)	ηγεμόνας (αρ.)	[ijemónas]

ridder (de)	ιππότης (αρ.)	[ipótis]
feodaal (de)	φεουδάρχης (αρ.)	[feuðárxis]
feodaal (bn)	φεουδαρχικός	[feuðarxikós]
vazal (de)	υποτελής, βασάλος (αρ.)	[ipotelís], [vasálʲos]

hertog (de)	δούκας (αρ.)	[ðúkas]
graaf (de)	κόμης (αρ.)	[kómis]
baron (de)	βαρόνος (αρ.)	[varónos]
bisschop (de)	επίσκοπος (αρ.)	[epískopos]

harnas (het)	πανοπλία (θηλ.)	[panoplía]
schild (het)	ασπίδα (θηλ.)	[aspíða]
zwaard (het)	σπαθί (ουδ.)	[spaθí]
maliënkolder (de)	αλυσιδωτή πανοπλία (θηλ.)	[alisiðotí panoplía]

| kruistocht (de) | σταυροφορία (θηλ.) | [stavroforía] |
| kruisvaarder (de) | σταυροφόρος (αρ.) | [stavrofóros] |

gebied (bijv. bezette ~en)	έδαφος (ουδ.)	[éðafos]
aanvallen (binnenvallen)	επιτίθεμαι	[epitíθeme]
veroveren (ww)	κατακτώ	[kataktó]
innemen (binnenvallen)	καταλαμβάνω	[katalʲamváno]

| bezetting (de) | πολιορκία (θηλ.) | [poliorkía] |
| belegerd (bn) | πολιορκημένος | [poliorkiménos] |

belegeren (ww)	**πολιορκώ**	[poliorkó]
inquisitie (de)	**Ιερά Εξέταση** (θηλ.)	[ierá eksétasi]
inquisiteur (de)	**ιεροεξεταστής** (αρ.)	[ieroeksetastís]
foltering (de)	**βασανιστήριο** (ουδ.)	[vasanistírio]
wreed (bn)	**βάναυσος**	[vánafsos]
ketter (de)	**αιρετικός** (αρ.)	[eretikós]
ketterij (de)	**αίρεση** (θηλ.)	[éresi]
zeevaart (de)	**ναυτιλία** (θηλ.)	[naftilía]
piraat (de)	**πειρατής** (αρ.)	[piratís]
piraterij (de)	**πειρατεία** (θηλ.)	[piratía]
enteren (het)	**ρεσάλτο** (ουδ.)	[resálʲto]
buit (de)	**λάφυρο** (ουδ.)	[lʲáfiro]
schatten (mv.)	**θησαυροί** (αρ.πλ.)	[θisavrí]
ontdekking (de)	**ανακάλυψη** (θηλ.)	[anakálipsi]
ontdekken (bijv. nieuw land)	**ανακαλύπτω**	[anakalípto]
expeditie (de)	**αποστολή** (θηλ.)	[apostolí]
musketier (de)	**μουσκετοφόρος** (αρ.)	[musketofóros]
kardinaal (de)	**καρδινάλιος** (αρ.)	[karðinálios]
heraldiek (de)	**εραλδική** (θηλ.)	[eralʲðikí]
heraldisch (bn)	**εραλδικός**	[eralʲðikós]

189. Leider. Baas. Autoriteiten

koning (de)	**βασιλιάς** (αρ.)	[vasiliás]
koningin (de)	**βασίλισσα** (θηλ.)	[vasílisa]
koninklijk (bn)	**βασιλικός**	[vasilikós]
koninkrijk (het)	**βασίλειο** (ουδ.)	[vasílio]
prins (de)	**πρίγκιπας** (αρ.)	[príngipas]
prinses (de)	**πριγκίπισσα** (θηλ.)	[pringípisa]
president (de)	**πρόεδρος** (αρ.)	[próeðros]
vicepresident (de)	**αντιπρόεδρος** (αρ.)	[andipróeðros]
senator (de)	**γερουσιαστής** (αρ.)	[jerusiastís]
monarch (de)	**μονάρχης** (αρ.)	[monárxis]
heerser (de)	**ηγεμόνας** (αρ.)	[ijemónas]
dictator (de)	**δικτάτορας** (αρ.)	[ðiktátoras]
tiran (de)	**τύραννος** (αρ.)	[tíranos]
magnaat (de)	**μεγιστάνας** (αρ.)	[mejistánas]
directeur (de)	**διευθυντής** (αρ.)	[ðiefθindís]
chef (de)	**αφεντικό** (ουδ.)	[afendikó]
beheerder (de)	**διευθυντής** (αρ.)	[ðiefθindís]
baas (de)	**αφεντικό** (ουδ.)	[afendikó]
eigenaar (de)	**ιδιοκτήτης** (αρ.)	[iðioktítis]
leider (de)	**αρχηγός** (αρ.)	[arxiɣós]
hoofd (bijv. ~ van de delegatie)	**επικεφαλής** (αρ.)	[epikefalís]
autoriteiten (mv.)	**αρχές** (θηλ.πλ.)	[arxés]

superieuren (mv.)	**προϊστάμενοι** (πλ.)	[projstámeni]
gouverneur (de)	**κυβερνήτης** (αρ.)	[kivernítis]
consul (de)	**πρόξενος** (αρ.)	[próksenos]
diplomaat (de)	**διπλωμάτης** (αρ.)	[ðipl^jomátis]
burgemeester (de)	**δήμαρχος** (αρ.)	[ðímarxos]
sheriff (de)	**σερίφης** (αρ.)	[serífis]
keizer (bijv. Romeinse ~)	**αυτοκράτορας** (αρ.)	[aftokrátoras]
tsaar (de)	**τσάρος** (αρ.)	[tsáros]
farao (de)	**Φαραώ** (αρ.)	[faraó]
kan (de)	**χαν, χάνος** (αρ.)	[xan], [xános]

190. Weg. Weg. Routebeschrijving

weg (de)	**δρόμος** (αρ.)	[ðrómos]
route (de kortste ~)	**κατεύθυνση** (θηλ.)	[katéfθinsi]
autoweg (de)	**αυτοκινητόδρομος** (αρ.)	[aftokinitóðromos]
snelweg (de)	**αυτοκινητόδρομος** (αρ.)	[aftokinitóðromos]
rijksweg (de)	**διαπολιτειακός αυτοκινητόδρομος** (αρ.)	[ðiapolitiakós aftokinitóðromos]
hoofdweg (de)	**κύριος δρόμος** (αρ.)	[kírios ðrómos]
landweg (de)	**χωματόδρομος** (αρ.)	[xomatóðromos]
pad (het)	**μονοπάτι** (ουδ.)	[monopáti]
paadje (het)	**μονοπάτι** (ουδ.)	[monopáti]
Waar?	**Πού;**	[pú]
Waarheen?	**Πού;**	[pú]
Waarvandaan?	**Από πού;**	[apó pú]
richting (de)	**κατεύθυνση** (θηλ.)	[katéfθinsi]
aanwijzen (de weg ~)	**δείχνω**	[ðíxno]
naar links (bw)	**αριστερά**	[aristerá]
naar rechts (bw)	**δεξιά**	[ðeksiá]
rechtdoor (bw)	**ευθεία**	[efθía]
terug (bijv. ~ keren)	**πίσω**	[píso]
bocht (de)	**στροφή** (θηλ.)	[strofí]
afslaan (naar rechts ~)	**στρίβω**	[strívo]
U-bocht maken (ww)	**κάνω αναστροφή**	[káno anastrofí]
zichtbaar worden (ww)	**φαίνομαι**	[fénome]
verschijnen (in zicht komen)	**εμφανίζομαι**	[emfanízome]
stop (korte onderbreking)	**στάση** (θηλ.)	[stási]
zich verpozen (uitrusten)	**ξεκουράζομαι**	[ksekurázome]
rust (de)	**ξεκούραση** (θηλ.)	[ksekúrasi]
verdwalen (de weg kwijt zijn)	**χάνομαι**	[xánome]
leiden naar ... (de weg)	**οδηγώ σε ...**	[oðiγó se]
bereiken (ergens aankomen)	**βγαίνω σε ...**	[vjéno se]

deel (~ van de weg)	**μέρος του δρόμου** (αρ.)	[méros tu ðrómu]
asfalt (het)	**άσφαλτος** (θηλ.)	[ásfalʲtos]
trottoirband (de)	**κράσπεδο** (ουδ.)	[kráspeðo]
greppel (de)	**χαντάκι** (ουδ.)	[xandáki]
putdeksel (het)	**φρεάτιο** (ουδ.)	[freátio]
vluchtstrook (de)	**έρεισμα** (ουδ.)	[érizma]
kuil (de)	**λακκούβα** (θηλ.)	[lʲakúva]
gaan (te voet)	**πηγαίνω**	[pijéno]
inhalen (voorbijgaan)	**προσπερνώ**	[prospernó]
stap (de)	**βήμα** (ουδ.)	[víma]
te voet (bw)	**με τα πόδια**	[me ta póðia]
blokkeren (de weg ~)	**κλείνω**	[klíno]
slagboom (de)	**μπάρα** (θηλ.)	[bára]
doodlopende straat (de)	**αδιέξοδο** (ουδ.)	[aðiéksoðo]

191. De wet overtreden. Criminelen. Deel 1

bandiet (de)	**συμμορίτης** (αρ.)	[simorítis]
misdaad (de)	**έγκλημα** (ουδ.)	[énglima]
misdadiger (de)	**εγκληματίας** (αρ.)	[englimatías]
dief (de)	**κλέφτης** (αρ.)	[kléftis]
stelen (ww)	**κλέβω**	[klévo]
stelen (de)	**κλοπή** (θηλ.)	[klʲopí]
diefstal (de)	**κλοπή** (θηλ.)	[klʲopí]
kidnappen (ww)	**απάγω**	[apáɣo]
kidnapping (de)	**απαγωγή** (θηλ.)	[apaɣojí]
kidnapper (de)	**απαγωγέας** (αρ.)	[apaɣojéas]
losgeld (het)	**λύτρα** (ουδ.πλ.)	[lítra]
eisen losgeld (ww)	**ζητώ λύτρα**	[zitó lítra]
overvallen (ww)	**ληστεύω**	[listévo]
overval (de)	**ληστεία** (θηλ.)	[listía]
overvaller (de)	**ληστής** (αρ.)	[listís]
afpersen (ww)	**αποσπώ εκβιαστικά**	[apospó ekviastiká]
afperser (de)	**εκβιαστής** (αρ.)	[ekviastís]
afpersing (de)	**εκβιασμός** (αρ.)	[ekviazmós]
vermoorden (ww)	**σκοτώνω**	[skotóno]
moord (de)	**φόνος** (αρ.)	[fónos]
moordenaar (de)	**δολοφόνος** (αρ.)	[ðolʲofónos]
schot (het)	**πυροβολισμός** (αρ.)	[pirovolizmós]
een schot lossen	**πυροβολώ**	[pirovolʲó]
neerschieten (ww)	**σκοτώνω με πυροβόλο όπλο**	[skotóno mepirovólʲo oplʲo]
schieten (ww)	**πυροβολώ**	[pirovolʲó]
schieten (het)	**πυροβολισμός** (αρ.)	[pirovolizmós]

ongeluk (gevecht, enz.)	**επεισόδιο** (ουδ.)	[episóðio]
gevecht (het)	**καυγάς** (αρ.)	[kavɣás]
slachtoffer (het)	**θύμα** (ουδ.)	[θíma]
beschadigen (ww)	**καταστρέφω**	[katastréfo]
schade (de)	**ζημιά** (θηλ.)	[zimiá]
lijk (het)	**πτώμα** (ουδ.)	[ptóma]
zwaar (~ misdrijf)	**σοβαρός**	[sovarós]
aanvallen (ww)	**επιτίθεμαι**	[epitíθeme]
slaan (iemand ~)	**χτυπάω**	[xtipáo]
in elkaar slaan (toetakelen)	**δέρνω**	[ðérno]
ontnemen (beroven)	**κλέβω**	[klévo]
steken (met een mes)	**μαχαιρώνω**	[maxeróno]
verminken (ww)	**παραμορφώνω**	[paramorfóno]
verwonden (ww)	**τραυματίζω**	[travmatízo]
chantage (de)	**εκβιασμός** (αρ.)	[ekviazmós]
chanteren (ww)	**εκβιάζω**	[ekviázo]
chanteur (de)	**εκβιαστής** (αρ.)	[ekviastís]
afpersing (de)	**προστασία έναντι χρημάτων** (θηλ.)	[prostasía énandi xrimáton]
afperser (de)	**απατεώνας** (αρ.)	[apateónas]
gangster (de)	**γκάνγκστερ** (αρ.)	[gángster]
maffia (de)	**μαφία** (θηλ.)	[mafía]
kruimeldief (de)	**πορτοφολάς** (αρ.)	[portofolʲás]
inbreker (de)	**διαρρήκτης** (αρ.)	[ðiaríktis]
smokkelen (het)	**λαθρεμπόριο** (ουδ.)	[lʲaθrembório]
smokkelaar (de)	**λαθρέμπορος** (αρ.)	[lʲaθrémboros]
namaak (de)	**πλαστογραφία** (θηλ.)	[plʲastoɣrafía]
namaken (ww)	**πλαστογραφώ**	[plʲastoɣrafó]
namaak-, vals (bn)	**πλαστός**	[plʲastós]

192. De wet overtreden. Criminelen. Deel 2

verkrachting (de)	**βιασμός** (αρ.)	[viazmós]
verkrachten (ww)	**βιάζω**	[viázo]
verkrachter (de)	**βιαστής** (αρ.)	[viastís]
maniak (de)	**μανιακός** (αρ.)	[maniakós]
prostituee (de)	**πόρνη** (θηλ.)	[pórni]
prostitutie (de)	**πορνεία** (θηλ.)	[pornía]
pooier (de)	**νταβατζής** (αρ.)	[davadzís]
drugsverslaafde (de)	**ναρκομανής** (αρ.)	[narkomanís]
drugshandelaar (de)	**έμπορος ναρκωτικών** (αρ.)	[émboros narkotikón]
opblazen (ww)	**ανατινάζω**	[anatinázo]
explosie (de)	**έκρηξη** (θηλ.)	[ékriksi]
in brand steken (ww)	**πυρπολώ**	[pirpolʲó]
brandstichter (de)	**εμπρηστής** (αρ.)	[embristís]

terrorisme (het)	**τρομοκρατία** (θηλ.)	[tromokratía]
terrorist (de)	**τρομοκράτης** (αρ.)	[tromokrátis]
gijzelaar (de)	**όμηρος** (αρ.)	[ómiros]
bedriegen (ww)	**εξαπατώ**	[eksapató]
bedrog (het)	**εξαπάτηση** (θηλ.)	[eksapátisi]
oplichter (de)	**απατεώνας** (αρ.)	[apateónas]
omkopen (ww)	**δωροδοκώ**	[ðoroðokó]
omkoperij (de)	**δωροδοκία** (θηλ.)	[ðoroðokía]
smeergeld (het)	**δωροδοκία** (θηλ.)	[ðoroðokía]
vergif (het)	**δηλητήριο** (ουδ.)	[ðilitírio]
vergiftigen (ww)	**δηλητηριάζω**	[ðilitiriázo]
vergif innemen (ww)	**δηλητηριάζομαι**	[ðilitiriázome]
zelfmoord (de)	**αυτοκτονία** (θηλ.)	[aftoktonía]
zelfmoordenaar (de)	**αυτόχειρας** (αρ.)	[aftóxiras]
bedreigen (bijv. met een pistool)	**απειλώ**	[apilʲó]
bedreiging (de)	**απειλή** (θηλ.)	[apilʲí]
een aanslag plegen	**αποπειρώμαι**	[apopiróme]
aanslag (de)	**απόπειρα δολοφονίας** (θηλ.)	[apópira ðolʲofonías]
stelen (een auto)	**κλέβω**	[klévo]
kapen (een vliegtuig)	**κάνω αεροπειρατεία**	[káno aeropiratía]
wraak (de)	**εκδίκηση** (θηλ.)	[ekðíkisi]
wreken (ww)	**εκδικούμαι**	[ekðikúme]
martelen (gevangenen)	**βασανίζω**	[vasanízo]
foltering (de)	**βασανιστήριο** (ουδ.)	[vasanistírio]
folteren (ww)	**βασανίζω**	[vasanízo]
piraat (de)	**πειρατής** (αρ.)	[piratís]
straatschender (de)	**χούλιγκαν** (αρ.)	[xúligan]
gewapend (bn)	**οπλισμένος**	[oplizménos]
geweld (het)	**βία, βιαιότητα** (θηλ.)	[vía], [vieótita]
spionage (de)	**κατασκοπεία** (θηλ.)	[kataskopía]
spioneren (ww)	**κατασκοπεύω**	[kataskopévo]

193. Politie. Wet. Deel 1

justitie (de)	**δικαιοσύνη** (θηλ.)	[ðikeosíni]
gerechtshof (het)	**δικαστήριο** (ουδ.)	[ðikastírio]
rechter (de)	**δικαστής** (αρ.)	[ðikastís]
jury (de)	**ένορκοι** (αρ.πλ.)	[énorki]
juryrechtspraak (de)	**ορκωτό δικαστήριο** (ουδ.)	[orkotó ðikastírio]
berechten (ww)	**δικάζω**	[ðikázo]
advocaat (de)	**δικηγόρος** (αρ.)	[ðikiɣóros]
beklaagde (de)	**κατηγορούμενος** (αρ.)	[katiɣorúmenos]

beklaagdenbank (de)	**εδώλιο** (ουδ.)	[eðólio]
beschuldiging (de)	**κατηγορία** (θηλ.)	[katiɣoría]
beschuldigde (de)	**κατηγορούμενος** (αρ.)	[katiɣorúmenos]
vonnis (het)	**απόφαση** (θηλ.)	[apófasi]
veroordelen (in een rechtszaak)	**καταδικάζω**	[kataðikázo]
schuldige (de)	**ένοχος** (αρ.)	[énoxos]
straffen (ww)	**τιμωρώ**	[timoró]
bestraffing (de)	**τιμωρία** (θηλ.)	[timoría]
boete (de)	**πρόστιμο** (ουδ.)	[próstimo]
levenslange opsluiting (de)	**ισόβια** (ουδ.πλ.)	[isóvia]
doodstraf (de)	**θανατική ποινή** (θηλ.)	[θanatikí piní]
elektrische stoel (de)	**ηλεκτρική καρέκλα** (θηλ.)	[ilektrikí karéklʲa]
schavot (het)	**αγχόνη** (θηλ.)	[anxóni]
executeren (ww)	**εκτελώ**	[ektelʲó]
executie (de)	**εκτέλεση** (θηλ.)	[ektélesi]
gevangenis (de)	**φυλακή** (θηλ.)	[filʲakí]
cel (de)	**κελί** (ουδ.)	[kelí]
konvooi (het)	**συνοδεία** (θηλ.)	[sinoðía]
gevangenisbewaker (de)	**δεσμοφύλακας** (αρ.)	[ðezmofílʲakas]
gedetineerde (de)	**φυλακισμένος** (αρ.)	[filʲakizménos]
handboeien (mv.)	**χειροπέδες** (θηλ.πλ.)	[xiropéðes]
handboeien omdoen	**περνάω χειροπέδες**	[pernáo xiropéðes]
ontsnapping (de)	**απόδραση** (θηλ.)	[apóðrasi]
ontsnappen (ww)	**δραπετεύω**	[ðrapetévo]
verdwijnen (ww)	**εξαφανίζομαι**	[eksafanízome]
vrijlaten (uit de gevangenis)	**απελευθερώνω**	[apelefθeróno]
amnestie (de)	**αμνηστία** (θηλ.)	[amnistía]
politie (de)	**αστυνομία** (θηλ.)	[astinomía]
politieagent (de)	**αστυνομικός** (αρ.)	[astinomikós]
politiebureau (het)	**αστυνομικό τμήμα** (ουδ.)	[astinomikó tmíma]
knuppel (de)	**ρόπαλο** (ουδ.)	[rópalʲo]
megafoon (de)	**μεγάφωνο** (ουδ.)	[meɣáfono]
patrouilleerwagen (de)	**περιπολικό** (ουδ.)	[peripolikó]
sirene (de)	**σειρήνα** (θηλ.)	[sirína]
de sirene aansteken	**ανοίγω τη σειρήνα**	[aníɣo ti sirína]
geloei (het) van de sirene	**βοή της σειρήνας** (θηλ.)	[voí tis sirínas]
plaats delict (de)	**τόπος εγκλήματος** (αρ.)	[tópos englímatos]
getuige (de)	**μάρτυρας** (αρ.)	[mártiras]
vrijheid (de)	**ελευθερία** (θηλ.)	[elefθería]
handlanger (de)	**συνεργός** (αρ.)	[sinerɣós]
ontvluchten (ww)	**δραπετεύω**	[ðrapetévo]
spoor (het)	**ίχνος** (ουδ.)	[íxnos]

194. Politie. Wet. Deel 2

opsporing (de)	έρευνα (θηλ.)	[érevna]
opsporen (ww)	αναζητώ	[anazitó]
verdenking (de)	υποψία (θηλ.)	[ipopsía]
verdacht (bn)	ύποπτος	[ípoptos]
aanhouden (stoppen)	σταματώ	[stamató]
tegenhouden (ww)	προφυλακίζω	[profilʲakízo]

strafzaak (de)	υπόθεση (θηλ.)	[ipóθesi]
onderzoek (het)	έρευνα (θηλ.)	[érevna]
detective (de)	ντετέκτιβ (αρ.)	[detéktiv]
onderzoeksrechter (de)	αστυνομικός ερευνητής (αρ.)	[astinomikós erevnitís]
versie (de)	εκδοχή (θηλ.)	[ekðoxí]

motief (het)	κίνητρο (ουδ.)	[kínitro]
verhoor (het)	ανάκριση (θηλ.)	[anákrisi]
ondervragen (door de politie)	ανακρίνω	[anakríno]
ondervragen (omstanders ~)	ανακρίνω	[anakríno]
controle (de)	έλεγχος (αρ.)	[élenxos]

razzia (de)	έφοδος (θηλ.)	[éfoðos]
huiszoeking (de)	έρευνα (θηλ.)	[érevna]
achtervolging (de)	καταδίωξη (θηλ.)	[kataðíoksi]
achtervolgen (ww)	καταδιώκω	[kataðióko]
opsporen (ww)	κυνηγώ	[kiniɣó]

arrest (het)	σύλληψη (θηλ.)	[sílipsi]
arresteren (ww)	συλλαμβάνω	[silʲamváno]
vangen, aanhouden (een dief, enz.)	πιάνω	[piáno]
aanhouding (de)	σύλληψη (θηλ.)	[sílipsi]

document (het)	έγγραφο (ουδ.)	[éngrafo]
bewijs (het)	απόδειξη (θηλ.)	[apóðiksi]
bewijzen (ww)	αποδεικνύω	[apoðiknío]
voetspoor (het)	αποτύπωμα (ουδ.)	[apotípoma]
vingerafdrukken (mv.)	δακτυλικά αποτυπώματα (ουδ.πλ.)	[ðaktiliká apotipómata]
bewijs (het)	απόδειξη (θηλ.)	[apóðiksi]

alibi (het)	άλλοθι (ουδ.)	[álʲoθi]
onschuldig (bn)	αθώος	[aθóos]
onrecht (het)	αδικία (θηλ.)	[aðikía]
onrechtvaardig (bn)	άδικος	[áðikos]

crimineel (bn)	εγκληματικός	[englimatikós]
confisqueren (in beslag nemen)	κατάσχω	[katásxo]
drug (de)	ναρκωτικά (ουδ.πλ.)	[narkotiká]
wapen (het)	όπλο (ουδ.)	[óplʲo]
ontwapenen (ww)	αφοπλίζω	[afoplízo]
bevelen (ww)	διατάζω	[ðiatázo]
verdwijnen (ww)	εξαφανίζομαι	[eksafanízome]
wet (de)	νόμος (αρ.)	[nómos]

wettelijk (bn)	νόμιμος	[nómimos]
onwettelijk (bn)	παράνομος	[paránomos]
verantwoordelijkheid (de)	ευθύνη (θηλ.)	[efθíni]
verantwoordelijk (bn)	υπεύθυνος	[ipéfθinos]

NATUUR

De Aarde. Deel 1

195. De kosmische ruimte

kosmos (de)	**διάστημα** (ουδ.)	[ðiástima]
kosmisch (bn)	**διαστημικός**	[ðiastimikós]
kosmische ruimte (de)	**απώτερο διάστημα** (ουδ.)	[apótero ðiástima]
wereld (de), heelal (het)	**σύμπαν** (ουδ.)	[símban]
sterrenstelsel (het)	**γαλαξίας** (αρ.)	[ɣalʲaksías]
ster (de)	**αστέρας** (αρ.)	[astéras]
sterrenbeeld (het)	**αστερισμός** (αρ.)	[asterizmós]
planeet (de)	**πλανήτης** (αρ.)	[plʲanítis]
satelliet (de)	**δορυφόρος** (αρ.)	[ðorifóros]
meteoriet (de)	**μετεωρίτης** (αρ.)	[meteorítis]
komeet (de)	**κομήτης** (αρ.)	[komítis]
asteroïde (de)	**αστεροειδής** (αρ.)	[asteroiðís]
baan (de)	**τροχιά** (θηλ.)	[troxiá]
draaien (om de zon, enz.)	**περιστρέφομαι**	[peristréfome]
atmosfeer (de)	**ατμόσφαιρα** (θηλ.)	[atmósfera]
Zon (de)	**Ήλιος** (αρ.)	[ílios]
zonnestelsel (het)	**ηλιακό σύστημα** (ουδ.)	[iliakó sístima]
zonsverduistering (de)	**έκλειψη ηλίου** (θηλ.)	[éklipsi ilíu]
Aarde (de)	**Γη** (θηλ.)	[ʝi]
Maan (de)	**Σελήνη** (θηλ.)	[selíni]
Mars (de)	**Άρης** (αρ.)	[áris]
Venus (de)	**Αφροδίτη** (θηλ.)	[afroðíti]
Jupiter (de)	**Δίας** (αρ.)	[ðías]
Saturnus (de)	**Κρόνος** (αρ.)	[krónos]
Mercurius (de)	**Ερμής** (αρ.)	[ermís]
Uranus (de)	**Ουρανός** (αρ.)	[uranós]
Neptunus (de)	**Ποσειδώνας** (αρ.)	[posiðónas]
Pluto (de)	**Πλούτωνας** (αρ.)	[plʲútonas]
Melkweg (de)	**Γαλαξίας** (αρ.)	[ɣalʲaksías]
Grote Beer (de)	**Μεγάλη Άρκτος** (θηλ.)	[meɣáli árktos]
Poolster (de)	**Πολικός Αστέρας** (αρ.)	[polikós astéras]
marsmannetje (het)	**Αρειανός** (αρ.)	[arianós]
buitenaards wezen (het)	**εξωγήινος** (αρ.)	[eksoʝíinos]

bovenaards (het)	**εξωγήινος** (αρ.)	[eksojíinos]
vliegende schotel (de)	**ιπτάμενος δίσκος** (αρ.)	[iptámenos ðískos]
ruimtevaartuig (het)	**διαστημόπλοιο** (ουδ.)	[ðiastimóplio]
ruimtestation (het)	**διαστημικός σταθμός** (αρ.)	[ðiastimikós staθmós]
start (de)	**εκτόξευση** (θηλ.)	[ektóksefsi]
motor (de)	**κινητήρας** (αρ.)	[kinitíras]
straalpijp (de)	**ακροφύσιο** (ουδ.)	[akrofísio]
brandstof (de)	**καύσιμο** (ουδ.)	[káfsimo]
cabine (de)	**πιλοτήριο** (ουδ.)	[pilʲotírio]
antenne (de)	**κεραία** (θηλ.)	[keréa]
patrijspoort (de)	**φινιστρίνι** (ουδ.)	[finistríni]
zonnebatterij (de)	**ηλιακός συλλέκτης** (αρ.)	[iliakós siléktis]
ruimtepak (het)	**στολή αστροναύτη** (θηλ.)	[stolí astronáfti]
gewichtloosheid (de)	**έλλειψη βαρύτητας** (θηλ.)	[élipsi varítitas]
zuurstof (de)	**οξυγόνο** (ουδ.)	[oksiɣóno]
koppeling (de)	**πρόσδεση** (θηλ.)	[prózðesi]
koppeling maken	**προσδένω**	[prozðéno]
observatorium (het)	**αστεροσκοπείο** (ουδ.)	[asteroskopío]
telescoop (de)	**τηλεσκόπιο** (ουδ.)	[tileskópio]
waarnemen (ww)	**παρατηρώ**	[paratiró]
exploreren (ww)	**ερευνώ**	[erevnó]

196. De Aarde

Aarde (de)	**Γη** (θηλ.)	[ji]
aardbol (de)	**υδρόγειος** (θηλ.)	[iðrójios]
planeet (de)	**πλανήτης** (αρ.)	[plʲanítis]
atmosfeer (de)	**ατμόσφαιρα** (θηλ.)	[atmósfera]
aardrijkskunde (de)	**γεωγραφία** (θηλ.)	[jeoɣrafía]
natuur (de)	**φύση** (θηλ.)	[físi]
wereldbol (de)	**υδρόγειος** (θηλ.)	[iðrójios]
kaart (de)	**χάρτης** (αρ.)	[xártis]
atlas (de)	**άτλας** (αρ.)	[átlʲas]
Europa (het)	**Ευρώπη** (θηλ.)	[evrópi]
Azië (het)	**Ασία** (θηλ.)	[asía]
Afrika (het)	**Αφρική** (θηλ.)	[afrikí]
Australië (het)	**Αυστραλία** (θηλ.)	[afstralía]
Amerika (het)	**Αμερική** (θηλ.)	[amerikí]
Noord-Amerika (het)	**Βόρεια Αμερική** (θηλ.)	[vória amerikí]
Zuid-Amerika (het)	**Νότια Αμερική** (θηλ.)	[nótia amerikí]
Antarctica (het)	**Ανταρκτική** (θηλ.)	[andarktikí]
Arctis (de)	**Αρκτική** (θηλ.)	[arktikí]

197. Windrichtingen

noorden (het)	**βορράς** (αρ.)	[vorás]
naar het noorden	**προς το βορρά**	[pros to vorá]
in het noorden	**στο βορρά**	[sto vorá]
noordelijk (bn)	**βόρειος**	[vórios]
zuiden (het)	**νότος** (αρ.)	[nótos]
naar het zuiden	**προς το νότο**	[pros to nóto]
in het zuiden	**στο νότο**	[sto nóto]
zuidelijk (bn)	**νότιος**	[nótios]
westen (het)	**δύση** (θηλ.)	[ðísi]
naar het westen	**προς τη δύση**	[pros ti ðísi]
in het westen	**στη δύση**	[sti ðísi]
westelijk (bn)	**δυτικός**	[ðitikós]
oosten (het)	**ανατολή** (θηλ.)	[anatolí]
naar het oosten	**προς την ανατολή**	[pros tin anatolí]
in het oosten	**στην ανατολή**	[stin anatolí]
oostelijk (bn)	**ανατολικός**	[anatolikós]

198. Zee. Oceaan

zee (de)	**θάλασσα** (θηλ.)	[θálʲasa]
oceaan (de)	**ωκεανός** (αρ.)	[okeanós]
golf (baai)	**κόλπος** (αρ.)	[kólʲpos]
straat (de)	**πορθμός** (αρ.)	[porθmós]
continent (het)	**ήπειρος** (θηλ.)	[íperos]
eiland (het)	**νησί** (ουδ.)	[nisí]
schiereiland (het)	**χερσόνησος** (θηλ.)	[xersónisos]
archipel (de)	**αρχιπέλαγος** (ουδ.)	[arxipélʲaɣos]
baai, bocht (de)	**κόλπος** (αρ.)	[kólʲpos]
haven (de)	**λιμάνι** (ουδ.)	[limáni]
lagune (de)	**λιμνοθάλασσα** (θηλ.)	[limnoθálʲasa]
kaap (de)	**ακρωτήρι** (ουδ.)	[akrotíri]
atol (de)	**ατόλη** (θηλ.)	[atóli]
rif (het)	**ύφαλος** (αρ.)	[ífalʲos]
koraal (het)	**κοράλλι** (ουδ.)	[koráli]
koraalrif (het)	**κοραλλιογενής ύφαλος** (αρ.)	[koraliojenís ifalʲos]
diep (bn)	**βαθύς**	[vaθís]
diepte (de)	**βάθος** (ουδ.)	[váθos]
diepzee (de)	**άβυσσος** (θηλ.)	[ávisos]
trog (bijv. Marianentrog)	**τάφρος** (θηλ.)	[táfros]
stroming (de)	**ρεύμα** (ουδ.)	[révma]
omspoelen (ww)	**περιβρέχω**	[perivréxo]
oever (de)	**παραλία** (θηλ.)	[paralía]
kust (de)	**ακτή** (θηλ.)	[aktí]

vloed (de)	**πλημμυρίδα** (θηλ.)	[plimiríða]
eb (de)	**παλίρροια** (θηλ.)	[palíria]
ondiepte (ondiep water)	**ρηχά** (ουδ.πλ.)	[rixá]
bodem (de)	**πάτος** (αρ.)	[pátos]
golf (hoge ~)	**κύμα** (ουδ.)	[kíma]
golfkam (de)	**κορυφή** (θηλ.)	[korifí]
schuim (het)	**αφρός** (αρ.)	[afrós]
orkaan (de)	**τυφώνας** (αρ.)	[tifónas]
tsunami (de)	**τσουνάμι** (ουδ.)	[tsunámi]
windstilte (de)	**νηνεμία** (θηλ.)	[ninemía]
kalm (bijv. ~e zee)	**ήσυχος**	[ísixos]
pool (de)	**πόλος** (αρ.)	[pólʲos]
polair (bn)	**πολικός**	[polikós]
breedtegraad (de)	**γεωγραφικό πλάτος** (ουδ.)	[ʝeoɣrafikó plʲátos]
lengtegraad (de)	**μήκος** (ουδ.)	[míkos]
parallel (de)	**παράλληλος** (αρ.)	[parálilʲos]
evenaar (de)	**ισημερινός** (αρ.)	[isimerinós]
hemel (de)	**ουρανός** (αρ.)	[uranós]
horizon (de)	**ορίζοντας** (αρ.)	[orízondas]
lucht (de)	**αέρας** (αρ.)	[aéras]
vuurtoren (de)	**φάρος** (αρ.)	[fáros]
duiken (ww)	**βουτάω**	[vutáo]
zinken (ov. een boot)	**βυθίζομαι**	[viθízome]
schatten (mv.)	**θησαυροί** (αρ.πλ.)	[θisavrí]

199. Namen van zeeën en oceanen

Atlantische Oceaan (de)	**Ατλαντικός Ωκεανός** (αρ.)	[atlʲandikós okeanós]
Indische Oceaan (de)	**Ινδικός Ωκεανός** (αρ.)	[inðikós okeanós]
Stille Oceaan (de)	**Ειρηνικός Ωκεανός** (αρ.)	[irinikós okeanós]
Noordelijke IJszee (de)	**Αρκτικός Ωκεανός** (αρ.)	[arktikós okeanós]
Zwarte Zee (de)	**Μαύρη Θάλασσα** (θηλ.)	[mávri θálʲasa]
Rode Zee (de)	**Ερυθρά Θάλασσα** (θηλ.)	[eriθrá θálʲasa]
Gele Zee (de)	**Κίτρινη Θάλασσα** (θηλ.)	[kítrini θálʲasa]
Witte Zee (de)	**Λευκή Θάλασσα** (θηλ.)	[lefkí θálʲasa]
Kaspische Zee (de)	**Κασπία Θάλασσα** (θηλ.)	[kaspía θálʲasa]
Dode Zee (de)	**Νεκρά Θάλασσα** (θηλ.)	[nekrá θalʲasa]
Middellandse Zee (de)	**Μεσόγειος Θάλασσα** (θηλ.)	[mesóʝios θálʲasa]
Egeïsche Zee (de)	**Αιγαίο** (ουδ.)	[eʝéo]
Adriatische Zee (de)	**Αδριατική** (θηλ.)	[aðriatikí]
Arabische Zee (de)	**Αραβική Θάλασσα** (θηλ.)	[aravikí θálʲasa]
Japanse Zee (de)	**Ιαπωνική Θάλασσα** (θηλ.)	[ʝaponikí θálʲasa]
Beringzee (de)	**Βερίγγειος Θάλασσα** (θηλ.)	[veríngios θálʲasa]
Zuid-Chinese Zee (de)	**Νότια Κινέζικη Θάλασσα** (θηλ.)	[nótia kinéziki θálʲasa]

Koraalzee (de)	**Θάλασσα των Κοραλλίων** (θηλ.)	[θálʲasa tonkoralíon]
Tasmanzee (de)	**Θάλασσα της Τασμανίας** (θηλ.)	[θálʲasa tis tazmanías]
Caribische Zee (de)	**Καραϊβική θάλασσα** (θηλ.)	[karaivikí θálʲasa]
Barentszzee (de)	**Θάλασσα Μπάρεντς** (θηλ.)	[θalʲasa bárents]
Karische Zee (de)	**Θάλασσα του Κάρα** (θηλ.)	[θalʲasa tu kára]
Noordzee (de)	**Βόρεια Θάλασσα** (θηλ.)	[vória θálʲasa]
Baltische Zee (de)	**Βαλτική Θάλασσα** (θηλ.)	[valʲtikí θálʲasa]
Noorse Zee (de)	**Νορβηγική Θάλασσα** (θηλ.)	[norviʝikí θálʲasa]

200. Bergen

berg (de)	**βουνό** (ουδ.)	[vunó]
bergketen (de)	**οροσειρά** (θηλ.)	[orosirá]
gebergte (het)	**κορυφογραμμή** (θηλ.)	[korifoɣramí]
bergtop (de)	**κορυφή** (θηλ.)	[korifí]
bergpiek (de)	**κορυφή** (θηλ.)	[korifí]
voet (ov. de berg)	**πρόποδες** (αρ.πλ.)	[própoðes]
helling (de)	**πλαγιά** (θηλ.)	[plʲaʝá]
vulkaan (de)	**ηφαίστειο** (ουδ.)	[iféstio]
actieve vulkaan (de)	**ενεργό ηφαίστειο** (ουδ.)	[enerɣó iféstio]
uitgedoofde vulkaan (de)	**σβησμένο ηφαίστειο** (ουδ.)	[svizméno iféstio]
uitbarsting (de)	**έκρηξη** (θηλ.)	[ékriksi]
krater (de)	**κρατήρας** (αρ.)	[kratíras]
magma (het)	**μάγμα** (ουδ.)	[máɣma]
lava (de)	**λάβα** (θηλ.)	[lʲáva]
gloeiend (~e lava)	**πυρακτωμένος**	[piraktoménos]
kloof (canyon)	**φαράγγι** (ουδ.)	[farángi]
bergkloof (de)	**φαράγγι** (ουδ.)	[farángi]
spleet (de)	**ρωγμή** (θηλ.)	[roɣmí]
bergpas (de)	**διάσελο** (ουδ.)	[ðiáselʲo]
plateau (het)	**οροπέδιο** (ουδ.)	[oropéðio]
klip (de)	**γκρεμός** (αρ.)	[gremós]
heuvel (de)	**λόφος** (αρ.)	[lʲófos]
gletsjer (de)	**παγετώνας** (αρ.)	[paʝetónas]
waterval (de)	**καταρράκτης** (αρ.)	[kataráktis]
geiser (de)	**θερμοπίδακας** (αρ.)	[θermopíðakas]
meer (het)	**λίμνη** (θηλ.)	[límni]
vlakte (de)	**πεδιάδα** (θηλ.)	[peðiáða]
landschap (het)	**τοπίο** (ουδ.)	[topío]
echo (de)	**ηχώ** (θηλ.)	[ixó]
alpinist (de)	**ορειβάτης** (αρ.)	[orivátis]
bergbeklimmer (de)	**ορειβάτης** (αρ.)	[orivátis]

trotseren (berg ~)	**κατακτώ**	[kataktó]
beklimming (de)	**ανάβαση** (θηλ.)	[anávasi]

201. Bergen namen

Alpen (de)	**Άλπεις** (θηλ.πλ.)	[álʲpis]
Mont Blanc (de)	**Λευκό Όρος** (ουδ.)	[lefkó oros]
Pyreneeën (de)	**Πυρηναία** (ουδ.πλ.)	[pirinéa]
Karpaten (de)	**Καρπάθια Όρη** (ουδ.πλ.)	[karpáθxa óri]
Oeralgebergte (het)	**Ουράλια** (ουδ.πλ.)	[urália]
Kaukasus (de)	**Καύκασος** (αρ.)	[káfkasos]
Elbroes (de)	**Ελμπρούς** (ουδ.)	[elʲbrús]
Altaj (de)	**όρη Αλτάι** (ουδ.πλ.)	[óri alʲtáj]
Pamir (de)	**Παμίρ** (ουδ.)	[pamír]
Himalaya (de)	**Ιμαλάια** (ουδ.πλ.)	[imalʲája]
Everest (de)	**Έβερεστ** (ουδ.)	[éverest]
Andes (de)	**Άνδεις** (θηλ.πλ.)	[ánðis]
Kilimanjaro (de)	**Κιλιμαντζάρο** (ουδ.)	[kilimandzáro]

202. Rivieren

rivier (de)	**ποταμός** (αρ.)	[potamós]
bron (~ van een rivier)	**πηγή** (θηλ.)	[pij̯í]
rivierbedding (de)	**κοίτη** (θηλ.)	[kíti]
rivierbekken (het)	**λεκάνη** (θηλ.)	[lekáni]
uitmonden in ...	**εκβάλλω στο ...**	[ekválʲo sto]
zijrivier (de)	**παραπόταμος** (αρ.)	[parapótamos]
oever (de)	**ακτή** (θηλ.)	[aktí]
stroming (de)	**ρεύμα** (ουδ.)	[révma]
stroomafwaarts (bw)	**στη φορά του ρεύματος**	[sti forá tu révmatos]
stroomopwaarts (bw)	**κόντρα στο ρεύμα**	[kóndra sto révma]
overstroming (de)	**πλημμύρα** (θηλ.)	[plimíra]
overstroming (de)	**ξεχείλισμα** (ουδ.)	[ksexílizma]
buiten zijn oevers treden	**πλημμυρίζω**	[plimirízo]
overstromen (ww)	**πλημμυρίζω**	[plimirízo]
zandbank (de)	**ρηχά** (ουδ.πλ.)	[rixá]
stroomversnelling (de)	**ορμητικό ρεύμα** (ουδ.)	[ormitikó révma]
dam (de)	**φράγμα** (ουδ.)	[fráɣma]
kanaal (het)	**κανάλι** (ουδ.)	[kanáli]
spaarbekken (het)	**ταμιευτήρας** (αρ.)	[tamieftíras]
sluis (de)	**θυρόφραγμα** (ουδ.)	[θirófraɣma]
waterlichaam (het)	**νερόλακκος** (αρ.)	[nerólʲakos]
moeras (het)	**έλος** (ουδ.)	[élʲos]

broek (het)	**βάλτος** (αρ.)	[válʲtos]
draaikolk (de)	**δίνη** (θηλ.)	[ðíni]
stroom (de)	**ρυάκι** (ουδ.)	[riáki]
drink- (abn)	**πόσιμο**	[pósimo]
zoet (~ water)	**γλυκό**	[ɣlikó]
ijs (het)	**πάγος** (αρ.)	[páɣos]
bevriezen (rivier, enz.)	**παγώνω**	[paɣóno]

203. Namen van rivieren

Seine (de)	**Σηκουάνας** (αρ.)	[sikuánas]
Loire (de)	**Λίγηρας** (αρ.)	[líjiras]
Theems (de)	**Τάμεσης** (αρ.)	[támesis]
Rijn (de)	**Ρήνος** (αρ.)	[rínos]
Donau (de)	**Δούναβης** (αρ.)	[ðúnavis]
Wolga (de)	**Βόλγας** (αρ.)	[vólʲɣas]
Don (de)	**Ντον** (αρ.)	[don]
Lena (de)	**Λένας** (αρ.)	[lénas]
Gele Rivier (de)	**Κίτρινος Ποταμός** (αρ.)	[kítrinos potamós]
Blauwe Rivier (de)	**Γιανγκτσέ** (αρ.)	[jangtsé]
Mekong (de)	**Μεκόνγκ** (αρ.)	[mekóng]
Ganges (de)	**Γάγγης** (αρ.)	[ɣángis]
Nijl (de)	**Νείλος** (αρ.)	[nílʲos]
Kongo (de)	**Κονγκό** (αρ.)	[kongó]
Okavango (de)	**Οκαβάνγκο** (αρ.)	[okavángo]
Zambezi (de)	**Ζαμβέζης** (αρ.)	[zamvézis]
Limpopo (de)	**Λιμπόπο** (αρ.)	[limbópo]
Mississippi (de)	**Μισισιπής** (αρ.)	[misisipís]

204. Bos

bos (het)	**δάσος** (ουδ.)	[ðásos]
bos- (abn)	**του δάσους**	[tu ðásus]
oerwoud (dicht bos)	**πυκνό δάσος** (ουδ.)	[piknó ðásos]
bosje (klein bos)	**άλσος** (ουδ.)	[álʲsos]
open plek (de)	**ξέφωτο** (ουδ.)	[kséfoto]
struikgewas (het)	**λόχμη** (θηλ.)	[lʲóxmi]
struiken (mv.)	**θαμνότοπος** (αρ.)	[θamnótopos]
paadje (het)	**μονοπάτι** (ουδ.)	[monopáti]
ravijn (het)	**χαράδρα** (θηλ.)	[xaráðra]
boom (de)	**δέντρο** (ουδ.)	[ðéndro]
blad (het)	**φύλλο** (ουδ.)	[fílʲo]

gebladerte (het)	**φύλλωμα** (ουδ.)	[fílioma]
vallende bladeren (mv.)	**φυλλοβολία** (θηλ.)	[filiovolía]
vallen (ov. de bladeren)	**πέφτω**	[péfto]
boomtop (de)	**κορυφή** (θηλ.)	[korifí]
tak (de)	**κλαδί** (ουδ.)	[klaðí]
ent (de)	**μεγάλο κλαδί** (ουδ.)	[meɣálio kliaðí]
knop (de)	**μπουμπούκι** (ουδ.)	[bubúki]
naald (de)	**βελόνα** (θηλ.)	[velióna]
dennenappel (de)	**κουκουνάρι** (ουδ.)	[kukunári]
boom holte (de)	**φωλιά στο δέντρο** (θηλ.)	[foliá sto ðéndro]
nest (het)	**φωλιά** (θηλ.)	[foliá]
hol (het)	**φωλιά** (θηλ.), **λαγούμι** (ουδ.)	[foliá], [liaɣúmi]
stam (de)	**κορμός** (αρ.)	[kormós]
wortel (bijv. boom~s)	**ρίζα** (θηλ.)	[ríza]
schors (de)	**φλοιός** (αρ.)	[fliós]
mos (het)	**βρύο** (ουδ.)	[vrío]
ontwortelen (een boom)	**ξεριζώνω**	[kserizóno]
kappen (een boom ~)	**κόβω**	[kóvo]
ontbossen (ww)	**αποψιλώνω**	[apopsilióno]
stronk (de)	**κομμένος κορμός** (αρ.)	[koménos kormós]
kampvuur (het)	**φωτιά** (θηλ.)	[fotiá]
bosbrand (de)	**πυρκαγιά** (θηλ.)	[pirkaјá]
blussen (ww)	**σβήνω**	[zvíno]
boswachter (de)	**δασοφύλακας** (αρ.)	[ðasofíliakas]
bescherming (de)	**προστασία** (θηλ.)	[prostasía]
beschermen (bijv. de natuur ~)	**προστατεύω**	[prostatévo]
stroper (de)	**λαθροθήρας** (αρ.)	[liaθroθíras]
val (de)	**δόκανο** (ουδ.)	[ðókano]
plukken (vruchten, enz.)	**μαζεύω**	[mazévo]
verdwalen (de weg kwijt zijn)	**χάνομαι**	[xánome]

205. Natuurlijke hulpbronnen

natuurlijke rijkdommen (mv.)	**φυσικοί πόροι** (αρ.πλ.)	[fisikí póri]
delfstoffen (mv.)	**ορυκτά** (ουδ.πλ.)	[oriktá]
lagen (mv.)	**κοιτάσματα** (ουδ.πλ.)	[kitázmata]
veld (bijv. olie~)	**κοίτασμα** (ουδ.)	[kítazma]
winnen (uit erts ~)	**εξορύσσω**	[eksoríso]
winning (de)	**εξόρυξη** (θηλ.)	[eksóriksi]
erts (het)	**μετάλλευμα** (ουδ.)	[metálevma]
mijn (bijv. kolenmijn)	**μεταλλείο, ορυχείο** (ουδ.)	[metalío], [orixío]
mijnschacht (de)	**φρεάτιο ορυχείου** (ουδ.)	[freátio orixíu]
mijnwerker (de)	**ανθρακωρύχος** (αρ.)	[anθrakoríxos]
gas (het)	**αέριο** (ουδ.)	[aério]
gasleiding (de)	**αγωγός αερίου** (αρ.)	[aɣoɣós aeríu]

olie (aardolie)	**πετρέλαιο** (ουδ.)	[petréleo]
olieleiding (de)	**πετρελαιαγωγός** (αρ.)	[petreleaɣoɣós]
oliebron (de)	**πετρελαιοπηγή** (θηλ.)	[petreleopiʝí]
boortoren (de)	**πύργος διατρήσεων** (αρ.)	[píɾɣos ðiatríseon]
tanker (de)	**τάνκερ** (ουδ.)	[tánker]
zand (het)	**άμμος** (θηλ.)	[ámos]
kalksteen (de)	**ασβεστόλιθος** (αρ.)	[asvestóliθos]
grind (het)	**χαλίκι** (ουδ.)	[xalíki]
veen (het)	**τύρφη** (θηλ.)	[tírfi]
klei (de)	**πηλός** (αρ.)	[pilʲós]
steenkool (de)	**γαιάνθρακας** (αρ.)	[ɣeánθrakas]
ijzer (het)	**σιδηρομετάλλευμα** (ουδ.)	[siðirometálevma]
goud (het)	**χρυσάφι** (ουδ.)	[xrisáfi]
zilver (het)	**ασήμι** (ουδ.)	[asími]
nikkel (het)	**νικέλιο** (ουδ.)	[nikélio]
koper (het)	**χαλκός** (αρ.)	[xalʲkós]
zink (het)	**ψευδάργυρος** (αρ.)	[psevðárʝiros]
mangaan (het)	**μαγγάνιο** (ουδ.)	[mangánio]
kwik (het)	**υδράργυρος** (αρ.)	[iðrárʝiros]
lood (het)	**μόλυβδος** (αρ.)	[mólivðos]
mineraal (het)	**ορυκτό** (ουδ.)	[oriktó]
kristal (het)	**κρύσταλλος** (αρ.)	[krístalʲos]
marmer (het)	**μάρμαρο** (ουδ.)	[mármaro]
uraan (het)	**ουράνιο** (ουδ.)	[uránio]

De Aarde. Deel 2

206. Weer

weer (het)	**καιρός** (αρ.)	[kerós]
weersvoorspelling (de)	**πρόγνωση καιρού** (θηλ.)	[próɣnosi kerú]
temperatuur (de)	**θερμοκρασία** (θηλ.)	[θermokrasía]
thermometer (de)	**θερμόμετρο** (ουδ.)	[θermómetro]
barometer (de)	**βαρόμετρο** (ουδ.)	[varómetro]
vochtigheid (de)	**υγρασία** (θηλ.)	[iɣrasía]
hitte (de)	**ζέστη** (θηλ.)	[zésti]
heet (bn)	**ζεστός, καυτός**	[zestós], [kaftós]
het is heet	**κάνει ζέστη**	[káni zésti]
het is warm	**κάνει ζέστη**	[káni zésti]
warm (bn)	**ζεστός**	[zestós]
het is koud	**κάνει κρύο**	[káni krío]
koud (bn)	**κρύος**	[kríos]
zon (de)	**ήλιος** (αρ.)	[ílios]
schijnen (de zon)	**λάμπω**	[lʲámbo]
zonnig (~e dag)	**ηλιόλουστος**	[iliólʲustos]
opgaan (ov. de zon)	**ανατέλλω**	[anatélʲo]
ondergaan (ww)	**δύω**	[ðío]
wolk (de)	**σύννεφο** (ουδ.)	[sínefo]
bewolkt (bn)	**συννεφιασμένος**	[sinefiazménos]
regenwolk (de)	**μαύρο σύννεφο** (ουδ.)	[mávro sínefo]
somber (bn)	**συννεφιασμένος**	[sinefiazménos]
regen (de)	**βροχή** (θηλ.)	[vroxí]
het regent	**βρέχει**	[vréxi]
regenachtig (bn)	**βροχερός**	[vroxerós]
motregenen (ww)	**ψιχαλίζει**	[psixalízi]
plensbui (de)	**δυνατή βροχή** (θηλ.)	[ðinatí vroxí]
stortbui (de)	**νεροποντή** (θηλ.)	[neropondí]
hard (bn)	**δυνατός**	[ðinatós]
plas (de)	**λακκούβα** (θηλ.)	[lʲakúva]
nat worden (ww)	**βρέχομαι**	[vréxome]
mist (de)	**ομίχλη** (θηλ.)	[omíxli]
mistig (bn)	**ομιχλώδης**	[omixlʲóðis]
sneeuw (de)	**χιόνι** (ουδ.)	[xóni]
het sneeuwt	**χιονίζει**	[xonízi]

207. Zwaar weer. Natuurrampen

noodweer (storm)	καταιγίδα (θηλ.)	[katejíða]
bliksem (de)	αστραπή (θηλ.)	[astrapí]
flitsen (ww)	αστράπτω	[astrápto]
donder (de)	βροντή (θηλ.)	[vrondí]
donderen (ww)	βροντάω	[vrondáo]
het dondert	βροντάει	[vrondái]
hagel (de)	χαλάζι (ουδ.)	[xalʲázi]
het hagelt	ρίχνει χαλάζι	[ríxni xalʲázi]
overstromen (ww)	πλημμυρίζω	[plimirízo]
overstroming (de)	πλημμύρα (θηλ.)	[plimíra]
aardbeving (de)	σεισμός (αρ.)	[sizmós]
aardschok (de)	δόνηση (θηλ.)	[ðónisi]
epicentrum (het)	επίκεντρο (ουδ.)	[epíkendro]
uitbarsting (de)	έκρηξη (θηλ.)	[ékriksi]
lava (de)	λάβα (θηλ.)	[lʲáva]
wervelwind (de)	ανεμοστρόβιλος (αρ.)	[anemostróvilʲos]
windhoos (de)	σίφουνας (αρ.)	[sífunas]
tyfoon (de)	τυφώνας (αρ.)	[tifónas]
orkaan (de)	τυφώνας (αρ.)	[tifónas]
storm (de)	καταιγίδα (θηλ.)	[katejíða]
tsunami (de)	τσουνάμι (ουδ.)	[tsunámi]
cycloon (de)	κυκλώνας (αρ.)	[kiklʲónas]
onweer (het)	κακοκαιρία (θηλ.)	[kakokería]
brand (de)	φωτιά, πυρκαγιά (θηλ.)	[fotiá], [pirkajá]
ramp (de)	καταστροφή (θηλ.)	[katastrofí]
meteoriet (de)	μετεωρίτης (αρ.)	[meteorítis]
lawine (de)	χιονοστιβάδα (θηλ.)	[xonostiváða]
sneeuwverschuiving (de)	χιονοστιβάδα (θηλ.)	[xonostiváða]
sneeuwjacht (de)	χιονοθύελλα (θηλ.)	[xonoθíelʲa]
sneeuwstorm (de)	χιονοθύελλα (θηλ.)	[xonoθíelʲa]

208. Geluiden. Geluiden

stilte (de)	ησυχία (θηλ.)	[isixía]
geluid (het)	ήχος (αρ.)	[íxos]
lawaai (het)	θόρυβος (αρ.)	[θórivos]
lawaai maken (ww)	κάνει θόρυβο	[káni θórivo]
lawaaierig (bn)	θορυβώδης	[θorivóðis]
luid (~ spreken)	δυνατά	[ðinatá]
luid (bijv. ~e stem)	δυνατός	[ðinatós]
aanhoudend (voortdurend)	αδιάκοπος	[aðiákopos]

schreeuw (de)	**κραυγή** (θηλ.)	[kravʝí]
schreeuwen (ww)	**φωνάζω**	[fonázo]
gefluister (het)	**ψιθύρισμα** (ουδ.)	[psiθírizma]
fluisteren (ww)	**ψιθυρίζω**	[psiθirízo]
geblaf (het)	**γάβγισμα** (ουδ.)	[ɣávʝizma]
blaffen (ww)	**γαυγίζω**	[ɣavʝízo]
gekreun (het)	**βογκητό** (ουδ.)	[vongitó]
kreunen (ww)	**βογκώ**	[vongó]
hoest (de)	**βήχας** (αρ.)	[víxas]
hoesten (ww)	**βήχω**	[víxo]
gefluit (het)	**σφύριγμα** (ουδ.)	[sfíriɣma]
fluiten (op het fluitje blazen)	**σφυρίζω**	[sfirízo]
geklop (het)	**χτύπημα** (ουδ.)	[xtípima]
kloppen (aan een deur)	**χτυπάω**	[xtipáo]
kraken (hout, ijs)	**τρίζω**	[trízo]
gekraak (het)	**κρότος** (αρ.)	[krótos]
sirene (de)	**σειρήνα** (θηλ.)	[sirína]
fluit (stoom ~)	**σφυρίχτρα** (θηλ.)	[sfiríxtra]
fluiten (schip, trein)	**σφυρίζω**	[sfirízo]
toeter (de)	**κόρνα** (θηλ.)	[kórna]
toeteren (ww)	**κορνάρω**	[kornáro]

209. Winter

winter (de)	**χειμώνας** (αρ.)	[ximónas]
winter- (abn)	**χειμωνιάτικος**	[ximoniátikos]
in de winter (bw)	**το χειμώνα**	[to ximóna]
sneeuw (de)	**χιόνι** (ουδ.)	[xóni]
het sneeuwt	**χιονίζει**	[xonízi]
sneeuwval (de)	**χιονόπτωση** (θηλ.)	[xonóptosi]
sneeuwhoop (de)	**σωρός χιονιού** (αρ.)	[sorós xoniú]
sneeuwvlok (de)	**χιονονιφάδα** (θηλ.)	[xononifáða]
sneeuwbal (de)	**χιονόμπαλα** (θηλ.)	[xonóbalʲa]
sneeuwman (de)	**χιονάνθρωπος** (αρ.)	[xonánθropos]
ijspegel (de)	**παγοκρύσταλλος** (αρ.)	[paɣokrístalʲos]
december (de)	**Δεκέμβριος** (αρ.)	[ðekémvrios]
januari (de)	**Ιανουάριος** (αρ.)	[januários]
februari (de)	**Φεβρουάριος** (αρ.)	[fevruários]
vorst (de)	**παγωνιά** (θηλ.)	[paɣoniá]
vries- (abn)	**παγωμένος**	[paɣoménos]
onder nul (bw)	**υπό το μηδέν**	[ipó to miðén]
eerste vorst (de)	**παγετός** (αρ.)	[paʝetós]
rijp (de)	**πάχνη** (θηλ.)	[páxni]
koude (de)	**κρύο** (ουδ.)	[krío]

het is koud	**κάνει κρύο**	[káni krío]
bontjas (de)	**γούνα** (θηλ.)	[ɣúna]
wanten (mv.)	**γάντια χωρίς δάχτυλα** (ουδ.πλ.)	[ɣándia xoris ðáxtilʲa]
ziek worden (ww)	**αρρωσταίνω**	[arosténo]
verkoudheid (de)	**κρυολόγημα** (ουδ.)	[krioľójima]
verkouden raken (ww)	**κρυολογώ**	[krioľoɣó]
ijs (het)	**πάγος** (αρ.)	[páɣos]
ijzel (de)	**λεπτό στρώμα πάγου** (ουδ.)	[leptó stróma páɣu]
bevriezen (rivier, enz.)	**παγώνω**	[paɣóno]
ijsschol (de)	**παγονησίδα** (θηλ.)	[paɣonisíða]
ski's (mv.)	**σκι** (ουδ.)	[ski]
skiër (de)	**σκιέρ** (αρ.)	[skiér]
skiën (ww)	**κάνω σκι**	[káno ski]
schaatsen (ww)	**πατινάρω**	[patináro]

Fauna

210. Zoogdieren. Roofdieren

roofdier (het)	θηρευτής (ουδ.)	[' ireftís]
tijger (de)	τίγρη (θηλ.), τίγρης (αρ.)	[tíj ri], [tíj ris]
leeuw (de)	λιοντάρι (ουδ.)	[liondári]
wolf (de)	λύκος (αρ.)	[líkos]
vos (de)	αλεπού (θηλ.)	[alepú]
jaguar (de)	ιαγουάρος (αρ.)	[jaj uáros]
luipaard (de)	λεοπάρδαλη (θηλ.)	[leopárðali]
jachtluipaard (de)	γατόπαρδος (αρ.)	[j atóparðos]
panter (de)	πάνθηρας (αρ.)	[pán´ iras]
poema (de)	πούμα (ουδ.)	[púma]
sneeuwluipaard (de)	λεοπάρδαλη (θηλ.) των χιόνων	[leopárðali ton xiónon]
lynx (de)	λύγκας (αρ.)	[língas]
coyote (de)	κογιότ (ουδ.)	[koθót]
jakhals (de)	τσακάλι (ουδ.)	[tsakáli]
hyena (de)	ύαινα (θηλ.)	[íena]

211. Wilde dieren

dier (het)	ζώο (ουδ.)	[zóo]
beest (het)	θηρίο (ουδ.)	[' irío]
eekhoorn (de)	σκίουρος (αρ.)	[skíuros]
egel (de)	σκαντζόχοιρος (αρ.)	[skandzóxiros]
haas (de)	λαγός (αρ.)	[lɣaj ós]
konijn (het)	κουνέλι (ουδ.)	[kunéli]
das (de)	ασβός (αρ.)	[azvós]
wasbeer (de)	ρακούν (ουδ.)	[rakún]
hamster (de)	χάμστερ (ουδ.)	[xámster]
marmot (de)	μυωξός (αρ.)	[mioksós]
mol (de)	τυφλοπόντικας (αρ.)	[tiflɣpóndikas]
muis (de)	ποντίκι (ουδ.)	[pondíki]
rat (de)	αρουραίος (αρ.)	[aruréos]
vleermuis (de)	νυχτερίδα (θηλ.)	[nixteríða]
hermelijn (de)	ερμίνα (θηλ.)	[ermína]
sabeldier (het)	σαμούρι (ουδ.)	[samúri]
marter (de)	κουνάβι (ουδ.)	[kunávi]
wezel (de)	νυφίτσα (θηλ.)	[nifítsa]

nerts (de)	**βιζόν** (ουδ.)	[vizón]
bever (de)	**κάστορας** (αρ.)	[kástoras]
otter (de)	**ενυδρίδα** (θηλ.)	[eniðríða]
paard (het)	**άλογο** (ουδ.)	[álɣoʝ o]
eland (de)	**άλκη** (θηλ.)	[álɣki]
hert (het)	**ελάφι** (ουδ.)	[elɣáfi]
kameel (de)	**καμήλα** (θηλ.)	[kamílɣa]
bizon (de)	**βίσονας** (αρ.)	[vísonas]
wisent (de)	**βόνασος** (αρ.)	[vónasos]
buffel (de)	**βούβαλος** (αρ.)	[vúvalɣos]
zebra (de)	**ζέβρα** (θηλ.)	[zévra]
antilope (de)	**αντιλόπη** (θηλ.)	[andilɣópi]
ree (de)	**ζαρκάδι** (ουδ.)	[zarkáði]
damhert (het)	**ντάμα ντάμα** (ουδ.)	[dáma dáma]
gems (de)	**αγριόγιδο** (ουδ.)	[aʝ rióʝ iðo]
everzwijn (het)	**αγριογούρουνο** (αρ.)	[aʝ rioʝ úruno]
walvis (de)	**φάλαινα** (θηλ.)	[fálena]
rob (de)	**φώκια** (θηλ.)	[fókia]
walrus (de)	**θαλάσσιος ίππος** (αρ.)	[´ alɣásios ípos]
zeebeer (de)	**γουνοφόρα φώκια** (θηλ.)	[ʝ unofóra fóka]
dolfijn (de)	**δελφίνι** (ουδ.)	[ðelɣfíni]
beer (de)	**αρκούδα** (θηλ.)	[arkúða]
ijsbeer (de)	**πολική αρκούδα** (θηλ.)	[polikí arkúða]
panda (de)	**πάντα** (ουδ.)	[pánda]
aap (de)	**μαϊμού** (θηλ.)	[majmú]
chimpansee (de)	**χιμπαντζής** (ουδ.)	[xibadzís]
orang-oetan (de)	**ουραγκοτάγκος** (αρ.)	[urangotángos]
gorilla (de)	**γορίλας** (αρ.)	[ʝ orílɣas]
makaak (de)	**μακάκας** (αρ.)	[makákas]
gibbon (de)	**γίββωνας** (αρ.)	[θvonas]
olifant (de)	**ελέφαντας** (αρ.)	[eléfandas]
neushoorn (de)	**ρινόκερος** (αρ.)	[rinókeros]
giraffe (de)	**καμηλοπάρδαλη** (θηλ.)	[kamilɣopárðali]
nijlpaard (het)	**ιπποπόταμος** (αρ.)	[ipopótamos]
kangoeroe (de)	**καγκουρό** (ουδ.)	[kanguró]
koala (de)	**κοάλα** (ουδ.)	[koálɣa]
mangoest (de)	**μαγκούστα** (θηλ.)	[mangústa]
chinchilla (de)	**τσιντσιλά** (ουδ.)	[tsintsilɣá]
stinkdier (het)	**μεφίτιδα** (θηλ.)	[mefítiða]
stekelvarken (het)	**ακανθόχοιρος** (αρ.)	[akan´ óxiros]

212. Huisdieren

poes (de)	**γάτα** (θηλ.)	[ʝ áta]
kater (de)	**γάτος** (αρ.)	[ʝ átos]

hond (de)	**σκύλος** (αρ.)	[skílos]
paard (het)	**άλογο** (ουδ.)	[áloɣo]
hengst (de)	**επιβήτορας** (αρ.)	[epivítoras]
merrie (de)	**φοράδα** (θηλ.)	[foráða]
koe (de)	**αγελάδα** (θηλ.)	[aɣeláða]
bul, stier (de)	**ταύρος** (αρ.)	[távros]
os (de)	**βόδι** (ουδ.)	[vóði]
schaap (het)	**πρόβατο** (ουδ.)	[próvato]
ram (de)	**κριάρι** (ουδ.)	[kriári]
geit (de)	**κατσίκα, γίδα** (θηλ.)	[katsíka], [ɣíða]
bok (de)	**τράγος** (αρ.)	[tráɣos]
ezel (de)	**γάιδαρος** (αρ.)	[ɣáiðaros]
muilezel (de)	**μουλάρι** (ουδ.)	[mulári]
varken (het)	**γουρούνι** (ουδ.)	[ɣurúni]
biggetje (het)	**γουρουνάκι** (ουδ.)	[ɣurunáki]
konijn (het)	**κουνέλι** (ουδ.)	[kunéli]
kip (de)	**κότα** (θηλ.)	[kóta]
haan (de)	**πετεινός, κόκορας** (αρ.)	[petinós], [kókoras]
eend (de)	**πάπια** (θηλ.)	[pápia]
woerd (de)	**αρσενική πάπια** (θηλ.)	[arsenikí pápia]
gans (de)	**χήνα** (θηλ.)	[xína]
kalkoen haan (de)	**γάλος** (αρ.)	[ɣálos]
kalkoen (de)	**γαλοπούλα** (θηλ.)	[ɣalopúla]
huisdieren (mv.)	**κατοικίδια** (ουδ.πλ.)	[katikíðia]
tam (bijv. hamster)	**κατοικίδιος**	[katikíðios]
temmen (tam maken)	**δαμάζω**	[ðamázo]
fokken (bijv. paarden ~)	**εκτρέφω**	[ektréfo]
boerderij (de)	**αγρόκτημα** (ουδ.)	[aɣróktima]
gevogelte (het)	**πουλερικό** (ουδ.)	[pulerikó]
rundvee (het)	**βοοειδή** (ουδ.πλ.)	[vooiðí]
kudde (de)	**κοπάδι** (ουδ.)	[kopáði]
paardenstal (de)	**στάβλος** (αρ.)	[stávlos]
zwijnenstal (de)	**χοιροστάσιο** (ουδ.)	[xirostásio]
koeienstal (de)	**βουστάσιο** (ουδ.)	[vustásio]
konijnenhok (het)	**κλουβί κουνελιού** (ουδ.)	[kluví kuneliú]
kippenhok (het)	**κοτέτσι** (ουδ.)	[kotétsi]

213. Honden. Hondenrassen

hond (de)	**σκύλος** (αρ.)	[skílos]
herdershond (de)	**ποιμενικός** (αρ.)	[pimenikós]
poedel (de)	**κανίς** (ουδ.)	[kanís]
teckel (de)	**ντάκσχουντ** (ουδ.)	[dáksxund]
buldog (de)	**μπουλντόγκ** (ουδ.)	[buldóg]

boxer (de)	**μπόξερ** (ουδ.)	[bókser]
mastiff (de)	**μαστίφ** (ουδ.)	[mastíf]
rottweiler (de)	**ροτβάιλερ** (ουδ.)	[rotvájler]
doberman (de)	**ντόμπερμαν** (ουδ.)	[dóberman]
basset (de)	**μπάσσετ** (ουδ.)	[báset]
bobtail (de)	**μπομπτέιλ** (ουδ.)	[bobtéjl]
dalmatiër (de)	**δαλματίας** (αρ.)	[ðalmatías]
cockerspaniël (de)	**Κόκερ Σπάνιελ** (ουδ.)	[kóker spániel]
Newfoundlander (de)	**νέας γης** (αρ.)	[néas ʝis]
sint-bernard (de)	**Αγίου Βερνάρδου** (ουδ.)	[aʝíu vernárðu]
husky (de)	**χάσκι** (ουδ.)	[xáski]
chowchow (de)	**Τσόου Τσόου** (ουδ.)	[tsóu tsóu]
spits (de)	**σπιτς** (ουδ.)	[spits]
mopshond (de)	**μοπς** (ουδ.)	[mops]

214. Dierengeluiden

geblaf (het)	**γάβγισμα** (ουδ.)	[ɣávɣizma]
blaffen (ww)	**γαυγίζω**	[ɣavɣízo]
miauwen (ww)	**νιαουρίζω**	[niaurízo]
spinnen (katten)	**γουργουρίζω**	[ɣurɣurízo]
loeien (ov. een koe)	**μουγκρίζω**	[mungrízo]
brullen (stier)	**μουγκρίζω**	[mungrízo]
grommen (ov. de honden)	**βρυχώμαι**	[vrixóme]
gehuil (het)	**ουρλιαχτό** (ουδ.)	[urliaxtó]
huilen (wolf, enz.)	**ουρλιάζω**	[urliázo]
janken (ov. een hond)	**κλαίω**	[kléo]
mekkeren (schapen)	**βελάζω**	[velázo]
knorren (varkens)	**γρυλίζω**	[ɣrilízo]
gillen (bijv. varken)	**τσιρίζω**	[tsirízo]
kwaken (kikvorsen)	**κοάζω**	[koázo]
zoemen (hommel, enz.)	**βουίζω**	[vuízo]
tjirpen (sprinkhanen)	**τιτιβίζω**	[titivízo]

215. Jonge dieren

jong (het)	**κουτάβι** (ουδ.)	[kutávi]
poesje (het)	**γατάκι** (ουδ.)	[ɣatáki]
muisje (het)	**ποντικάκι** (ουδ.)	[pondikáki]
puppy (de)	**κουτάβι** (ουδ.)	[kutávi]
jonge haas (de)	**λαγουδάκι** (ουδ.)	[laɣuðáki]
konijntje (het)	**κουνελάκι** (ουδ.)	[kuneláki]
wolfje (het)	**λυκόπουλο** (ουδ.)	[likópulo]
vosje (het)	**αλεπουδάκι** (ουδ.)	[alepuðáki]

beertje (het)	αρκουδάκι (ουδ.)	[arkuðáki]
leeuwenjong (het)	λεονταράκι (ουδ.)	[leondaráki]
tijgertje (het)	τιγράκι (ουδ.)	[tij ráki]
olifantenjong (het)	ελεφαντάκι (ουδ.)	[elefandáki]

biggetje (het)	γουρουνάκι (ουδ.)	[ji urunáki]
kalf (het)	μοσχάρι (ουδ.)	[mosxári]
geitje (het)	κατσικάκι (ουδ.)	[katsikáki]
lam (het)	αρνί (ουδ.)	[arní]
reekalf (het)	ελαφάκι (ουδ.)	[elafáki]
jonge kameel (de)	καμηλάκι (ουδ.)	[kamiláki]

| slangenjong (het) | φιδάκι (ουδ.) | [fiðáki] |
| kikkertje (het) | βατραχάκι (ουδ.) | [vatraxáki] |

vogeltje (het)	νεοσσός (αρ.)	[neosós]
kuiken (het)	κλωσσόπουλο (ουδ.)	[klosópulo]
eendje (het)	παπί, παπάκι (ουδ.)	[papí], [papáki]

216. Vogels

vogel (de)	πουλί (ουδ.)	[pulí]
duif (de)	περιστέρι (ουδ.)	[peristéri]
mus (de)	σπουργίτι (ουδ.)	[spurθti]
koolmees (de)	καλόγερος (αρ.)	[kalóθeros]
ekster (de)	καρακάξα (θηλ.)	[karakáksa]

raaf (de)	κόρακας (αρ.)	[kórakas]
kraai (de)	κουρούνα (θηλ.)	[kurúna]
kauw (de)	κάργα (θηλ.)	[kárj a]
roek (de)	χαβαρόνι (ουδ.)	[xavaróni]

eend (de)	πάπια (θηλ.)	[pápia]
gans (de)	χήνα (θηλ.)	[xína]
fazant (de)	φασιανός (αρ.)	[fasianós]

arend (de)	αετός (αρ.)	[aetós]
havik (de)	γεράκι (ουδ.)	[θeráki]
valk (de)	γεράκι (ουδ.)	[θeráki]
gier (de)	γύπας (αρ.)	[θpas]
condor (de)	κόνδορας (αρ.)	[kónðoras]

zwaan (de)	κύκνος (αρ.)	[kíknos]
kraanvogel (de)	γερανός (αρ.)	[θeranós]
ooievaar (de)	πελαργός (αρ.)	[pelarj ós]

papegaai (de)	παπαγάλος (αρ.)	[papaj álos]
kolibrie (de)	κολιμπρί (ουδ.)	[kolibrí]
pauw (de)	παγόνι (ουδ.)	[paj óni]

struisvogel (de)	στρουθοκάμηλος (αρ.)	[stru´ okámilos]
reiger (de)	τσικνιάς (αρ.)	[tsikniás]
flamingo (de)	φλαμίγκο (ουδ.)	[flamíngo]
pelikaan (de)	πελεκάνος (αρ.)	[pelekános]

nachtegaal (de)	**αηδόνι** (ουδ.)	[aiðóni]
zwaluw (de)	**χελιδόνι** (ουδ.)	[xeliðóni]
lijster (de)	**τσίχλα** (θηλ.)	[tsíxlɣa]
zanglijster (de)	**κελαηδότσιχλα** (θηλ.)	[kelaiðótsixlɣa]
merel (de)	**κοτσύφι** (ουδ.)	[kotsífi]
gierzwaluw (de)	**σταχτάρα** (θηλ.)	[staxtára]
leeuwerik (de)	**κορυδαλλός** (αρ.)	[koriðalɣós]
kwartel (de)	**ορτύκι** (ουδ.)	[ortíki]
specht (de)	**δρυοκολάπτης** (αρ.)	[ðriokolɣáptis]
koekoek (de)	**κούκος** (αρ.)	[kúkos]
uil (de)	**κουκουβάγια** (θηλ.)	[kukuváʝa]
oehoe (de)	**μπούφος** (αρ.)	[búfos]
auerhoen (het)	**αγριόκουρκος** (αρ.)	[aj riókurkos]
korhoen (het)	**λυροπετεινός** (αρ.)	[liropetinós]
patrijs (de)	**πέρδικα** (θηλ.)	[pérðika]
spreeuw (de)	**ψαρόνι** (ουδ.)	[psaróni]
kanarie (de)	**καναρίνι** (ουδ.)	[kanaríni]
hazelhoen (het)	**αγριόκοτα** (θηλ.)	[aj riókota]
vink (de)	**σπίνος** (αρ.)	[spínos]
goudvink (de)	**πύρρουλα** (αρ.)	[pírulɣa]
meeuw (de)	**γλάρος** (αρ.)	[j lɣáros]
albatros (de)	**άλμπατρος** (ουδ.)	[álɣbatros]
pinguïn (de)	**πιγκουίνος** (αρ.)	[pinguínos]

217. Vogels. Zingen en geluiden

fluiten, zingen (ww)	**τραγουδώ**	[traj uðó]
schreeuwen (dieren, vogels)	**καλώ**	[kalɣó]
kraaien (ov. een haan)	**λαλώ**	[lɣaló]
kukeleku	**κουκουρίκου**	[kukuríku]
klokken (hen)	**κακαρίζω**	[kakarízo]
krassen (kraai)	**κρώζω**	[krózo]
kwaken (eend)	**κρώζω**	[krózo]
piepen (kuiken)	**πιπίζω**	[pipízo]
tjilpen (bijv. een mus)	**τιτιβίζω**	[titivízo]

218. Vis. Zeedieren

brasem (de)	**αβραμίδα** (θηλ.)	[avramíða]
karper (de)	**κυπρίνος** (αρ.)	[kiprínos]
baars (de)	**πέρκα** (θηλ.)	[pérka]
meerval (de)	**γουλιανός** (αρ.)	[j ulianós]
snoek (de)	**λούτσος** (αρ.)	[lɣútsos]
zalm (de)	**σολομός** (αρ.)	[solɣmós]
steur (de)	**οξύρυγχος** (αρ.)	[oksírinxos]

haring (de)	**ρέγγα** (θηλ.)	[rénga]
atlantische zalm (de)	**σολομός του Ατλαντικού** (αρ.)	[solomós tu atlandikú]
makreel (de)	**σκουμπρί** (ουδ.)	[skumbrí]
platvis (de)	**πλατύψαρο** (ουδ.)	[platípsaro]
snoekbaars (de)	**ποταμολάβρακο** (ουδ.)	[potamolávrako]
kabeljauw (de)	**μπακαλιάρος** (αρ.)	[bakaliáros]
tonijn (de)	**τόνος** (αρ.)	[tónos]
forel (de)	**πέστροφα** (θηλ.)	[péstrofa]
paling (de)	**χέλι** (ουδ.)	[xéli]
sidderrog (de)	**μουδιάστρα** (θηλ.)	[muðiástra]
murene (de)	**σμέρνα** (θηλ.)	[zmérna]
piranha (de)	**πιράνχας** (ουδ.)	[piránxas]
haai (de)	**καρχαρίας** (αρ.)	[karxarías]
dolfijn (de)	**δελφίνι** (ουδ.)	[ðelfíni]
walvis (de)	**φάλαινα** (θηλ.)	[fálena]
krab (de)	**καβούρι** (ουδ.)	[kavúri]
kwal (de)	**μέδουσα** (θηλ.)	[méðusa]
octopus (de)	**χταπόδι** (ουδ.)	[xtapóði]
zeester (de)	**αστερίας** (αρ.)	[asterías]
zee-egel (de)	**αχινός** (αρ.)	[axinós]
zeepaardje (het)	**ιππόκαμπος** (αρ.)	[ipókambos]
oester (de)	**στρείδι** (ουδ.)	[stríði]
garnaal (de)	**γαρίδα** (θηλ.)	[ʝ arída]
kreeft (de)	**αστακός** (αρ.)	[astakós]
langoest (de)	**ακανθωτός αστακός** (αρ.)	[akan´ otós astakós]

219. Amfibieën. Reptielen

slang (de)	**φίδι** (ουδ.)	[fíði]
giftig (slang)	**δηλητηριώδης**	[ðilitirióðis]
adder (de)	**οχιά** (θηλ.)	[oxiá]
cobra (de)	**κόμπρα** (θηλ.)	[kóbra]
python (de)	**πύθωνας** (αρ.)	[pí´ onas]
boa (de)	**βόας** (αρ.)	[vóas]
ringslang (de)	**νερόφιδο** (ουδ.)	[nerófiðo]
ratelslang (de)	**κροταλίας** (αρ.)	[krotalías]
anaconda (de)	**ανακόντα** (θηλ.)	[anakónda]
hagedis (de)	**σαύρα** (θηλ.)	[sávra]
leguaan (de)	**ιγκουάνα** (θηλ.)	[iguána]
varaan (de)	**βαράνος** (αρ.)	[varános]
salamander (de)	**σαλαμάντρα** (θηλ.)	[salamándra]
kameleon (de)	**χαμαιλέοντας** (αρ.)	[xameléondas]
schorpioen (de)	**σκορπιός** (αρ.)	[skorpiós]
schildpad (de)	**χελώνα** (θηλ.)	[xelóna]

kikker (de)	**βάτραχος** (αρ.)	[vátraxos]
pad (de)	**φρύνος** (αρ.)	[frínos]
krokodil (de)	**κροκόδειλος** (αρ.)	[krokóðilos]

220. Insecten

insect (het)	**έντομο** (ουδ.)	[éndomo]
vlinder (de)	**πεταλούδα** (θηλ.)	[petalúða]
mier (de)	**μυρμήγκι** (ουδ.)	[mirmíngi]
vlieg (de)	**μύγα** (θηλ.)	[mí̯ a]
mug (de)	**κουνούπι** (ουδ.)	[kunúpi]
kever (de)	**σκαθάρι** (ουδ.)	[ska´ ári]
wesp (de)	**σφήκα** (θηλ.)	[sfíka]
bij (de)	**μέλισσα** (θηλ.)	[mélisa]
hommel (de)	**βομβίνος** (αρ.)	[vomvínos]
horzel (de)	**οίστρος** (αρ.)	[ístros]
spin (de)	**αράχνη** (θηλ.)	[aráxni]
spinnenweb (het)	**ιστός αράχνης** (αρ.)	[istós aráxnis]
libel (de)	**λιβελούλα** (θηλ.)	[livelúla]
sprinkhaan (de)	**ακρίδα** (θηλ.)	[akríða]
nachtvlinder (de)	**νυχτοπεταλούδα** (θηλ.)	[nixtopetalúða]
kakkerlak (de)	**κατσαρίδα** (θηλ.)	[katsaríða]
teek (de)	**ακάρι** (ουδ.)	[akári]
vlo (de)	**ψύλλος** (αρ.)	[psílos]
kriebelmug (de)	**μυγάκι** (ουδ.)	[mi̯ áki]
treksprinkhaan (de)	**ακρίδα** (θηλ.)	[akríða]
slak (de)	**σαλιγκάρι** (ουδ.)	[salingári]
krekel (de)	**γρύλος** (αρ.)	[i̯ rílos]
glimworm (de)	**πυγολαμπίδα** (θηλ.)	[pi̯ olambíða]
lieveheersbeestje (het)	**πασχαλίτσα** (θηλ.)	[pasxalítsa]
meikever (de)	**μηλολόνθη** (θηλ.)	[mitolón´ i]
bloedzuiger (de)	**βδέλλα** (θηλ.)	[vðéla]
rups (de)	**κάμπια** (θηλ.)	[kámbia]
aardworm (de)	**σκουλήκι** (ουδ.)	[skulíki]
larve (de)	**σκώληκας** (αρ.)	[skólikas]

221. Dieren. Lichaamsdelen

snavel (de)	**ράμφος** (ουδ.)	[rámfos]
vleugels (mv.)	**φτερά** (ουδ.πλ.)	[fterá]
poot (ov. een vogel)	**πόδι** (ουδ.)	[póði]
verenkleed (het)	**φτέρωμα** (ουδ.)	[ftéroma]
veer (de)	**φτερό** (ουδ.)	[fteró]
kuifje (het)	**λοφίο** (ουδ.)	[lofío]
kieuwen (mv.)	**βράγχια** (ουδ.πλ.)	[vránxia]
kuit, dril (de)	**αβγά** (ουδ.πλ.)	[avi̯ á]

larve (de)	σκώληκας (αρ.)	[skólikas]
vin (de)	πτερύγιο (ουδ.)	[pteríﬁ]
schubben (mv.)	λέπια (ουδ.πλ.)	[lépia]

slagtand (de)	σκυλόδοντο (ουδ.)	[skilýðondo]
poot (bijv. ~ van een kat)	πόδι (ουδ.)	[póði]
muil (de)	μουσούδα (θηλ.)	[musúða]
bek (mond van dieren)	στόμα (ουδ.)	[stóma]
staart (de)	ουρά (θηλ.)	[urá]
snorharen (mv.)	μουστάκι (ουδ.)	[mustáki]

| hoef (de) | οπλή (θηλ.) | [oplí] |
| hoorn (de) | κέρατο (ουδ.) | [kérato] |

schild (schildpad, enz.)	όστρακο (ουδ.)	[óstrako]
schelp (de)	κοχύλι (ουδ.)	[koxíli]
eierschaal (de)	τσόφλι (ουδ.)	[tsófli]

| vacht (de) | τρίχωμα (ουδ.) | [tríxoma] |
| huid (de) | τομάρι (ουδ.) | [tomári] |

222. Acties van de dieren

vliegen (ww)	πετάω	[petáo]
cirkelen (vogel)	στροβιλίζομαι	[strovilízome]
wegvliegen (ww)	πετάω μακριά	[petáo makriá]
klapwieken (ww)	κουνάω	[kunáo]

| pikken (vogels) | ραμφίζω | [ramfízo] |
| broeden (de eend zit te ~) | εκκολάπτω | [ekolýpto] |

| uitbroeden (ww) | εκκολάπτομαι | [ekolýptome] |
| een nest bouwen | χτίζω φωλιά | [xtízo foliá] |

kruipen (ww)	έρπω	[érpo]
steken (bij)	τσιμπάω	[tsimbáo]
bijten (de hond, enz.)	δαγκώνω	[ðangóno]

snuffelen (ov. de dieren)	μυρίζω	[mirízo]
blaffen (ww)	γαυγίζω	[ji avθzo]
sissen (slang)	συρίζω	[sirízo]

| doen schrikken (ww) | τρομάζω | [tromázo] |
| aanvallen (ww) | επιτίθεμαι | [epití´eme] |

knagen (ww)	ροκανίζω	[rokanízo]
schrammen (ww)	γρατζουνίζω	[ji radzunízo]
zich verbergen (ww)	κρύβομαι	[krívome]

spelen (ww)	παίζω	[pézo]
jagen (ww)	κυνηγώ	[kinij ó]
winterslapen	βρίσκομαι σε χειμέρια νάρκη	[vrískome se ximéria nárki]
uitsterven (dinosauriërs, enz.)	εξαφανίζομαι	[eksafanízome]

223. Dieren. Leefomgevingen

leefgebied (het)	**περιβάλλον** (ουδ.)	[periválɣon]
migratie (de)	**αποδημία** (θηλ.)	[apoðimía]
berg (de)	**βουνό** (ουδ.)	[vunó]
rif (het)	**ύφαλος** (αρ.)	[ífalɣos]
klip (de)	**γκρεμός** (αρ.)	[gremós]
bos (het)	**δάσος** (ουδ.)	[ðásos]
jungle (de)	**ζούγκλα** (θηλ.)	[zúnglɣa]
savanne (de)	**σαβάνα** (θηλ.)	[savána]
toendra (de)	**τούνδρα** (θηλ.)	[túnðra]
steppe (de)	**στέπα** (θηλ.)	[stépa]
woestijn (de)	**έρημος** (θηλ.)	[érimos]
oase (de)	**όαση** (θηλ.)	[óasi]
zee (de)	**θάλασσα** (θηλ.)	[´ álɣasa]
meer (het)	**λίμνη** (θηλ.)	[límni]
oceaan (de)	**ωκεανός** (αρ.)	[okeanós]
moeras (het)	**βάλτος** (αρ.)	[válɣtos]
zoetwater- (abn)	**γλυκός**	[ʝ likós]
vijver (de)	**λιμνούλα** (θηλ.)	[limnúlɣa]
rivier (de)	**ποταμός** (αρ.)	[potamós]
berenhol (het)	**φωλιά** (θηλ.)	[foliá]
nest (het)	**φωλιά** (θηλ.)	[foliá]
boom holte (de)	**φωλιά στο δέντρο** (θηλ.)	[foliá sto ðéndro]
hol (het)	**φωλιά** (θηλ.), **λαγούμι** (ουδ.)	[foliá], [lɣaʝ úmi]
mierenhoop (de)	**μυρμηγκοφωλιά** (θηλ.)	[mirmingofoliá]

224. Dierverzorging

dierentuin (de)	**ζωολογικός κήπος** (αρ.)	[zoolɣoθkós kípos]
natuurreservaat (het)	**εθνικός δρυμός** (αρ.)	[e´ nikós ðrimós]
fokkerij (de)	**εκτροφείο** (ουδ.)	[ektrofío]
openluchtkooi (de)	**υπαίθριο κλουβί** (ουδ.)	[ipé´ rio klɣuví]
kooi (de)	**κλουβί** (ουδ.)	[klɣuví]
hondenhok (het)	**σκυλόσπιτο** (ουδ.)	[skilóspito]
duiventil (de)	**περιστεριώνας** (αρ.)	[peristerriónas]
aquarium (het)	**ενυδρείο** (ουδ.)	[eniðrío]
dolfinarium (het)	**δελφινάριο** (ουδ.)	[ðelɣfinário]
fokken (bijv. honden ~)	**εκτρέφω**	[ektréfo]
nakomelingen (mv.)	**γέννα** (θηλ.)	[θéna]
temmen (tam maken)	**δαμάζω**	[ðamázo]
dresseren (ww)	**εκπαιδεύω**	[ekpeðévo]
voeding (de)	**τροφή** (θηλ.)	[trofí]
voederen (ww)	**ταΐζω**	[tézo]

dierenwinkel (de)	καταστήματα κατοικίδιων (ουδ.)	[katastimáta katⁱkíðion]
muilkorf (de)	φίμωτρο (ουδ.)	[fímotro]
halsband (de)	περιλαίμιο (ουδ.)	[perilémio]
naam (ov. een dier)	όνομα (ουδ.)	[ónoma]
stamboom (honden met ~)	γενεαλογία (θηλ.)	[enealoyía]

225. Dieren. Diversen

meute (wolven)	αγέλη (θηλ.)	[aéli]
zwerm (vogels)	σμήνος (ουδ.)	[zmínos]
school (vissen)	κοπάδι (ουδ.)	[kopáði]
kudde (wilde paarden)	αγέλη (θηλ.)	[aéli]

mannetje (het)	αρσενικό (ουδ.)	[arsenikó]
vrouwtje (het)	θηλυκό (ουδ.)	[΄ilikó]

hongerig (bn)	νηστικός	[nistikós]
wild (bn)	άγριος	[áj rios]
gevaarlijk (bn)	επικίνδυνος	[epikínðinos]

226. Paarden

ras (het)	ράτσα (θηλ.)	[rátsa]
veulen (het)	πουλάρι (ουδ.)	[pulári]
merrie (de)	φοράδα (θηλ.)	[foráða]

mustang (de)	μάστανγκ (ουδ.)	[mástang]
pony (de)	πόνυ (ουδ.)	[póni]
koudbloed (de)	άλογο έλξεως (ουδ.)	[áloji o élkseos]

manen (mv.)	χαίτη (θηλ.)	[xéti]
staart (de)	ουρά (θηλ.)	[urá]

hoef (de)	οπλή (θηλ.)	[oplí]
hoefijzer (het)	πέταλο (ουδ.)	[pétalo]
beslaan (ww)	πεταλώνω	[petalóno]
paardensmid (de)	πεταλωτής (αρ.)	[petalotís]

zadel (het)	σέλα (θηλ.)	[séla]
stijgbeugel (de)	αναβολέας (αρ.)	[anavoléas]
breidel (de)	χαλινάρι (ουδ.)	[xalinári]
leidsels (mv.)	ηνία (ουδ.πλ.)	[inía]
zweep (de)	καμουτσίκι (ουδ.)	[kamutsíki]

ruiter (de)	ιππέας (αρ.)	[ipéas]
zadelen (ww)	σελώνω	[selóno]
een paard bestijgen	καβαλάω άλογο	[kavaláo áloji o]

galop (de)	καλπασμός (αρ.)	[kalpazmós]
galopperen (ww)	καλπάζω	[kalpázo]
draf (de)	τροχασμός (αρ.)	[troxazmós]

in draf (bw)	**με τροχασμό**	[me troxazmó]
renpaard (het)	**άλογο κούρσας** (ουδ.)	[áloj o kúrsas]
paardenrace (de)	**ιπποδρομίες** (θηλ.πλ.)	[ipoðroméas]
paardenstal (de)	**στάβλος** (αρ.)	[stávlos]
voederen (ww)	**ταΐζω**	[tézo]
hooi (het)	**σανός** (αρ.)	[sanós]
water geven (ww)	**ποτίζω**	[potízo]
wassen (paard ~)	**καθαρίζω**	[ka΄ arízo]
paardenkar (de)	**κάρο** (ουδ.)	[káro]
grazen (gras eten)	**βόσκω**	[vósko]
hinniken (ww)	**χλιμιντρίζω**	[xlimindrízo]
een trap geven	**κλωτσάω**	[klotsáo]

Flora

227. Bomen

boom (de)	**δέντρο** (ουδ.)	[ðéndro]
loof- (abn)	**φυλλοβόλος**	[filʲovólʲos]
dennen- (abn)	**κωνοφόρος**	[konofóros]
groenblijvend (bn)	**αειθαλής**	[aiθalís]
appelboom (de)	**μηλιά** (θηλ.)	[miliá]
perenboom (de)	**αχλαδιά** (θηλ.)	[axlʲaðiá]
zoete kers (de)	**κερασιά** (θηλ.)	[kerasiá]
zure kers (de)	**βυσσινιά** (θηλ.)	[visiniá]
pruimelaar (de)	**δαμασκηνιά** (θηλ.)	[ðamaskiniá]
berk (de)	**σημύδα** (θηλ.)	[simíða]
eik (de)	**βελανιδιά** (θηλ.)	[velʲaniðiá]
linde (de)	**φλαμουριά** (θηλ.)	[flʲamuriá]
esp (de)	**λεύκα** (θηλ.)	[léfka]
esdoorn (de)	**σφεντάμι** (ουδ.)	[sfendámi]
spar (de)	**έλατο** (ουδ.)	[élʲato]
den (de)	**πεύκο** (ουδ.)	[péfko]
lariks (de)	**λάριξ** (θηλ.)	[lʲáriks]
zilverspar (de)	**ελάτη** (θηλ.)	[elʲáti]
ceder (de)	**κέδρος** (αρ.)	[kéðros]
populier (de)	**λεύκα** (θηλ.)	[léfka]
lijsterbes (de)	**σουρβιά** (θηλ.)	[surviá]
wilg (de)	**ιτιά** (θηλ.)	[itiá]
els (de)	**σκλήθρα** (θηλ.)	[sklíθra]
beuk (de)	**οξιά** (θηλ.)	[oksiá]
iep (de)	**φτελιά** (θηλ.)	[fteliá]
es (de)	**μέλεγος** (αρ.)	[méleɣos]
kastanje (de)	**καστανιά** (θηλ.)	[kastaniá]
magnolia (de)	**μανόλια** (θηλ.)	[manólia]
palm (de)	**φοίνικας** (αρ.)	[fínikas]
cipres (de)	**κυπαρίσσι** (ουδ.)	[kiparísi]
mangrove (de)	**μανγκρόβιο** (ουδ.)	[mangróvio]
baobab (apenbroodboom)	**μπάομπαμπ** (ουδ.)	[báobab]
eucalyptus (de)	**ευκάλυπτος** (αρ.)	[efkáliptos]
mammoetboom (de)	**σεκόγια** (θηλ.)	[sekója]

228. Heesters

struik (de)	**θάμνος** (αρ.)	[θámnos]
heester (de)	**θάμνος** (αρ.)	[θámnos]

wijnstok (de)	**αμπέλι** (ουδ.)	[ambéli]
wijngaard (de)	**αμπέλι** (ουδ.)	[ambéli]
frambozenstruik (de)	**σμεουριά** (θηλ.)	[zmeuriá]
rode bessenstruik (de)	**κόκκινο φραγκοστάφυλο** (ουδ.)	[kókino frangostáfilʲo]
kruisbessenstruik (de)	**λαγοκέρασο** (ουδ.)	[lʲaɣokéraso]
acacia (de)	**ακακία** (θηλ.)	[akakía]
zuurbes (de)	**βερβερίδα** (θηλ.)	[ververíða]
jasmijn (de)	**γιασεμί** (ουδ.)	[jasemí]
jeneverbes (de)	**άρκευθος** (θηλ.)	[árkefθos]
rozenstruik (de)	**τριανταφυλλιά** (θηλ.)	[triandafiliá]
hondsroos (de)	**αγριοτριανταφυλλιά** (θηλ.)	[aɣriotriandafiliá]

229. Champignons

paddenstoel (de)	**μανιτάρι** (ουδ.)	[manitári]
eetbare paddenstoel (de)	**βρώσιμο μανιτάρι** (ουδ.)	[vrósimo manitári]
giftige paddenstoel (de)	**δηλητηριώδες μανιτάρι** (ουδ.)	[ðilitirióðes manitári]
hoed (de)	**καπέλο** (ουδ.)	[kapélʲo]
steel (de)	**πόδι** (ουδ.)	[póði]
eekhoorntjesbrood (het)	**βασιλομανίταρο** (ουδ.)	[vasilʲomanítaro]
rosse populierboleet (de)	**μπολέτους πορτοκαλί** (ουδ.)	[bolétus portokalí]
berkenboleet (de)	**μπολέτους γκρίζο** (ουδ.)	[bolétus grízo]
cantharel (de)	**κανθαρέλλα** (θηλ.)	[kanθarélʲa]
russula (de)	**ρούσουλα** (θηλ.)	[rúsulʲa]
morielje (de)	**μορχέλλη** (θηλ.)	[morxéli]
vliegenzwam (de)	**ζουρλομανίταρο** (ουδ.)	[zurlʲomanítaro]
groene knolamaniet (de)	**θανατίτης** (αρ.)	[θanatítis]

230. Vruchten. Bessen

appel (de)	**μήλο** (ουδ.)	[mílʲo]
peer (de)	**αχλάδι** (ουδ.)	[axlʲáði]
pruim (de)	**δαμάσκηνο** (ουδ.)	[ðamáskino]
aardbei (de)	**φράουλα** (θηλ.)	[fráulʲa]
zure kers (de)	**βύσσινο** (ουδ.)	[vísino]
zoete kers (de)	**κεράσι** (ουδ.)	[kerási]
druif (de)	**σταφύλι** (ουδ.)	[stafíli]
framboos (de)	**σμέουρο** (ουδ.)	[zméuro]
zwarte bes (de)	**μαύρο φραγκοστάφυλο** (ουδ.)	[mávro frangostáfilʲo]
rode bes (de)	**κόκκινο φραγκοστάφυλο** (ουδ.)	[kókino frangostáfilʲo]
kruisbes (de)	**λαγοκέρασο** (ουδ.)	[lʲaɣokéraso]
veenbes (de)	**κράνμπερι** (ουδ.)	[kránberi]

sinaasappel (de)	**πορτοκάλι** (ουδ.)	[portokáli]
mandarijn (de)	**μανταρίνι** (ουδ.)	[mandaríni]
ananas (de)	**ανανάς** (αρ.)	[ananás]
banaan (de)	**μπανάνα** (θηλ.)	[banána]
dadel (de)	**χουρμάς** (αρ.)	[xurmás]
citroen (de)	**λεμόνι** (ουδ.)	[lemóni]
abrikoos (de)	**βερίκοκο** (ουδ.)	[veríkoko]
perzik (de)	**ροδάκινο** (ουδ.)	[roðákino]
kiwi (de)	**ακτινίδιο** (ουδ.)	[aktiníðio]
grapefruit (de)	**γκρέιπφρουτ** (ουδ.)	[gréjpfrut]
bes (de)	**μούρο** (ουδ.)	[múro]
bessen (mv.)	**μούρα** (ουδ.πλ.)	[múra]
bosaardbei (de)	**χαμοκέρασο** (ουδ.)	[kxamokéraso]
blauwe bosbes (de)	**μύρτιλλο** (ουδ.)	[mírtilʲo]

231. Bloemen. Planten

bloem (de)	**λουλούδι** (ουδ.)	[lʲulʲúði]
boeket (het)	**ανθοδέσμη** (θηλ.)	[anθoðézmi]
roos (de)	**τριαντάφυλλο** (ουδ.)	[triandáfilʲo]
tulp (de)	**τουλίπα** (θηλ.)	[tulípa]
anjer (de)	**γαρίφαλο** (ουδ.)	[ɣarífalʲo]
gladiool (de)	**γλαδιόλα** (θηλ.)	[ɣlʲaðiólʲa]
korenbloem (de)	**κενταύρια** (θηλ.)	[kentávria]
klokje (het)	**καμπανούλα** (θηλ.)	[kampanúlʲa]
paardenbloem (de)	**ταραξάκο** (ουδ.)	[taraksáko]
kamille (de)	**χαμομήλι** (ουδ.)	[xamomíli]
aloë (de)	**αλόη** (θηλ.)	[alʲói]
cactus (de)	**κάκτος** (αρ.)	[káktos]
ficus (de)	**φίκος** (αρ.)	[fíkos]
lelie (de)	**κρίνος** (αρ.)	[krínos]
geranium (de)	**γεράνι** (ουδ.)	[jeráni]
hyacint (de)	**υάκινθος** (αρ.)	[iákinθos]
mimosa (de)	**μιμόζα** (θηλ.)	[mimóza]
narcis (de)	**νάρκισσος** (αρ.)	[nárkisos]
Oost-Indische kers (de)	**καπουτσίνος** (αρ.)	[kaputsínos]
orchidee (de)	**ορχιδέα** (θηλ.)	[orxiðéa]
pioenroos (de)	**παιώνια** (θηλ.)	[peónia]
viooltje (het)	**μενεξές** (αρ.), **βιολέτα** (θηλ.)	[meneksés], [violéta]
driekleurig viooltje (het)	**βιόλα η τρίχρωμη** (θηλ.)	[viólʲa i tríxromi]
vergeet-mij-nietje (het)	**μη-με-λησμόνει** (ουδ.)	[mi-me-lizmóni]
madeliefje (het)	**μαργαρίτα** (θηλ.)	[marɣaríta]
papaver (de)	**παπαρούνα** (θηλ.)	[paparúna]
hennep (de)	**κάνναβη** (θηλ.)	[kánavi]

munt (de)	**μέντα** (θηλ.)	[ménda]
lelietje-van-dalen (het)	**μιγκέ** (ουδ.)	[mingé]
sneeuwklokje (het)	**γάλανθος ο χιονώδης** (αρ.)	[ɣálʲanθos oxonóðis]
brandnetel (de)	**τσουκνίδα** (θηλ.)	[tsukníða]
veldzuring (de)	**λάπαθο** (ουδ.)	[lʲápaθo]
waterlelie (de)	**νούφαρο** (ουδ.)	[núfaro]
varen (de)	**φτέρη** (θηλ.)	[ftéri]
korstmos (het)	**λειχήνα** (θηλ.)	[lixína]
oranjerie (de)	**θερμοκήπιο** (ουδ.)	[θermokípio]
gazon (het)	**γκαζόν** (ουδ.)	[gazón]
bloemperk (het)	**παρτέρι** (ουδ.)	[partéri]
plant (de)	**φυτό** (ουδ.)	[fitó]
gras (het)	**χορτάρι** (ουδ.)	[xortári]
grasspriet (de)	**χορταράκι** (ουδ.)	[xortaráki]
blad (het)	**φύλλο** (ουδ.)	[fílʲo]
bloemblad (het)	**πέταλο** (ουδ.)	[pétalʲo]
stengel (de)	**βλαστός** (αρ.)	[vlʲastós]
knol (de)	**βολβός** (αρ.)	[volʲvós]
scheut (de)	**βλαστάρι** (ουδ.)	[vlʲastári]
doorn (de)	**αγκάθι** (ουδ.)	[angáθi]
bloeien (ww)	**ανθίζω**	[anθízo]
verwelken (ww)	**ξεραίνομαι**	[kserénome]
geur (de)	**μυρωδιά** (θηλ.)	[miroðiá]
snijden (bijv. bloemen ~)	**κόβω**	[kóvo]
plukken (bloemen ~)	**μαζεύω**	[mazévo]

232. Granen, graankorrels

graan (het)	**σιτηρά** (ουδ.πλ.)	[sitirá]
graangewassen (mv.)	**δημητριακών** (ουδ.πλ.)	[ðimitriakón]
aar (de)	**στάχυ** (ουδ.)	[stáxi]
tarwe (de)	**σιτάρι** (ουδ.)	[sitári]
rogge (de)	**σίκαλη** (θηλ.)	[síkali]
haver (de)	**βρώμη** (θηλ.)	[vrómi]
gierst (de)	**κεχρί** (ουδ.)	[kexrí]
gerst (de)	**κριθάρι** (ουδ.)	[kriθári]
maïs (de)	**καλαμπόκι** (ουδ.)	[kalʲambóki]
rijst (de)	**ρύζι** (ουδ.)	[rízi]
boekweit (de)	**μαυροσίταρο** (ουδ.)	[mavrosítaro]
erwt (de)	**αρακάς** (αρ.), **μπιζελιά** (θηλ.)	[arakás], [bizeliá]
nierboon (de)	**κόκκινο φασόλι** (ουδ.)	[kókino fasóli]
soja (de)	**σόγια** (θηλ.)	[sója]
linze (de)	**φακή** (θηλ.)	[fakí]
bonen (mv.)	**κουκί** (ουδ.)	[kukí]

233. Groenten. Groene groenten

groenten (mv.)	**λαχανικά** (ουδ.πλ.)	[lʲaxaniká]
verse kruiden (mv.)	**χόρτα** (ουδ.)	[xórta]
tomaat (de)	**ντομάτα** (θηλ.)	[domáta]
augurk (de)	**αγγούρι** (ουδ.)	[angúri]
wortel (de)	**καρότο** (ουδ.)	[karóto]
aardappel (de)	**πατάτα** (θηλ.)	[patáta]
ui (de)	**κρεμμύδι** (ουδ.)	[kremíði]
knoflook (de)	**σκόρδο** (ουδ.)	[skórðo]
kool (de)	**λάχανο** (ουδ.)	[lʲáxano]
bloemkool (de)	**κουνουπίδι** (ουδ.)	[kunupíði]
spruitkool (de)	**λαχανάκι Βρυξελλών** (ουδ.)	[lʲaxanáki vrikselʲón]
rode biet (de)	**παντζάρι** (ουδ.)	[pandzári]
aubergine (de)	**μελιτζάνα** (θηλ.)	[melidzána]
courgette (de)	**κολοκύθι** (ουδ.)	[kolʲokíθi]
pompoen (de)	**κολοκύθα** (θηλ.)	[kolʲokíθa]
knolraap (de)	**γογγύλι** (ουδ.), **ρέβα** (θηλ.)	[ɣongíli], [réva]
peterselie (de)	**μαϊντανός** (αρ.)	[majdanós]
dille (de)	**άνηθος** (αρ.)	[ániθos]
sla (de)	**μαρούλι** (ουδ.)	[marúli]
selderij (de)	**σέλινο** (ουδ.)	[sélino]
asperge (de)	**σπαράγγι** (ουδ.)	[sparángi]
spinazie (de)	**σπανάκι** (ουδ.)	[spanáki]
erwt (de)	**αρακάς** (αρ.)	[arakás]
bonen (mv.)	**κουκί** (ουδ.)	[kukí]
maïs (de)	**καλαμπόκι** (ουδ.)	[kalʲambóki]
nierboon (de)	**κόκκινο φασόλι** (ουδ.)	[kókino fasóli]
peper (de)	**πιπεριά** (θηλ.)	[piperiá]
radijs (de)	**ρεπανάκι** (ουδ.)	[repanáki]
artisjok (de)	**αγκινάρα** (θηλ.)	[anginára]

REGIONALE AARDRIJKSKUNDE

Landen. Nationaliteiten

234. West-Europa

Europa (het)	**Ευρώπη** (θηλ.)	[evrópi]
Europese Unie (de)	**Ευρωπαϊκή Ένωση** (θηλ.)	[evropaikí énosi]
Europeaan (de)	**Ευρωπαίος** (αρ.)	[evropéos]
Europees (bn)	**ευρωπαϊκός**	[evropaikós]
Oostenrijk (het)	**Αυστρία** (θηλ.)	[afstría]
Oostenrijker (de)	**Αυστριακός** (αρ.)	[afstriakós]
Oostenrijkse (de)	**Αυστριακή** (θηλ.)	[afstriakí]
Oostenrijks (bn)	**αυστριακός**	[afstriakós]
Groot-Brittannië (het)	**Μεγάλη Βρετανία** (θηλ.)	[meɣáli vretanía]
Engeland (het)	**Αγγλία** (θηλ.)	[anglía]
Engelsman (de)	**Άγγλος** (αρ.)	[ánglʲos]
Engelse (de)	**Αγγλίδα** (θηλ.)	[anglíða]
Engels (bn)	**αγγλικός**	[anglikós]
België (het)	**Βέλγιο** (ουδ.)	[vélʲʝo]
Belg (de)	**Βέλγος** (αρ.)	[vélʲɣos]
Belgische (de)	**Βελγίδα** (θηλ.)	[velʲʝíða]
Belgisch (bn)	**βέλγικος**	[vélʲʝikos]
Duitsland (het)	**Γερμανία** (θηλ.)	[ʝermanía]
Duitser (de)	**Γερμανός** (αρ.)	[ʝermanós]
Duitse (de)	**Γερμανίδα** (θηλ.)	[ʝermaníða]
Duits (bn)	**γερμανικός**	[ʝermanikós]
Nederland (het)	**Κάτω Χώρες** (θηλ.πλ.)	[káto xóres]
Holland (het)	**Ολλανδία** (θηλ.)	[olʲanðía]
Nederlander (de)	**Ολλανδός** (αρ.)	[olʲanðós]
Nederlandse (de)	**Ολλανδή** (θηλ.)	[olʲanðí]
Nederlands (bn)	**ολλανδικός**	[olʲanðikós]
Griekenland (het)	**Ελλάδα** (θηλ.)	[elʲáða]
Griek (de)	**Έλληνας** (αρ.)	[élinas]
Griekse (de)	**Ελληνίδα** (θηλ.)	[eliníða]
Grieks (bn)	**ελληνικός**	[elinikós]
Denemarken (het)	**Δανία** (θηλ.)	[ðanía]
Deen (de)	**Δανός** (αρ.)	[ðanós]
Deense (de)	**Δανή** (θηλ.)	[ðaní]
Deens (bn)	**δανικός**	[ðanikós]
Ierland (het)	**Ιρλανδία** (θηλ.)	[irlʲanðía]
Ier (de)	**Ιρλανδός** (αρ.)	[irlʲanðós]

Ierse (de)	**Ιρλανδή** (θηλ.)	[irlʲanðí]
Iers (bn)	**ιρλανδικός**	[irlʲanðikós]
IJsland (het)	**Ισλανδία** (θηλ.)	[islʲanðía]
IJslander (de)	**Ισλανδός** (αρ.)	[islʲanðós]
IJslandse (de)	**Ισλανδή** (θηλ.)	[islʲanðí]
IJslands (bn)	**ισλανδικός**	[islʲanðikós]
Spanje (het)	**Ισπανία** (θηλ.)	[ispanía]
Spanjaard (de)	**Ισπανός** (αρ.)	[ispanós]
Spaanse (de)	**Ισπανή, Ισπανίδα** (θηλ.)	[ispaní], [ispaníða]
Spaans (bn)	**ισπανικός**	[ispanikós]
Italië (het)	**Ιταλία** (θηλ.)	[italía]
Italiaan (de)	**Ιταλός** (αρ.)	[italʲós]
Italiaanse (de)	**Ιταλίδα** (θηλ.)	[italíða]
Italiaans (bn)	**ιταλικός**	[italikós]
Cyprus (het)	**Κύπρος** (θηλ.)	[kípros]
Cyprioot (de)	**Κύπριος** (αρ.)	[kíprios]
Cypriotische (de)	**Κύπρια** (θηλ.)	[kípria]
Cypriotisch (bn)	**κυπριακός**	[kipriakós]
Malta (het)	**Μάλτα** (θηλ.)	[málʲta]
Maltees (de)	**Μαλτέζος** (αρ.)	[malʲtézos]
Maltese (de)	**Μαλτέζα** (θηλ.)	[malʲtéza]
Maltees (bn)	**μαλτέζικος**	[malʲtézikos]
Noorwegen (het)	**Νορβηγία** (θηλ.)	[norviʝía]
Noor (de)	**Νορβηγός** (αρ.)	[norviɣós]
Noorse (de)	**Νορβηγίδα** (θηλ.)	[norviʝíða]
Noors (bn)	**νορβηγικός**	[norviʝikós]
Portugal (het)	**Πορτογαλία** (θηλ.)	[portoɣalía]
Portugees (de)	**Πορτογάλος** (αρ.)	[portoɣálʲos]
Portugese (de)	**Πορτογαλίδα** (θηλ.)	[portoɣalíða]
Portugees (bn)	**πορτογαλικός**	[portoɣalikós]
Finland (het)	**Φινλανδία** (θηλ.)	[finlʲanðía]
Fin (de)	**Φινλανδός** (αρ.)	[finlʲanðós]
Finse (de)	**Φινλανδή** (θηλ.)	[finlʲanðí]
Fins (bn)	**φινλανδικός**	[finlʲanðikós]
Frankrijk (het)	**Γαλλία** (θηλ.)	[ɣalía]
Fransman (de)	**Γάλλος** (αρ.)	[ɣálʲos]
Française (de)	**Γαλλίδα** (θηλ.)	[ɣalíða]
Frans (bn)	**γαλλικός**	[ɣalikós]
Zweden (het)	**Σουηδία** (θηλ.)	[suiðía]
Zweed (de)	**Σουηδός** (αρ.)	[suiðós]
Zweedse (de)	**Σουηδέζα** (θηλ.)	[suiðéza]
Zweeds (bn)	**σουηδικός**	[suiðikós]
Zwitserland (het)	**Ελβετία** (θηλ.)	[elʲvetía]
Zwitser (de)	**Ελβετός** (αρ.)	[elʲvetós]
Zwitserse (de)	**Ελβετίδα** (θηλ.)	[elʲvetíða]

Zwitsers (bn)	ελβετικός	[elʲvetikós]
Schotland (het)	Σκοτία (θηλ.)	[skotía]
Schot (de)	Σκοτσέζος (αρ.)	[skotsézos]
Schotse (de)	Σκωτσέζα (θηλ.)	[skotséza]
Schots (bn)	σκοτσέζικος	[skotsézikos]

Vaticaanstad (de)	Βατικανό (ουδ.)	[vatikanó]
Liechtenstein (het)	Λίχτενσταϊν (ουδ.)	[líxtenstajn]
Luxemburg (het)	Λουξεμβούργο (ουδ.)	[lʲuksemvúrɣo]
Monaco (het)	Μονακό (ουδ.)	[monakó]

235. Centraal- en Oost-Europa

Albanië (het)	Αλβανία (θηλ.)	[alʲvanía]
Albanees (de)	Αλβανός (αρ.)	[alʲvanós]
Albanese (de)	Αλβανή (θηλ.)	[alʲvaní]
Albanees (bn)	αλβανικός	[alʲvanikós]

Bulgarije (het)	Βουλγαρία (θηλ.)	[vulʲɣaría]
Bulgaar (de)	Βούλγαρος (αρ.)	[vúlʲɣaros]
Bulgaarse (de)	Βουλγάρα (θηλ.)	[vulʲɣára]
Bulgaars (bn)	βουλγαρικός	[vulʲɣarikós]

Hongarije (het)	Ουγγαρία (θηλ.)	[ungaría]
Hongaar (de)	Ούγγρος (αρ.)	[úngros]
Hongaarse (de)	Ουγγαρέζα (θηλ.)	[ungaréza]
Hongaars (bn)	ουγγαρέζικος	[ungarézikos]

Letland (het)	Λετονία (θηλ.)	[letonía]
Let (de)	Λετονός (αρ.)	[letonós]
Letse (de)	Λετονή (θηλ.)	[letoní]
Lets (bn)	λετονικός	[letonikós]

Litouwen (het)	Λιθουανία (θηλ.)	[liθuanía]
Litouwer (de)	Λιθουανός (αρ.)	[liθuanós]
Litouwse (de)	Λιθουανή (θηλ.)	[liθuaní]
Litouws (bn)	λιθουανικός	[liθuanikós]

Polen (het)	Πολωνία (θηλ.)	[polʲonía]
Pool (de)	Πολωνός (αρ.)	[polʲonós]
Poolse (de)	Πολωνή (θηλ.)	[polʲoní]
Pools (bn)	πολωνικός	[polʲonikós]

Roemenië (het)	Ρουμανία (θηλ.)	[rumanía]
Roemeen (de)	Ρουμάνος (αρ.)	[rumános]
Roemeense (de)	Ρουμάνα (θηλ.)	[rumána]
Roemeens (bn)	ρουμανικός	[rumanikós]

Servië (het)	Σερβία (θηλ.)	[servía]
Serviër (de)	Σέρβος (αρ.)	[sérvos]
Servische (de)	Σέρβα (θηλ.)	[sérva]
Servisch (bn)	σερβικός	[servikós]
Slowakije (het)	Σλοβακία (θηλ.)	[slʲovakía]
Slowaak (de)	Σλοβάκος (αρ.)	[slʲovákos]

Slowaakse (de)	**Σλοβάκα** (θηλ.)	[slʲováka]
Slowaakse (bn)	**σλοβακικός**	[slʲovakikós]
Kroatië (het)	**Κροατία** (θηλ.)	[kroatía]
Kroaat (de)	**Κροάτης** (αρ.)	[kroátis]
Kroatische (de)	**Κροάτισσα** (θηλ.)	[kroátisa]
Kroatisch (bn)	**κροατικός**	[kroatikós]
Tsjechië (het)	**Τσεχία** (θηλ.)	[tsexía]
Tsjech (de)	**Τσέχος** (αρ.)	[tséxos]
Tsjechische (de)	**Τσέχα** (θηλ.)	[tséxa]
Tsjechisch (bn)	**τσεχικός**	[tsexikós]
Estland (het)	**Εσθονία** (θηλ.)	[esθonía]
Est (de)	**Εσθονός** (αρ.)	[esθonós]
Estse (de)	**Εσθονή** (θηλ.)	[esθoní]
Ests (bn)	**εσθονικός**	[esθonikós]
Bosnië en Herzegovina (het)	**Βοσνία-Ερζεγοβίνη** (θηλ.)	[voznía erzeɣovini]
Macedonië (het)	**Μακεδονία** (θηλ.)	[makeðonía]
Slovenië (het)	**Σλοβενία** (θηλ.)	[slʲovenía]
Montenegro (het)	**Μαυροβούνιο** (ουδ.)	[mavrovúnio]

236. Voormalige USSR landen

Azerbeidzjan (het)	**Αζερμπαϊτζάν** (ουδ.)	[azerbajdzán]
Azerbeidzjaan (de)	**Αζερμπαϊτζάνος** (αρ.)	[azerbajdzános]
Azerbeidjaanse (de)	**Αζερμπαϊτζανή** (θηλ.)	[azerbajdzaní]
Azerbeidjaans (bn)	**αζερμπαϊτζάνικος**	[azerbajdzánikos]
Armenië (het)	**Αρμενία** (θηλ.)	[armenía]
Armeen (de)	**Αρμένης** (αρ.)	[arménis]
Armeense (de)	**Αρμένισσα** (θηλ.)	[arménisa]
Armeens (bn)	**αρμένικος**	[arménikos]
Wit-Rusland (het)	**Λευκορωσία** (θηλ.)	[lefkorosía]
Wit-Rus (de)	**Λευκορώσος** (αρ.)	[lefkorósos]
Wit-Russische (de)	**Λευκορωσίδα** (θηλ.)	[lefkorosíða]
Wit-Russisch (bn)	**λευκορωσικός**	[lefkorosikós]
Georgië (het)	**Γεωργία** (θηλ.)	[ʝeorʝía]
Georgiër (de)	**Γεωργιανός** (αρ.)	[ʝeorʝianós]
Georgische (de)	**Γεωργιανή** (θηλ.)	[ʝeorʝianí]
Georgisch (bn)	**γεωργιανός**	[ʝeorʝianós]
Kazakstan (het)	**Καζακστάν** (ουδ.)	[kazakstán]
Kazak (de)	**Καζάχος** (αρ.)	[kazáxos]
Kazakse (de)	**Καζάχα** (θηλ.)	[kazáxa]
Kazakse (bn)	**καζάχικος**	[kazáxikos]
Kirgizië (het)	**Κιργιζία** (ουδ.)	[kirʝizía]
Kirgiziër (de)	**Κιργίζιος** (αρ.)	[kirʝízios]
Kirgizische (de)	**Κιργίζια** (θηλ.)	[kirʝízia]
Kirgizische (bn)	**Κιργίζιος**	[kirʝízios]

Moldavië (het)	**Μολδαβία** (θηλ.)	[molʲðavía]
Moldaviër (de)	**Μολδαβός** (αρ.)	[molʲðavós]
Moldavische (de)	**Μολδαβή** (θηλ.)	[molʲðaví]
Moldavisch (bn)	**μολδαβικός**	[molʲðavikós]
Rusland (het)	**Ρωσία** (θηλ.)	[rosía]
Rus (de)	**Ρώσος** (αρ.)	[rósos]
Russin (de)	**Ρωσίδα** (θηλ.)	[rosíða]
Russisch (bn)	**ρωσικός**	[rosikós]
Tadzjikistan (het)	**Τατζικιστάν** (ουδ.)	[tadzikistán]
Tadzjiek (de)	**Τατζίκος** (αρ.)	[tadzíkos]
Tadzjiekse (de)	**Τατζίκα** (ουδ.)	[tadzíka]
Tadzjieks (bn)	**Τατζίκος**	[tadzíkos]
Turkmenistan (het)	**Τουρκμενιστάν** (ουδ.)	[turkmenistán]
Turkmeen (de)	**Τουρκμένιος** (αρ.)	[turkménios]
Turkmeense (de)	**Τουρκμένα** (ουδ.)	[turkména]
Turkmeens (bn)	**τουρκμενικός**	[turkmenikós]
Oezbekistan (het)	**Ουζμπεκιστάν** (ουδ.)	[uzbekistán]
Oezbeek (de)	**Ουζμπέκος** (αρ.)	[uzbékos]
Oezbeekse (de)	**Ουζμπέκη** (θηλ.)	[uzbéki]
Oezbeeks (bn)	**ουζμπέκικος**	[uzbékikos]
Oekraïne (het)	**Ουκρανία** (θηλ.)	[ukranía]
Oekraïner (de)	**Ουκρανός** (αρ.)	[ukranós]
Oekraïense (de)	**Ουκρανή** (θηλ.)	[ukraní]
Oekraïens (bn)	**ουκρανικός**	[ukranikós]

237. Azië

Azië (het)	**Ασία** (θηλ.)	[asía]
Aziatisch (bn)	**ασιάτικος**	[asiátikos]
Vietnam (het)	**Βιετνάμ** (ουδ.)	[vietnám]
Vietnamees (de)	**Βιετναμέζος** (αρ.)	[vietnamézos]
Vietnamese (de)	**Βιετναμέζα** (θηλ.)	[vietnaméza]
Vietnamees (bn)	**βιετναμέζικος**	[vietnamézikos]
India (het)	**Ινδία** (θηλ.)	[inðía]
Indiër (de)	**Ινδός** (αρ.)	[inðós]
Indische (de)	**Ινδή** (θηλ.)	[inðí]
Indisch (bn)	**ινδικός**	[inðikós]
Israël (het)	**Ισραήλ** (ουδ.)	[izraílʲ]
Israëliër (de)	**Ισραηλινός** (αρ.)	[izrailinós]
Israëlische (de)	**Ισραηλινή** (θηλ.)	[izrailiní]
Israëlisch (bn)	**ισραηλινός**	[izrailinós]
Jood (etniciteit)	**Εβραίος** (αρ.)	[evréos]
Jodin (de)	**Εβραία** (θηλ.)	[evréa]
Joods (bn)	**εβραϊκός**	[evraikós]
China (het)	**Κίνα** (θηλ.)	[kína]

Chinees (de)	Κινέζος (αρ.)	[kinézos]
Chinese (de)	Κινέζα (θηλ.)	[kinéza]
Chinees (bn)	κινέζικος	[kinézikos]
Koreaan (de)	Κορεάτης (αρ.)	[koreátis]
Koreaanse (de)	Κορεάτισσα (θηλ.)	[koreátisa]
Koreaans (bn)	κορεατικός	[koreátikos]
Libanon (het)	Λίβανος (αρ.)	[lívanos]
Libanees (de)	Λιβανέζος (αρ.)	[livanézos]
Libanese (de)	Λιβανέζα (θηλ.)	[livanéza]
Libanees (bn)	λιβανέζικος	[livanézikos]
Mongolië (het)	Μογγολία (θηλ.)	[mongolía]
Mongool (de)	Μογγόλος (αρ.)	[mongólʲos]
Mongoolse (de)	Μογγολή (ουδ.)	[mongolí]
Mongools (bn)	μογγολικός	[mongolikós]
Maleisië (het)	Μαλαισία (θηλ.)	[malesía]
Maleisiër (de)	Μαλαισιανός (αρ.)	[malesianós]
Maleisische (de)	Μαλαισιανή (θηλ.)	[malesianí]
Maleisisch (bn)	μαλαισιανός	[malesianós]
Pakistan (het)	Πακιστάν (ουδ.)	[pakistán]
Pakistaan (de)	Πακιστανός (αρ.)	[pakistanós]
Pakistaanse (de)	Πακιστανή (θηλ.)	[pakistaní]
Pakistaans (bn)	πακιστανικός	[pakistanikós]
Saoedi-Arabië (het)	Σαουδική Αραβία (θηλ.)	[sauðikí aravia]
Arabier (de)	Άραβας (αρ.)	[áravas]
Arabische (de)	Αράβισσα (θηλ.)	[arávisa]
Arabisch (bn)	αραβικός	[aravikós]
Thailand (het)	Ταϊλάνδη (θηλ.)	[tajlʲánði]
Thai (de)	Ταϊλανδός (αρ.)	[tajlʲanðós]
Thaise (de)	Ταϊλανδή (θηλ.)	[tajlʲanðí]
Thai (bn)	ταϊλανδικός	[tajlʲanðikós]
Taiwan (het)	Ταϊβάν (θηλ.)	[tajván]
Taiwanees (de)	Ταϊβανέζος (αρ.)	[tajvanézos]
Taiwanese (de)	Ταϊβανέζα (θηλ.)	[tajvanéza]
Taiwanees (bn)	ταϊβανέζικος	[tajvanézikos]
Turkije (het)	Τουρκία (θηλ.)	[turkía]
Turk (de)	Τούρκος (αρ.)	[túrkos]
Turkse (de)	Τουρκάλα (θηλ.)	[turkálʲa]
Turks (bn)	τουρκικός	[turkikós]
Japan (het)	Ιαπωνία (θηλ.)	[japonía]
Japanner (de)	Ιάπωνας (αρ.)	[jáponas]
Japanse (de)	Ιαπωνίδα (θηλ.)	[japoníða]
Japans (bn)	ιαπωνικός	[japonikós]
Afghanistan (het)	Αφγανιστάν (ουδ.)	[afɣanistán]
Bangladesh (het)	Μπαγκλαντές (ουδ.)	[banglʲadés]
Indonesië (het)	Ινδονησία (θηλ.)	[inðonisía]

Jordanië (het)	**Ιορδανία** (θηλ.)	[iorðanía]
Irak (het)	**Ιράκ** (ουδ.)	[irák]
Iran (het)	**Ιράν** (ουδ.)	[irán]
Cambodja (het)	**Καμπότζη** (θηλ.)	[kabódzi]
Koeweit (het)	**Κουβέιτ** (ουδ.)	[kuvéjt]
Laos (het)	**Λάος** (ουδ.)	[lʲáos]
Myanmar (het)	**Μιανμάρ** (ουδ.)	[mianmár]
Nepal (het)	**Νεπάλ** (ουδ.)	[nepálʲ]
Verenigde Arabische Emiraten	**Ηνωμένα Αραβικά Εμιράτα** (θηλ.πλ.)	[inoména araviká emiráta]
Syrië (het)	**Συρία** (θηλ.)	[siría]
Palestijnse autonomie (de)	**Παλαιστίνη** (θηλ.)	[palestíni]
Zuid-Korea (het)	**Νότια Κορέα** (θηλ.)	[nótia koréa]
Noord-Korea (het)	**Βόρεια Κορέα** (θηλ.)	[vória koréa]

238. Noord-Amerika

Verenigde Staten van Amerika	**Ηνωμένες Πολιτείες Αμερικής** (θηλ.πλ.)	[inoménes polities amerikís]
Amerikaan (de)	**Αμερικάνος** (αρ.)	[amerikános]
Amerikaanse (de)	**Αμερικάνα** (θηλ.)	[amerikána]
Amerikaans (bn)	**αμερικάνικος**	[amerikánikos]
Canada (het)	**Καναδάς** (αρ.)	[kanaðás]
Canadees (de)	**Καναδός** (αρ.)	[kanaðós]
Canadese (de)	**Καναδή** (θηλ.)	[kanaðí]
Canadees (bn)	**καναδικός**	[kanaðikós]
Mexico (het)	**Μεξικό** (ουδ.)	[meksikó]
Mexicaan (de)	**Μεξικανός** (αρ.)	[meksikános]
Mexicaanse (de)	**Μεξικανή** (θηλ.)	[meksikaní]
Mexicaans (bn)	**μεξικάνικος**	[meksikánikos]

239. Midden- en Zuid-Amerika

Argentinië (het)	**Αργεντινή** (θηλ.)	[arʝendiní]
Argentijn (de)	**Αργεντινός** (αρ.)	[arʝendinós]
Argentijnse (de)	**Αργεντινή** (θηλ.)	[arʝendiní]
Argentijns (bn)	**αργεντινός**	[arʝendinós]
Brazilië (het)	**Βραζιλία** (θηλ.)	[vrazilía]
Braziliaan (de)	**Βραζιλιάνος** (αρ.)	[vraziliános]
Braziliaanse (de)	**Βραζιλιάνα** (θηλ.)	[vraziliána]
Braziliaans (bn)	**βραζιλιάνικος**	[vraziliánikos]
Colombia (het)	**Κολομβία** (θηλ.)	[kolʲomvía]
Colombiaan (de)	**Κολομβιανός** (αρ.)	[kolʲomvianós]
Colombiaanse (de)	**Κολομβιανή** (θηλ.)	[kolʲomvianí]
Colombiaans (bn)	**κολομβιανός**	[kolʲomvianós]
Cuba (het)	**Κούβα** (θηλ.)	[kúva]

Cubaan (de)	**Κουβανός** (αρ.)	[kuvanós]
Cubaanse (de)	**Κουβανή** (θηλ.)	[kuvaní]
Cubaans (bn)	**κουβανέζικος**	[kuvanézikos]
Chili (het)	**Χιλή** (θηλ.)	[xilí]
Chileen (de)	**Χιλιανός** (αρ.)	[xilianós]
Chileense (de)	**Χιλιανή** (θηλ.)	[xilianí]
Chileens (bn)	**χιλιανός**	[xilianós]
Bolivia (het)	**Βολιβία** (θηλ.)	[volivía]
Venezuela (het)	**Βενεζουέλα** (θηλ.)	[venezuélʲa]
Paraguay (het)	**Παραγουάη** (θηλ.)	[parayuái]
Peru (het)	**Περού** (ουδ.)	[perú]
Suriname (het)	**Σούριναμ** (ουδ.)	[súrinam]
Uruguay (het)	**Ουρουγουάη** (θηλ.)	[uruyuái]
Ecuador (het)	**Εκουαδόρ** (ουδ.)	[ekuaðór]
Bahama's (mv.)	**Μπαχάμες** (θηλ.πλ.)	[baxámes]
Haïti (het)	**Αϊτή** (θηλ.)	[aití]
Dominicaanse Republiek (de)	**Δομινικανή Δημοκρατία** (θηλ.)	[ðominikaní ðimokratía]
Panama (het)	**Παναμάς** (αρ.)	[panamás]
Jamaica (het)	**Τζαμάικα** (θηλ.)	[dzamájka]

240. Afrika

Egypte (het)	**Αίγυπτος** (θηλ.)	[éjiptos]
Egyptenaar (de)	**Αιγύπτιος** (αρ.)	[ejíptios]
Egyptische (de)	**Αιγύπτια** (θηλ.)	[ejíptia]
Egyptisch (bn)	**αιγυπτιακός**	[ejiptiakós]
Marokko (het)	**Μαρόκο** (ουδ.)	[maróko]
Marokkaan (de)	**Μαροκινός** (αρ.)	[marokinós]
Marokkaanse (de)	**Μαροκινή** (θηλ.)	[marokiní]
Marokkaans (bn)	**μαροκινός**	[marokinós]
Tunesië (het)	**Τυνησία** (θηλ.)	[tinisía]
Tunesiër (de)	**Τυνήσιος** (αρ.)	[tinísios]
Tunesische (de)	**Τυνήσια** (θηλ.)	[tinísia]
Tunesisch (bn)	**τυνησιακός**	[tinisiakós]
Ghana (het)	**Γκάνα** (θηλ.)	[gána]
Zanzibar (het)	**Ζανζιβάρη** (θηλ.)	[zanziv́ári]
Kenia (het)	**Κένυα** (θηλ.)	[kénia]
Libië (het)	**Λιβύη** (θηλ.)	[livíi]
Madagaskar (het)	**Μαδαγασκάρη** (θηλ.)	[maðayaskári]
Namibië (het)	**Ναμίμπια** (θηλ.)	[namíbia]
Senegal (het)	**Σενεγάλη** (θηλ.)	[seneyáli]
Tanzania (het)	**Τανζανία** (θηλ.)	[tanzanía]
Zuid-Afrika (het)	**Δημοκρατία της Νότιας Αφρικής** (θηλ.)	[ðimokratía tis nótias afrikís]
Afrikaan (de)	**Αφρικανός** (αρ.)	[afrikanós]

Afrikaanse (de)	**Αφρικανή** (θηλ.)	[afrikaní]
Afrikaans (bn)	**αφρικάνικος**	[afrikánikos]

241. Australië. Oceanië

Australië (het)	**Αυστραλία** (θηλ.)	[afstralía]
Australiër (de)	**Αυστραλός** (αρ.)	[afstralʲós]
Australische (de)	**Αυστραλή** (θηλ.)	[afstralí]
Australisch (bn)	**αυστραλέζικος**	[afstralézikos]
Nieuw-Zeeland (het)	**Νέα Ζηλανδία** (θηλ.)	[néa zilʲanðía]
Nieuw-Zeelander (de)	**Νεοζηλανδός** (αρ.)	[neozilʲanðós]
Nieuw-Zeelandse (de)	**Νεοζηλανδή** (θηλ.)	[neozilʲanðí]
Nieuw-Zeelands (bn)	**νεοζηλανδικός**	[neozilʲanðikós]
Tasmanië (het)	**Τασμανία** (θηλ.)	[tazmanía]
Frans-Polynesië	**Γαλλική Πολυνησία** (θηλ.)	[ɣalikí polinisía]

242. Steden

Amsterdam	**Άμστερνταμ** (ουδ.)	[ámsterdam]
Ankara	**Άγκυρα** (θηλ.)	[ángira]
Athene	**Αθήνα** (θηλ.)	[aθína]
Bagdad	**Βαγδάτη** (θηλ.)	[vaɣðáti]
Bangkok	**Μπανγκόκ** (ουδ.)	[bangkók]
Barcelona	**Βαρκελώνη** (θηλ.)	[varkelʲóni]
Beiroet	**Βηρυτός** (θηλ.)	[viritós]
Berlijn	**Βερολίνο** (ουδ.)	[verolíno]
Boedapest	**Βουδαπέστη** (θηλ.)	[vuðapésti]
Boekarest	**Βουκουρέστι** (ουδ.)	[vukurésti]
Bombay, Mumbai	**Βομβάη** (θηλ.)	[vomvái]
Bonn	**Βόννη** (θηλ.)	[vóni]
Bordeaux	**Μπορντό** (ουδ.)	[bordó]
Bratislava	**Μπρατισλάβα** (θηλ.)	[bratislʲáva]
Brussel	**Βρυξέλλες** (πλ.)	[vrikséles]
Caïro	**Κάιρο** (ουδ.)	[káiro]
Calcutta	**Καλκούτα** (θηλ.)	[kalʲkúta]
Chicago	**Σικάγο** (ουδ.)	[sikáɣo]
Dar Es Salaam	**Νταρ Ες Σαλάμ** (ουδ.)	[dar es salʲám]
Delhi	**Δελχί** (ουδ.)	[ðelʲxí]
Den Haag	**Χάγη** (θηλ.)	[xáji]
Dubai	**Ντουμπάι** (ουδ.)	[dubáj]
Dublin	**Δουβλίνο** (ουδ.)	[ðuvlíno]
Düsseldorf	**Ντίσελντορφ** (ουδ.)	[díselʲdorf]
Florence	**Φλωρεντία** (θηλ.)	[flʲorendía]
Frankfort	**Φρανκφούρτη** (θηλ.)	[frankfúrti]
Genève	**Γενεύη** (θηλ.)	[jenévi]

Hamburg	**Αμβούργο** (ουδ.)	[amvúrɣo]
Hanoi	**Ανόι** (ουδ.)	[anój]
Havana	**Αβάνα** (θηλ.)	[avána]
Helsinki	**Ελσίνκι** (ουδ.)	[elʲsínki]
Hiroshima	**Χιροσίμα** (θηλ.)	[xirosíma]
Hongkong	**Χονγκ Κονγκ** (ουδ.)	[xong kong]
Istanbul	**Κωνσταντινούπολη** (θηλ.)	[konstandinúpoli]
Jeruzalem	**Ιεροσόλυμα** (θηλ.)	[ierosólima]
Kiev	**Κίεβο** (ουδ.)	[kíevo]
Kopenhagen	**Κοπεγχάγη** (θηλ.)	[kopenxáji]
Kuala Lumpur	**Κουάλα Λουμπούρ** (θηλ.)	[kuálʲa lʲubúr]
Lissabon	**Λισαβόνα** (θηλ.)	[lisavóna]
Londen	**Λονδίνο** (ουδ.)	[lʲonðíno]
Los Angeles	**Λος Άντζελες** (ουδ.)	[lʲos ándzeles]
Lyon	**Λιόν** (θηλ.)	[lión]
Madrid	**Μαδρίτη** (θηλ.)	[maðríti]
Marseille	**Μασσαλία** (θηλ.)	[masalía]
Mexico-Stad	**Πόλη του Μεξικό** (θηλ.)	[póli tu meksikó]
Miami	**Μαϊάμι** (ουδ.)	[majámi]
Montreal	**Μόντρεαλ** (ουδ.)	[móntrealʲ]
Moskou	**Μόσχα** (θηλ.)	[mósxa]
München	**Μόναχο** (ουδ.)	[mónaxo]
Nairobi	**Ναϊρόμπι** (ουδ.)	[najróbi]
Napels	**Νεάπολη** (θηλ.)	[neápoli]
New York	**Νέα Υόρκη** (θηλ.)	[néa jórki]
Nice	**Νίκαια** (θηλ.)	[níkea]
Oslo	**Όσλο** (ουδ.)	[óslʲo]
Ottawa	**Οτάβα** (θηλ.)	[otáva]
Parijs	**Παρίσι** (ουδ.)	[parísi]
Peking	**Πεκίνο** (ουδ.)	[pekíno]
Praag	**Πράγα** (θηλ.)	[práɣa]
Rio de Janeiro	**Ρίο ντε Ζανέιρο** (ουδ.)	[río de zanéjro]
Rome	**Ρώμη** (θηλ.)	[rómi]
Seoel	**Σεούλ** (ουδ.)	[seúlʲ]
Singapore	**Σιγκαπούρη** (θηλ.)	[singapúri]
Sint-Petersburg	**Αγία Πετρούπολη** (θηλ.)	[ajía petrúpoli]
Sjanghai	**Σαγκάη** (θηλ.)	[sangái]
Stockholm	**Στοκχόλμη** (θηλ.)	[stokxólʲmi]
Sydney	**Σίδνεϊ** (θηλ.)	[síðnej]
Taipei	**Ταϊπέι** (θηλ.)	[tajpéj]
Tokio	**Τόκιο** (ουδ.)	[tókio]
Toronto	**Τορόντο** (ουδ.)	[toróndo]
Venetië	**Βενετία** (θηλ.)	[venetía]
Warschau	**Βαρσοβία** (θηλ.)	[varsovía]
Washington	**Ουάσινγκτον** (θηλ.)	[wáʃington]
Wenen	**Βιέννη** (θηλ.)	[viéni]

243. Politiek. Overheid. Deel 1

politiek (de)	**πολιτική** (θηλ.)	[politikí]
politiek (bn)	**πολιτικός**	[politikós]
politicus (de)	**πολιτικός** (αρ.)	[politikós]
staat (land)	**κράτος** (ουδ.)	[krátos]
burger (de)	**υπήκοος** (αρ.)	[ipíkoos]
staatsburgerschap (het)	**υπηκοότητα** (θηλ.)	[ipikoótita]
nationaal wapen (het)	**εθνικό έμβλημα** (ουδ.)	[eθnikó émvlima]
volkslied (het)	**εθνικός ύμνος** (αρ.)	[eθnikós ímnos]
regering (de)	**κυβέρνηση** (θηλ.)	[kivérnisi]
staatshoofd (het)	**αρχηγός κράτους** (αρ.)	[arxiɣós krátus]
parlement (het)	**βουλή** (θηλ.)	[vulí]
partij (de)	**κόμμα** (ουδ.)	[kóma]
kapitalisme (het)	**καπιταλισμός** (αρ.)	[kapitalizmós]
kapitalistisch (bn)	**καπιταλιστικός**	[kapitalistikós]
socialisme (het)	**σοσιαλισμός** (αρ.)	[sosializmós]
socialistisch (bn)	**σοσιαλιστικός**	[sosialistikós]
communisme (het)	**κομμουνισμός** (αρ.)	[komunizmós]
communistisch (bn)	**κομμουνιστικός**	[komunistikós]
communist (de)	**κομμουνιστής** (αρ.)	[komunistís]
democratie (de)	**δημοκρατία** (θηλ.)	[ðimokratía]
democraat (de)	**δημοκράτης** (αρ.)	[ðimokrátis]
democratisch (bn)	**δημοκρατικός**	[ðimokratikós]
democratische partij (de)	**δημοκρατικό κόμμα** (ουδ.)	[ðimokratikó kóma]
liberaal (de)	**φιλελεύθερος** (αρ.)	[fileléfθeros]
liberaal (bn)	**φιλελεύθερος**	[fileléfθeros]
conservator (de)	**συντηρητικός** (αρ.)	[sindiritikós]
conservatief (bn)	**συντηρητικός**	[sindiritikós]
republiek (de)	**δημοκρατία** (θηλ.)	[ðimokratía]
republikein (de)	**ρεπουμπλικάνος** (αρ.)	[republikános]
Republikeinse Partij (de)	**ρεπουμπλικανικό κόμμα** (ουδ.)	[republikanikó kóma]
verkiezing (de)	**εκλογές** (θηλ.πλ.)	[eklojés]
kiezen (ww)	**εκλέγω**	[ekléɣo]
kiezer (de)	**ψηφοφόρος** (αρ.)	[psifofóros]
verkiezingscampagne (de)	**προεκλογική καμπάνια** (θηλ.)	[proeklojikí kambánia]
stemming (de)	**ψηφοφορία** (θηλ.)	[psifoforía]
stemmen (ww)	**ψηφίζω**	[psifízo]
stemrecht (het)	**δικαίωμα ψήφου** (ουδ.)	[ðikéoma psífu]
kandidaat (de)	**υποψήφιος** (αρ.)	[ipopsífios]
zich kandideren	**βάζω υποψηφιότητα**	[vázo ipopsifiótita]

campagne (de)	**καμπάνια** (θηλ.)	[kambánia]
oppositie- (abn)	**αντιπολιτευόμενος**	[andipolitevómenos]
oppositie (de)	**αντιπολίτευση** (θηλ.)	[andipolítefsi]
bezoek (het)	**επίσκεψη** (θηλ.)	[epískepsi]
officieel bezoek (het)	**επίσημη επίσκεψη** (θηλ.)	[epísimi epískepsi]
internationaal (bn)	**διεθνής**	[ðieθnís]
onderhandelingen (mv.)	**διαπραγματεύσεις** (θηλ.πλ.)	[ðiapraɣmatéfsis]
onderhandelen (ww)	**διαπραγματεύομαι**	[ðiapraɣmatévome]

244. Politiek. Overheid. Deel 2

maatschappij (de)	**κοινωνία** (θηλ.)	[kinonía]
grondwet (de)	**σύνταγμα** (ουδ.)	[síndaɣma]
macht (politieke ~)	**εξουσία** (θηλ.)	[eksusía]
corruptie (de)	**διαφθορά** (θηλ.)	[ðiafθorá]
wet (de)	**νόμος** (αρ.)	[nómos]
wettelijk (bn)	**νόμιμος**	[nómimos]
rechtvaardigheid (de)	**δικαιοσύνη** (θηλ.)	[ðikeosíni]
rechtvaardig (bn)	**δίκαιος**	[ðíkeos]
comité (het)	**επιτροπή** (θηλ.)	[epitropí]
wetsvoorstel (het)	**νομοσχέδιο** (ουδ.)	[nomosxéðio]
begroting (de)	**προϋπολογισμός** (αρ.)	[proipolʲoʝizmós]
beleid (het)	**πολιτική** (θηλ.)	[politikí]
hervorming (de)	**μεταρρύθμιση** (θηλ.)	[metaríθmisi]
radicaal (bn)	**ριζοσπαστικός**	[rizospastikós]
macht (vermogen)	**δύναμη** (θηλ.)	[ðínami]
machtig (bn)	**ισχυρός**	[isxirós]
aanhanger (de)	**υποστηρικτής** (αρ.)	[ipostiriktís]
invloed (de)	**επίδραση** (θηλ.)	[epíðrasi]
regime (het)	**πολίτευμα** (ουδ.)	[polítevma]
conflict (het)	**σύγκρουση** (θηλ.)	[síngrusi]
samenzwering (de)	**συνωμοσία** (θηλ.)	[sinomosía]
provocatie (de)	**πρόκληση** (θηλ.)	[próklisi]
omverwerpen (ww)	**ανατρέπω**	[anatrépo]
omverwerping (de)	**ανατροπή** (θηλ.)	[anatropí]
revolutie (de)	**επανάσταση** (θηλ.)	[epanástasi]
staatsgreep (de)	**πραξικόπημα** (ουδ.)	[praksikópima]
militaire coup (de)	**στρατιωτικό πραξικόπημα** (ουδ.)	[stratiotikó praksikópima]
crisis (de)	**κρίση** (θηλ.)	[krísi]
economische recessie (de)	**οικονομική ύφεση** (θηλ.)	[ikonomikí ifesi]
betoger (de)	**διαδηλωτής** (αρ.)	[ðiaðilʲotís]
betoging (de)	**διαδήλωση** (θηλ.)	[ðiaðílʲosi]
krijgswet (de)	**στρατιωτικός νόμος** (αρ.)	[stratiotikós nómos]

militaire basis (de)	στρατιωτική βάση (θηλ.)	[stratiotikí vási]
stabiliteit (de)	σταθερότητα (θηλ.)	[staθerótita]
stabiel (bn)	σταθερός	[staθerós]

uitbuiting (de)	εκμετάλλευση (θηλ.)	[ekmetálefsi]
uitbuiten (ww)	εκμεταλλεύομαι	[ekmetalévome]

racisme (het)	ρατσισμός (αρ.)	[ratsizmós]
racist (de)	ρατσιστής (αρ.)	[ratsistís]
fascisme (het)	φασισμός (αρ.)	[fasizmós]
fascist (de)	φασιστής (αρ.)	[fasistís]

245. Landen. Diversen

vreemdeling (de)	ξένος (αρ.)	[ksénos]
buitenlands (bn)	ξένος	[ksénos]
in het buitenland (bw)	στο εξωτερικό	[sto eksoterikó]

emigrant (de)	μετανάστης (αρ.)	[metanástis]
emigratie (de)	μετανάστευση (θηλ.)	[metanástefsi]
emigreren (ww)	αποδημώ	[apoðimó]

Westen (het)	Δύση (θηλ.)	[ðísi]
Oosten (het)	Ανατολή (θηλ.)	[anatolí]
Verre Oosten (het)	Άπω Ανατολή (θηλ.)	[ápo anatolí]

beschaving (de)	πολιτισμός (αρ.)	[politizmós]
mensheid (de)	ανθρωπότητα (θηλ.)	[anθropótita]
wereld (de)	πλανήτης (αρ.)	[plʲanítis]
vrede (de)	ειρήνη (θηλ.)	[iríni]
wereld- (abn)	παγκόσμιος	[pangózmios]

vaderland (het)	πατρίδα (θηλ.)	[patríða]
volk (het)	λαός (αρ.)	[lʲaós]
bevolking (de)	πληθυσμός (αρ.)	[pliθizmós]
mensen (mv.)	άνθρωποι (αρ.πλ.)	[ánθropi]
natie (de)	έθνος (ουδ.)	[éθnos]
generatie (de)	γενιά (θηλ.)	[jeniá]

gebied (bijv. bezette ~en)	έδαφος (ουδ.)	[éðafos]
regio, streek (de)	περιοχή (θηλ.)	[perioxí]
deelstaat (de)	πολιτεία (θηλ.)	[politía]

traditie (de)	παράδοση (θηλ.)	[paráðosi]
gewoonte (de)	έθιμο (ουδ.)	[éθimo]
ecologie (de)	οικολογία (θηλ.)	[ikolʲojía]

Indiaan (de)	Ινδιάνος (αρ.)	[inðiános]
zigeuner (de)	τσιγγάνος (αρ.)	[tsingános]
zigeunerin (de)	τσιγγάνα (θηλ.)	[tsingána]
zigeuner- (abn)	τσιγγάνικος	[tsingánikos]

rijk (het)	αυτοκρατορία (θηλ.)	[aftokratoría]
kolonie (de)	αποικία (θηλ.)	[apikía]

slavernij (de)	**δουλεία** (θηλ.)	[ðulía]
invasie (de)	**εισβολή** (θηλ.)	[isvolí]
hongersnood (de)	**πείνα** (θηλ.)	[pína]

246. Grote religieuze groepen. Bekentenissen

religie (de)	**θρησκεία** (θηλ.)	[θriskía]
religieus (bn)	**θρησκευτικός**	[θriskeftikós]
geloof (het)	**πίστη** (θηλ.)	[písti]
geloven (ww)	**πιστεύω**	[pistévo]
gelovige (de)	**πιστός** (αρ.)	[pistós]
atheïsme (het)	**αθεϊσμός** (αρ.)	[aθeizmós]
atheïst (de)	**αθεϊστής** (αρ.)	[aθeistís]
christendom (het)	**χριστιανισμός** (αρ.)	[xristianizmós]
christen (de)	**χριστιανός** (αρ.)	[xristianós]
christelijk (bn)	**χριστιανικός**	[xristianikós]
katholicisme (het)	**Καθολικισμός** (αρ.)	[kaθolikizmós]
katholiek (de)	**καθολικός** (αρ.)	[kaθolikós]
katholiek (bn)	**καθολικός**	[kaθolikós]
protestantisme (het)	**Προτεσταντισμός** (αρ.)	[prostetandizmós]
Protestante Kerk (de)	**Προτεσταντική εκκλησία** (θηλ.)	[protestandikí eklisía]
protestant (de)	**προτεστάντης** (αρ.)	[protestándis]
orthodoxie (de)	**Ορθοδοξία** (θηλ.)	[orθoðoksía]
Orthodoxe Kerk (de)	**Ορθόδοξη εκκλησία** (θηλ.)	[orθóðoksi eklisía]
orthodox	**ορθόδοξος** (αρ.)	[orθóðoksos]
presbyterianisme (het)	**Πρεσβυτεριανισμός** (αρ.)	[prezviterianizmós]
Presbyteriaanse Kerk (de)	**Πρεσβυτεριανή εκκλησία** (θηλ.)	[prezviterianí eklisía]
presbyteriaan (de)	**πρεσβυτεριανός** (αρ.)	[prezviterianós]
lutheranisme (het)	**Λουθηρανική εκκλησία** (θηλ.)	[lʲuθiranikí eklisía]
lutheraan (de)	**λουθηρανός** (αρ.)	[lʲuθiranós]
baptisme (het)	**Βαπτιστική Εκκλησία** (θηλ.)	[vaptistikí eklisía]
baptist (de)	**βαπτιστής** (αρ.)	[vaptistís]
Anglicaanse Kerk (de)	**Αγγλικανική εκκλησία** (θηλ.)	[anglikanikí eklisía]
anglicaan (de)	**αγγλικανός** (αρ.)	[anglikanós]
mormonisme (het)	**Μορμονισμός** (αρ.)	[mormonizmós]
mormoon (de)	**μορμόνος** (αρ.)	[mormónos]
Jodendom (het)	**Ιουδαϊσμός** (αρ.)	[iuðaizmós]
jood (aanhanger van het Jodendom)	**Ιουδαίος** (αρ.)	[iuðéos]
boeddhisme (het)	**Βουδισμός** (αρ.)	[vuðizmós]

boeddhist (de)	**βουδιστής** (αρ.)	[vuðistís]
hindoeïsme (het)	**Ινδουισμός** (αρ.)	[inðuizmós]
hindoe (de)	**ινδουιστής** (αρ.)	[inðuistís]
islam (de)	**Ισλάμ** (ουδ.)	[islʲám]
islamiet (de)	**μουσουλμάνος** (αρ.)	[musulʲmános]
islamitisch (bn)	**μουσουλμανικός**	[musulʲmanikós]
sjiisme (het)	**Σιιτισμός** (αρ.)	[siitizmós]
sjiiet (de)	**Σιίτης** (αρ.)	[siítis]
soennisme (het)	**Σουνιτικό Ισλάμ** (ουδ.)	[sunitikó islʲám]
soenniet (de)	**σουνίτης** (αρ.)	[sunítis]

247. Religies. Priesters

priester (de)	**ιερέας** (αρ.)	[ieréas]
paus (de)	**Πάπας** (αρ.)	[pápas]
monnik (de)	**καλόγερος** (αρ.)	[kalʲójeros]
non (de)	**μοναχή** (θηλ.)	[monaxí]
pastoor (de)	**πάστορας** (αρ.)	[pástoras]
abt (de)	**αβάς** (αρ.)	[avás]
vicaris (de)	**βικάριος** (αρ.)	[vikários]
bisschop (de)	**επίσκοπος** (αρ.)	[epískopos]
kardinaal (de)	**καρδινάλιος** (αρ.)	[karðinálios]
predikant (de)	**ιεροκήρυκας** (αρ.)	[ierokírikas]
preek (de)	**κήρυγμα** (ουδ.)	[kíriɣma]
kerkgangers (mv.)	**ενορίτες** (αρ.πλ.)	[enorítes]
gelovige (de)	**πιστός** (αρ.)	[pistós]
atheïst (de)	**αθεϊστής** (αρ.)	[aθeistís]

248. Geloof. Christendom. Islam

Adam	**Αδάμ** (αρ.)	[aðám]
Eva	**Εύα** (θηλ.)	[éva]
God (de)	**Θεός** (αρ.)	[θeós]
Heer (de)	**Κύριος** (αρ.)	[kírios]
Almachtige (de)	**Παντοδύναμος** (αρ.)	[pandoðínamos]
zonde (de)	**αμαρτία** (θηλ.)	[amartía]
zondigen (ww)	**αμαρταίνω**	[amarténo]
zondaar (de)	**αμαρτωλός** (αρ.)	[amartolʲós]
zondares (de)	**αμαρτωλή** (θηλ.)	[amartolí]
hel (de)	**κόλαση** (θηλ.)	[kólʲasi]
paradijs (het)	**παράδεισος** (αρ.)	[paráðisos]
Jezus	**Ιησούς** (αρ.)	[iisús]

Jezus Christus	Ιησούς Χριστός (αρ.)	[iisús xristós]
Heilige Geest (de)	Άγιο Πνεύμα (ουδ.)	[ájo pnévma]
Verlosser (de)	Σωτήρας (αρ.)	[sotíras]
Maagd Maria (de)	Παναγία (θηλ.)	[panaɣía]
duivel (de)	Διάβολος (αρ.)	[ðiávolʲos]
duivels (bn)	διαβολικός	[ðiavolikós]
Satan	Σατανάς (αρ.)	[satanás]
satanisch (bn)	σατανικός	[satanikós]
engel (de)	άγγελος (αρ.)	[ángelʲos]
beschermengel (de)	φύλακας άγγελος (αρ.)	[fílʲakas ángelʲos]
engelachtig (bn)	αγγελικός	[angelikós]
apostel (de)	Απόστολος (αρ.)	[apóstolʲos]
aartsengel (de)	αρχάγγελος (αρ.)	[arxángelʲos]
antichrist (de)	Αντίχριστος (αρ.)	[andíxristos]
Kerk (de)	Εκκλησία (θηλ.)	[eklisía]
bijbel (de)	βίβλος (θηλ.)	[vívlʲos]
bijbels (bn)	βιβλικός	[vivlikós]
Oude Testament (het)	Παλαιά Διαθήκη (θηλ.)	[paleá ðiaθíki]
Nieuwe Testament (het)	Καινή Διαθήκη (θηλ.)	[kení ðiaθíki]
evangelie (het)	Ευαγγέλιο (ουδ.)	[evangélio]
Heilige Schrift (de)	Αγία Γραφή (θηλ.)	[ajía ɣrafí]
Hemel, Hemelrijk (de)	ουρανός (αρ.)	[uranós]
gebod (het)	εντολή (θηλ.)	[endolí]
profeet (de)	προφήτης (αρ.)	[profítis]
profetie (de)	προφητεία (θηλ.)	[profitía]
Allah	Αλλάχ (αρ.)	[alʲáx]
Mohammed	Μωάμεθ (αρ.)	[moámeθ]
Koran (de)	Κοράνι (ουδ.)	[koráni]
moskee (de)	τζαμί (ουδ.)	[dzamí]
moellah (de)	μουλάς (αρ.)	[mulʲás]
gebed (het)	προσευχή (θηλ.)	[prosefxí]
bidden (ww)	προσεύχομαι	[proséfxome]
pelgrimstocht (de)	προσκύνημα (ουδ.)	[proskínima]
pelgrim (de)	προσκυνητής (αρ.)	[proskinitís]
Mekka	Μέκκα (θηλ.)	[méka]
kerk (de)	Εκκλησία (θηλ.)	[eklisía]
tempel (de)	ναός (αρ.)	[naós]
kathedraal (de)	καθεδρικός (αρ.)	[kaθeðrikós]
gotisch (bn)	γοτθικός	[ɣotθikós]
synagoge (de)	συναγωγή (θηλ.)	[sinaɣojí]
moskee (de)	τζαμί (ουδ.)	[dzamí]
kapel (de)	παρεκκλήσι (ουδ.)	[pareklísi]
abdij (de)	αβαείο (ουδ.)	[avaío]
nonnenklooster (het)	γυναικείο μοναστήρι (ουδ.)	[jinekío monastíri]
mannenklooster (het)	μοναστήρι (ουδ.)	[monastíri]

klok (de)	**καμπάνα** (θηλ.)	[kabána]
klokkentoren (de)	**καμπαναριό** (ουδ.)	[kabanarió]
luiden (klokken)	**χτυπάω**	[xtipáo]
kruis (het)	**σταυρός** (αρ.)	[stavrós]
koepel (de)	**θόλος** (αρ.)	[θólʲos]
icoon (de)	**εικόνα** (θηλ.)	[ikóna]
ziel (de)	**ψυχή** (θηλ.)	[psixí]
lot, noodlot (het)	**μοίρα** (θηλ.)	[míra]
kwaad (het)	**κακό** (ουδ.)	[kakó]
goed (het)	**καλό** (ουδ.)	[kalʲó]
vampier (de)	**βρικόλακας** (αρ.)	[vrikólʲakas]
heks (de)	**μάγισσα** (θηλ.)	[májisa]
demoon (de)	**δαίμονας** (αρ.)	[ðémonas]
geest (de)	**πνεύμα** (ουδ.)	[pnévma]
verzoeningsleer (de)	**λύτρωση** (θηλ.)	[lítrosi]
vrijkopen (ww)	**λυτρώνω**	[litróno]
mis (de)	**λειτουργία** (θηλ.)	[liturjía]
de mis opdragen	**τελώ λειτουργία**	[telʲó liturjía]
biecht (de)	**εξομολόγηση** (θηλ.)	[eksomolʲójisi]
biechten (ww)	**εξομολογούμαι**	[eksomolʲoɣúme]
heilige (de)	**άγιος** (αρ.)	[ájos]
heilig (bn)	**ιερός**	[ierós]
wijwater (het)	**αγιασμός** (αρ.)	[ajazmós]
ritueel (het)	**τελετουργία** (θηλ.)	[teleturjía]
ritueel (bn)	**τελετουργικός**	[teleturjikós]
offerande (de)	**θυσία** (θηλ.)	[θisía]
bijgeloof (het)	**δεισιδαιμονία** (θηλ.)	[ðisiðemonía]
bijgelovig (bn)	**δεισιδαίμων**	[ðisiðémon]
hiernamaals (het)	**μεταθανάτια ζωή** (θηλ.)	[metaθanátia zoí]
eeuwige leven (het)	**αιώνια ζωή** (θηλ.)	[eónia zoí]

DIVERSEN

249. Diverse nuttige woorden

achtergrond (de)	**φόντο** (ουδ.)	[fóndo]
balans (de)	**ισορροπία** (θηλ.)	[isoropía]
basis (de)	**βάση** (θηλ.)	[vási]
begin (het)	**αρχή** (θηλ.)	[arxí]
beurt (wie is aan de ~?)	**σειρά** (θηλ.)	[sirá]
categorie (de)	**κατηγορία** (θηλ.)	[katiɣoría]
comfortabel (~ bed, enz.)	**άνετος**	[ánetos]
compensatie (de)	**αποζημίωση** (θηλ.)	[apozimíosi]
deel (gedeelte)	**κομμάτι** (ουδ.)	[komáti]
deeltje (het)	**σωματίδιο** (ουδ.)	[somatíðio]
ding (object, voorwerp)	**πράγμα** (ουδ.)	[práɣma]
dringend (bn, urgent)	**επείγων**	[ipíɣon]
dringend (bw, met spoed)	**επειγόντως**	[epiɣóndos]
effect (het)	**αποτέλεσμα** (ουδ.)	[apotélezma]
eigenschap (kwaliteit)	**ιδιότητα** (θηλ.)	[iðiótita]
einde (het)	**τέλος** (ουδ.)	[télʲos]
element (het)	**στοιχείο** (ουδ.)	[stixío]
feit (het)	**γεγονός** (ουδ.)	[ʝeɣonós]
fout (de)	**λάθος** (ουδ.)	[lʲáθos]
geheim (het)	**μυστικό** (ουδ.)	[mistikó]
graad (mate)	**βαθμός** (αρ.)	[vaθmós]
groei (ontwikkeling)	**ανάπτυξη** (θηλ.)	[anáptiksi]
hindernis (de)	**φραγμός** (αρ.)	[fraɣmós]
hinderpaal (de)	**εμπόδιο** (ουδ.)	[embóðio]
hulp (de)	**βοήθεια** (θηλ.)	[voíθia]
ideaal (het)	**ιδανικό** (ουδ.)	[iðanikó]
inspanning (de)	**προσπάθεια** (θηλ.)	[prospáθia]
keuze (een grote ~)	**επιλογές** (θηλ.)	[epilʲoʝés]
labyrint (het)	**λαβύρινθος** (αρ.)	[lʲavírinθos]
manier (de)	**τρόπος** (αρ.)	[trópos]
moment (het)	**στιγμή** (θηλ.)	[stiɣmí]
nut (bruikbaarheid)	**χρησιμότητα** (θηλ.)	[xrisimótita]
onderscheid (het)	**διαφορά** (θηλ.)	[ðiaforá]
ontwikkeling (de)	**εξέλιξη** (θηλ.)	[ekséliksi]
oplossing (de)	**λύση** (θηλ.)	[lísi]
origineel (het)	**πρωτότυπο** (ουδ.)	[protótipo]
pauze (de)	**διάλειμμα** (ουδ.)	[ðiálima]
positie (de)	**θέση** (θηλ.)	[θési]
principe (het)	**αρχή** (θηλ.)	[arxí]

probleem (het)	**πρόβλημα** (ουδ.)	[próvlima]
proces (het)	**διαδικασία** (θηλ.)	[ðiaðikasía]
reactie (de)	**αντίδραση** (θηλ.)	[andíðrasi]
reden (om ~ van)	**αιτία** (θηλ.)	[etía]
risico (het)	**ρίσκο** (ουδ.)	[rísko]
samenvallen (het)	**σύμπτωση** (θηλ.)	[símptosi]
serie (de)	**σειρά** (θηλ.)	[sirá]
situatie (de)	**κατάσταση** (θηλ.)	[katástasi]
soort (bijv. ~ sport)	**είδος** (ουδ.)	[íðos]
standaard (bn)	**τυποποιημένος**	[tipopiiménos]
standaard (de)	**πρότυπο** (ουδ.)	[prótipo]
stijl (de)	**ύφος** (ουδ.)	[ífos]
stop (korte onderbreking)	**στάση** (θηλ.)	[stási]
systeem (het)	**σύστημα** (ουδ.)	[sístima]
tabel (bijv. ~ van Mendelejev)	**πίνακας** (αρ.)	[pínakas]
tempo (langzaam ~)	**τέμπο** (ουδ.)	[témpo]
term (medische ~en)	**όρος** (αρ.)	[óros]
type (soort)	**τύπος** (αρ.)	[típos]
variant (de)	**εκδοχή** (θηλ.)	[ekðoxí]
veelvuldig (bn)	**συχνός**	[sixnós]
vergelijking (de)	**σύγκριση** (θηλ.)	[síngrisi]
voorbeeld (het goede ~)	**παράδειγμα** (ουδ.)	[paráðiɣma]
voortgang (de)	**πρόοδος** (θηλ.)	[próoðos]
voorwerp (ding)	**αντικείμενο** (ουδ.)	[andikímeno]
vorm (uiterlijke ~)	**μορφή** (θηλ.)	[morfí]
waarheid (de)	**αλήθεια** (θηλ.)	[alíθia]
zone (de)	**ζώνη** (θηλ.)	[zóni]

250. Beperkende bijwoorden. Bijvoeglijke naamwoorden. Deel 1

accuraat (uurwerk, enz.)	**ακριβής**	[akrivís]
achter- (abn)	**πίσω**	[píso]
additioneel (bn)	**πρόσθετος**	[prósθetos]
anders (bn)	**διαφορετικός**	[ðiaforetikós]
arm (bijv. ~e landen)	**φτωχός**	[ftoxós]
begrijpelijk (bn)	**σαφής**	[safís]
belangrijk (bn)	**σημαντικός**	[simandikós]
belangrijkst (bn)	**πιο σημαντικός**	[pio simandikós]
beleefd (bn)	**ευγενικός**	[evʝenikós]
beperkt (bn)	**περιορισμένος**	[periorizménos]
betekenisvol (bn)	**σημαντικός**	[simandikós]
bijziend (bn)	**μύωπας**	[míopas]
binnen- (abn)	**εσωτερικός**	[esoterikós]
bitter (bn)	**πικρός**	[pikrós]
blind (bn)	**τυφλός**	[tifʎós]
breed (een ~e straat)	**φαρδύς**	[farðís]

breekbaar (porselein, glas)	**εύθραυστος**	[éfθrafstos]
buiten- (abn)	**εξωτερικός**	[eksoterikós]
buitenlands (bn)	**ξένος**	[ksénos]
burgerlijk (bn)	**δημόσιος**	[ðimósios]
centraal (bn)	**κεντρικός**	[kendrikós]
dankbaar (bn)	**ευγνώμων**	[efɣnómon]
dicht (~e mist)	**πυκνός**	[piknós]
dicht (bijv. ~e mist)	**πυκνός**	[piknós]
dicht (in de ruimte)	**κοντινός**	[kondinós]
dicht (bn)	**κοντινός**	[kondinós]
dichtstbijzijnd (bn)	**πλησιέστερος**	[plisiésteros]
diepvries (~product)	**κατεψυγμένος**	[katepsiɣménos]
dik (bijv. muur)	**παχύς**	[paxís]
dof (~ licht)	**αμυδρός**	[amiðrós]
dom (dwaas)	**χαζός**	[xazós]
donker (bijv. ~e kamer)	**σκοτεινός**	[skotinós]
dood (bn)	**νεκρός**	[nekrós]
doorzichtig (bn)	**διαφανής**	[ðiafanís]
droevig (~ blik)	**θλιμμένος**	[sliménos]
droog (bn)	**ξερός**	[kserós]
dun (persoon)	**αδύνατος**	[aðínatos]
duur (bn)	**ακριβός**	[akrivós]
eender (bn)	**όμοιος, ίδιος**	[ómios], [íðios]
eenvoudig (bn)	**εύκολος**	[éfkolʲos]
eenvoudig (bn)	**απλός**	[aplʲós]
eeuwenoude (~ beschaving)	**αρχαίος**	[arxéos]
enorm (bn)	**τεράστιος**	[terástios]
geboorte- (stad, land)	**καταγωγής**	[kataɣoʝís]
gebruind (bn)	**μαυρισμένος**	[mavrizménos]
gelijkend (bn)	**παρόμοιος**	[parómios]
gelukkig (bn)	**ευτυχισμένος**	[eftixizménos]
gesloten (bn)	**κλειστός**	[klistós]
getaand (bn)	**μελαψός**	[melʲapsós]
gevaarlijk (bn)	**επικίνδυνος**	[epikínðinos]
gewoon (bn)	**κανονικός**	[kanonikós]
gezamenlijk (~ besluit)	**κοινός**	[kinós]
glad (~ oppervlak)	**λείος**	[líos]
glad (~ oppervlak)	**επίπεδος**	[epípeðos]
goed (bn)	**καλός**	[kalʲós]
goedkoop (bn)	**φτηνός**	[ftinós]
gratis (bn)	**δωρεάν**	[ðoreán]
groot (bn)	**μεγάλος**	[meɣálʲos]
hard (niet zacht)	**σκληρός**	[sklirós]
heel (volledig)	**όλος, ολόκληρος**	[ólʲos], [olʲókliros]
heet (bn)	**ζεστός**	[zestós]
hongerig (bn)	**νηστικός**	[nistikós]

hoofd- (abn)	**κύριος**	[kírios]
hoogste (bn)	**ο υψηλότερος**	[o ipsilóteros]
huidig (courant)	**τωρινός**	[torinós]
jong (bn)	**νέος**	[néos]
juist, correct (bn)	**σωστός**	[sostós]
kalm (bn)	**ήσυχος**	[ísixos]
kinder- (abn)	**παιδικός**	[peðikós]
klein (bn)	**μικρός**	[mikrós]
koel (~ weer)	**δροσερός**	[ðroserós]
kort (kortstondig)	**σύντομος**	[síndomos]
kort (niet lang)	**κοντός**	[kondós]
koud (~ water, weer)	**κρύος**	[kríos]
kunstmatig (bn)	**τεχνητός**	[texnitós]
laatst (bn)	**τελευταίος**	[teleftéos]
lang (een ~ verhaal)	**μακρύς**	[makrís]
langdurig (bn)	**μακρόχρονος**	[makróxronos]
lastig (~ probleem)	**δύσκολος**	[ðískolʲos]
leeg (glas, kamer)	**άδειος**	[áðios]
lekker (bn)	**νόστιμος**	[nóstimos]
licht (kleur)	**ανοιχτός**	[anixtós]
licht (niet veel weegt)	**ελαφρύς**	[elʲafrís]
linker (bn)	**αριστερός**	[aristerós]
luid (bijv. ~e stem)	**δυνατός**	[ðinatós]
mager (bn)	**κοκαλιάρης**	[kokaliáris]
mat (bijv. ~ verf)	**ματ**	[mat]
moe (bn)	**κουρασμένος**	[kurazménos]
moeilijk (~ besluit)	**δύσκολος**	[ðískolʲos]
mogelijk (bn)	**πιθανός**	[piθanós]
mooi (bn)	**όμορφος**	[ómorfos]
mysterieus (bn)	**αινιγματικός**	[eniɣmatikós]
naburig (bn)	**γειτονικός**	[ʝitonikós]
nalatig (bn)	**αμελής**	[amelís]
nat (~te kleding)	**βρεγμένος**	[vreɣménos]
nerveus (bn)	**νευρικός**	[nevrikós]
niet groot (bn)	**μικρός**	[mikrós]
niet moeilijk (bn)	**εύκολος**	[éfkolʲos]
nieuw (bn)	**καινούριος**	[kenúrios]
nodig (bn)	**αναγκαίος**	[anangéos]
normaal (bn)	**κανονικός**	[kanonikós]

251. Beperkende bijwoorden. Bijvoeglijke naamwoorden. Deel 2

onbegrijpelijk (bn)	**ακατανόητος**	[akatanóitos]
onbelangrijk (bn)	**ασήμαντος**	[asímandos]
onbeweeglijk (bn)	**ακίνητος**	[akínitos]
onbewolkt (bn)	**αίθριος, καθαρός**	[éθrios], [kaθarós]

ondergronds (geheim)	**κρυφός**	[krifós]
ondiep (bn)	**ρηχός**	[rixós]
onduidelijk (bn)	**ασαφής**	[asafís]
onervaren (bn)	**άπειρος**	[ápiros]
onmogelijk (bn)	**αδύνατος**	[aðínatos]
onontbeerlijk (bn)	**απαραίτητος**	[aparétitos]
onophoudelijk (bn)	**συνεχής**	[aðiákopos]
ontkennend (bn)	**αρνητικός**	[arnitikós]
open (bn)	**ανοιχτός**	[anixtós]
openbaar (bn)	**δημόσιος**	[ðimósios]
origineel (ongewoon)	**πρωτότυπος**	[protótipos]
oud (~ huis)	**παλιός**	[paliós]
overdreven (bn)	**υπερβολικός**	[ipervolikós]
passend (bn)	**κατάλληλος**	[katálilʲos]
permanent (bn)	**μόνιμος**	[mónimos]
persoonlijk (bn)	**προσωπικός**	[prosopikós]
plat (bijv. ~ scherm)	**επίπεδος**	[epípeðos]
prachtig (~ paleis, enz.)	**όμορφος**	[ómorfos]
precies (bn)	**ακριβής**	[akrivís]
prettig (bn)	**ευχάριστος**	[efxáristos]
privé (bn)	**ιδιωτικός**	[iðiotikós]
punctueel (bn)	**συνεπής**	[sinepís]
rauw (niet gekookt)	**ωμός**	[omós]
recht (weg, straat)	**ευθύς**	[efθís]
rechter (bn)	**δεξιός**	[ðeksiós]
rijp (fruit)	**ώριμος**	[órimos]
riskant (bn)	**επικίνδυνος**	[epikínðinos]
ruim (een ~ huis)	**ευρύχωρος**	[evríxoros]
rustig (bn)	**ήσυχος**	[ísixos]
scherp (bijv. ~ mes)	**κοφτερός**	[kofterós]
schoon (niet vies)	**καθαρός**	[kaθarós]
slecht (bn)	**κακός**	[kakós]
slim (verstandig)	**έξυπνος**	[éksipnos]
smal (~le weg)	**στενός**	[stenós]
snel (vlug)	**γρήγορος**	[γríγoros]
somber (bn)	**σκοτεινός**	[skotinós]
speciaal (bn)	**ειδικός**	[iðikós]
sterk (bn)	**δυνατός**	[ðinatós]
stevig (bn)	**ανθεκτικός**	[anθektikós]
straatarm (bn)	**πάμφτωχος**	[pámftoxos]
teder (liefderijk)	**τρυφερός**	[triferós]
tegenovergesteld (bn)	**αντίθετος**	[andíθetos]
tevreden (bn)	**ευχαριστημένος**	[efxaristiménos]
tevreden (klant, enz.)	**ικανοποιημένος**	[ikanopiiménos]
treurig (bn)	**στεναχωρημένος**	[stenaxoriménos]
tweedehands (bn)	**μεταχειρισμένος**	[metaxirizménos]
uitstekend (bn)	**άριστος**	[áristos]
uitstekend (bn)	**υπέροχος**	[ipéroxos]

uniek (bn)	**μοναδικός**	[monaðikós]
veilig (niet gevaarlijk)	**ασφαλής**	[asfalís]
ver (in de ruimte)	**μακρινός**	[makrinós]
verenigbaar (bn)	**συμβατός**	[simvatós]
vermoeiend (bn)	**κουραστικός**	[kurastikós]
verplicht (bn)	**υποχρεωτικός**	[ipoxreotikós]
vers (~ brood)	**φρέσκος**	[fréskos]
verschillende (bn)	**ποικίλος**	[pikílʲos]
verst (meest afgelegen)	**μακρινός**	[makrinós]
vettig (voedsel)	**λιπαρός**	[liparós]
vijandig (bn)	**εχθρικός**	[exθrikós]
vloeibaar (bn)	**υγρός**	[iɣrós]
vochtig (bn)	**υγρός**	[iɣrós]
vol (helemaal gevuld)	**γεμάτος**	[jemátos]
volgend (~ jaar)	**επόμενος**	[epómenos]
vorig (bn)	**περασμένος**	[perazménos]
voornaamste (bn)	**βασικός**	[vasikós]
vorig (~ jaar)	**προηγούμενος**	[proiɣúmenos]
vorig (bijv. ~e baas)	**προγενέστερος**	[projenésteros]
vriendelijk (aardig)	**ευγενικός**	[evjenikós]
vriendelijk (goedhartig)	**καλός**	[kalʲós]
vrij (bn)	**ελεύθερος**	[eléfθeros]
vrolijk (bn)	**χαρούμενος**	[xarúmenos]
vruchtbaar (~ land)	**καρπερός**	[karperós]
vuil (niet schoon)	**λερωμένος**	[leroménos]
waarschijnlijk (bn)	**πιθανός**	[piθanós]
warm (bn)	**ζεστός**	[zestós]
wettelijk (bn)	**νόμιμος**	[nómimos]
zacht (bijv. ~ kussen)	**μαλακός**	[malʲakós]
zacht (bn)	**σιγανός**	[siɣanós]
zeldzaam (bn)	**σπάνιος**	[spánios]
ziek (bn)	**άρρωστος**	[árostos]
zoet (~ water)	**γλυκό**	[ɣlikó]
zoet (bn)	**γλυκός**	[ɣlikós]
zonnig (~e dag)	**ηλιόλουστος**	[iliólʲustos]
zorgzaam (bn)	**στοργικός**	[storjikós]
zout (de soep is ~)	**αλμυρός**	[alʲmirós]
zuur (smaak)	**ξινός**	[ksinós]
zwaar (~ voorwerp)	**βαρύς**	[varís]

DE 500 BELANGRIJKSTE WERKWOORDEN

252. Werkwoorden A-C

aaien (bijv. een konijn ~)	**χαϊδεύω**	[xaiðévo]
aanbevelen (ww)	**προτείνω**	[protíno]
aandringen (ww)	**επιμένω**	[epiméno]
aankomen (ov. de treinen)	**φτάνω**	[ftáno]
aanleggen (bijv. bij de pier)	**αράζω**	[arázo]
aanraken (met de hand)	**αγγίζω**	[angízo]
aansteken (kampvuur, enz.)	**ανάβω**	[anávo]
aanstellen (in functie plaatsen)	**διορίζω**	[ðiorízo]
aanvallen (mil.)	**επιτίθεμαι**	[epitíθeme]
aanvoelen (gevaar ~)	**αισθάνομαι**	[esθánome]
aanvoeren (leiden)	**ηγούμαι**	[iɣúme]
aanwijzen (de weg ~)	**δείχνω**	[ðíxno]
aanzetten (computer, enz.)	**ανοίγω**	[aníɣo]
ademen (ww)	**αναπνέω**	[anapnéo]
adverteren (ww)	**διαφημίζω**	[ðiafimízo]
adviseren (ww)	**συμβουλεύω**	[simvulévo]
afdalen (on.ww.)	**κατεβαίνω**	[katevéno]
afgunstig zijn (ww)	**ζηλεύω**	[zilévo]
afhakken (ww)	**αποκόβω**	[apokóvo]
afhangen van ...	**εξαρτώμαι**	[eksartóme]
afluisteren (ww)	**κρυφακούω**	[krifakúo]
afnemen (verwijderen)	**βγάζω**	[vɣázo]
afrukken (ww)	**κόβω**	[kóvo]
afslaan (naar rechts ~)	**στρίβω**	[strívo]
afsnijden (ww)	**κόβω**	[kóvo]
afzeggen (ww)	**ακυρώνω**	[akiróno]
amputeren (ww)	**ακρωτηριάζω**	[akrotiriázo]
amuseren (ww)	**διασκεδάζω**	[ðiaskeðázo]
antwoorden (ww)	**απαντώ**	[apandó]
applaudisseren (ww)	**χειροκροτώ**	[xirokrotó]
aspireren (iets willen worden)	**επιθυμώ**	[epiθimó]
assisteren (ww)	**βοηθώ**	[voiθó]
bang zijn (ww)	**φοβάμαι**	[fováme]
barsten (plafond, enz.)	**ραγίζω**	[rajízo]
bedienen (in restaurant)	**εξυπηρετώ**	[eksipiretó]
bedreigen (bijv. met een pistool)	**απειλώ**	[apilʲó]

bedriegen (ww)	**εξαπατώ**	[eksapató]
beduiden (betekenen)	**σημαίνω**	[siméno]
bedwingen (ww)	**συγκρατώ**	[singrató]
beëindigen (ww)	**τελειώνω**	[telióno]
begeleiden (vergezellen)	**συνοδεύω**	[sinoðévo]
begieten (water geven)	**ποτίζω**	[potízo]
beginnen (ww)	**αρχίζω**	[arxízo]
begrijpen (ww)	**καταλαβαίνω**	[katalʲavéno]
behandelen (patiënt, ziekte)	**γιατρεύω**	[ʝatrévo]
beheren (managen)	**διευθύνω**	[ðiefθíno]
beïnvloeden (ww)	**επηρεάζω**	[epireázo]
bekennen (misdadiger)	**ομολογώ**	[omolʲoɣó]
beledigen (met scheldwoorden)	**προσβάλλω**	[prozválʲo]
beledigen (ww)	**προσβάλλω**	[prozválʲo]
beloven (ww)	**υπόσχομαι**	[ipósxome]
beperken (de uitgaven ~)	**περιορίζω**	[periorízo]
bereiken (doel ~, enz.)	**πετυχαίνω**	[petixéno]
bereiken (plaats van bestemming ~)	**φτάνω**	[ftáno]
beschermen (bijv. de natuur ~)	**προστατεύω**	[prostatévo]
beschuldigen (ww)	**κατηγορώ**	[katiɣoró]
beslissen (~ iets te doen)	**αποφασίζω**	[apofasízo]
besmet worden (met ...)	**μολύνομαι**	[molínome]
besmetten (ziekte overbrengen)	**μολύνω**	[molíno]
bespreken (spreken over)	**συζητώ**	[sizitó]
bestaan (een ~ voeren)	**ζω**	[zo]
bestellen (eten ~)	**παραγγέλνω**	[parangélʲno]
bestraffen (een stout kind ~)	**τιμωρώ**	[timoró]
betalen (ww)	**πληρώνω**	[pliróno]
betekenen (beduiden)	**σημαίνω**	[siméno]
betreuren (ww)	**λυπάμαι**	[lipáme]
bevallen (prettig vinden)	**μου αρέσει**	[mu arési]
bevelen (mil.)	**διατάζω**	[ðiatázo]
bevredigen (ww)	**ικανοποιώ**	[ikanopió]
bevrijden (stad, enz.)	**απελευθερώνω**	[apelefθeróno]
bewaren (oude brieven, enz.)	**φυλάω**	[filʲáo]
bewaren (vrede, leven)	**διατηρώ**	[ðiatiró]
bewijzen (ww)	**αποδεικνύω**	[apoðiknío]
bewonderen (ww)	**θαυμάζω**	[θavmázo]
bezitten (ww)	**κατέχω**	[katéxo]
bezorgd zijn (ww)	**ανησυχώ**	[anisixó]
bezorgd zijn (ww)	**ανησυχώ**	[anisixó]
bidden (praten met God)	**προσεύχομαι**	[proséfxome]
bijvoegen (ww)	**προσθέτω**	[prosθéto]

binden (ww)	**δένω**	[ðéno]
binnengaan (een kamer ~)	**μπαίνω**	[béno]
blazen (ww)	**φυσάω**	[fisáo]
blozen (zich schamen)	**κοκκινίζω**	[kokinízo]
blussen (brand ~)	**σβήνω**	[zvíno]
boos maken (ww)	**θυμώνω**	[θimóno]
boos zijn (ww)	**θυμώνω**	[θimóno]
breken (on.ww., van een touw)	**σκίζομαι**	[skízome]
breken (speelgoed, enz.)	**σπάω**	[spáo]
brengen (iets ergens ~)	**φέρνω**	[férno]
charmeren (ww)	**μαγεύω**	[majévo]
citeren (ww)	**παραθέτω**	[paraθéto]
compenseren (ww)	**αποζημιώνω**	[apozimióno]
compliceren (ww)	**δυσκολεύω**	[ðiskolévo]
componeren (muziek ~)	**συνθέτω**	[sinθéto]
compromitteren (ww)	**διακυβεύω**	[ðiakivévo]
concurreren (ww)	**ανταγωνίζομαι**	[andaɣonízome]
controleren (ww)	**ελέγχω**	[elénxo]
coöpereren (samenwerken)	**συνεργάζομαι**	[sinerɣázome]
coördineren (ww)	**συντονίζω**	[sindonízo]
corrigeren (fouten ~)	**διορθώνω**	[ðiorθóno]
creëren (ww)	**δημιουργώ**	[ðimiurɣó]

253. Werkwoorden D-K

danken (ww)	**ευχαριστώ**	[efxaristó]
de was doen	**πλένω**	[pléno]
de weg wijzen	**κατευθύνω**	[katefθíno]
deelnemen (ww)	**συμμετέχω**	[simetéxo]
delen (wisk.)	**διαιρώ**	[ðieró]
denken (ww)	**σκέφτομαι**	[skéftome]
doden (ww)	**σκοτώνω**	[skotóno]
doen (ww)	**κάνω**	[káno]
dresseren (ww)	**εκπαιδεύω**	[ekpeðévo]
drinken (ww)	**πίνω**	[píno]
drogen (klederen, haar)	**στεγνώνω**	[steɣnóno]
dromen (in de slaap)	**ονειρεύομαι**	[onirévome]
dromen (over vakantie ~)	**ονειρεύομαι**	[onirévome]
duiken (ww)	**βουτάω**	[vutáo]
durven (ww)	**τολμώ**	[tolʲmó]
duwen (ww)	**σπρώχνω**	[spróxno]
een auto besturen	**οδηγώ αυτοκίνητο**	[oðiɣó aftokínito]
een bad geven	**λούζω**	[lʲúzo]
een bad nemen	**πλένομαι**	[plénome]
een conclusie trekken	**συμπεραίνω**	[siberéno]

foto's maken	**φωτογραφίζω**	[fotoɣrafízo]
eisen (met klem vragen)	**απαιτώ**	[apetó]
erkennen (schuld)	**παραδέχομαι**	[paraðéxome]
erven (ww)	**κληρονομώ**	[klironomó]
eten (ww)	**τρώω**	[tróo]
excuseren (vergeven)	**συγχωρώ**	[sinxoró]
existeren (bestaan)	**υπάρχω**	[ipárxo]
feliciteren (ww)	**συγχαίρω**	[sinxéro]
gaan (te voet)	**πηγαίνω**	[piʝéno]
gaan slapen	**πηγαίνω για ύπνο**	[piʝéno ʝa ípno]
gaan zitten (ww)	**κάθομαι**	[káθome]
gaan zwemmen	**κάνω μπάνιο**	[káno bánio]
garanderen (garantie geven)	**εγγυώμαι**	[engióme]
gebruiken (bijv. een potlood ~)	**χρησιμοποιώ**	[xrisimopió]
gebruiken (woord, uitdrukking)	**χρησιμοποιώ**	[xrisimopió]
geconserveerd zijn (ww)	**διατηρούμαι**	[ðiatirúme]
gedateerd zijn (ww)	**χρονολογούμαι από ...**	[xronolʲoɣúme apó]
gehoorzamen (ww)	**υπακούω**	[ipakúo]
gelijken (op elkaar lijken)	**μοιάζω**	[miázo]
geloven (vinden)	**πιστεύω**	[pistévo]
genoeg zijn (ww)	**φτάνω**	[ftáno]
gieten (in een beker ~)	**χύνω**	[xíno]
glimlachen (ww)	**χαμογελάω**	[xamoʝelʲáo]
glimmen (glanzen)	**λάμπω**	[lʲámbo]
gluren (ww)	**κρυφοκοιτάζω**	[krifokitázo]
goed raden (ww)	**μαντεύω**	[mandévo]
gooien (een steen, enz.)	**πετάω**	[petáo]
grappen maken (ww)	**αστειεύομαι**	[astiévome]
graven (tunnel, enz.)	**σκάβω**	[skávo]
haasten (iemand ~)	**κάνω κάποιον να βιαστεί**	[káno kápion na viastí]
hebben (ww)	**έχω**	[éxo]
helpen (hulp geven)	**βοηθώ**	[voiθó]
herhalen (opnieuw zeggen)	**επαναλαμβάνω**	[epanalʲamváno]
herinneren (ww)	**θυμάμαι**	[θimáme]
herinneren aan ... (afspraak, opdracht)	**υπενθυμίζω**	[ipenθimízo]
herkennen (identificeren)	**γνωρίζω**	[ɣnorízo]
herstellen (repareren)	**επισκευάζω**	[episkevázo]
het haar kammen	**χτενίζομαι**	[xtenízome]
hopen (ww)	**ελπίζω**	[elʲpízo]
horen (waarnemen met het oor)	**ακούω**	[akúo]
houden van (muziek, enz.)	**μου αρέσει**	[mu arési]
huilen (wenen)	**κλαίω**	[kléo]
huiveren (ww)	**τρέμω**	[trémo]
huren (een boot ~)	**νοικιάζω**	[nikiázo]

huren (huis, kamer)	**νοικιάζω**	[nikiázo]
huren (personeel)	**προσλαμβάνω**	[prosľamváno]
imiteren (ww)	**μιμούμαι**	[mimúme]
importeren (ww)	**εισάγω**	[isáɣo]
inenten (vaccineren)	**εμβολιάζω**	[emvoliázo]
informeren (informatie geven)	**πληροφορώ**	[pliroforó]
informeren naar ... (navraag doen)	**ζητάω πληροφορίες**	[zitáo pliroforíes]
inlassen (invoegen)	**εισάγω**	[isáɣo]
inpakken (in papier)	**τυλίγω**	[tilíɣo]
inspireren (ww)	**εμπνέω**	[embnéo]
instemmen (akkoord gaan)	**συμφωνώ**	[simfonó]
interesseren (ww)	**ενδιαφέρω**	[enðiaféro]
irriteren (ww)	**εκνευρίζω**	[eknevrízo]
isoleren (ww)	**απομονώνω**	[apomonóno]
jagen (ww)	**κυνηγώ**	[kiniɣó]
kalmeren (kalm maken)	**ηρεμώ**	[iremó]
kennen (kennis hebben van iemand)	**γνωρίζω**	[ɣnorízo]
kennismaken (met ...)	**γνωρίζομαι**	[ɣnorízome]
kiezen (ww)	**επιλέγω**	[epiléɣo]
kijken (ww)	**κοιτάζω**	[kitázo]
klaarmaken (een plan ~)	**προετοιμάζω**	[proetimázo]
klaarmaken (het eten ~)	**μαγειρεύω**	[maʝirévo]
klagen (ww)	**παραπονιέμαι**	[paraponiéme]
kloppen (aan een deur)	**χτυπάω**	[xtipáo]
kopen (ww)	**αγοράζω**	[aɣorázo]
kopieën maken	**κάνω αντίγραφα**	[káno andíɣrafa]
kosten (ww)	**κοστίζω**	[kostízo]
kunnen (ww)	**μπορώ**	[boró]
kweken (planten ~)	**καλλιεργώ**	[kalierɣó]

254. Werkwoorden L-R

lachen (ww)	**γελάω**	[ʝeľáo]
laden (geweer, kanon)	**γεμίζω**	[ʝemízo]
laden (vrachtwagen)	**φορτώνω**	[fortóno]
laten vallen (ww)	**ρίχνω**	[ríxno]
lenen (geld ~)	**δανείζομαι**	[ðanízome]
leren (lesgeven)	**διδάσκω**	[ðiðásko]
leven (bijv. in Frankrijk ~)	**ζω, διαμένω**	[zo], [ðiaméno]
lezen (een boek ~)	**διαβάζω**	[ðiavázo]
lid worden (ww)	**ενώνομαι**	[enónome]
liefhebben (ww)	**αγαπάω**	[aɣapáo]
liegen (ww)	**ψεύδομαι**	[psévðome]
liggen (op de tafel ~)	**βρίσκομαι**	[vrískome]

liggen (persoon)	**ξαπλώνω**	[ksaplʲóno]
lijden (pijn voelen)	**υποφέρω**	[ipoféro]
losbinden (ww)	**λύνω**	[líno]
luisteren (ww)	**ακούω**	[akúo]
lunchen (ww)	**τρώω μεσημεριανό**	[tróo mesimerianó]
markeren (op de kaart, enz.)	**σημειώνω**	[simióno]
melden (nieuws ~)	**ειδοποιώ**	[iðopió]
memoriseren (ww)	**απομνημονεύω**	[apomnimonévo]
mengen (ww)	**ανακατεύω**	[anakatévo]
mikken op (ww)	**στοχεύω σε ...**	[stoxévo se]
minachten (ww)	**περιφρονώ**	[perifronó]
moeten (ww)	**πρέπει**	[prépi]
morsen (koffie, enz.)	**χύνω**	[xíno]
naderen (dichterbij komen)	**πλησιάζω**	[plisiázo]
neerlaten (ww)	**κατεβάζω**	[katevázo]
nemen (ww)	**παίρνω**	[pérno]
nodig zijn (ww)	**χρειάζομαι**	[xriázome]
noemen (ww)	**ονομάζω**	[onomázo]
noteren (opschrijven)	**σημειώνω**	[simióno]
omhelzen (ww)	**αγκαλιάζω**	[angaliázo]
omkeren (steen, voorwerp)	**αναποδογυρίζω**	[anapoðoʝirízo]
onderhandelen (ww)	**διαπραγματεύομαι**	[ðiapraɣmatévome]
ondernemen (ww)	**αναλαμβάνω**	[analʲamváno]
onderschatten (ww)	**υποτιμώ**	[ipotimó]
onderscheiden (een ereteken geven)	**απονέμω**	[aponémo]
onderstrepen (ww)	**υπογραμμίζω**	[ipoɣramízo]
ondertekenen (ww)	**υπογράφω**	[ipoɣráfo]
onderwijzen (ww)	**διδάσκω**	[ðiðásko]
onderzoeken (alle feiten, enz.)	**εξετάζω**	[eksetázo]
bezorgd maken	**ανησυχώ**	[anisixó]
onmisbaar zijn (ww)	**χρειάζομαι**	[xriázome]
ontbijten (ww)	**παίρνω πρωινό**	[pérno proinó]
ontdekken (bijv. nieuw land)	**ανακαλύπτω**	[anakalípto]
ontkennen (ww)	**αρνούμαι**	[arnúme]
ontlopen (gevaar, taak)	**αποφεύγω**	[apofévɣo]
ontnemen (ww)	**αποστερώ**	[aposteró]
ontwerpen (machine, enz.)	**σχεδιάζω**	[sxeðiázo]
oorlog voeren (ww)	**πολεμώ**	[polemó]
op orde brengen	**τακτοποιώ**	[taktopió]
opbergen (in de kast, enz.)	**τακτοποιώ**	[taktopió]
opduiken (ov. een duikboot)	**αναδύομαι**	[anaðíome]
openen (ww)	**ανοίγω**	[aníɣo]
ophangen (bijv. gordijnen ~)	**κρεμάω**	[kremáo]
ophouden (ww)	**σταματώ**	[stamató]

oplossen (een probleem ~)	**λύνω**	[líno]
opmerken (zien)	**παρατηρώ**	[paratiró]
opmerken (zien)	**βλέπω**	[vlépo]
opscheppen (ww)	**καυχιέμαι**	[kafxiéme]
opschrijven (op een lijst)	**καταχωρώ**	[kataxoró]
opschrijven (ww)	**σημειώνω**	[simióno]
opstaan (uit je bed)	**σηκώνομαι**	[sikónome]
opstarten (project, enz.)	**εκκινώ**	[ekinó]
opstijgen (vliegtuig)	**απογειώνομαι**	[apoʝiónome]
optreden (resoluut ~)	**πράττω**	[práto]
organiseren (concert, feest)	**διοργανώνω**	[ðioryanóno]
overdoen (ww)	**ξανακάνω**	[ksanakáno]
overheersen (dominant zijn)	**επικρατώ**	[epikrató]
overschatten (ww)	**υπερτιμώ**	[ipertimó]
overtuigd worden (ww)	**πείθομαι**	[píθome]
overtuigen (ww)	**πείθω**	[píθo]
passen (jurk, broek)	**ταιριάζω**	[teriázo]
passeren (~ mooie dorpjes, enz.)	**περνάω**	[pernáo]
peinzen (lang nadenken)	**σκέφτομαι**	[skéftome]
penetreren (ww)	**διεισδύω**	[ðiizðío]
plaatsen (ww)	**βάζω**	[vázo]
plaatsen (zetten)	**τοποθετώ**	[topoθetó]
plannen (ww)	**σχεδιάζω**	[sxeðiázo]
plezier hebben (ww)	**διασκεδάζω**	[ðiaskeðázo]
plukken (bloemen ~)	**μαζεύω**	[mazévo]
prefereren (verkiezen)	**προτιμώ**	[protimó]
proberen (trachten)	**προσπαθώ**	[prospaθó]
proberen (trachten)	**προσπαθώ**	[prospaθó]
protesteren (ww)	**διαμαρτύρομαι**	[ðiamartírome]
provoceren (uitdagen)	**προκαλώ**	[prokalʲó]
raadplegen (dokter, enz.)	**συμβουλεύομαι με ...**	[simvulévome me]
rapporteren (ww)	**αναφέρω**	[anaféro]
redden (ww)	**σώζω**	[sózo]
regelen (conflict)	**διευθετώ**	[ðiefθetó]
reinigen (schoonmaken)	**καθαρίζω**	[kaθarízo]
rekenen op ...	**υπολογίζω σε ...**	[ipolʲoʝízo se]
rennen (ww)	**τρέχω**	[tréxo]
reserveren (een hotelkamer ~)	**κλείνω**	[klíno]
rijden (per auto, enz.)	**πηγαίνω**	[piʝéno]
rillen (ov. de kou)	**τρέμω**	[trémo]
riskeren (ww)	**ρισκάρω**	[riskáro]
roepen (met je stem)	**καλώ**	[kalʲó]
roepen (om hulp)	**καλώ**	[kalʲó]
ruiken (bepaalde geur verspreiden)	**μυρίζω**	[mirízo]

ruiken (rozen)	**μυρίζω**	[mirízo]
rusten (verpozen)	**ξεκουράζομαι**	[ksekurázome]

255. Verbs S-V

samenstellen, maken (een lijst ~)	**συντάσσω**	[sindáso]
schieten (ww)	**πυροβολώ**	[pirovolʲó]
schoonmaken (bijv. schoenen ~)	**καθαρίζω**	[kaθarízo]
schoonmaken (ww)	**τακτοποιώ**	[taktopió]
schrammen (ww)	**γρατζουνίζω**	[ɣradzunízo]
schreeuwen (ww)	**φωνάζω**	[fonázo]
schrijven (ww)	**γράφω**	[ɣráfo]
schudden (ww)	**ανακινώ**	[anakinó]
selecteren (ww)	**επιλέγω**	[epiléɣo]
simplificeren (ww)	**απλοποιώ**	[aplʲopió]
slaan (een hond ~)	**χτυπάω**	[xtipáo]
sluiten (ww)	**κλείνω**	[klíno]
smeken (bijv. om hulp ~)	**ικετεύω**	[iketévo]
souperen (ww)	**τρώω βραδινό**	[tróo vraðinó]
spelen (bijv. filmacteur)	**παίζω**	[pézo]
spelen (kinderen, enz.)	**παίζω**	[pézo]
spreken met ...	**μιλάω με ...**	[milʲáo me]
spuwen (ww)	**φτύνω**	[ftíno]
stelen (ww)	**κλέβω**	[klévo]
stemmen (verkiezing)	**ψηφίζω**	[psifízo]
steunen (een goed doel, enz.)	**υποστηρίζω**	[ipostirízo]
stoppen (pauzeren)	**σταματάω**	[stamatáo]
storen (lastigvallen)	**ενοχλώ**	[enoxlʲó]
strijden (tegen een vijand)	**πολεμώ**	[polemó]
strijden (ww)	**μάχομαι**	[máxome]
strijken (met een strijkbout)	**σιδερώνω**	[siðeróno]
studeren (bijv. wiskunde ~)	**μελετάω**	[meletáo]
sturen (zenden)	**στέλνω**	[stélʲno]
tellen (bijv. geld ~)	**υπολογίζω**	[ipolʲoʝízo]
terugkeren (ww)	**επιστρέφω**	[epistréfo]
terugsturen (ww)	**στέλνω πίσω**	[stélʲno píso]
toebehoren aan ...	**ανήκω σε ...**	[aníko se]
toegeven (zwichten)	**υποχωρώ**	[ipoxoró]
toenemen (on. ww)	**αυξάνομαι**	[afksánome]
toespreken (zich tot iemand richten)	**απευθύνομαι**	[apefθínome]
toestaan (goedkeuren)	**επιτρέπω**	[epitrépo]
toestaan (ww)	**επιτρέπω**	[epitrépo]

toewijden (boek, enz.)	**αφιερώνω**	[afierónо]
tonen (uitstallen, laten zien)	**δείχνω**	[ðíxno]
trainen (ww)	**προπονώ**	[proponó]
transformeren (ww)	**μετατρέπω**	[metatrépo]
trekken (touw)	**τραβάω**	[traváo]
trouwen (ww)	**παντρεύομαι**	[pandrévome]
tussenbeide komen (ww)	**παρεμβαίνω**	[paremvéno]
twijfelen (onzeker zijn)	**αμφιβάλλω**	[amfiválʲo]
uitdelen (pamfletten ~)	**διανέμω**	[ðianémo]
uitdoen (licht)	**σβήνω**	[zvíno]
uitdrukken (opinie, gevoel)	**εκφράζω**	[ekfrázo]
uitgaan (om te dineren, enz.)	**βγαίνω**	[vʝéno]
uitlachen (bespotten)	**κοροϊδεύω**	[koroiðévo]
uitnodigen (ww)	**προσκαλώ**	[proskalʲó]
uitrusten (ww)	**εξοπλίζω**	[eksoplízo]
uitsluiten (wegsturen)	**αποβάλλω**	[apoválʲo]
uitspreken (ww)	**προφέρω**	[proféro]
uittorenen (boven ...)	**υψώνομαι**	[ipsónome]
uitvaren tegen (ww)	**μαλώνω**	[malʲóno]
uitvinden (machine, enz.)	**εφευρίσκω**	[efevrísko]
uitwissen (ww)	**σβήνω**	[zvíno]
vangen (ww)	**πιάνω**	[piáno]
vastbinden aan ...	**δένω**	[ðéno]
vechten (ww)	**παλεύω**	[palévo]
veranderen (bijv. mening ~)	**αλλάζω**	[alʲázo]
verbaasd zijn (ww)	**εκπλήσσομαι**	[ekplísome]
verbazen (verwonderen)	**εκπλήσσω**	[ekplíso]
verbergen (ww)	**κρύβω**	[krívo]
verbieden (ww)	**απαγορεύω**	[apaɣorévo]
verblinden (andere chauffeurs)	**τυφλώνω**	[tiflʲóno]
verbouwereerd zijn (ww)	**απορώ**	[aporó]
verbranden (bijv. papieren ~)	**καίω**	[kéo]
verdedigen (je land ~)	**υπερασπίζω**	[iperaspízo]
verdenken (ww)	**υποπτεύομαι**	[ipoptévome]
verdienen (een complimentje, enz.)	**αξίζω**	[aksízo]
verdragen (tandpijn, enz.)	**αντέχω**	[andéxo]
verdrinken (in het water omkomen)	**πνίγομαι**	[pníɣome]
verdubbelen (ww)	**διπλασιάζω**	[ðiplʲasiázo]
verdwijnen (ww)	**εξαφανίζομαι**	[eksafanízome]
verenigen (ww)	**ενώνω**	[enóno]
vergelijken (ww)	**συγκρίνω**	[singríno]
vergeten (achterlaten)	**αφήνω**	[afíno]
vergeten (ww)	**ξεχνάω**	[ksexnáo]
vergeven (ww)	**συγχωρώ**	[sinxoró]

vergroten (groter maken)	**αυξάνω**	[afksáno]
verklaren (uitleggen)	**εξηγώ**	[eksiɣó]
verklaren (volhouden)	**ισχυρίζομαι**	[isxirízome]
verklikken (ww)	**καταγγέλω**	[katangélʲo]
verkopen (per stuk ~)	**πουλώ**	[pulʲó]
verlaten (echtgenoot, enz.)	**εγκαταλείπω**	[engatalípo]
verlichten (gebouw, straat)	**φωτίζω**	[fotízo]
verlichten (gemakkelijker maken)	**διευκολύνω**	[ðiefkolíno]
verliefd worden (ww)	**ερωτεύομαι**	[erotévome]
verliezen (bagage, enz.)	**χάνω**	[xáno]
vermelden (praten over)	**αναφέρω**	[anaféro]
vermenigvuldigen (wisk.)	**πολλαπλασιάζω**	[polʲaplʲasiázo]
verminderen (ww)	**μειώνω**	[mióno]
vermoeid raken (ww)	**κουράζομαι**	[kurázome]
vermoeien (ww)	**κουράζω**	[kurázo]

256. Verbs V-Z

vernietigen (documenten, enz.)	**καταστρέφω**	[katastréfo]
veronderstellen (ww)	**υποθέτω**	[ipoθéto]
verontwaardigd zijn (ww)	**αγανακτώ**	[aɣanaktó]
veroordelen (in een rechtszaak)	**καταδικάζω**	[kataðikázo]
veroorzaken ... (oorzaak zijn van ...)	**προκαλώ**	[prokalʲó]
verplaatsen (ww)	**μετακινώ**	[metakinó]
verpletteren (een insect, enz.)	**συνθλίβω**	[sinθlívo]
verplichten (ww)	**αναγκάζω**	[anangázo]
verschijnen (bijv. boek)	**βγαίνω**	[vʝéno]
verschijnen (in zicht komen)	**εμφανίζομαι**	[emfanízome]
verschillen (~ van iets anders)	**διαφέρω**	[ðiaféro]
versieren (decoreren)	**στολίζω**	[stolízo]
verspreiden (pamfletten, enz.)	**διανέμω**	[ðianémo]
verspreiden (reuk, enz.)	**διαχέω**	[ðiaxéo]
versterken (positie ~)	**ενισχύω**	[enisxío]
verstommen (ww)	**σιωπώ**	[siopó]
vertalen (ww)	**μεταφράζω**	[metafrázo]
vertellen (verhaal ~)	**διηγούμαι**	[ðiiɣúme]
vertrekken (bijv. naar Mexico ~)	**φεύγω**	[févɣo]
vertrouwen (ww)	**εμπιστεύομαι**	[embistévome]
vervolgen (ww)	**συνεχίζω**	[sinexízo]

verwachten (ww)	**αναμένω**	[anaméno]
verwarmen (ww)	**ζεσταίνω**	[zesténo]
verwarren (met elkaar ~)	**μπερδεύω**	[berðévo]
verwelkomen (ww)	**χαιρετώ**	[xeretó]
verwezenlijken (ww)	**πραγματοποιώ**	[praɣmatopió]

verwijderen (een obstakel)	**απομακρύνω**	[apomakríno]
verwijderen (een vlek ~)	**απομακρύνω**	[apomakríno]
verwijten (ww)	**κατηγορώ**	[katiɣoró]
verwisselen (ww)	**αλλάζω**	[alʲázo]
verzoeken (ww)	**ζητώ**	[zitó]

verzuimen (school, enz.)	**απουσιάζω**	[apusiázo]
vies worden (ww)	**λερώνομαι**	[lerónome]
vinden (denken)	**νομίζω**	[nomízo]
vinden (ww)	**βρίσκω**	[vrísko]

vissen (ww)	**ψαρεύω**	[psarévo]
vleien (ww)	**κολακεύω**	[kolʲakévo]
vliegen (vogel, vliegtuig)	**πετάω**	[petáo]
voederen (een dier voer geven)	**ταΐζω**	[tézo]

volgen (ww)	**ακολουθώ**	[akolʲuθó]
voorstellen (introduceren)	**συστήνω**	[sistíno]
voorstellen (Mag ik jullie ~)	**συστήνω**	[sistíno]
voorstellen (ww)	**προτείνω**	[protíno]

voorzien (verwachten)	**προβλέπω**	[provlépo]
vorderen (vooruitgaan)	**προχωράω**	[proxoráo]
vormen (samenstellen)	**σχηματίζω**	[sximatízo]
vullen (glas, fles)	**γεμίζω**	[ʝemízo]

waarnemen (ww)	**παρατηρώ**	[paratiró]
waarschuwen (ww)	**προειδοποιώ**	[proiðopió]
wachten (ww)	**περιμένω**	[periméno]
wassen (ww)	**πλένω**	[pléno]

weerspreken (ww)	**αντιλέγω**	[andiléɣo]
wegdraaien (ww)	**γυρίζω**	[ʝirízo]
wegdragen (ww)	**παίρνω**	[pérno]
wegen (gewicht hebben)	**ζυγίζω**	[ziʝízo]

wegjagen (ww)	**διώχνω**	[ðióxno]
weglaten (woord, zin)	**παραλείπω**	[paralípo]
wegvaren (uit de haven vertrekken)	**σαλπάρω**	[salʲpáro]
weigeren (iemand ~)	**αρνούμαι**	[arnúme]

wekken (ww)	**ξυπνάω**	[ksipnáo]
wensen (ww)	**εύχομαι**	[éfxome]
werken (ww)	**δουλεύω**	[ðulévo]
weten (ww)	**ξέρω**	[kséro]
willen (verlangen)	**θέλω**	[θélʲo]
wisselen (omruilen, iets ~)	**ανταλλάσσω**	[andalʲáso]
worden (bijv. oud ~)	**γίνομαι**	[ʝínome]

worstelen (sport)	**παλεύω**	[palévo]
wreken (ww)	**εκδικούμαι**	[ekðikúme]
zaaien (zaad strooien)	**σπείρω**	[spíro]
zeggen (ww)	**λέω**	[léo]
zich baseerd op	**βασίζομαι**	[vasízome]
zich bevrijden van ... (afhelpen)	**ξεφορτώνομαι**	[ksefortónome]
zich concentreren (ww)	**συγκεντρώνομαι**	[singendrónome]
zich ergeren (ww)	**εκνευρίζομαι**	[eknevrízome]
zich gedragen (ww)	**συμπεριφέρομαι**	[siberiférome]
zich haasten (ww)	**βιάζομαι**	[viázome]
zich herinneren (ww)	**θυμάμαι**	[θimáme]
zich herstellen (ww)	**αναρρώνω**	[anaróno]
zich indenken (ww)	**φαντάζομαι**	[fandázome]
zich interesseren voor ...	**ενδιαφέρομαι**	[enðiaférome]
zich scheren (ww)	**ξυρίζομαι**	[ksirízome]
zich trainen (ww)	**προπονούμαι**	[proponúme]
zich verdedigen (ww)	**υπερασπίζομαι**	[iperaspízome]
zich vergissen (ww)	**κάνω λάθος**	[káno l'áθos]
zich verontschuldigen	**ζητώ συγνώμη**	[zitó siɣnómi]
zich vervelen (ww)	**βαριέμαι**	[variéme]
zijn (ww)	**είμαι**	[íme]
zinspelen (ww)	**υπαινίσσομαι**	[ipenísome]
zitten (ww)	**κάθομαι**	[káθome]
zoeken (ww)	**ψάχνω**	[psáxno]
zondigen (ww)	**αμαρταίνω**	[amarténo]
zuchten (ww)	**αναστενάζω**	[anastenázo]
zwaaien (met de hand)	**κουνάω**	[kunáo]
zwemmen (ww)	**κολυμπώ**	[kolibó]
zwijgen (ww)	**σιωπώ**	[siopó]